MostUsedWords.com presenta

Diccionario de Frecuencia -Inglés-

Vocabulario Avanzado

5.001-7.500 palabras mas comunes del ingles

Libro 3

Primera impresión, 2018

Jolie Laide LTD
12/F, 67 Percival Street, Hong Kong

www.MostUsedWords.com

Contenido

¿Por qué este libro?

Hola, querido lector.

Muchas gracias por comprar este libro. Esperamos que te sea de mucha utilidad en tu viaje de aprendizaje del idioma.

No todas las palabras son iguales. El propósito de este diccionario de frecuencia es enumerar las más utilizandas en orden descendente, por lo que podrás aprender el idioma de la forma más eficiente posible.

En primer lugar, quisiéramos destacar el valor de un diccionario de frecuencia. Como ejemplo, hemos combinado la frecuencia de datos de diferentes idiomas (principalmente lenguas romance, eslavas y germánicas) y las hemos incorporado en la misma gráfica.

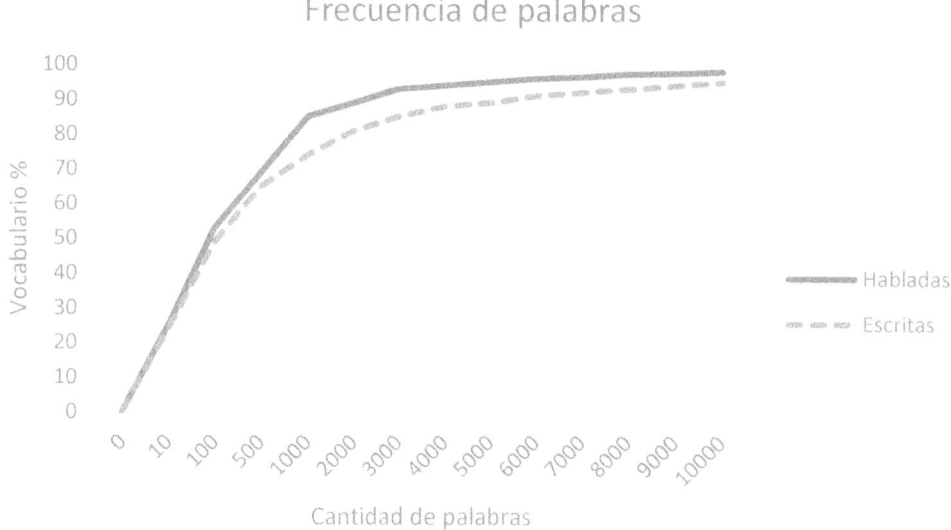

Los puntos más importantes, de acuerdo con los datos, parecen ser:

Cantidad de palabras	Habladas	Escritas
• 100	53%	49%
• 1.000	85%	74%
• 2.500	92%	82%
• 5.000	95%	89%
• 7.500	97%	93%
• 10.000	98%	95%

Los datos de arriba corresponden a la ley de Pareto.

La ley de Pareto, también conocida como la regla 80/20, establece que para muchos eventos, aproximadamente 80% de los efectos vienen del 20% de las causas.

En el aprendizaje de idiomas, este principio parece haber consumido esteroides. Parece que solamente 20% del 20% (95/5) de las palabras más utilizadas en el idioma constituyen casi todo el vocabulario que se necesita.

Para poner esto en perspectiva: el Diccionario de Ingles Oxford Hachette (Concise Oxford English Dictionary) enumera más de 240.000 palabras que están en uso actual, aunque que solamente necesitas conocer 2,1% (5.000 palabras) para alcanzar el 95% y 89% de fluidez en conversación y escritura. Conocer las 10.000 palabras más comunes, es decir 4,2%, te dará un 98% de fluidez en el idioma hablado y 95% de fluidez en los textos escritos.

Teniendo esto en mente, el valor de los diccionarios de frecuencia es enorme. El estudio de las palabras más frecuentes ayuda a aumentar el vocabulario y progresar de forma natural. Suena lógico, ¿cierto?

¿Cuántas palabras necesitas saber para los diferentes niveles de fluidez?

Mientras que es importante considerar que es casi imposible establecer exactamente estos números y estadísticas con una precisión del 100%, estos son promedios globales que han sido establecidos a partir de múltiples fuentes.

De acuerdo con las investigaciones, esta es la cantidad de vocabulario que se necesita para los diferentes niveles de fluidez.

1. 250 palabras: el centro esencial de un idioma. Sin estas palabras no podrás construir ninguna oración.
2. 750 palabras: son las utilizadas diariamente por una persona que habla ese idioma.
3. 2.500 palabras: que te permiten expresas cualquier cosa que quieras decir, siempre y cuando utilices un poco de creatividad.
4. 5.000 palabras: el vocabulario activo de cualquier hablante nativo sin educación superior.
5. 10.000 palabras: el vocabulario activo de hablantes nativos con educación superior.
6. 20.000 palabras: que necesitas reconocer de forma pasiva para leer, comprender y disfrutar un trabajo literario, como lo puede ser una novela de un autor destacado.

Advertencias y limitaciones.

Una lista de frecuencia nunca es "La lista de frecuencia definitiva".

Dependiendo de la fuente de material que se haya consultado, puede que recibas diferentes listas. Un corpus de palabras habladas difiere a los textos que están basados en el lenguaje escrito.

Es por esto que hemos seleccionado subtítulos como fuente, ya que, de acuerdo a la ciencia, estos cubren lo mejor de ambos mundos: tanto el inglés escrito como el hablado.

La lista de frecuencia se basa en el análisis de aproximadamente 20 gigabytes de subtítulos en inglés.

Imagina un libro con casi 16 millones de páginas, o 80.000 libros de 200 páginas cada uno, para tener una idea de la cantidad de palabras que han sido analizadas para la creación de este libro. Una base de texto amplia es esencial para desarrollar una certera lista de frecuencia.

Los datos brutos incluyen más de un millón de entradas. Los datos brutos pasaron por un proceso de lematización; las palabras están dadas en su forma raíz.

Algunas palabras en las listas te parecerán extrañas, en sus respectivos rangos de frecuencia. Nosotros también nos sorprendimos un par de veces. Ten en cuenta que este libro está basado en una gran cantidad de subtítulos, por lo que puede incluir palabras que no necesitarás utilizar.

Puede que encuentres también vocabulario de otros idiomas en este diccionario. Hemos decidido incluirlo debido a que si está siendo utilizado en los subtítulos podemos asumir que la palabra está integrada al vocabulario general del inglés.

Tratamos al máximo de mantener nuestros nombres comunes, como "Jack, Ryan, Alice", al igual que "Roma, Washington" o "el Louvre, el Capitolio".

Algunas palabras tienen múltiples significados. Las explicaciones son ofrecidas en inglés.

"Jack" es un nombre muy común, pero también es un sustantivo (un gato para levantar un vehículo, "a jack to lift up a vehicle) y un verbo (robar algo). Lo mismo ocurre con la palabra "can". Es una conjugación del verbo "poder" y también es un sustantivo (una lata).

Esto puede sesgar ligeramente la posición en la lista de frecuencia. Con la tecnología actual, desafortunadamente no es posible identificar la ubicación correcta de acuerdo con su significado. Por suerte, estas palabras son muy escasas, y por lo tanto no tendrán un efecto importante sobre todo el resultado.

Si encuentras una palabra que no necesitarás en tu vocabulario, entonces simplemente sáltala. La lista de frecuencia incluye 25 palabras extra para compensar cualquier irregularidad que puedas encontrar.

El gran secreto para aprender un idioma es el siguiente: aumenta tu vocabulario, aprende los principios básicos de gramática y salir a conversar. Equivócate, ríete y aprende de tus errores.

Esperamos que encuentres en este diccionario de frecuencia una útil herramienta. Si te gusta este diccionario, por favor comunícaselo a las demás personas, para que también puedan disfrutarlo. O deja una reseña o comentario en línea, p.e. en las redes sociales, blogs o foros.

Cómo utilizar este diccionario

abreviaciones	*abr*
adjetivos	*adj*
adverbios	*adv*
artículos	*art*
verbos auxiliares	*av*
conjunciones	*con*
interyecciones	*int*
sustantivos	*ss*
números	*num*
partículas gramaticales	*part*
frases	*phr*
prefijos	*pfj*
preposiciones	*prp*
pronombres	*prn*
sufijos	*sfj*
verbos	*vb*
singular	*sg*
plural	*pl*

Traducciones

Decidimos compartir las traducciones más comunes de una palabra, al igual que las partes más comunes del discurso. No obstante, es importante aclarar que estas son no son las únicas posibles traducciones o partes del discurso en las que se pueden utilizar cada una de las palabras.

Alfabeto Fonético Internacional (IPA)

La pronunciación de un vocabulario extranjero puede ser difícil. Para ayudarte a hacerlo bien, hemos agregado la información IPA para cada vocablo. Si ya tienes una comprensión básica de la pronunciación, encontrarás directamente la pronunciación IPA. Para más información, por favor visita www.internationalphoneticalphabet.org

Diccionario de frecuencia inglés - español

5001 dent — las mella; mellar
ss; vb
[dɛnt]
Grab a broom and help us clean.
-Coge una escoba y ayúdanos a limpiar.

5002 bourgeois — burgués; el burgués
adj; ss
[bʊərˈʒwɑ]
Flaubert writes about bourgeois loneliness and emptiness.
-Flaubert escribe sobre la soledad y el vacío burgués.

5003 smuggling — el contrabando
ss
[ˈsmʌɡlɪŋ]
Tobacco smuggling, counterfeiting and other illegal practices should be combated.
-Se debe combatir el contrabando de tabaco, la falsificación y otras prácticas ilegales.

5004 unarmed — desarmado
adj
[əˈnɑrmd]
I was unarmed.
-Estaba desarmado.

5005 mutt — el chucho
ss
[mʌt]
I'm actually a mutt.
-Soy un tonto de hecho.

5006 reinforcement — el reforzamiento
ss
[ˌriɪnˈfɔrsmənt]
Further, common terminology could directly support coherence and mutual reinforcement.
-Por otra parte, el uso de terminología común podría contribuir de modo directo a una mayor coherencia y al refuerzo mutuo.

5007 sensational — sensacional
adj
[sɛnˈseɪʃənəl]
Frankenstein did sensational business and garnered generally excellent reviews.
-Frankenstein fue un éxito sensacional de taquilla y, en general, de crítica.

5008 bleep — emitir pitidos
vb; ss
[blip]
Tell him to go [bleep] himself.
-Decirle que se vaya a [pitido] él mismo.

5009 resent — resentirse de
vb
[rɪˈzɛnt]
Because I depend on you and I resent it.
-Porque dependo de ti y me molesta.

5010 follower — el seguidor| el discípulo
ss
[ˈfɑloʊər]
Saul has become a follower of Jesus.
-Saúl se ha convertido en un seguidor de Jesús.

5011 negotiation — la negociación
ss
[nɪˌɡoʊʃiˈeɪʃən]
After much negotiation, the two sides in the dispute reached a compromise.
-Tras mucha negociación, los dos lados de la disputa llegaron a una solución.

5012 lace — el cordón; guarnecer con encajes
ss; vb
[leɪs]
She was wedged in between a stout lady in pink silk and a tall, scornful-looking girl in a white-lace dress.
-Estaba encajada entre una dama robusta en seda rosa y una chica alta, de aspecto despreciativo, con un vestido de encaje blanco.

5013 calmly — tranquilamente

	adv	The river flows calmly.
	[ˈkɑmli]	-El río fluye tranquilamente.
5014	**biscuit**	**la galleta**
	ss	Knocked him out with a laced biscuit.
	[ˈbɪskət]	-Le aturdí con una galleta envenenada.
5015	**memo**	**el memorándum**
	ss	This whole memo thing is bringing up this strange sensation.
	[ˈmɛˌmoʊ]	-Todo este asunto del memo Me esta dando una extraña sensación.
5016	**ribbon**	**la cinta; ceñir**
	ss; vb	The girl wore a yellow ribbon in her hair.
	[ˈrɪbən]	-La chica llevaba en el pelo un lazo amarillo.
5017	**midst**	**el medio; entre**
	ss; prp	True philosophy must start from the most immediate and comprehensive
	[mɪdst]	fact of consciousness: I am life that wants to live, in the midst of life that
		wants to live.
		-La verdadera filosofía debe partir de la realidad más inmediata y completa
		de la conciencia: Yo soy la vida que quiere vivir, en medio de la vida que
		quiere vivir.
5018	**juvenile**	**juvenil| de menores; el menor**
	adj; ss	Jim is a juvenile delinquent.
	[ˈdʒuvənəl]	-Jim es un delincuente juvenil.
5019	**edit**	**editar| redactar**
	vb	Click to edit!
	[ˈɛdət]	-¡Da click para editar!
5020	**condolence**	**la condolencia**
	ss	Please accept my sincerest condolences.
	[kənˈdoʊləns]	-Por favor acepte mis más sinceras condolencias.
5021	**dome**	**la cúpula**
	ss	The same computer system controls the dome.
	[doʊm]	-Es parte del mismo sistema de computadoras que controla la cúpula.
5022	**confront**	**confrontar**
	vb	I think it's time for me to confront that problem.
	[kənˈfrʌnt]	-Creo que ya es hora de que afronte ese problema.
5023	**tackle**	**la entrada| el aparejo; abordar**
	ss; vb	European research must also tackle fish breeding matters.
	[ˈtækəl]	-La investigación europea también debe abordar los asuntos relativos a la
		piscicultura.
5024	**reef**	**el arrecife; arrizar**
	ss; vb	The coral reef is the region's prime attraction.
	[rif]	-El arrecife de coral es la atracción principal de la región.
5025	**triangle**	**el triángulo**
	ss	Christopher Columbus was once quoted as saying that pirates were too
	[ˈtraɪˌæŋgəl]	"simple-minded". He created the Bermuda Triangle later that year.
		-Una vez citaron a Cristóbal Colón al decir que los piratas eran demasiado
		"ingenuos". Él creó el Triángulo de las Bermudas más tarde ese mismo año.
5026	**midget**	**el enano; en miniatura**
	ss; adj	A mental midget reading all day.
	[ˈmɪdʒət]	-Eres un enano mental y te pasas el día leyendo.

5027	**marker**	**el marcador| el rotulador**
	ss	CN54 is usually considered a combustion marker.
	[ˈmɑrkər]	-El CN54 se suele considerar un marcador de combustión.
5028	**relate**	**relacionar| relatar**
	vb	His joy was to relate things that other people thought were unrelated.
	[rɪˈleɪt]	-Su disfrute fue relacionar las cosas que otras personas pensaban que no estaban relacionadas.
5029	**inmate**	**el preso| el internado**
	ss	Just an inmate protecting his rights.
	[ˈɪnˌmeɪt]	-Sólo soy un recluso que protege sus derechos.
5030	**chalk**	**la tiza| el gis; entizar**
	ss; vb	It is not easy to write in chalk.
	[tʃɑk]	-No es fácil escribir con una tiza.
5031	**vocalize**	**vocalizar**
	vb	Now I'm completely able to vocalize.
	[vocalize]	-Ahora estoy totalmente capacitada para vocalizar.
5032	**swift**	**rápido| ligero; el vencejo**
	adj; ss	The stream is not very swift.
	[swɪft]	-El riachuelo no está tan rápido.
5033	**transform**	**transformar**
	vb	This book will transform your life.
	[trænˈsfɔrm]	-Este libro transformará tu vida.
5034	**esteem**	**la estima| el precio; estimar**
	ss; vb	Ana has no self-esteem.
	[əˈstim]	-Ana no tiene autoestima.
5035	**pike**	**el lucio**
	ss	Your braised pike was sheer poetry.
	[paɪk]	-Su lucio cocido era pura poesía.
5036	**weasel**	**la comadreja**
	ss	You look like a pink weasel to him.
	[ˈwizəl]	-Ya, Ross, no seas grosero, que para él eres como una comadreja rosada.
5037	**eminence**	**la eminencia**
	ss	This is part of the mental eminence.
	[ˈɛmənəns]	-Esto es parte de la eminencia mental.
5038	**worldwide**	**mundial**
	adj	How many languages are spoken worldwide?
	[ˈwɜrlˈdwaɪd]	-¿Cuántos idiomas se hablan en el mundo?
5039	**syndrome**	**el síndrome**
	ss	AIDS means "Acquired Immune Deficiency Syndrome".
	[ˈsɪnˌdroʊm]	-SIDA significa "Síndrome de InmunoDeficiencia Adquirida".
5040	**dental**	**dental**
	adj	Do I need more dental work?
	[ˈdɛntəl]	-¿Necesito más trabajo dental?
5041	**opium**	**el opio**
	ss	The adhered dust increases the concentration of opium alkaloids on poppy seed.
	[ˈoʊpiəm]	

-El polvo adherido aumenta la concentración de alcaloides opiáceos en las semillas de adormidera.

5042	**tropical**	**tropical**
	adj	Jim sat staring at the tropical fish swimming around in the aquarium in his bedroom.
	[ˈtrɑpɪkəl]	-Jim se sentó mirando fijamente al pez tropical que revoloteaba en el acuario en su habitación.

5043	**critic**	**el crítico| la palabra crítica**
	ss	She's a harsh critic.
	[ˈkrɪtɪk]	-Ella es una crítica muy severa.

5044	**unload**	**descargar**
	vb	Jim started to unload the sacks from the truck.
	[ənˈloʊd]	-Jim comenzó a bajar los costales del camión.

5045	**portion**	**la parte| la ración; dividir**
	ss; vb	When each of the children had been given a portion, they began to quarrel in pairs about whose was larger.
	[ˈpɔrʃən]	-Cuando se hubo dado una porción a cada niño, ellos empezaron a discutir por parejas sobre cuál era más grande.

5046	**baroness**	**la baronesa**
	ss	I'm a suburban baroness of bud. Nancy.
	[ˈbɛrənɪs]	-Soy la baronesa suburbana de la hierba, Nancy.

5047	**ache**	**el dolor; doler**
	ss; vb	I've got a bit of an ache in my back.
	[eɪk]	-Me duele un poco la espalda.

5048	**polo**	**el polo**
	ss	He was injecting them with steroids and then betting on polo matches.
	[ˈpoʊloʊ]	-Les inyectaba esteroides y después apostaba en partidos de polo.

5049	**inhale**	**inhalar**
	vb	I don't like to inhale someone's smoke while I'm working.
	[ɪnˈheɪl]	-No me gusta respirar el humo de alguien mientras trabajo.

5050	**cutter**	**el cortador**
	ss	My plasma cutter's dangerous to humans.
	[ˈkʌtər]	-Mi cortador de plasma es peligroso para los humanos.

5051	**countless**	**incontable**
	adj	In fact, there are countless, varied uses for the Internet.
	[ˈkaʊntləs]	-De hecho, hay innumerables y variados usos de Internet.

5052	**imaginary**	**imaginario**
	adj	All the characters in this book are imaginary.
	[ɪˈmædʒəˌnɛri]	-Todos los personajes de este libro son imaginarios.

5053	**fireplace**	**el hogar**
	ss	Ana was killed with a fireplace poker.
	[ˈfaɪərˌpleɪs]	-Mataron a Ana con un atizador.

5054	**regime**	**el régimen**
	ss	Some delegations proposed examining an international insolvency regime.
	[rəʒˈim]	-Algunas delegaciones propusieron que se examinara la posibilidad de establecer un régimen internacional de insolvencia.

| 5055 | **initiative** | **la iniciativa** |

	ss	The president urged employees to act on their initiative.
	[ɪˈnɪʃətɪv]	-El presidente instó a los empleados para unirse a su iniciativa.
5056	**automatically**	**automáticamente**
	adv	I replied automatically when I heard my name.
	[ˌɔtəˈmætɪkli]	-Respondí automáticamente cuando oí mi nombre.
5057	**flank**	**el flanco; flanquear**
	ss; vb	The tooth flank is cleaned after the procedure.
	[flæŋk]	-El flanco del diente se limpia después de la operación.
5058	**barge**	**la barcaza; transportar por barcaza**
	ss; vb	Float me home like a barge.
	[bɑrdʒ]	-Y que vaya flotando a mi casa como una barcaza.
5059	**astronaut**	**astronauta**
	ss	She will be the first female Japanese astronaut.
	[ˈæstrəˌnɑt]	-Ella será la primera mujer japonesa astronauta.
5060	**inappropriate**	**inapropiado**
	adj	Her critique was totally inappropriate.
	[ˌɪnəˈproupriit]	-Su crítica fue totalmente inapropiada.
5061	**crank**	**la manivela; dar una vuelta a**
	ss; vb	That pencil-yellow crank was remembered by everybody.
	[kræŋk]	-Esa manivela amarilla era recordada por todos.
5062	**streak**	**la racha; rayar**
	ss; vb	They have lost 10 games in a row since their winning streak ended.
	[strik]	-Han perdido 10 partidos seguidos desde que se rompió su racha ganadora.
5063	**gong**	**el gong**
	ss	In the centre a gong, again a kind of alarm clock.
	[gɔŋ]	-En el centro se alza un gong, otra vez una especie de despertador.
5064	**basil**	**la albahaca**
	ss	Mientras paguen la cuenta, Basil...
	[ˈbæzəl]	-So long as they pay their bills, Basil.
5065	**disappearance**	**la desaparición**
	ss	All History shows: idioms of dominant states often lead to the disappearance of the languages of the dominated states. Greek engulfed the Phrygian. Latin killed the Iberian and Gallic. Currently, 25 languages are disappearing every year!
	[ˌdɪsəˈpɪrəns]	-Toda la historia evidencia: los idiomas de los estados dominantes a menudo conducen a la desaparición de las lenguas de los estados dominados. El griego engulló al frigio. El latín acabó con el ibérico y el galo. Actualmente, 25 idiomas están desapareciendo cada año!
5066	**samba**	**la samba**
	ss	This samba will make the carnival.
	[ˈsɑmbə]	-Esa samba será un bombazo en los carnavales.
5067	**burglar**	**el ladrón**
	ss	The policeman caught the burglar red-handed.
	[ˈbɜrglər]	-El agente de policía cogió al ladrón con las manos en la masa.
5068	**solitude**	**la soledad**
	ss	All it takes is concentration and solitude.
	[ˈsɑləˌtud]	-Todo lo que requiere es concentración y soledad.

5069	**coconut**	**el coco**
	ss	The Diamond gazebos have coconut timber posts.
	[ˈkoʊkəˌnʌt]	-Los gazebos del diamante tienen postes de la madera del coco.
5070	**fiddle**	**el violín| la estafa; tocar el violín**
	ss; vb	Jim loves playing Irish tunes on the fiddle.
	[ˈfɪdəl]	-A Jim le encanta tocar melodias irlandesas en el violín.
5071	**paralyze**	**paralizar**
	vb	Sometimes the perception is strong enough to paralyze.
	[ˈpɛrəˌlaɪz]	-A veces, la percepción es lo suficientemente fuerte como para paralizar.
5072	**everlasting**	**eterno; la eternidad**
	adj; ss	Ever since, I've wandered aimlessly in the everlasting night of your eyes.
	[ˌɛvərˈlæstɪŋ]	-A partir de entonces he vagado sin rumbo en la eterna oscuridad de tus ojos.
5073	**stupidity**	**la estupidez**
	ss	There's no cure for stupidity.
	[stuˈpɪdɪti]	-No hay cura para la estupidez.
5074	**limp**	**cojear| claudicar; la cojera; blando**
	vb; ss; adj	Some people caricature gay men as limp-wristed and speaking with a lisp.
	[lɪmp]	-Algunas personas caricaturizan a los homosexuales como afeminados hablando con ceceo.
5075	**numerous**	**numeroso**
	adj	There are numerous reasons to be hopeful.
	[ˈnumərəs]	-Hay numerosas razones para tener esperanzas.
5076	**fiance**	**el novio**
	ss	Djamila's fiance... died that way.
	[fiˈɑnˌseɪ]	-El prometido de Djamíla... murió de esa manera.
5077	**shaggy**	**lanudo**
	adj	He is getting a little shaggy on the sides.
	[ˈʃægi]	-Está un poco peludo en los costados.
5078	**hitch**	**el enganche| el tirón; enganchar**
	ss; vb	There's another hitch.
	[hɪtʃ]	-Hay otro obstáculo.
5079	**fiancee**	**la novia**
	ss	His girlfriend, fiancee, whatever...
	[fiˈænsi]	-Su novia, prometida, lo que fuere...
5080	**invade**	**invadir| entrar**
	vb	You must not invade the privacy of others.
	[ɪnˈveɪd]	-No debes invadir la privacidad de otros.
5081	**stitch**	**la puntada; coser**
	ss; vb	I knew I could do that second stitch.
	[stɪtʃ]	-Sabía que podía hacer ese segundo punto.
5082	**cuckoo**	**el cuco; lelo; decir cucú**
	ss; adj; vb	He fixes cuckoo clocks for fun.
	[ˈkuku]	-Corrige los relojes de cuco para la diversión.
5083	**testament**	**el testamento**
	ss	"The Old Testament" is the first part of the Bible.
	[ˈtɛstəmənt]	-El Viejo Testamento es la primera parte de la Biblia.

5084	**supernatural**	**sobrenatural**
	adj	He believes in the supernatural.
	[ˌsupərˈnætʃərəl]	-Él cree en lo sobrenatural.
5085	**coco**	**las palma de coco**
	ss	But the coco puffs stay with me.
	[ˈkoʊˌkoʊ]	-Pero los pastelitos de coco se quedan conmigo.
5086	**recruit**	**la recluta; reclutar**
	ss; vb	This is not an operation to recruit supporters.
	[rəˈkrut]	-No se trata de una operación para reclutar a partidarios.
5087	**permanently**	**permanentemente**
	adv	Worf is permanently made Enterprise security chief.
	[ˈpɜrmənəntli]	-A Worf lo comisionan permanentemente como Jefe de Seguridad y Oficial Táctico de la Enterprise.
5088	**thorough**	**completo**
	adj	Nuclear doctrines are under thorough review.
	[ˈθɜroʊ]	-Las doctrinas nucleares son objeto de un examen exhaustivo.
5089	**pneumonia**	**la neumonía**
	ss	His pneumonia was cured through a divine miracle.
	[nuˈmoʊnjə]	-Su neumonía fue curada por medio de un milagro divino.
5090	**expand**	**expandir| expandirse**
	vb	Anything to help expand the frontiers of knowledge.
	[ɪkˈspænd]	-Todo sea para ayudar a expandir las fronteras del conocimiento.
5091	**traveled**	**viajado**
	adj	Florida's 511 covers the most-traveled roads in each region of the state.
	[ˈtrævəld]	-El sistema 511 de Florida cubre los caminos mas transitados en cada región del estado.
5092	**pea**	**el guisante**
	ss	An amount about the size of a pea.
	[pi]	-Un poco del tamaño de un guisante.
5093	**spectacle**	**el espectáculo**
	ss	Confine your remarks to the matter we are discussing.
	[ˈspɛktəkəl]	-Restringe tus comentarios al asunto que estamos tratando.
5094	**peep**	**mirar furtivamente; la mirada furtiva**
	vb; ss	How long does it take to get reasonably skilled?
	[pip]	-¿Cuánto tomará para llegar a ser más o menos habilidoso?
5095	**creator**	**el creador; la amazona**
	ss	The teaching of humanities in Chile leaves much to be desired.
	[kriˈeɪtər]	-La enseñanza de las humanidades en Chile deja mucho que desear.
5096	**estimate**	**estimar| calcular; la estimación**
	vb; ss	A separate estimate for the owner-occupied residential buildings should be available.
	[ˈɛstəmət]	-Convendría disponer de una estimación específica para los edificios residenciales ocupados por los propietarios.
5097	**gospel**	**el evangelio**
	ss	This is the gospel of the Lord.
	[ˈgɑspəl]	-Éste es el evangelio del Señor.
5098	**voting**	**la votación**

	ss	It makes this voting process rather hazardous.
	[ˈvoʊtɪŋ]	-Esto hace que el proceso de votación resulte un tanto peligroso.
5099	**holiness**	**la santidad**
	ss	Take back the gift of our holiness.
	[ˈhoʊlinəs]	-Retira el don de nuestra santidad.
5100	**drip**	**el goteo; gotear**
	ss; vb	Can be used in hydroponics and drip systems.
	[drɪp]	-Se pueden usar en sistemas hidropónicos y de goteo.
5101	**psychotic**	**psicópata; psicopático**
	ss; adj	No, but his shrinks say that he's psychotic and violent.
	[ˌsaɪˈkɑtɪk]	-No, pero los psiquiatras dicen que es psicótico y violento.
5102	**particle**	**la partícula| el grano**
	ss	It's called a messenger particle.
	[ˈpɑrtəkəl]	-Se le denomina "partícula mensajera" o "portadora".
5103	**militia**	**la milicia**
	ss	She has beautiful rosy cheeks.
	[məˈlɪʃə]	-Tiene unas hermosas mejillas sonrosadas.
5104	**mathematics**	**las matemáticas**
	ss	The bulb has burned out.
	[ˌmæθəˈmætɪks]	-Se quemó la ampolleta.
5105	**snarl**	**el gruñido; gruñir**
	ss; vb	Dear Fry and Laurie. It's very easy to knock, to rage, to snarl and to satirise.
	[snɑrl]	-Queridos 'Fry y Laurie', es muy sencillo criticar, enfurecerse, gruñir y satirizar.
5106	**bun**	**el bollo**
	ss	She also has a bun in the old oven.
	[bʌn]	-También tiene un bollo en su pequeño horno.
5107	**infant**	**infantil| naciente; el niño**
	adj; ss	Consequently, infant mortality has risen sharply.
	[ˈɪnfənt]	-La consecuencia de todo ello es que la mortalidad infantil ha aumentado espectacularmente.
5108	**urine**	**la orina; de orina**
	ss; adj	They test our urine for fruit.
	[ˈjɜrən]	-Ponen a prueba nuestra orina de las frutas.
5109	**apparent**	**aparente| evidente**
	adj	Which would undoubtedly contribute to his apparent intoxication.
	[əˈpɛrənt]	-Lo que sin duda, contribuyó a su aparente -intoxicación.
5110	**provoke**	**provocar| poner**
	vb	Application of the country of origin principle to cross border service providers can provoke abuse and manipulation.
	[prəˈvoʊk]	-La aplicación del principio del país de origen a prestadores transfronterizos de servicios puede provocar abusos y manipulaciones.
5111	**curry**	**el curry; almohazar**
	ss; vb	Poonam has cooked the curry today.
	[ˈkʌri]	-Poonam ha cocinado el curry hoy.
5112	**instruct**	**instruir| dar instrucciones**

	vb	The ebuilds will then instruct you where to go and what to download.
	[ɪnˈstrʌkt]	-Simplemente haga emerge de los que paquetes que normalmente instalaría. Los ebuilds le indicarán qué debe hacer y qué debe descargar.
5113	**buckle**	**la hebilla; abrochar**
	ss; vb	Her belt buckle catches on the painting, scratching it.
	[ˈbʌkəl]	-Cinturón de hebilla de capturas en la pintura, que se raye.
5114	**trim**	**recortar| ajustar; el recorte; elegante**
	vb; ss; adj	All I want is a trim.
	[trɪm]	-Todo lo que quiero es un corte.
5115	**plum**	**la ciruela**
	ss	I threw a plum at the janitor today.
	[plʌm]	-Hoy le tiré una ciruela al portero.
5116	**marsh**	**el pantano| la marisma**
	ss	This little seedling represents an entire species of marsh grass.
	[marʃ]	-Esta pequeña semilla representa a toda una especie de pasto del pantano.
5117	**mop**	**la fregona| el trapeador; limpiar**
	ss; vb	When you're done sweeping, I'll mop.
	[map]	-Cuando termines de barrer, yo paso la fregona.
5118	**sidewalk**	**la acera**
	ss	Jim found a wallet lying on the sidewalk.
	[ˈsaɪˌdwɔk]	-Jim encontró una cartera en la banqueta.
5119	**scope**	**el alcance| la amplitud**
	ss	The scope and character of these regulations vary.
	[skoʊp]	-El alcance y las características de estas diferentes normativas varían.
5120	**erotic**	**erótico**
	adj	This is the greatest part of your erotic idea.
	[ɪˈratɪk]	-Esta es la grandeza de su concepto del erotismo.
5121	**idol**	**el ídolo**
	ss	The Romans are about to make Jerusalem worship a false idol.
	[ˈaɪdəl]	-Los romanos están a punto de hacer que Jerusalén adore a un falso ídolo.
5122	**appreciation**	**la apreciación| el reconocimiento**
	ss	Now look here, we've risked life and limb for you. At least you can show a little appreciation.
	[əˌpriʃiˈeɪʃən]	-Bueno, ahora escucha, nos hemos jugado el pellejo por ti, al menos podrías mostrar un poco de agradecimiento.
5123	**cuff**	**la bofetada; hacer una omisión**
	ss; vb	That left hand might be difficult to cuff.
	[kʌf]	-Esa mano izquierda puede ser difícil de esposar.
5124	**paddy**	**el arrozal**
	ss	These days, our paddy is yellow like gold.
	[ˈpædi]	-Estos días, nuestro arrozal brilla como el oro.
5125	**cobra**	**la cobra**
	ss	And now the king cobra is a new one.
	[ˈkoʊbrə]	-Y ahora la cobra es el nuevo icono.
5126	**intuition**	**la intuición**
	ss	Now people have a natural intuition about these trade-offs.
	[ˌɪntuˈɪʃən]	-Ahora, la gente tiene una intuición natural sobre estos sacrificios.

5127	**Frenchman**	**el francés**
	ss	Barnier is a center-right Frenchman recommending more public control over private banking activities.
	[ˈfrɛntʃmæn]	-Barnier es un francés de centroderecha que recomienda más control público sobre las actividades bancarias privadas.

5128	**leopard**	**el leopardo**
	ss	A leopard never changes its spots.
	[ˈlɛpərd]	-La cabra tira al monte.

5129	**macho**	**el macho**
	ss	He didn't try to be like that macho.
	[ˈmɑtʃoʊ]	-Él no trataba de ser como ese macho.

5130	**elderly**	**el mayor; anciano**
	ss; adj	Establishment of the elderly activity centres.
	[ˈɛldərli]	-Creación de centros de actividad para los mayores.

5131	**forge**	**la fragua| la forja; forjar**
	ss; vb	This dialogue helps to build trust and forge partnerships for the entrepreneurship policy development and implementation process.
	[fɔrdʒ]	-El diálogo que propician contribuye a generar confianza y a forjar alianzas para los procesos de diseño y aplicación de

5132	**discretion**	**la discreción| el mostrador**
	ss	Ezee-Wax, discretion and smoothness guaranteed.
	[dɪˈskrɛʃən]	-La Cera Fácil, garantiza... discreción y suavidad.

5133	**toll**	**el peaje; tañer**
	ss; vb	Subject: Motorway toll stickers in Austria
	[toʊl]	-Asunto: Viñetas de peaje en las autopistas austríacas

5134	**mining**	**la minería**
	ss	Unemployment also rose in mining and extractive industries.
	[ˈmaɪnɪŋ]	-También aumentó el desempleo en el sector de la minería y las industrias extractivas.

5135	**merit**	**el mérito; merecer**
	ss; vb	Appointments to broadcasting regulatory and complaints bodies are made on merit.
	[ˈmɛrət]	-Los nombramientos a los órganos reguladores y de denuncias en la radiodifusión se basan en el mérito.

5136	**flea**	**la pulga**
	ss	He'd suck the blood out of a flea.
	[fli]	-Le chuparía la sangre a una pulga.

5137	**dandy**	**el dandy| el dandi; excelente**
	ss; adj	I'll catch up on the young dandy's horse.
	[ˈdændi]	-Te alcanzaré en el caballo del joven dandi.

5138	**architecture**	**la arquitectura**
	ss	Went through design, some architecture.
	[ˈɑrkəˌtɛktʃər]	-Transité por estudios de diseño, algo de arquitectura.

5139	**guarded**	**guardado**
	adj	And Sherry always looked at our hero as if she knew his most carefully guarded secret.
	[ˈɡɑrdəd]	-Y Sherry siempre miraba a nuestro héroe como si conociera su secreto más cuidadosamente guardado.

5140	**compensation**	**la compensación| la enmienda**
	ss	This compensation corresponds to the amount of sickness benefit.
	[ˌkɑmpənˈseɪʃən]	-La cuantía de esa indemnización equivale a la del subsidio de enfermedad.
5141	**reader**	**el lector**
	ss	A careful reader would have noticed the mistake.
	[ˈridər]	-Un lector atento habría percibido el error.
5142	**ketchup**	**el ketchup**
	ss	I like 'em with ketchup.
	[ˈkɛtʃəp]	-A mí me gustan con kétchup.
5143	**likewise**	**igualmente**
	adv	We likewise agree on air inside buildings.
	[ˈlaɪˌkwaɪz]	-Asimismo estamos de acuerdo con respecto al aire en el interior de los edificios.
5144	**bind**	**enlazar| obligar; el lazo**
	vb; ss	Nothing like its delicate flesh to bind new hearts.
	[baɪnd]	-No hay como su carne delicada para unir nuevos corazones.
5145	**reborn**	**renacido**
	adj	I feel like a little white kitten, reborn.
	[ˈriˈbɔrn]	-Me siento como una paloma blanca. Renacido.
5146	**undressed**	**sin curtir**
	adj	The fourth photograph Philip Hawkin now undressed.
	[ənˈdrɛst]	-La cuarta fotografía... ahora Philip Hawkin está desvestido.
5147	**grind**	**moler| rechinar; la rutina**
	vb; ss	We grind them well, until a green mass.
	[graɪnd]	-Nosotros las molemos bien, hasta formar una masa verde.
5148	**banking**	**bancario; la banca**
	adj; ss	Strengthen prudential and supervisory standards in the banking and insurance sectors.
	[ˈbæŋkɪŋ]	-Endurecer las normas cautelares y de supervisión en los sectores bancario y de seguros.
5149	**thesis**	**las tesis**
	ss	Regardless, your thesis is approved.
	[ˈθisəs]	-A pesar de todo, tu tesis está aprobada.
5150	**improvement**	**la mejora| el mejoramiento**
	ss	Recent trends point towards an improvement.
	[ɪmˈpruvmənt]	-Las últimas tendencias ponían de relieve una mejora.
5151	**haste**	**la prisa; tener prisa**
	ss; vb	Being written in great haste, this letter has quite a few mistakes.
	[heɪst]	-Al haber sido escrita con mucha prisa, esta carta tiene muchas faltas.
5152	**crib**	**la cuna; plagiar**
	ss; vb	Brianna, he needs to have a crib.
	[krɪb]	-Brianna, él necesita tener una cuna.
5153	**distort**	**distorsionar**
	vb	Mass media could hide the truth, claim to speak legitimately and distort reality.
	[dɪˈstɔrt]	-Los medios de comunicación también podían ocultar la verdad, pretender hablar con toda legitimidad y distorsionar la realidad.

5154	**mainland**	**el continente**
	ss	For mainland communication, enter 3-8.
	[ˈmeɪnˌlænd]	-Para comunicación con el continente, introduzca 3 8.
5155	**rebuild**	**reconstruir**
	vb	Linking local producers with urban consumers could rebuild the local food system.
	[riˈbɪld]	-La práctica de poner en contacto a los productores locales con los consumidores urbanos podría reconstruir el sistema alimentario local.
5156	**payroll**	**la nómina de sueldos**
	ss	Preferably someone not on the payroll.
	[ˈpeɪˌroʊl]	-Preferiblemente alguien que no esté en la nómina.
5157	**damp**	**húmedo| mojado; la humedad; humedecer**
	adj; ss; vb	Everything we owned seemed permanently damp.
	[dæmp]	-Todo cuanto tenemos está permanentemente húmedo.
5158	**penny**	**los centavo**
	ss	A penny spent is often more useful than one saved.
	[ˈpɛni]	-Un centavo usado es frecuentemente más útil que uno que fue ahorrado.
5159	**drummer**	**la batería**
	ss	General, you are a truly fine drummer and excellent singer.
	[ˈdrʌmər]	-General, toca Ud. muy bien el tambor y además es un excelente cantante.
5160	**amuse**	**divertir| distraer**
	vb	I couldn't help but overhear your conversation with Jim.
	[əmˈjuz]	-No pude evitar escuchar tu conversación con Jim.
5161	**touchdown**	**el aterrizaje**
	ss	Broke three tackles on a 40-yard touchdown.
	[ˈtʌtʃˌdaʊn]	-Rompió tres placajes en un touchdown de 40 yardas.
5162	**grandparent**	**el abuelo**
	ss	In a land of immigrants many children grow up in a situation where their grandparents haven't mastered the child's language; the youngster quickly learns to express himself as simply as possible.
	[ˈgrændˌpɛrənt]	-En una tierra de inmigrantes, muchos niños crecen en una situación donde sus abuelos no han dominado el idioma; los jóvenes aprenden rápidamente a expresarse de la forma más simple posible.
5163	**warp**	**los urdimbre; deformar**
	ss; vb	The Enterprise herself was upgraded in that future, sporting a third warp engine.
	[wɔrp]	-El propio Enterprise mejorado en ese futuro con un tercer motor de curvatura.
5164	**sly**	**astuto**
	adj	You seduced him, you sly little fox.
	[slaɪ]	-Lo sedujiste, pequeño zorro astuto.
5165	**gloomy**	**melancólico| oscuro**
	adj	Together they created nature Belbog and gloomy Chernobog
	[ˈglumi]	-Crearon juntos la naturaleza Belbog y el sombrío Chernobog
5166	**atom**	**el átomo**
	ss	Between the stars appear parts of a stylised atom which covers the entire coin.
	[ˈætəm]	

-Entre las estrellas se ve parte de un átomo estilizado, que cubre toda la moneda.

5167	**conservative**	**conservador; el conservador**
	adj; ss	To estimate these imports, a conservative approach was adopted.
	[kənˈsɜrvətɪv]	-Al hacer la estimación de estas importaciones se adoptó un enfoque conservador.
5168	**spa**	**el spa| la estación termal**
	ss	Day spa packages are also available.
	[spɑ]	-También se dispone de paquetes de spa diarios.
5169	**worthwhile**	**vale la pena**
	adv	Clearly, it would be worthwhile for me to read this book.
	[ˈwɜrˈθwaɪl]	-Claro que debería leer este libro.
5170	**undo**	**deshacer**
	vb	Please help me undo these straps.
	[ənˈdu]	-Por favor, ayúdame a deshacer estas correas.
5171	**monument**	**el monumento**
	ss	Meanwhile the monument was moved to another place.
	[ˈmɑnjumənt]	-Entretanto, el monumento ha sido trasladado a otro lugar.
5172	**achievement**	**el logro| la consecución**
	ss	What an achievement!
	[əˈʧivmənt]	-¡Qué logro!
5173	**playground**	**el patio**
	ss	Always alone in the school playground.
	[ˈpleɪˌgraʊnd]	-Siempre están solos en el patio del colegio.
5174	**rookie**	**el novato; bisoño**
	ss; adj	Traded for a Mike Schmidt rookie baseball card.
	[ˈrʊki]	-Cambiado por una tarjeta de novato de Béisbol de Mike Schimdt.
5175	**sweaty**	**sudoroso**
	adj	Security, there's a sweaty Jew in my hallway.
	[ˈswɛti]	-Seguridad, hay un judío sudoroso en mi pasillo.
5176	**blunt**	**embotar; embotado**
	vb; adj	Twelve-inch contusions indicating blunt force: eight such wounds.
	[blʌnt]	-Contusiones de doce pulgadas que indican fuerza contundente: ocho heridas de ese tipo.
5177	**grill**	**la parrilla; asar a la parrilla**
	ss; vb	Christine would love a new grill.
	[grɪl]	-A Christine le encantaría tener una parrilla nueva.
5178	**verify**	**verificar| apurar**
	vb	Procedures to verify data entry and analysis.
	[ˈvɛrəˌfaɪ]	-Procedimientos para verificar la entrada y el análisis de los datos.
5179	**narcotic**	**narcótico; el narcótico**
	adj; ss	Miss Queen tested positive for a narcotic called Vertigo.
	[nɑrˈkɑtɪk]	-Señorita Queen dio positivo para un narcótico llamado Vértigo.
5180	**haired**	**peludo**
	adj	The notorious blue- haired cheese bandit.
	[hɛrd]	-La famosa ladrona de queso de pelo azul.
5181	**chime**	**repicar; el campaneo**

vb; ss | When you hear the chime it will be exactly...
[ˈtʃaɪm] | -Cuando oiga la campanada serán exactamente...

5182 allowance — **la concesión; fijar**
ss; vb | The reference framework for German parental allowance was incorrect.
[əˈlaʊəns] | -El marco de referencia para el subsidio parental alemán era incorrecto.

5183 canvas — **la lona**
ss | A true artist fears a blank canvas.
[ˈkænvəs] | -El verdadero temor del artista, es un lienzo en blanco.

5184 hydrogen — **el hidrógeno**
ss | Nothing bad has ever happened from lighting hydrogen on fire.
[ˈhaɪdrədʒən] | -Nada malo nunca ha sucedido desde la iluminación de hidrógeno en llamas.

5185 recite — **recitar | decir**
vb | My English lit professor makes us recite Shakespeare when we come in late.
[rəˈsaɪt] | -Mi profesor de literatura inglesa nos hace recitar Shakespeare cuando llegamos tarde.

5186 underworld — **el inframundo; del hampa**
ss; adj | Cerberus, 3-headed dog that guards the underworld.
[ˈʌndərˌwɜrld] | -Cerberus, el perro de tres cabezas que custodia el inframundo.

5187 mist — **la niebla; empañar**
ss; vb | The Flightmare... its mist temporarily paralyzes you.
[mɪst] | -El Flightmare te ha rociado con su niebla y te ha paralizado temporalmente.

5188 granddad — **el abuelo**
ss | Better give your granddad some peace and quiet.
[granddad] | -Será mejor que dejemos al abuelo tranquilo.

5189 padre — **el capellán**
ss | South padre spring break season ends this weekend.
[ˈpæˌdreɪ] | -La temporada del receso primaveral en South Padre termina este fin de semana.

5190 homo- — **homo-**
pfj | He's a total homo- jerk-wad.
[ˈhoʊmoʊ-] | -Es un verdadero homo- Pesado e imbécil.

5191 detailed — **detallado**
adj | Thank you for your detailed explanation.
[dɪˈteɪld] | -Gracias por tu detallada explicación.

5192 purity — **la pureza**
ss | However, nationalism did not necessarily require ethnic purity.
[ˈpjʊrəti] | -No obstante, el nacionalismo no exige necesariamente la pureza étnica.

5193 crackle — **crepitar; la crepitación**
vb; ss | That little speech sounds like the crackle of confederate money.
[ˈkrækəl] | -Eso suena como el crujido de una daga.

5194 weekly — **semanal | de cada semana; semanalmente; el semanario**
adj; adv; ss | Today Boggs gets his weekly phone privileges.
[ˈwikli] | -Hoy más tarde, Boggs tendrá su privilegio de uso telefónico semanal.

5195 virginity — **la virginidad**
ss | But for me, losing your virginity is gigantic.
[vərˈdʒɪnɪti] | -Pero para mi, perder la virginidad es algo muy grande.

5196	**undoubtedly**	**indudablemente**
	adv	Metal cases are undoubtedly tougher, but much more expensive.
	[ənˈdaʊtɪdli]	-Las cajas de metal son sin lugar a dudas más resistentes, pero mucho más caras.

5197	**survey**	**el estudio| el reconocimiento; estudiar**
	ss; vb	Based on 2011 household expenditure survey.
	[ˈsɜrˌveɪ]	-Datos basados en la encuesta de gastos familiares de 2011.

5198	**mosquito**	**el mosquito**
	ss	She was like a mosquito that won't die.
	[məˈskitoʊ]	-Es como un mosquito que nunca muere.

5199	**bender**	**la juerga**
	ss	You smell like Flipper after a five-day herring bender.
	[ˈbɛndər]	-Hueles como Flipper después de 5 días de juerga con arenques...

5200	**incapable**	**incapaz**
	adj	If the police in this country are incapable offer protecting it's citizens...
	[ɪnˈkeɪpəbəl]	-Si a policía en este país es incapaz de proteger a sus ciudadanos...

5201	**polar**	**polar**
	adj	Access to the latest weather images from polar orbiting and geostationary satellites.
	[ˈpoʊlər]	-Tenga acceso a las imágenes más recientes de los satélites meteorológicos de órbita polar y geoestacionarios.

5202	**backstage**	**entre bastidores; los bastidores; de bastidores**
	adv; ss; adj	Found their uniforms and badges backstage.
	[ˈbækˈsteɪdʒ]	-He encontrado sus uniformes y sus placas entre bastidores.

5203	**quantum**	**cuántico; el quantum**
	adj; ss	Eleanor's quantum processor evidently jammed all our communication frequency.
	[ˈkwɑntəm]	-El procesador cuántico de Eleanor evidentemente bloqueó todas nuestras frecuencias de comunicación.

5204	**Vietnamese**	**vietnamita; vietnamita**
	adj; ss	I have French nationality but Vietnamese origins.
	[viɛtnɑˈmis]	-Tengo nacionalidad francesa, pero soy de origen vietnamita.

5205	**valid**	**válido**
	adj	A valid passport and an "International Vaccination Certificate".
	[ˈvæləd]	-Un pasaporte válido y una vacunación Certificate" de "International;.

5206	**courtyard**	**el patio**
	ss	Your screams echo through the courtyard.
	[ˈkɔrˌtjɑrd]	-Sus gritos se escuchan a través del patio.

5207	**imitate**	**imitar**
	vb	He can imitate the rest of the family.
	[ˈɪməˌteɪt]	-Él puede imitar al resto de la familia.

5208	**truce**	**la tregua**
	ss	I'm holding to our truce, Victoria.
	[trus]	-Yo mantengo nuestra tregua, Victoria.

5209	**freshman**	**estudiante de primer año**
	ss	Isiah was good enough to start on the varsity as a freshman.
	[ˈfrɛʃmən]	-Isiah era lo suficientemente bueno para ser titular en el equipo principal como un estudiante de primer año.

5210	**tumor**	**el tumor**
	ss	Classic signs of an upper-lobe tumor.
	[ˈtumər]	-Signos clásicos de un tumor de la cúpula pulmonar.
5211	**scenery**	**el paisaje**
	ss	The scenery at the plantation is so delightful!
	[ˈsinəri]	-¡Qué encantador es el paisaje de la huerta!
5212	**madly**	**locamente**
	adv	I like to think of you as just madly eccentric.
	[ˈmædli]	-Yo prefiero llamarlo simplemente... locamente excéntrico.
5213	**idiotic**	**idiota| estúpido**
	adj	It will end up in an idiotic book.
	[ˌɪdiˈɑtɪk]	-Eso terminará en un estúpido libro.
5214	**commandant**	**el comandante**
	ss	Size is not everything, commandant.
	[ˌkamənˈdɑnt]	-El tamaño no lo es todo, comandante.
5215	**spooky**	**escalofriante**
	adj	I reckon this place would get quite spooky after dark.
	[ˈspuki]	-Creo que este lugar podría llegar a ser espeluznante por la noche.
5216	**evacuation**	**la evacuación**
	ss	Richard Tregaskis is in an evacuation hospital near Naples.
	[ɪˌvækjəˈweɪʃən]	-RIchard Tregaskis está en un hospital de evacuación cerca de Nápoles.
5217	**riches**	**la riqueza**
	ss	That's all the riches I got in his service.
	[ˈrɪtʃəz]	-Es toda la riqueza que obtuve a su servicio.
5218	**shortcut**	**el atajo**
	ss	The shortcut skips a whole level.
	[ˈʃɔrtˌkʌt]	-El atajo me hace saltar un nivel entero.
5219	**nova**	**la estrella nueva**
	ss	They died when their sun went nova.
	[ˈnoʊvə]	-Los dilgar murieron cuando su sol se convirtió en nova.
5220	**hypocrite**	**hipócrita; hipócrita**
	adj; ss	I'd be a hypocrite to get upset about it.
	[ˈhɪpəˌkrɪt]	-Sería muy hipócrita enfadarme por eso.
5221	**cracker**	**la galleta**
	ss	Here you go, you little yellow cracker.
	[ˈkrækər]	-Llegaste, tú pequeña galleta amarilla.
5222	**unemployment**	**el desempleo**
	ss	Solving the problem of unemployment requires active labour market measures.
	[ˌʌnɪmˈplɔɪmənt]	-Para resolver el problema del desempleo es necesario emprender acciones en el mercado de trabajo.
5223	**convenience**	**la conveniencia**
	ss	People should marry for love, not convenience.
	[kənˈvinjəns]	-La gente debe casarse por amor, no por conveniencia.
5224	**hag**	**la bruja; ser una bruja**
	ss; vb	You're just like a foreign hag... caring only for trivia.
	[hæg]	-Eres como una bruja extranjera... preocupándote sólo de trivialidades.

5225 sonar   **el sonar**

ss   These attack with torpedoes and are capable of using sonar.

[ˈsoʊnɑr]   -Pueden atacar con torpedos y utilizar el sónar.

5226 container   **el recipiente**

ss   Consequently the ISO container is rarely used in inter-European transport.

[kənˈteɪnər]   -Por lo tanto el contenedor ISO se utiliza raramente en el transporte intereuropeo.

5227 mercury   **el mercurio**

ss   Mercury is the planet closest to the Sun.

[ˈmɜrkjəri]   -Mercurio es el planeta más cercano al sol.

5228 shameful   **vergonzoso**

adj   It was nothing but shameful theatre.

[ˈʃeɪmfəl]   -No es más que un teatro vergonzoso.

5229 funk   **el canguelo; acobardarse**

ss; vb   We can't play funk without a bass line.

[fʌŋk]   -No podemos tocar Funk sin un bajo.

5230 lining   **el revestimiento**

ss   Every cloud has a silver lining.

[ˈlaɪnɪŋ]   -No hay mal que por bien no venga.

5231 tummy   **la barriguita**

ss   Get your hands on the tummy back there.

[ˈtʌmi]   -Pongan sus manos en el estómago.

5232 stash   **el alijo; esconder**

ss; vb   New hiding place for my Halloween stash.

[stæʃ]   -Es el nuevo sitio en el que guardo mi alijo de Halloween.

5233 bouquet   **el ramo**

ss   Here's a little holiday-appropriate bouquet.

[buˈkeɪ]   -Aquí tienes un... ramo apropiado para fiestas.

5234 heartless   **cruel**

adj   Your tears can't affect a heartless person.

[ˈhɑrtləs]   -Sus lágrimas no pueden afectar a una persona sin corazón.

5235 patron   **el patrón| los mecenas**

ss   His noble and respected patron had kidnapped some local girls.

[ˈpeɪtrən]   -Su noble y muy respetado patrón había secuestrado... a varias chicas de la localidad.

5236 oneself   **uno mismo**

prn   This is the love that esteems others better than oneself.

[ˌwʌnˈsɛlf]   -Este es un amor que considera a otros mejor que a uno mismo.

5237 employer   **el empleador| la empresa**

ss   Among the mourners was McGinnises employer, Derek Powers.

[emˈplɔɪər]   -Entre los asistentes, estaba el empleador de McGinnis, Derek Powers.

5238 OT   **Antiguo Testamento| las horas extras**

abr   I'm not giving up my OT.

[ɔt]   -Yo no pienso renunciar a las horas extra.

5239 whinny   **el relincho; relinchar**

ss; vb   When they whinny, you know you've done a good job.

[whinny]   -Cuando relinchan, sabes que has hecho un buen trabajo.

5240	**fatso**	**el gordo**
	ss	Please, stop complaining, fatso.
	[fatso]	-Basta de quejarte, gordo, por favor.
5241	**hump**	**la joroba; joder**
	ss; vb	He has foul breath they say, and a hump.
	[hʌmp]	-Dicen que él tiene mal aliento y una joroba.
5242	**kite**	**la cometa; estafar un banco**
	ss; vb	The kite disappeared into the sky.
	[kaɪt]	-La cometa desapareció en el cielo.
5243	**irony**	**la ironía**
	ss	What envenomed irony fate has wrought.
	[ˈaɪrəni]	-Qué amarga ironía me ha preparado el destino.
5244	**carve**	**esculpir**
	vb	And then I began to carve... slowly and carefully.
	[kɑrv]	-Y después comencé a tallar lenta y cuidadosamente.
5245	**tutor**	**el tutor| el profesor; enseñar**
	ss; vb	Your assigned tutor is Cassidy Finch.
	[ˈtutər]	-Se te asignó como tutor a Cassidy Finch.
5246	**caravan**	**la caravana**
	ss	Even now the caravan approaches Jerusalem.
	[ˈkærəˌvæn]	-En este momento la caravana se acerca a Jerusalén.
5247	**bruise**	**el moretón| la contusión; herir**
	ss; vb	She had a bruise on her face.
	[bruz]	-Ella tenía un moretón en la cara.
5248	**hostess**	**la anfitriona**
	ss	You have the makings of a perfect hostess.
	[ˈhoʊstəs]	-Usted tiene las características de un perfecto anfitrión.
5249	**necessity**	**la necesidad**
	ss	His wife has started to work out of necessity.
	[nəˈsɛsəti]	-Su esposa ha empezado a trabajar por necesidad.
5250	**generosity**	**la generosidad**
	ss	Your generosity will not be forgotten.
	[ˌdʒɛnəˈrɑsəti]	-Tu generosidad no será olvidada por mí o mi familia.
5251	**decline**	**la disminución| la declinación; declinar**
	ss; vb	These are preliminary indications of a real decline in polio transmission.
	[dɪˈklaɪn]	-Estos son indicios preliminares de que ha habido una disminución real en la transmisión de la poliomielitis.
5252	**dolphin**	**el delfín**
	ss	Although the dolphin costume's a little odd.
	[ˈdɑlfən]	-A pesar de que el disfraz de delfín es un poco extraño.
5253	**detect**	**detectar| identificar**
	vb	Senses are strained trying to detect approaching danger.
	[dɪˈtɛkt]	-Los sentidos están tensos, intentando detectar algún peligro acercándose.
5254	**perish**	**perecer| deteriorarse**
	vb	And I swore that you would see your city perish.
	[ˈpɛrɪʃ]	-Y juré que verías perecer tu ciudad.
5255	**cloak**	**la capa| el capote; encubrir**

	ss; vb	The cloak's power comes from what's inside it.	
	[kloʊk]	-El poder de la capa viene de lo que hay en su interior.	
5256	**priceless**	**inestimable**	
	adj	To many Iraqis it's considered priceless.	
	[ˈpraɪsləs]	-Para muchos iraquíes es considerada invaluable.	
5257	**spicy**	**picante**	
	adj	It is used as a spicy condiment in the development of some culinary dishes.	
	[ˈspaɪsi]	-Se emplea como condimento picante en la elaboración de algunos platos culinarios.	
5258	**comedian**	**el cómico**	
	ss	We got a comedian on the plane.	
	[kəˈmidiən]	-Tenemos una comediante en el avión.	
5259	**advisor**	**el tutor**	
	ss	My so-called financial advisor just rang.	
	[ædˈvaɪzər]	-Mi así llamado asesor financiero acaba de llamar.	
5260	**dictionary**	**el diccionario**	
	ss	Removes the selected user-defined entry from the dictionary.	
	[ˈdɪkʃəˌnɛri]	-Elimina del diccionario la entrada definida por el usuario seleccionada.	
5261	**dinosaur**	**el dinosaurio**	
	ss	It's a giant duck-bill dinosaur.	
	[ˈdaɪnəˌsɔr]	-Es un dinosaurio gigante en forma de pato.	
5262	**cam**	**la leva**	
	ss	Full 1080p resolution on the security cam.	
	[kæm]	-Resolución completa a 1080 pixels en la cámara de seguridad.	
5263	**shutter**	**el obturador; poner postigos a**	
	ss; vb	I for example set the shutter speed to 1/250.	
	[ˈʃʌtər]	-Por ejemplo, ajustamos la velocidad de obturación a 1/250.	
5264	**parachute**	**el paracaídas; saltar con paracaídas**	
	ss; vb	The defective parachute was meant for me.	
	[ˈpɛrəˌʃut]	-El modelo defectuoso, ese paracaídas era para mí.	
5265	**stripper**	**estriptista**	
	ss	Gilligan killed the skipper... stripper.	
	[ˈstrɪpər]	-Gilligan mató a la estricta... A la stripper.	
5266	**athlete**	**atleta**	
	ss	It makes her see him as an athlete.	
	[ˈæˌθlit]	-Le hace ver como un atleta.	
5267	**pong**	**apestar**	
	vb	That's quite a pong for a little... girl.	
	[pɔŋ]	-Esto es mucha peste para una pequeña... niña.	
5268	**crude**	**crudo**	
	adj	Many intellectuals disdain popular culture because of its crude commercialism.	
	[krud]	-Muchos intelectuales desdeñan a la cultura popular debido a su comercialismo crudo.	
5269	**footprint**	**la huella| la marca**	
	ss	Leave no footprint, only lunch specials.	
	[ˈfʊtˌprɪnt]	-No dejar ninguna huella, sólo especiales para almuerzo.	

5270	**octopus**	**el pulpo**
	ss	Now you're the lucky octopus.
	[ˈɑktəˌpʊs]	-Ahora usted es el pulpo suerte.
5271	**consul**	**el cónsul**
	ss	The consul approves communications to Moscow.
	[ˈkɑnsəl]	-El Cónsul aprueba todas las comunicaciones con Moscú.
5272	**juicy**	**jugoso**
	adj	You know I still owe you one big juicy favor.
	[ˈdʒusi]	-Sabes que todavía te debo un jugoso favor.
5273	**valve**	**la válvula; de válvula**
	ss; adj	I can hear the left valve regurgitating blood.
	[vælv]	-Puedo oír el reflujo de sangre en la válvula izquierda.
5274	**monstrous**	**monstruoso**
	adj	JULY Your sister will have prepared the usual monstrous lunch.
	[ˈmɑnstrəs]	-Tu hermana habrá preparado el usual almuerzo monstruoso.
5275	**bash**	**el intento; asestar un golpe**
	ss; vb	Valentine's bash at the bulge tonight.
	[bæʃ]	-Fiesta de San Valentín en el "Bulto" esta noche.
5276	**zoom**	**enfocar; la empinadura**
	vb; ss	This operation cannot be performed during zoom.
	[zum]	-Esta operación no puede realizarse durante la utilización del zoom.
5277	**antidote**	**el antídoto**
	ss	Faith is the perfect antidote for fear.
	[ˈæntɪˌdoʊt]	-La fe es el antídoto perfecto para el miedo.
5278	**gamma**	**la gama**
	ss	Set here the gamma correction value.
	[ˈgæmə]	-Establezca aquí el valor de la corrección de gamma.
5279	**furthermore**	**además**
	adv	Speculation on food prices should furthermore be restricted.
	[ˈfɜrðərˌmɔr]	-Además, se debería restringir la especulación con los precios de los alimentos.
5280	**unacceptable**	**inaceptable**
	adj	That's absolutely unacceptable.
	[ˌʌnækˈsɛptəbəl]	-Eso es totalmente inaceptable.
5281	**cowardly**	**cobardemente; cobarde**
	adv; adj	This self-deception is cowardly and dangerous.
	[ˈkaʊərdli]	-Autoengañarnos de esta forma es cobarde y peligroso.
5282	**arch**	**el arco; arquear; malicioso**
	ss; vb; adj	Washington Square Park, underneath the arch.
	[ɑrtʃ]	-En el parque de Washington Square, bajo el arco.
5283	**ole**	**el viejo| el antiguo**
	ss	My ole man and Trevor next door.
	[oʊl]	-Mi viejo y Trevor al lado.
5284	**scrape**	**raspar| arrastrar; el raspado**
	vb; ss	You can scrape today's dinner off the walls.
	[skreɪp]	-Puedes cenar o raspar las paredes.
5285	**solemn**	**solemne**

		adj [ˈsɑləm]	This should be our solemn pledge, because today's youth are our future. -Esta debe ser nuestra promesa solemne porque la juventud de hoy es nuestro futuro.

5286 imprison — encarcelar
vb
[ɪmˈprɪzən]
The accused intended to unlawfully imprison or severely deprive one or more persons of their physical liberty.
-Que el acusado haya tenido intención de confinar ilegalmente a una o más personas o de privarlas en modo grave de su libertad física.

5287 blend — la mezcla| la mixtura; mezclar
ss; vb
[blɛnd]
The building doesn't blend in with its surroundings.
-Ese edificio no armoniza con el panorama circundante.

5288 ounce — la onza
ss
[aʊns]
If we shed every ounce, we might achieve orbit.
-Si quitamos cada onza llegaremos a la órbita.

5289 rejoice — alegrarse| regocijarse
vb
[rɪˈdʒɔɪs]
So I rejoice at the Spanish Presidency's commitment and support Commissioner Vitorino's initiatives.
-Me alegra por ello la actitud decidida de la Presidencia española y apoyo las iniciativas del Comisario Vitorino.

5290 disabled — incapacitado; los incapacitado
adj; ss
[dɪˈseɪbəld]
Once in power, Hitler introduced compulsory sterilisation for selected disabled Germans.
-Una vez en el poder, Hitler introdujo la esterilización compulsiva para selectivos discapacitados alemanes.

5291 raven — el cuervo; negro; devorar
ss; adj; vb
[ˈreɪvən]
The raven calls, asking Sky to follow.
-El cuervo llama, le dice a Sky que lo siga.

5292 intercom — el intercomunicador
ss
[ˈɪntərˌkɑm]
Patrol said somebody hit the intercom.
-La patrulla dijo que alguien le dio al intercomunicador.

5293 update — actualizar; la actualización
vb; ss
[əpˈdeɪt]
Divisions should periodically update their respective components of the database.
-Las Divisiones deberían actualizar periódicamente sus componentes respectivos de la base de datos.

5294 stool — el taburete
ss
[stul]
To chair also includes an upholstered stool.
-Para silla también incluye un taburete tapizado.

5295 academic — académico; el universitario
adj; ss
[ˌækəˈdɛmɪk]
He is unable to concentrate on his academic work.
-Él es incapaz de concentrarse en su trabajo escolar.

5296 restricted — restringido
adj
[rɪˈstrɪktəd]
Freedom of speech is restricted in some countries.
-También existen países donde la libertad de expresión es limitada.

5297 mineral — mineral; el mineral
adj; ss
[ˈmɪnərəl]
Today, mega-projects and mineral exploitation present additional risks.
-Hoy en día, los megaproyectos y la explotación mineral presentan riesgos adicionales.

5298	**communion**	**la comunión**
	ss	Finally, may today's communion on the occasion of his funeral help to advance the Middle East peace process.
	[kəmˈjunjən]	-Y por último, que la comunión que se ha producido hoy con motivo de su funeral contribuya a adelantar el proceso de paz del Oriente Medio.

5299	**lime**	**la cal; abonar con cal**
	ss; vb	A Stoli and tonic with a twist of lime, please.
	[laɪm]	-Un Stoli y una tónica con un poco de lima, por favor. Vale.

5300	**modesty**	**la modestia**
	ss	Today, Americans and Europeans alike must demonstrate modesty.
	[ˈmɑdəsti]	-Hoy, tanto los estadounidenses como los europeos deben demostrar modestia.

5301	**conditioning**	**el acondicionamiento; condicional**
	ss; adj	This approach involves forced guilt, moral inquisition and permanent psychological conditioning.
	[kənˈdɪʃənɪŋ]	-Es una inculpación forzosa, una inquisición moral y un permanente condicionamiento psíquico.

5302	**boar**	**el verraco**
	ss	So the boar became a monster...
	[bɔr]	-Así que el jabalí se convirtió en Tatarigami.

5303	**teller**	**el escrutador**
	ss	Same amount missing from the bank teller.
	[ˈtɛlər]	-La misma cantidad que le falta a la cajera del banco.

5304	**gram**	**el gramo**
	ss	I have one gram of those predatory mites.
	[græm]	-Aquí tengo un gramo de ácaros predadores.

5305	**hare**	**la liebre; correr**
	ss; vb	He runs like a hare into the building site.
	[hɛr]	-Corre como una liebre hasta un baldío.

5306	**pact**	**el pacto**
	ss	International law was not a suicide pact.
	[pækt]	-El derecho internacional no es un pacto de suicidio.

5307	**comparison**	**la comparación**
	ss	The buildings are small in comparison to the skyscrapers in New York.
	[kəmˈpɛrəsən]	-Los edificios son pequeños en comparación con los rascacielos de Nueva York.

5308	**daytime**	**el tiempo de día**
	ss	Ron is, hands down, the best director of daytime drama.
	[ˈdeɪˌtaɪm]	-Ron es, sin lugar a dudas, el mejor director de drama diurno.

5309	**bandage**	**el vendaje; vendar**
	ss; vb	Now I am removing the inner bandage.
	[ˈbændɪdʒ]	-Ahora estamos quitando el segundo vendaje.

5310	**immune**	**inmune**
	adj	Trade policy cannot be immune to this goal.
	[ɪmˈjun]	-La política comercial no puede ser inmune a este objetivo.

5311	**unpredictable**	**imprevisible**
	adj	Rash, unpredictable, surprisingly decent.
	[ˌʌnprɪˈdɪktəbəl]	-Irreflexiva, impredecible, fastidiosa a veces... pero muy honesta.

5312	**consolation**	**el consuelo**
	ss	It is a consolation that no one was killed.
	[ˌkɑnsəˈleɪʃən]	-Es un consuelo que nadie haya muerto.
5313	**sponge**	**la esponja; lavar con esponja**
	ss; vb	A saline-solution-soaked sponge is used to conduct electricity.
	[spʌndʒ]	-Una esponja remojada en solución salina es usada para conducir electricidad.
5314	**remorse**	**el remordimiento**
	ss	Distinctive lack of remorse and empathy.
	[rɪˈmɔrs]	-Una falta llamativa de remordimiento y de empatía.
5315	**headmaster**	**los director de escuela**
	ss	Once headmaster and outstanding teacher of the People.
	[ˈhɛdˈmæstər]	-El una vez director y extraordinario maestro de la gente.
5316	**heed**	**la atención; prestar atención a**
	ss; vb	Western Europeans, who have been spared this legacy, should heed our warnings.
	[hid]	-Los europeos occidentales, que se han librado de este legado, deberían escuchar nuestras advertencias.
5317	**yank**	**el tirón; tirar en**
	ss; vb	Let me know when you get bored, yank.
	[jæŋk]	-Avísame cuando se aburra, yanqui.
5318	**yoga**	**las yoga**
	ss	She's a yoga teacher.
	[ˈjoʊgə]	-Ella es instructora de yoga.
5319	**immigration**	**la inmigración**
	ss	Current immigration controls were non-partisan and non-discriminatory.
	[ˌɪməˈgreɪʃən]	-Los controles a la inmigración que se aplican actualmente no son partidistas ni discriminatorios.
5320	**drawers**	**los calzoncillos**
	ss	Keep your sleep more celebrity photos in your drawers.
	[drɔrz]	-Mantenga su sueño más fotos de la celebridad en sus cajones.
5321	**unfinished**	**inconcluso**
	adj	The doorway remains unfinished at the top.
	[ənˈfɪnɪʃt]	-La portada está sin terminar en su parte superior.
5322	**incidentally**	**de paso**
	adv	We don't talk about him, incidentally.
	[ˌɪnsɪˈdɛntəli]	-Nunca hablamos de él, por cierto.
5323	**attendant**	**asistente| concomitante; asistente**
	adj; ss	I've talked to every morgue attendant, every MSAT driver.
	[əˈtɛndənt]	-He hablado con todo asistente en la morgue, comprobado cada teléfono por satélite.
5324	**caller**	**el llamador**
	ss	It's a caller for you, Sir Charles.
	[ˈkɔlər]	-Es una llamada para usted, Sir Charles.
5325	**communism**	**el comunismo**
	ss	America needs warriors to fight the evils of communism.
	[ˈkɑmjəˌnɪzəm]	-América necesita guerreros para derrotar el comunismo.
5326	**violate**	**violar**

	vb [ˈvaɪəleɪt]	Tunisia forcefully condemned those practices and rejected Israeli attempts to Judaize Jerusalem and violate Islamic and Christian holy sites. -Túnez condena enérgicamente esas prácticas y rechaza las tentativas de Israel de judaizar Jerusalén y viola
5327	**beta** ss [ˈbeɪtə]	**la beta** I'm recruiting beta testers for this application. -Es por eso que estoy reclutando beta testers para esta aplicación.
5328	**trench** ss; adj; vb [trɛnʧ]	**la zanja; de trincheras; hacer trincheras** Well... maintain defensive positions in the trench. -Bueno qué, a la trinchera, ocupar sus puestos.
5329	**elaborate** vb; adj [ɪˈlæbrət]	**elaborar; elaborado** The Special Committee must elaborate meaningful strategic recommendations based on consensus. -El Comité Especial debe elaborar recomendaciones estratégicas sólidas basadas en el consenso.
5330	**isolation** ss [ˌaɪsəˈleɪʃən]	**el aislamiento** Dialogue and engagement will defuse tensions better than isolation. -El diálogo y el compromiso aliviarán las tensiones mejor que el aislamiento.
5331	**bakery** ss [ˈbeɪkəri]	**la panadería** In the bakery window, lollipops. -En la ventana de la panadería, chupachups.
5332	**revelation** ss [ˌrɛvəˈleɪʃən]	**la revelación** Despite my dogged piety, no great revelation came. -A pesar de mi obstinada piedad, no me llegó ninguna gran revelación.
5333	**wink** ss; vb [wɪŋk]	**el guiño; guiñar** A wink is when a writer puts in a secret message for someone special. -Un guiño es cuando un escritor pone un mensaje secreto para alguien especial.
5334	**inventory** ss; vb [ˌɪnvənˈtɔri]	**el inventario; inventar** After inventory, there was a net balance of three hundred pesos. -Hecho el inventario, quedó un líquido de trescientos pesos.
5335	**unaware** adj [ˌʌnəˈwɛr]	**inconsciente** They were carelessly unaware of the danger. -Estaban descuidadamente inconscientes del peligro.
5336	**depart** vb [dɪˈpart]	**salir| marcharse** What time does the train for New York depart? -¿A qué hora parte el tren a Nueva York?
5337	**disc** ss [dɪsk]	**el disco** Remaster any commercial movie disc using simple XML scripts. -Puede Remasterizar cualquier disco de película comercial usando sencillos scripts XML.
5338	**successfully** adv [səkˈsɛsfəli]	**con éxito** This will be the second application of the procedure successfully established in 1997. -Ésta será la segunda aplicación del procedimiento establecido con éxito en 1997.
5339	**penguin**	**el pingüino**

	ss	I am not a penguin.
	[ˈpɛŋgwən]	-No soy un pingüino.
5340	**panda**	**panda**
	ss	Nancy had never seen a giant panda.
	[ˈpændə]	-Nancy nunca había visto a un panda gigante.
5341	**unreasonable**	**irrazonable**
	adj	Do you think I'm being unreasonable?
	[ənˈriznəbəl]	-¿Tú crees que estoy siendo irrazonable?
5342	**kettle**	**el hervidor**
	ss	Miss Grainger's boiling a kettle.
	[ˈkɛtəl]	-La Srta. Grainger ha puesto la tetera.
5343	**cartoon**	**los dibujos animados**
	ss	She should be doing cartoon voiceovers.
	[kɑrˈtun]	-Deberías estar haciendo la voz de una caricatura.
5344	**tsar**	**el zar**
	ss	The Tsar, the guests, the servants, even the gray cat sitting in the corner, all
	[zɑr]	were amazed and wondered at the beautiful Vasilissa.
		-El zar, los invitados, los criados, hasta el gato gris sentado en un rincón, todos se quedaban pasmados y maravillados ante la hermosa Vasilisa.
5345	**abduct**	**secuestrar**
	vb	You sent gunmen to abduct Leyla and Amira.
	[æbˈdʌkt]	-Enviaste a tus hombres a secuestrar a Leyla y Amira.
5346	**leash**	**la correa; tener correa**
	ss; vb	If you want to buy a leash, go to a pet shop.
	[liʃ]	-Si quieres comprar una correa, anda a una tienda de mascotas.
5347	**protector**	**el protector**
	ss	He's our protector and guardian.
	[prəˈtɛktər]	-El Capitán Hindsight es nuestro protector y guardián.
5348	**epidemic**	**la epidemia; epidémico**
	ss; adj	Scores of people died in the epidemic.
	[ˌɛpəˈdɛmɪk]	-Un gran número de personas murió durante la epidemia.
5349	**gadget**	**el artilugio| el aparato**
	ss	What's your favorite gadget?
	[ˈgædʒət]	-¿Cuál es tu gadget favorito?
5350	**abbey**	**la abadía| el monasterio**
	ss	None enter the abbey before me.
	[ˈæbi]	-Nadie entra a la Abadía antes de mi.
5351	**dub**	**doblar; los doblado**
	vb; ss	But I used to dub John Wayne.
	[dʌb]	-Pero solía doblar a John Wayne.
5352	**thunderclap**	**el tronido**
	ss	The first hint of this storm is not a thunderclap.
	[thunderclap]	-El primer indicio de esta tormenta no es un trueno.
5353	**hull**	**la cáscara; descascarar**
	ss; vb	The ship's hull is damaged.
	[hʌl]	-El casco del buque está averiado.
5354	**publishing**	**la publicación; editor**

	ss; adj	Lulu offers free book publishing services.
	[ˈpʌblɪʃɪŋ]	-Lulu ofrece servicios de publicación de libros gratuitos.
5355	**toothbrush**	**el cepillo de dientes**
	ss	Where can I buy a toothbrush?
	[ˈtuθbrəʃ]	-¿Dónde puedo comprar un cepillo de dientes?
5356	**verge**	**el borde| la vera; acercarse**
	ss; vb	Some wild animals are on the verge of extinction.
	[vɜrdʒ]	-Algunos animales salvajes están al borde de la extinción.
5357	**shampoo**	**el champú; lavar**
	ss; vb	Jim wants to try a new shampoo.
	[ʃæmˈpu]	-Jim quiere probar un nuevo shampoo.
5358	**squawk**	**el graznido; graznar**
	ss; vb	Only she's going to squawk the way I tell her to.
	[skwɔk]	-Pero va a graznar como yo le diga.
5359	**ignition**	**el encendido**
	ss	Design shall limit fire ignition and propagation.
	[ɪgˈnɪʃən]	-El diseño limitará la ignición y propagación de incendios.
5360	**monthly**	**mensual; mensualmente; la revista mensual**
	adj; adv; ss	He cannot support his family on his monthly income.
	[ˈmʌnθli]	-No puede sustentar a su familia con su sueldo mensual.
5361	**secrecy**	**el secreto**
	ss	The VIES system respects commercial secrecy and confidentiality.
	[ˈsikrəsi]	-El sistema VIES respeta el secreto comercial y la confidencialidad.
5362	**rev**	**acelerar; la revolución**
	vb; ss	All right, so the rev gets his chief.
	[rɛv]	-Está bien, así que el reverendo consigue su jefe de policía.
5363	**melancholy**	**la melancolía; melancólico**
	ss; adj	It's a unique device able to make stress and melancholy vanish.
	[ˈmɛlənˌkɑli]	-Es un dispositivo único capaz de hacer desaparecer el estrés y la melancolía.
5364	**resemblance**	**la semejanza**
	ss	He must be Shawn's resemblance is unmistakable.
	[rɪˈzɛmbləns]	-Debe de ser el padre de Shawn, el parecido es inequívoco.
5365	**gravy**	**la salsa; de salsa**
	ss; adj	Is there enough gravy?
	[ˈgreɪvi]	-¿Hay bastante salsa de carne?
5366	**programmed**	**programado**
	adj	That was the conclusion of the programmed scenario.
	[ˈproʊˌgræmd]	-Bueno, esa era la conclusión del escenario programado originalmente.
5367	**itch**	**picar| hormiguear; los picazón**
	vb; ss	Scented soaps tended to make her skin itch.
	[ɪtʃ]	-Los jabones aromáticos solían provocarle picor en la piel.
5368	**amusement**	**la diversión| el esparcimiento**
	ss	The monkey, having thrown coconuts at all of the animals as a means of amusement, could not understand why he was suddenly being chased out of the jungle.
	[əmˈjuzmənt]	

-El mono, habiendo tirado cocos a todos los animales por diversión, no podía entender por qué de repente le expulsaban de la selva.

5369	**transmitter**	**el transmisor**
	ss	High-speed data communication by Ku-band transmitter.
	[trænˈsmɪtər]	-Mantener comunicaciones de datos de alta velocidad mediante un transmisor de banda Ku.

5370	**openly**	**abiertamente**
	adv	Some said openly that they did not care who won the war.
	[ˈoʊpənli]	-Algunos expresaron abiertamente que no les importaba quién ganó la guerra.

5371	**install**	**instalar| instalarse**
	vb	The man tried to install his own antenna.
	[ɪnˈstɔl]	-El hombre trató de instalar su propia antena.

5372	**jackpot**	**el bote| el premio mayor**
	ss	Online Casino All Slots are slot machines with jackpot most popular and sought after.
	[ˈdʒækˌpɑt]	-Casino en línea All Slots es una máquina tragaperras con jackpot más popular y buscado.

5373	**prank**	**la broma; ataviar**
	ss; vb	Just thought one good prank deserved another.
	[præŋk]	-Sólo pensé que una buena broma se merecía otra.

5374	**asthma**	**las asma**
	ss	I had an asthma attack.
	[ˈæzmə]	-Tuve un ataque de asma.

5375	**backpack**	**la mochila**
	ss	She is carrying a backpack on her back.
	[ˈbækˌpæk]	-Ella lleva una mochila a su espalda.

5376	**martyr**	**el mártir; martirizar**
	ss; vb	Nor was death by treachery spared the martyr Akila al-Hashemi.
	[ˈmɑrtər]	-Tampoco se salvó de la muerte por traición el mártir Akila al-Hashemi.

5377	**doggie**	**el perrito**
	ss	Yes, I hate the doggie.
	[ˈdɔgi]	-¡Acabé! Sí, odio al perrito.

5378	**peg**	**la clavija; estabilizar**
	ss; vb	For example, Pepperberg would show Alex an object, such as a green wooden peg or a red paper triangle.
	[pɛg]	-Por ejemplo, Pepperberg le mostraría un objeto a Alex, algo así como una pinza de ropa o un triángulo de papel rojo.

5379	**tart**	**la tarta| la fulana; agrio**
	ss; adj	To make a tart, you need eggs, butter and sugar.
	[tɑrt]	-Para hacer una tarta, necesitas huevos, mantequilla y azúcar.

5380	**nod**	**cabecear; las inclinación de cabeza**
	vb; ss	Nod your head if you understand.
	[nɑd]	-Inclina tu cabeza si me entiendes.

5381	**briefing**	**las instrucciones**
	ss	The government coordinating group also held regular briefing and oversight meetings.
	[ˈbrifɪŋ]	

-Se mantuvieron, además, periódicas reuniones de información y supervisión del Grupo de Coordinación Gubernamental.

5382	**helm**	**el timón; ser timón**
	ss; vb	Computer, activate automatic helm control.
	[ˈhɛlm]	-Ordenador, activa el control de timón automático.
5383	**cameraman**	**la cámara**
	ss	What's the nationality of that cameraman over there?
	[ˈkæmərəmən]	-¿Cuál es la nacionalidad del cámara de allí?
5384	**stretched**	**estirado**
	adj	If the screen looks stretched, or part of the screen seems cut off, you probably need to adjust the screen resolution in Windows.
	[strɛtʃt]	-Si la pantalla aparece estirada, o parte de la imagen parece cortada, es probable que deba ajustar la resolución de pantalla en Windows.
5385	**pest**	**el parásito**
	ss	Again, we'll start first with the pest: the thrips.
	[pɛst]	-Una vez más, vamos a empezar primero con la plaga: los trips.
5386	**upbeat**	**optimista; el tiempo débil**
	adj; ss	Irish monks could have an upbeat view of human nature.
	[ˈʌpˌbit]	-Los monjes Irlandeses podrían tener una visión optimista de la naturaleza humana.
5387	**crate**	**la caja; encerrar**
	ss; vb	Okay, two rigged shells per crate.
	[kreɪt]	-Bien, hay dos proyectiles saboteados en cada caja.
5388	**warfare**	**la guerra**
	ss	Some States also emphasized the impact of warfare on sustainable development.
	[ˈwɔrˌfɛr]	-Algunos Estados también destacaron el impacto de la guerra en el desarrollo sostenible.
5389	**specimen**	**la muestra| el espécimen**
	ss	A personal ownership certificate shall cover only one specimen.
	[ˈspɛsəmən]	-Un certificado de propiedad privada se referirá solo a un espécimen.
5390	**neglect**	**descuidar| olvidar; la negligencia**
	vb; ss	Those lazy men neglect their duties over and over again.
	[nəˈglɛkt]	-Aquellos hombres holgazanes, una y otra vez desatienden sus deberes.
5391	**icy**	**helado| glacial**
	adj	The road was icy.
	[ˈaɪsi]	-La carretera estaba congelada.
5392	**speeding**	**los exceso de velocidad| la velocidad**
	ss	The biggest cross-border driving offence is still speeding.
	[ˈspidɪŋ]	-La mayor infracción vial a nivel internacional sigue siendo el exceso de velocidad.
5393	**chamberlain**	**el chambelán**
	ss	No matter... is our former chamberlain.
	[ˈtʃeɪmbərlən]	-No importa que... seas nuestro antiguo chambelán.
5394	**postman**	**el cartero**
	ss	I suspect that his wife is cheating on him with the postman.
	[ˈpoʊstmən]	-Sospecho que su esposa lo está engañando con el cartero.
5395	**secondary**	**secundario**

	adj	This problem is only of secondary importance.	
	[ˈsɛkənˌdɛri]	-Este problema tiene solo una importancia secundaria.	
5396	**rover**	**el vagabundo**	
	ss	I've always said that I was a rover.	
	[ˈroʊvər]	-Siempre dije que soy una trotamundos.	
5397	**challenging**	**desafiante**	
	adj	State-building in conflict situations is particularly challenging.	
	[ˈʧælənʤɪŋ]	-La construcción de un Estado en situaciones de conflicto es una labor especialmente difícil.	
5398	**squash**	**aplastar; el zumo**	
	vb; ss	I cannot squash flies with my book.	
	[skwɑʃ]	-No puedo aplastar moscas con mi libro.	
5399	**diaper**	**el pañal; estar seguro**	
	ss; vb	Watching Lexie in a diaper is punishment enough.	
	[ˈdaɪpər]	-Ya es suficiente castigo ver a Lexie con un pañal.	
5400	**morale**	**la moral**	
	ss	Every day without news raises my morale.	
	[məˈræl]	-Cada día que no hay noticias, me levanta la moral.	
5401	**gigantic**	**gigantesco**	
	adj	A gigantic bird came flying toward him.	
	[ʤaɪˈgæntɪk]	-Un pájaro gigante vino volando hacia él.	
5402	**beacon**	**el faro; balizar**	
	ss; vb	I am honored to be in the timeless city of Cairo, and to be hosted by two remarkable institutions. For over a thousand years, Al-Azhar has stood as a beacon of Islamic learning, and for over a century, Cairo University has been a source of Egypt's advancement.	
	[ˈbikən]	-Es un honor para mí estar en la ciudad eterna de El Cairo, y tener como anfitriones a dos eminentes instituciones. Durante más de mil años, Al-Azhar fue un modelo de enseñanza islámica y durante más de un siglo, la Universidad de El Cairo fue una fuente de adelantos para Egipto.	
5403	**prep**	**preparar| prepararse; preparación**	
	ss;vb	Go prep Annie Connors for surgery.	
	[prɛp]	-Ve a preparar a Annie Connors para cirugía.	
5404	**percentage**	**el porcentaje| la proporción; porcentual**	
	ss; adj	The percentage of carbohydrates in animal cells is approximately 6 percent.	
	[pərˈsɛntəʤ]	-El porcentaje de carbohidratos en las célula animal es de aproximadamente el seis por ciento.	
5405	**overwhelm**	**abrumar**	
	vb	Well, conceivably, one could also stimulate a primal emotional response to overwhelm the programming.	
	[ˌoʊvərˈwɛlm]	-Bueno, posiblemente, también se podría estimular la una respuesta emocional primaria para abrumar a la programación.	
5406	**dynasty**	**la dinastía**	
	ss	A new Celtics dynasty is beginning.	
	[ˈdaɪnəsti]	-Una nueva dinastía de los Celtics esta empezando -.	
5407	**Czech**	**checo; el checo**	
	adj; ss	Which is easier to learn, Polish or Czech?	
	[ʧɛk]	-¿Cuál es más fácil aprender, el polaco o el checo?	

5408	**printing**	**la impresión**
	ss	This textbook, having been printed in haste, has a lot of printing mistakes.
	['prɪntɪŋ]	-Este libro de texto tiene muchas erratas ya que fue publicado con prisa.
5409	**poorly**	**mal; malucho**
	adv; adj	He did poorly in his studies.
	['purli]	-Él tuvo un mal empeño en sus estudios.
5410	**imbecile**	**imbécil; imbécil**
	adj; ss	Man is the only animal subject to becoming an imbecile.
	['ɪmbəsəl]	-El hombre es el único animal sujeto a volverse un imbécil.
5411	**mend**	**el remiendo| el zurcido; arreglar**
	ss; vb	Can you mend these shoes for me?
	[mɛnd]	-¿Puede repararme estos zapatos?
5412	**essay**	**el ensayo; ensayar**
	ss; vb	His essay is rubbish.
	['ɛˌseɪ]	-Su artículo es una idiotez.
5413	**pi**	**la pi; piadoso**
	ss; adj	Four-thirds pi times the radius cubed.
	[paɪ]	-4/3 de pi por el radio al cubo.
5414	**disciple**	**el discípulo| la discípula**
	ss	So Richie's his newest disciple.
	[dɪ'saɪpəl]	-Así es que Richie es su nuevo discípulo.
5415	**paw**	**la pata; manosear**
	ss; vb	But sometimes plans need a helping paw.
	[pɔ]	-Pero a veces, hace falta echarle una pata a los planes.
5416	**roughly**	**aproximadamente**
	adv	You can speak roughly forty different languages.
	['rʌfli]	-Usted habla alrededor de cuarenta idiomas.
5417	**denial**	**la negación**
	ss	So the first consistent component of regret is basically denial.
	[dɪ'naɪəl]	-Así, el primer componente constante del arrepentimiento es básicamente la negación.
5418	**assemble**	**armar| ensamblar**
	vb	It is rather difficult to assemble a watch.
	[ə'sɛmbəl]	-Es bastante difícil montar un reloj.
5419	**vanilla**	**la vainilla**
	ss	Jim likes vanilla ice cream.
	[və'nɪlə]	-A Jim le gusta el helado de vainilla.
5420	**involvement**	**el enredo**
	ss	Make civil society involvement an organizational objective.
	[ɪn'vɑlvmənt]	-Convertir la participación de la sociedad civil en un objetivo de la organización.
5421	**snort**	**el bufido; esnifar**
	ss; vb	He mugged so he could snort.
	[snɔrt]	-Se dedicaba a asaltar así podía esnifar.
5422	**cereal**	**cereal; el cereal**
	adj; ss	In some areas cereal crops were completely destroyed.
	['sɪriəl]	-En algunas zonas las cosechas de cereal quedaron destruidas por completo.

5423	**tonic**	**tónico; la tónica**
	adj; ss	What are the constituents of a gin and tonic?
	[ˈtɑnɪk]	-¿Qué ingredientes tiene un gin tonic?
5424	**depot**	**el depósito| la cochera**
	ss	She's working at a railroad depot tonight.
	[ˈdipoʊ]	-Ella está trabajando en el depósito del ferrocarril esta noche.
5425	**eater**	**comedor**
	ss	He is a big eater.
	[ˈitər]	-Él es un comilón.
5426	**rustle**	**el crujido; crujir**
	ss; vb	Perhaps we can hear the rustle of long skirts and starched aprons.
	[ˈrʌsəl]	-Tal vez podemos escuchar el susurro de faldas largas y delantales almidonados.
5427	**pip**	**la pepita**
	ss	Novalee, you're a pip.
	[pɪp]	-Novalee, usted es una pepita.
5428	**secondly**	**en segundo lugar**
	adv	And secondly I need the overtime.
	[ˈsɛkəndli]	-Y en segundo lugar necesito las horas extras.
5429	**milky**	**lechoso**
	adj	The Milky Way is huge.
	[ˈmɪlki]	-La Vía Láctea es inmensa.
5430	**retrieve**	**recuperar| cobrar**
	vb	Satellite data sets provided a unique opportunity to retrieve many important geophysical parameters.
	[rɪˈtriv]	-Los conjuntos de datos de satélite brindaron la oportunidad única de recuperar muchos parámetros geofísicos importantes.
5431	**bravery**	**la valentía| la bravura**
	ss	In our lives, we have three or four occasions of showing bravery, but every day, we have the occasion to show a lack of cowardice.
	[ˈbreɪvəri]	-En nuestras vidas, tenemos tres o cuatro ocasiones de mostrar valentía, pero todos los días, tenemos la ocasión de mostrar la falta de cobardía.
5432	**sinister**	**siniestro**
	adj	The day has suddenly turned sinister.
	[ˈsɪnɪstər]	-De repente, el día se ha vuelto siniestro.
5433	**rumor**	**el rumor; rumorearse**
	ss; vb	For me this is a rumor.
	[ˈrumər]	-Para mí esto es un rumor.
5434	**hasty**	**apresurado**
	adj	I ate a hasty lunch.
	[ˈheɪsti]	-Almorcé apresuradamente.
5435	**immense**	**inmenso**
	adj	An immense monument was erected in honor of the noble patriot.
	[ɪˈmɛns]	-Un enorme monumento fue erigido en honor al noble patriota.
5436	**nipple**	**el pezón**
	ss	Second bullet wound above left nipple.
	[ˈnɪpəl]	-Segunda herida de bala sobre el pezón izquierdo.

5437	**anyplace**	**en cualquier sitio**
	adv	I'm not going anyplace.
	[ˈɛniˌpleɪs]	-No voy a ninguna parte.
5438	**conceive**	**concebir**
	vb	It is not possible to conceive without perceiving.
	[kənˈsiv]	-No es posible concebir sin percibir.
5439	**debris**	**los escombros**
	ss	Can we narrow down the ocean area where floating debris is supposed to be?
	[dəˈbri]	-¿Se puede reducir el área del océano donde se supone que están los residuos flotantes?
5440	**privately**	**en privado**
	adv	He contrived a means of speaking to Nancy privately.
	[ˈpraɪvətli]	-Él ideó una forma para hablar con Nancy en privado.
5441	**accounting**	**la contabilidad**
	ss	The new accounting procedures require us to fill out different forms for reporting expenses.
	[əˈkaʊntɪŋ]	-Los nuevos procedimientos contables requieren que llenemos diferentes formatos para reportar gastos.
5442	**wedded**	**casado**
	adj	You know that I have been wedded to my dreams.
	[ˈwɛdəd]	-Sabes que estoy casado a mis sueños.
5443	**postpone**	**posponer**
	vb	I think you ought to postpone the meeting.
	[poʊstˈpoʊn]	-Creo que deberías posponer la reunión.
5444	**pussycat**	**el minino**
	ss	This pussycat weighs a couple hundred pounds.
	[ˈpʊsiˌkæt]	-¿Eh? Este gatito pesa unas 200 libras.
5445	**coral**	**el coral**
	ss	Each coral head consists of thousand of individual polyps.
	[ˈkɔrəl]	-Cada cabeza de un coral consiste en miles de pólipos individuales.
5446	**runaway**	**fugitivo| escapador; el fugitivo**
	adj; ss	A runaway, just like us.
	[ˈrʌnəˌweɪ]	-Un fugitivo, igual que nosotros.
5447	**punching**	**los puñetazos**
	ss	Integration with CAD/CAM cutting and punching module.
	[ˈpʌntʃɪŋ]	-Integración con módulo CAD/CAM de corte y punzonado.
5448	**werewolf**	**el hombre-lobo**
	ss	Ana thought that Jim wasn't at the Halloween party, but in fact he was secretly observing her from behind his werewolf mask.
	[ˈwɛrˌwʊlf]	-Ana creía que Jim no había acudido a la fiesta de Halloween, cuando en realidad él estaba observándola en secreto detrás de su máscara de hombre lobo.
5449	**moreover**	**además**
	adv	The house looked good; moreover, the price was right.
	[mɔˈroʊvər]	-La casa tenía buen aspecto; aún más, el precio era justo.
5450	**stalk**	**el tallo; cazar al acecho**

	ss; vb	The pattern is similar to ones that carnivores use to stalk large prey.
	[stɔk]	-El patrón es similar al que usan los carnívoros para acechar grandes presas.
5451	**berry**	**la baya; dar fruto**
	ss; vb	My mom loved to bake berry pie.
	[ˈbɛri]	-A mi mamá le encantaba hornear pastel de baya.
5452	**tavern**	**la taberna**
	ss	Can you suggest me a good tavern?
	[ˈtævərn]	-¿Podría indicarme una cantina buena para comer?
5453	**stench**	**el hedor**
	ss	What a stench! Are you cooking some cauliflower?
	[stɛntʃ]	-¡Qué baranda! ¿Estás cocinando coliflor?
5454	**syrup**	**el jarabe**
	ss	She likes jelly on her pancakes instead of syrup.
	[ˈsɜrəp]	-A ella le gusta la jalea en sus panqueques en lugar de jarabe.
5455	**donor**	**donante**
	ss	You cannot be a blood donor.
	[ˈdoʊnər]	-No puedes ser un donante de sangre.
5456	**teenager**	**adolescente**
	ss	You could pass for a teenager if you wore a T-shirt.
	[ˈtiˌneɪdʒər]	-Tú podrías hacerte pasar por adolescente si anduvieras de camiseta.
5457	**homecoming**	**el regreso**
	ss	The homecoming of Zidane and his French team constitutes a risk to millions of animals in Europe.
	[ˈhoʊmˌkʌmɪŋ]	-La vuelta de Zidane y su equipo francés supone un peligro para millones de animales en Europa porque en Corea del Sur hay fiebre aftosa.
5458	**elf**	**el duende**
	ss	Like a wood elf versus Al'Kabor.
	[ɛlf]	-Es como un Elfo del bosque contra Al'Kabor.
5459	**collective**	**colectivo; el colectivo**
	adj; ss	By displacing traditional centers of power, development can nurture collective resentment.
	[kəˈlɛktɪv]	-Al desplazar los centros tradicionales de poder, el desarrollo puede alimentar el resentimiento colectivo.
5460	**falcon**	**el halcón**
	ss	The falcon has sharp eyes.
	[ˈfælkən]	-El halcón tiene ojos penetrantes.
5461	**firmly**	**firmemente**
	adv	She held my arm firmly.
	[ˈfɜrmli]	-Ella sostuvo mi brazo firmemente.
5462	**reel**	**el carrete; tambalear**
	ss; vb	Bait catching reel, twelve pound test.
	[ril]	-La captura de cebo carrete, doce libras prueba.
5463	**yonder**	**allá; aquél**
	adv; adj	Back yonder aging the wall lying on his face.
	[ˈjɑndər]	-Allá atrás, contra la pared tendido sobre la cara.
5464	**circulation**	**la circulación**

	ss	Moderate exercise stimulates the circulation of the blood.
	[ˈsɜrkjəˌleɪʃən]	-El ejercicio moderado estimula la circulación de la sangre.
5465	**freeway**	**la autopista**
	ss	There was a terrible accident on the freeway.
	[ˈfriˌweɪ]	-Hubo un accidente terrible en la autopista.
5466	**summit**	**la cumbre| el colmo**
	ss	The mountain climbers reached the summit before dark.
	[ˈsʌmət]	-Los escaladores alcanzaron la cima antes que cayera la noche.
5467	**guru**	**el gurú**
	ss	Lacy sinclair, former addict turned sobriety guru.
	[ˈguˌru]	-Lacy Sinclair, antigua adicta convertida en gurú de la abstinencia.
5468	**whilst**	**mientras que**
	con	If I were to spend more time strictly studying only for myself whilst minimizing red herrings online, I'd be more of the person I want to be.
	[waɪlst]	-Si yo pudiera gastar más tiempo estrictamente estudiando para mí mismo, mientras minimizo las cortinas de humo en línea, sería más la persona que yo quiero ser.
5469	**cashier**	**el cajero; destituir**
	ss; vb	Please pay the cashier.
	[kæˈʃɪr]	-Por favor, paga al cajero.
5470	**tenderness**	**la ternura**
	ss	I still tremble with deep tenderness.
	[ˈtɛndərnəs]	-Estaba, y todavía estoy estremecido con tanta ternura.
5471	**smelly**	**maloliente**
	adj	The only window in our hotel room opens onto a smelly alley.
	[ˈsmɛli]	-La única ventana de la habitación de nuestro hotel da a un callejón apestoso.
5472	**inconvenience**	**la inconveniencia| la molestia; incomodar**
	ss; vb	Google is currently unavailable. We are sorry for the inconvenience. You can check our blog or Twitter for more information.
	[ˌɪnkənˈvinjəns]	-Google está temporalmente fuera de servicio. Lamentamos los inconvenientes. Para mayor información, consulte nuestro blog o Twitter.
5473	**remark**	**la observación| el comentario; observar**
	ss; vb	I thought your remark was interesting.
	[rɪˈmɑrk]	-Encontré interesante tu comentario.
5474	**cynical**	**cínico**
	adj	How can you be so cynical?
	[ˈsɪnɪkəl]	-¿Cómo podés ser tan cínico?
5475	**receiver**	**el receptor| el auricular**
	ss	Each has a radio receiver inside it.
	[rəˈsivər]	-Cada una tiene un radio receptor dentro de ella.
5476	**boost**	**aumentar| impulsar; el estímulo**
	vb; ss	Streamlining cooperation agreements between competitors promotes innovation and helps boost European companies' competitiveness.
	[bust]	-Aumentar la eficacia de los acuerdos de cooperación entre competidores promueve la innovación y ayuda a impulsar la competitividad de las empresas europeas.
5477	**remedy**	**el remedio; remediar**

		ss; vb [ˈrɛmədi]	Is there a home remedy for that? -¿Hay algún remedio casero para eso?
5478	**caretaker**		**vigilante| el conserje**
		ss [ˈkɛrˌteɪkər]	My caretaker had a heart attack. -Mi cuidador ha sufrido un ataque al corazón.
5479	**jockey**		**el jockey| el jinete; alcanzar**
		ss; vb [ˈdʒaki]	I never saw that jockey trailing anyone before -Nunca vi a ese jinete ir detrás de nadie antes
5480	**uptight**		**tenso**
		adj [əpˈtaɪt]	Bhaiya's sort of uptight about his car. -Especie de de Bhaiya tenso por su coche.
5481	**unidentified**		**no identificado**
		adj [ˌʌnaɪˈdɛntəˌfaɪd]	CSI lifted six unidentified sets off the S.U.V. -CSI ha dejado seis conjuntos sin identificar en la Unidad de Víctimas Especiales.
5482	**errand**		**el recado**
		ss [ˈɛrənd]	I have an errand I need to run. -Tengo que hacer un mandado así que necesito correr.
5483	**prosperity**		**la prosperidad**
		ss [praˈspɛrəti]	The prosperity of a country depends upon its citizens. -La prosperidad de un país depende de sus ciudadanos.
5484	**boulevard**		**el bulevar**
		ss [ˈbʊləˌvard]	The showroom on the boulevard gouvion. -La sala de exposición en el Gouvion bulevar.
5485	**determination**		**la determinación**
		ss [dɪˌtɜrməˈneɪʃən]	The victims were innocent men, women and children from America and many other nations who had done nothing to harm anybody. And yet Al Qaeda chose to ruthlessly murder these people, claimed credit for the attack, and even now states their determination to kill on a massive scale. -Las victimas fueron hombres, mujeres y niños inocentes de Estados Unidos y muchas otras naciones que no habían hecho nada para dañar a nadie. A pesar de eso, Al Qaeda eligió asesinar despiadadamente a estas personas, se atribuyó el crédito por el ataque, y ahora incluso consigna su determinación de asesinar a gran escala.
5486	**accusation**		**la acusación**
		ss [ˌækjəˈzeɪʃən]	Jim denied the accusation. -Jim negó la acusación.
5487	**distribution**		**la distribución| la repartición**
		ss [ˌdɪstrəˈbjuʃən]	Mexico is experiencing unprecedented violence as drug cartels are battling over distribution routes. -México experimenta violencia sin precedentes a medida que los carteles de drogas disputan por rutas de distribución.
5488	**slot**		**el espacio| la ranura**
		ss [slat]	The first thing you hear when arriving in Vegas is the ching ching ching of the slot machines. -Lo primero que oyes al llegar a Las Vegas es el chin chin chin de las tragaperras.
5489	**dwell**		**habitar| fijarse en; la vivida**

	vb; ss	Don't dwell on your past mistakes!
	[dwɛl]	-¡Deja de darle vueltas a tus errores pasados!
5490	**understandable**	**comprensible**
	adj	Her anger is understandable.
	[ˌʌndərˈstændəbəl]	-Su rabia es comprensible.
5491	**roam**	**vagar; el vagabundeo**
	vb; ss	Elephants require vast amounts of space to roam.
	[roʊm]	-Los elefantes requieren de grandes cantidades de espacio para vagar.
5492	**Belgium**	**las Bélgica**
	ss	The intergovernmental conference on institutional reform opens in Brussels, Belgium.
	[ˈbɛldʒəm]	-Inauguración en Bruselas, Bélgica, de la Conferencia Intergubernamental para la reforma institucional.
5493	**hunk**	**el pedazo**
	ss	Look at this handsome hunk of prochute
	[hʌŋk]	-Mira este pedazo de guapo que cayó.
5494	**Viva!**	**¡Viva!**
	int	To the Brazilian Air Force! - Viva Brazil! - Viva!
	[ˈvivə!]	-¡Viva la Aeronáut ¡ca! - ¡A Brasil! - ¡Viva!
5495	**baby-sitter**	**la niñera**
	ss	That's his baby-sitter, right?
	[ˈbeɪbi-ˈsɪtər]	-¿Ella es su niñera, correcto?
5496	**vent**	**el respiradero| la abertura; desahogar**
	ss; vb	Engine room and vent systems up ahead.
	[vɛnt]	-La sala de motores y el sistema de ventilación están ahí.
5497	**diagnosis**	**el diagnóstico**
	ss	My diagnosis was narcissistic personality disorder.
	[ˌdaɪəgˈnoʊsəs]	-Mi diagnóstico fue el de Desorden Narcisista de la Personalidad.
5498	**posse**	**el grupo**
	ss	Shasta, you're now an official member of my posse.
	[ˈpɑsi]	-Shasta, a partir de hoy eres un miembro oficial de mi pandilla.
5499	**squire**	**el escudero; acompañar**
	ss; vb	First one to draw blood becomes my squire.
	[skwaɪr]	-El primero que haga sangrar al otro se convierte en mi escudero.
5500	**preliminary**	**preliminar; el preliminar**
	adj; ss	This preliminary conclusion is therefore confirmed.
	[prɪˈlɪməˌnɛri]	-Se confirma, por tanto, la conclusión preliminar de la Comisión.
5501	**guv**	**el jefe| el gobernador**
	ss	Land line's hooked up, guv.
	[guv]	-La línea de tierra está conectada, Jefe.
5502	**criticism**	**la crítica**
	ss	That'll cause a lot of criticism.
	[ˈkrɪtɪˌsɪzəm]	-Eso dará mucho que decir.
5503	**chump**	**la cabeza**
	ss	You take care of nobody, chump.
	[tʃʌmp]	-No te encargarás de nadie, tonto.
5504	**pharmacy**	**la farmacia**

	ss	I need medicine. Where is the pharmacy?
	[ˈfɑrməsi]	-Necesito medicamentos. ¿Dónde está la farmacia?
5505	**cafeteria**	**la cafetería**
	ss	It was no coincidence that both Jim and Ana were in the cafeteria at the same time.
	[ˌkæfəˈtɪriə]	-No fue coincidencia que Jim y Ana estuvieran en la cafetería al mismo tiempo.
5506	**dedicate**	**dedicar| dedicarse**
	vb	I dedicate this tears to all the deceased.
	[ˈdɛdəˌkeɪt]	-Dedico estas lágrimas a todos los difuntos.
5507	**Hallo!**	**¡Hola!**
	int	The furthest out to sea and it's low-lying, and you think, Hallo!
	[Hallo!]	-La naturaleza siempre trataba de hacerte daño.
5508	**deception**	**el engaño| la mentira**
	ss	Conscience is sorrow. Intelligence is deception. Only on the outskirts of life. Can one plant a little illusion.
	[dɪˈsɛpʃən]	-La conciencia es amargura. La inteligencia es decepción. Sólo en las afueras de la vida, se puede plantar una pequeña ilusión.
5509	**frequently**	**frecuentemente**
	adv	There are frequently earthquakes in Japan.
	[ˈfrikwəntli]	-Frecuentemente hay terremotos en Japón.
5510	**chore**	**la faena**
	ss	Recognize and acknowledge when the child behaves, or does a chore correctly or without extra reminders.
	[ʧɔr]	-Reconozca y agradezca cuando el niño se comporte bien o realice una tarea correctamente o sin recordatorios adicionales.
5511	**rodeo**	**el rodeo**
	ss	Marcie I miss our rodeo nights.
	[ˈroʊdiˌoʊ]	-Marcie Echo de menos nuestras noches de rodeo.
5512	**pickle**	**conservar en vinagre; el adobo**
	vb; ss	Well, you're in a pickle covered in jam, Lincoln.
	[ˈpɪkəl]	-Eres un pepinillo cubierto de mermelada, Lincoln.
5513	**contribute**	**contribuir| poner**
	vb	Would you like to contribute to the program?
	[kənˈtrɪbjut]	-¿Desea contribuir al programa?
5514	**funding**	**los fondos| la financiación**
	ss	The funding programmes run from 2014 to 2020.
	[ˈfʌndɪŋ]	-Los programas de financiación estarán vigentes de 2014 a 2020.
5515	**packet**	**el paquete; envasar**
	ss; vb	This book is the literary equivalent of Haribo sweets: you only want to eat one, but end up devouring the whole packet.
	[ˈpækət]	-Este libro es el equivalente literario a los dulces Haribo: tú solo quieres comerte uno, pero terminas devorando el paquete entero.
5516	**steward**	**el mayordomo**
	ss	Were you still the captain's steward.
	[ˈstuərd]	-Si fuera todavía el mayordomo del capitán.
5517	**lawsuit**	**el pleito**

	ss	The court dismissed the lawsuit accordingly.
	[ˈlɔˌsut]	-Por consiguiente, el tribunal desestimó la demanda.
5518	**twilight**	**el crepúsculo; crepuscular**
	ss; adj	Suspicions are like ever fly by twilight.
	[ˈtwaɪˌlaɪt]	-Las sospechas son como murciélagos... vuelan al crepúsculo.
5519	**apprentice**	**el aprendiz; colocar de aprendiz**
	ss; vb	The apprentice must also attend theoretical training sessions annually.
	[əˈprɛntəs]	-El aprendiz también debe asistir a las sesiones anuales de capacitación teórica.
5520	**disturbance**	**la perturbación| la alteración**
	ss	The police intervened in the disturbance.
	[dɪˈstɜrbəns]	-La Policía intervino en el disturbio.
5521	**tenant**	**el inquilino**
	ss	She was working for the past tenant.
	[ˈtɛnənt]	-Es la señora que estaba de servicio con el otro inquilino.
5522	**paddle**	**la paleta| la aleta; chapotear**
	ss; vb	I mean, the-the paddle was in my hand.
	[ˈpædəl]	-Quiero decir, el... el remo estaba en mi mano.
5523	**sod**	**el césped**
	ss	Just as green... as the old sod itself.
	[sɑd]	-Es tan verde como el césped.
5524	**accustomed**	**acostumbrado**
	adj	You will soon get accustomed to your new school.
	[əˈkʌstəmd]	-Pronto te acostumbrarás a tu nueva escuela.
5525	**faculty**	**la facultad**
	ss	The male-female ratio varies by faculty.
	[ˈfækəlti]	-La relación entre hombres y mujeres varía según la facultad.
5526	**tee**	**el tee**
	ss	Take your driver to the tee box.
	[ti]	-Lleva a tu conductor al tee.
5527	**intervention**	**la intervención**
	ss	Eliminate non-professional conduct through prevention and effective intervention.
	[ˌɪntərˈvɛntʃən]	-Poner fin a la conducta no profesional mediante la prevención y la intervención efectiva.
5528	**babble**	**balbucear| parlotear; el balbuceo**
	vb; ss	His mystical babble bores me, and I am not going to continue listening to such bullshit. I have more important things to do.
	[ˈbæbəl]	-Su delirio místico me aburre y no voy a seguir escuchando tantas boludeces, tengo cosas más importantes que hacer.
5529	**quarterback**	**los jugador de ataque**
	ss	Even with earplugs, Smith not a good quarterback.
	[ˈkwɔrtərˌbæk]	-Incluso con las orejeras, Smith no es un buen mariscal de campo.
5530	**publicly**	**en público**
	adv	Jim Jackson spoke publicly of his hatred of President John Smith.
	[ˈpʌblɪkli]	-Jim Jackson habló públicamente de su odio hacia el presidente John Smith.
5531	**boundary**	**el límite**

		ss	It is very difficult to draw the boundary between love and friendship.
		[ˈbaʊndəri]	-Es muy difícil dibujar el límite entre amor y amistad.
5532	**southwest**	**el suroeste; del suroeste**	
		ss; adj	This is the Kangerlussuaq River in southwest Greenland.
		[ˌsaʊˈθwɛst]	-Éste es el río Kangerlussuaq en el suroeste de Groenlandia.
5533	**cannabis**	**el canabis**	
		ss	Should cannabis be legal?
		[ˈkænəbəs]	-¿Habría que legalizar el cannabis?
5534	**revolver**	**el revólver**	
		ss	Then you suddenly heard a loud bang, like a revolver being fired.
		[rɪˈvɑlvər]	-Entonces, de repente escuchaste un ruido fuerte, como un revólver siendo disparado.
5535	**severely**	**severamente**	
		adv	I got scolded severely by that teacher.
		[səˈvɪrli]	-Fui castigado severamente por mi profesor.
5536	**limb**	**el miembro; ser miembro**	
		ss; vb	Patient presented with limb stiffness and numbness.
		[lɪm]	-El paciente se presentó con rigidez e insensibilidad en el miembro.
5537	**laden**	**cargado**	
		adj	The East shall see him laden with jewels and treasure.
		[ˈleɪdən]	-El Oriente lo verá cargado de joyas... y tesoros.
5538	**sovereign**	**soberano; el soberano**	
		adj; ss	As long as there are sovereign nations possessing great power, war is inevitable.
		[ˈsɑvrən]	-En cuanto hayan naciones soberanas en posesión de un gran poder, la guerra es inevitable.
5539	**bulletin**	**el boletín**	
		ss	The names of the students who failed in the examination were posted on the bulletin board.
		[ˈbʊlɪtən]	-Los nombres de los estudiantes que se habían echado el examen estaban puestos en el boletín de anuncios.
5540	**literary**	**literario; los literario**	
		adj; ss	Can computers translate literary works?
		[ˈlɪtəˌrɛri]	-¿Los ordenadores pueden traducir obras literarias?
5541	**convert**	**convertir| convertirse; el converso**	
		vb; ss	How do I convert miles to kilometers?
		[ˈkɑnvɜrt]	-¿Cómo convierto de millas a kilómetros?
5542	**Hungary**	**las Hungría**	
		ss	In Hungary I have a friend called Borat.
		[ˈhʌŋɡəri]	-En Hungría, tengo un amigo llamado Borat.
5543	**fading**	**el desvanecimiento; flojo**	
		ss; adj	His star is fading.
		[ˈfeɪdɪŋ]	-Su estrella se está desvaneciendo.
5544	**rental**	**el alquiler**	
		ss	Where can I get a rental car?
		[ˈrɛntəl]	-¿Dónde puedo conseguir un coche de alquiler?
5545	**backward**	**hacia atrás; hacia atrás**	

	adj; adv [ˈbækwərd]	For a long time society was strongly hierarchal and unequal, primarily composed of peasants. The most backward, impoverished population, were crushed by the weight of the taxes, wars, and famines. -Por un largo tiempo, la sociedad fue fuertemente jerárquica y desigual, compuesta principalmente de campesinos. La población más retrasada y empobrecida era aplastada por el yugo de los impuestos, guerras y hambrunas.
5546	**doodle** vb; ss [ˈdudəl]	**garabatear| borronear; el garabato** Who wrote captions under my doodle? -¿Quién escribió textos en mi dibujo?
5547	**mermaid** ss [ˈmɜrˌmeɪd]	**la sirena** Behind this really hideous ceramic mermaid. -Detrás de esta sirena de cerámica realmente horrible.
5548	**loo** ss [lu]	**el lavabo** Where's the loo? -¿Dónde están los servicios?
5549	**trek** vb; ss [trɛk]	**emigrar; la excursión** So Hannibal began his trek across the Alps. -Así que Anibal emprendió su viaje para cruzar los Alpes.
5550	**reminder** ss [riˈmaɪndər]	**el recordatorio** A reminder should therefore be sent. -Por lo tanto, habría que enviar un recordatorio.
5551	**defy** vb [dɪˈfaɪ]	**desafiar** I defy you to make it public. -Te desafío a hacerlo público.
5552	**groove** ss; vb [gruv]	**la ranura; acanalar** You sound good on that groove, girl. -Suenas bien en ese ritmo, chica.
5553	**steed** ss [stid]	**el corcel** So I get on this U-shaped lightning-quick steed... -Así tomo ese "U" rápido y relámpago de corcel...
5554	**consistent** adj [kənˈsɪstənt]	**consistente** My Administration will take appropriate action, consistent with law and policy, to disclose information rapidly in forms that the public can readily find and use. -Mi administración tomará las medidas apropiadas, de conformidad con la ley y la política, para dar a conocer la información rápidamente en forma que el público pueda encontrar y usarla fácilmente.
5555	**dreamer** ss [ˈdrimər]	**el soñador** He is a dreamer. -Él es un soñador.
5556	**immoral** adj [ɪˈmɔrəl]	**inmoral** It's not immoral for a novelist to tell lies. In fact, the bigger the lies, the better lies, and the more the common folks and critics will praise you. -No es inmoral que un novelista cuente mentiras. De hecho, cuanto más grandes y mejores sean las mentiras, más le aclamarán la gente corriente y los críticos.
5557	**environmental**	**ambiental**

	adj [ɪnˌvaɪrənˈmɛntəl]	We must pay attention to environmental problems. -Debemos prestar atención a los problemas medioambientales.
5558	**playboy** ss [ˈpleɪˌbɔɪ]	**el playboy** It is a toss-up whether the playboy will marry the blonde or the brunette; both girls are so beautiful. -Es solo cuestión de suerte si el playboy se casará con la rubia o la morena; ambas chicas son tan hermosas.
5559	**applaud** vb [əˈplɔd]	**aplaudir** I applaud your decision to study medicine. -Aplaudo tu decisión de estudiar medicina.
5560	**demo** ss [ˈdɛmoʊ]	**la manifestación** You may purchase single demo models for 50% off MSRP. -Puede comprar modelos unitarios de demostración por un 50% de descuento sobre el Precio de venta al detalle sugerido (MSRP).
5561	**bamboo** ss [bæmˈbu]	**el bambú** The bamboo is bending with the weight of the snow. -El bambú se está doblando con el peso de la nieve.
5562	**dye** ss; vb [daɪ]	**el colorante; teñir** She wants to dye her hair red. -Ella quiere teñirse el pelo de rojo.
5563	**decorate** vb [ˈdɛkəˌreɪt]	**decorar| condecorar** Let's decorate the Christmas tree. -Decoremos el árbol de Navidad.
5564	**immortality** ss [ˌɪmɔrˈtælɪti]	**la inmortalidad** I believe in the immortality of the soul. -Yo creo en la inmortalidad del alma.
5565	**context** ss [ˈkɑntɛkst]	**el contexto** My characters all have something of the hero archetype about them, in that they are largely stripped of context. -Todos mis personajes tienen algo del arquetipo de héroe en ellos, que son tremendamente despojados de contexto.
5566	**tyrant** ss [ˈtaɪrənt]	**el tirano** Today a child acting like a king, tomorrow a tyrant. -Hoy un niño rey, mañana un tirano.
5567	**southeast** ss; adj [ˌsaʊˈθist]	**el sudeste; del sudeste** In southeast Europe this determination has already brought concrete results. -En el Sudeste de Europa esta decisión ha dado ya resultados concretos.
5568	**adapt** vb [əˈdæpt]	**adaptar** She found it difficult to adapt herself to her new entourage. -A ella le costó adaptarse a su nuevo entorno.
5569	**cork** ss; vb [kɔrk]	**el corcho; taponar** Sister Teresa says that atomic bombs victims look like cork. -Sor Teresa dice que los muertos de las bombas atómicas se quedan como de corcho.
5570	**adoption**	**la adopción**

	ss	Same-sex adoption rights are an important issue for the LGBT* community.
	[əˈdɑpʃən]	-Los derechos de adopción de parejas del mismo sexo son una importante cuestión para la comunidad GLBT*.
5571	**cosmos**	**el cosmos**
	ss	We are a way for the cosmos to know itself.
	[ˈkɑzmoʊs]	-Somos una forma que el cosmos tiene de conocer a si mismo.
5572	**complication**	**la complicación**
	ss	Complications: The main complication is getting injured while sleepwalking.
	[ˌkɑmpləˈkeɪʃən]	-Posibles complicaciones: La principal complicación es sufrir lesiones al caminar dormido.
5573	**freight**	**la carga; enviar por flete**
	ss; vb	How much freight did you carry last trip?
	[freɪt]	-¿Cuánta carga llevó en el último viaje?
5574	**jewelery**	**la joyería**
	ss	All my beautiful jewelery is sold.
	[jewelery]	-Toda mi bella joyería está vendida.
5575	**sermon**	**el sermón**
	ss	A most appropriate sermon considering the day.
	[ˈsɜrmən]	-Un sermón muy adecuado, teniendo en cuenta el día.
5576	**oyster**	**la ostra**
	ss	If you get that job, the world will be your oyster.
	[ˈɔɪstər]	-Si obtienes ese trabajo, el mundo será tu ostra.
5577	**vitamin**	**la vitamina**
	ss	Oranges contain a lot of vitamin C.
	[ˈvaɪtəmən]	-Las naranjas contienen mucha vitamina C.
5578	**poetic**	**poético**
	adj	You seem unusually poetic for a businessman.
	[poʊˈɛtɪk]	-Parece inusualmente poético, para ser hombre de negocios.
5579	**resolution**	**la resolución**
	ss	The second approach is rapid resolution.
	[ˌrɛzəˈluʃən]	-El segundo enfoque es el de una solución rápida.
5580	**sensor**	**el sensor**
	ss	The acoustic sensor has a mile radius.
	[ˈsɛnsər]	-El sensor acústico tiene un radio de un kilómetro y medio.
5581	**confine**	**confinar| limitar; el confín**
	vb; ss	The European Union cannot confine its activities to immigration control.
	[kənˈfaɪn]	-La Unión Europea no puede limitar su acción al control de la inmigración.
5582	**skilled**	**experto| cualificado**
	adj	He has skilled hands.
	[skɪld]	-Él es muy hábil con las manos.
5583	**Chile**	**el Chile**
	ss	The reason for my return is that the people of Chile are extraordinarily amiable.
	[ˈtʃɪli]	-El porqué de mi retorno es qué la gente en Chile es extremadamente amable.
5584	**Australian**	**australiano; el australiano**

adj; ss — Jim works for the Australian embassy.
[ɔˈstreɪljən] — -Jim trabaja para la embajada australiana?

5585 dread — **el pavor| el terror; temer; terrible**
ss; vb; adj — The Chinese people, unsurprisingly, regard politics with a mixture of caution and dread.
[drɛd] — -No es de sorprender que el pueblo chino vea la política con una mezcla de cautela y temor.

5586 declaration — **la declaración**
ss — I prioritize dialogue over debate or declaration.
[ˌdɛkləˈreɪʃən] — -Priorizo el diálogo por sobre el debate o la declaración.

5587 menace — **la amenaza; amenazar**
ss; vb — Cybercrime is indeed a growing menace.
[ˈmɛnəs] — -La ciberdelincuencia es, sin lugar a dudas, una amenaza creciente.

5588 fasten — **sujetar| abrocharse**
vb — As the plane was approaching turbulence, the pilot asked the passengers aboard the plane to fasten their seat belts.
[ˈfæsən] — -A medida que el avión se acercaba a las turbulencias, el piloto pidió a los pasajeros a bordo del avión que se abrochasen sus cinturones de seguridad.

5589 manuscript — **el manuscrito**
ss — The book manuscript must meet the Mandatory Distribution Requirements.
[ˈmænjəˌskrɪpt] — -El manuscrito del libro debe cumplir con los Requisitos obligatorios de distribución.

5590 experimental — **experimental**
adj — We built a highly experimental piece of technology.
[ɪkˌspɛrɪˈmɛntəl] — -Hemos construido una pieza de tecnología altamente experimental, es normal que tengamos contratiempos.

5591 bulb — **el bulbo**
ss — The bulb has burned out.
[bʌlb] — -Se quemó la ampolleta.

5592 clutch — **el embrague; agarrar**
ss; vb — He slowly let the clutch out and drove off.
[klʌtʃ] — -Soltó suavemente el embrague y a continuación se marchó.

5593 airborne — **aerotransportado**
adj — It's doubtful the pathogen was airborne.
[ˈɛrˌbɔrn] — -Es dudoso que el patógeno fuera aerotransportado.

5594 dungeon — **la mazmorra; calabozo**
ss; adj — Big, ugly, dark dungeon underground.
[ˈdʌndʒən] — -Un feo, grande y oscuro calabozo bajo tierra.

5595 incompetent — **incompetente**
adj — The EU gives undemocratic and incompetent government.
[ɪnˈkɑmpətənt] — -La UE tiene un gobierno poco democrático e incompetente.

5596 melon — **el melón**
ss — Adaptoid thing's getting old, melon head.
[ˈmɛlən] — -Los trucos del Adaptoid se están volviendo viejos, cabeza de melón.

5597 quiz — **el examen; examinar**
ss; vb — My life is like a TV-show, a quiz.
[kwɪz] — -Mi vida es como un Show televisivo o un concurso.

5598 miner — **el minero**

	ss	The largest mountaintop miner is the head of Massey Coal.
	[ˈmaɪnər]	-El minero de la mayor explotación a cielo abierto dirige Massey Coal.
5599	**utmost**	**mayor; el extremo**
	adj; ss	Mr Strange behaved with the utmost chivalry.
	[ˈʌtˌmoʊst]	-Mr. Strange se comportó con el máximo de caballerosidad.
5600	**compose**	**componer**
	vb	We could compose anthems in her honor.
	[kəmˈpoʊz]	-Podríamos componer himnos en su honor.
5601	**dedication**	**la dedicación| la entrega**
	ss	The dedication of humanitarian aid workers must also be applauded.
	[ˌdɛdəˈkeɪʃən]	-La dedicación de los trabajadores de asistencia humanitaria es también digna de elogio.
5602	**category**	**la categoría**
	ss	Second category is online philanthropy marketplaces.
	[ˈkætəˌgɔri]	-La segunda categoría son los mercados de filantropía en línea.
5603	**eyebrow**	**la ceja**
	ss	And so we could choose, say, his left eyebrow.
	[ˈaɪˌbraʊ]	-Así podíamos escoger, digamos, su ceja izquierda.
5604	**prospect**	**la perspectiva; prospectar**
	ss; vb	The prospect of accession has already pushed Turkey to modernise.
	[ˈprɑspɛkt]	-La perspectiva de la adhesión ya ha impulsado a Turquía hacia la modernización.
5605	**squirt**	**el chorro; jeringar**
	ss; vb	Young squirt merely chip masquerading as block.
	[skwɜrt]	-Joven mequetrefe sólo es astilla haciéndose pasar por palo.
5606	**descent**	**el descenso| la descendencia**
	ss	Her parents are third-generation Ghanians of Lebanese descent.
	[dɪˈsɛnt]	-Sus padres son tercera generación de ghaneses de ascendencia libanesa.
5607	**stretcher**	**la camilla**
	ss	Individual insulation cell for stretcher with handling gloves.
	[ˈstrɛtʃər]	-Célula individual de aislamiento para camilla, con guantes de manipulación.
5608	**loaf**	**el pan| la barra; haraganear**
	ss; vb	Please slice a loaf of bread for me.
	[loʊf]	-Por favor, córtame una rodaja de pan.
5609	**devastate**	**devastar**
	vb	The differences created among members may devastate the spirit of commonality.
	[ˈdɛvəˌsteɪt]	-Las diferencias creadas entre los miembros podrían devastar el espíritu comunitario.
5610	**lava**	**la lava**
	ss	That lava's flowing straight toward the gate.
	[ˈlɑvə]	-La lava corre hacia la Puerta.
5611	**outlaw**	**el proscrito| el forajido; proscribir**
	ss; vb	He's an outlaw, a murderer...
	[ˈaʊtˌlɔ]	-Es un forajido, un asesino...
5612	**suburb**	**el suburbio**

ss
['sʌbərb]

The Martin Luther Memorial Church, in a quiet Berlin suburb, has an uncomfortable history.
-La Iglesia Memorial de Martin Lutero en un quieto suburbio de Berlín tiene una historia incómoda.

5613 donate — **donar**
vb
['doʊˌneɪt]
My father agrees to donate your heart.
-Mi padre está de acuerdo en donar tu corazón.

5614 voodoo — **el vudú**
ss
['vuˌdu]
My father also became a voodoo priest.
-Mi padre también se convirtió en un sacerdote vudú.

5615 sweeping — **barrido**
adj
['swipɪŋ]
I see her sweeping the room.
-Veo que ella está limpiando la habitación.

5616 console — **la consola; consolar**
ss; vb
[kənˈsoʊl]
The image enhancement functions are on your console.
-He pasado las funciones de mejora de la imagen a su consola.

5617 arrogance — **la arrogancia**
ss
['ɛrəgəns]
I cannot put up with his arrogance.
-No puedo soportar más su arrogancia.

5618 unfaithful — **infiel**
adj
[ənˈfeɪθfəl]
Perhaps a voodoo doll for that unfaithful...
-Tal vez un muñeco de brujería para ese infiel.

5619 hairdresser — **el peluquero**
ss
['hɛrˌdrɛsər]
I go monthly to the hairdresser.
-Voy a la peluquería todos los meses.

5620 hangover — **la resaca**
ss
['hæŋˌoʊvər]
He has a terrible hangover.
-Tiene una mona horrible.

5621 contagious — **contagioso**
adj
[kənˈteɪdʒəs]
Brookmyre just said it was highly contagious.
-El Doctor me dijo que era altamente peligroso y contagioso.

5622 superstar — **la superestrella**
ss
[ˌsupərˈstar]
Here she is: Future fashion superstar.
-Aquí está: la futura superestrella de la moda.

5623 bead — **el talón | la perla**
ss
[bid]
They sell whole planet for one bead.
-Vendieron el planeta por una cuenta.

5624 distraction — **la distracción | el descanso**
ss
[dɪˈstrækʃən]
Another distraction is exaggerating the threat of inflation.
-Otra distracción consiste en exagerar la amenaza de la inflación.

5625 traveler — **el viajero**
ss
['trævələr]
You were preparing to welcome the traveler.
-Se estaban preparando para darle la bienvenida al viajero.

5626 foam — **la espuma; espumar**
ss; vb
[foʊm]
Bubbles prove foam contain very powerful stimulant for heart.
-Las burbujas demuestran que la espuma contiene... un estimulante muy poderoso para el corazón.

5627	**mixture**	**la mezcla**
	ss	It can be said that Armenians are a mixture of various races.
	[ˈmɪkstʃər]	-Se puede decir que el pueblo armenio es una mezcla de diversos pueblos.

5628	**viewer**	**el espectador**
	ss	Use an external viewer for user help.
	[ˈvjuər]	-Utilizar un visor externo para la ayuda del usuario.

5629	**goody**	**el bueno; santurrón**
	ss; adj	Fine, if you want to be a goody two-shoes about it.
	[ˈgʊdi]	-Bien, si quieres ser un santurrón.

5630	**decree**	**el decreto| la orden; decretar**
	ss; vb	Key stakeholders had made suggestions and comments on the decree.
	[dɪˈkri]	-Los principales interesados habían formulado sugerencias y observaciones con respecto al decreto.

5631	**hazard**	**el peligro| el obstáculo; aventurar**
	ss; vb	Mine clearance operations were currently focusing on 305 registered hazard areas.
	[ˈhæzərd]	-En la actualidad las operaciones de remoción de minas se centran en 305 zonas de peligro registradas.

5632	**breakthrough**	**la penetración**
	ss	The nine corridors are a major breakthrough in transport infrastructure planning.
	[ˈbreɪkˌθru]	-Los nueve corredores constituyen un importante avance en la planificación de las infraestructuras de transporte.

5633	**uptown**	**las zona residencial; de la zona residencial**
	ss; adj	He went uptown to brief the commissioner.
	[ˈʌpˈtaʊn]	-Fue al centro a informar al Comisario.

5634	**batch**	**el lote| la hornada**
	ss	My new batch of youth-oriented catalogs.
	[bætʃ]	-Mi nuevo lote de catálogos orientados para jóvenes.

5635	**bosom**	**el seno| los senos; abrazar**
	ss; vb	She has a large bosom.
	[ˈbʊzəm]	-Ella tiene pechos grandes.

5636	**composer**	**el compositor**
	ss	The composer Johann Sebastian Bach died in the year 1750.
	[kəmˈpoʊzər]	-El compositor Johann Sebastian Bach murió en el año 1750.

5637	**Lucifer**	**los Lucifer**
	ss	Thank Lucifer the beast swallowed a clock.
	[ˈlusəfər]	-Agradécele a Lucifer que el animal se tragó un reloj.

5638	**hick**	**el paleto; rústico**
	ss; adj	What's this hick doing here?
	[hɪk]	-Qué hace aquí ese paleto?

5639	**optimistic**	**optimista**
	adj	I'm always optimistic.
	[ˌɑptəˈmɪstɪk]	-Siempre soy optimista.

5640	**turd**	**el zurullo**
	ss	You look like a gift-wrapped turd.
	[turd]	-Pareces un pedazo de mierda envuelto.

5641 dowry   los dote
ss   Congratulations on the 20,000 lire dowry.
[ˈdaʊri]   -Felicidades por las veinte mil liras de dote.

5642 fireman   el bombero
ss   Get your own super-hot brony fireman.
[ˈfaɪrmən]   -Consigue a tu propio bombero amante de Mi Pequeño Pony súper lindo.

5643 astonishing   asombroso| pasmoso
adj   So this spider begins an astonishing process.
[əˈstanɪʃɪŋ]   -Así, esta araña puede iniciar un proceso asombroso.

5644 meteor   el meteorito
ss   So a meteor crashed to earth.
[ˈmitiər]   -Entonces, un meteorito chocó contra la Tierra.

5645 housewife   la ama de casa
ss   This is a great time-saving gadget for the housewife.
[ˈhaʊˌswaɪf]   -Este es un aparato útil que reduce el trabajo de las amas de casa.

5646 overhear   oír
vb   Unless you're afraid that Johnny Appleseed might overhear.
[ˈoʊvərˈhir]   -A no ser que tengas miedo que Johnny Semilla de Manzana pueda escuchar.

5647 destructive   destructivo
adj   There exists a fine line between helpful and destructive fears. But there is a
[dɪˈstrʌktɪv]   line. Our job is to find it and walk it.
    -Existe una línea fina entre los miedos provechosos y los destructivos. Pero hay una línea. Nuestro trabajo es encontrarla y caminar sobre ella.

5648 flare   la llamarada; encenderse
ss; vb   According to the official account, the vessel's occupants ignored a warning
[flɛr]   flare.
    -Según el relato oficial, los ocupantes del buque ignoraron una bengala de advertencia.

5649 partial   parcial
adj   I'm in partial agreement with you.
[ˈparʃəl]   -Estoy parcialmente de acuerdo contigo.

5650 relaxing   relajante
adj   It was not time for relaxing at a place like this.
[rɪˈlæksɪŋ]   -No hubo ocasión de relajarse en un sitio como éste.

5651 weirdo   el bicho raro
ss   I'm not a weirdo.
[ˈwɪrdoʊ]   -No soy un excéntrico.

5652 corny   cursi
adj   Then I think us making decorations is just corny enough.
[ˈkɔrni]   -Entonces creo que que hagamos las decoraciones es justo lo suficientemente cursi.

5653 aggression   la agresión
ss   Territoriality and aggression and dominance hierarchies.
[əˈgrɛʃən]   -La territorialidad, la agresión y las jerarquías de dominación.

5654 anthem   el himno
ss   Ladies and gentlemen, our corporate anthem.
[ˈænθəm]   -Señoras y señores, el himno de nuestra corporación.

5655 **spacecraft**
ss
[ˈspeɪˌskræft]

la astronave
The Malon are constructing a spacecraft composed of tetraburnium alloys.
-Los Malon están construyendo una nave espacial... compuesta por aleaciones de tetraburbina.

5656 **batter**
ss; vb
[ˈbætər]

el bateador; estropear
First batter steps into the box.
-Mis primeros pasos de bateador en la caja.

5657 **relatively**
adv
[ˈrɛlətɪvli]

relativamente
The store was relatively empty.
-La tienda estaba relativamente vacía.

5658 **sundown**
ss
[ˈsʌnˌdaʊn]

la puesta del sol
We sailed into a little harbor, about sundown.
-Entrábamos en un puerto pequeño, al atardecer.

5659 **squid**
ss
[skwɪd]

el calamar
We cut the helicopter loose, the squid will follow it down.
-Dejaremos caer el helicóptero, el calamar lo seguirá.

5660 **operational**
adj
[ˌɑpəˈreɪʃənəl]

operacional
She underscored efforts to increase country-level operational efficiency.
-La Administradora destacó los esfuerzos por aumentar la eficiencia operacional al nivel de los países.

5661 **consume**
vb
[kənˈsum]

consumir| consumirse
The wormhole will destabilize and start to consume everything.
-El agujero de gusano se desestabilizará y empezará a consumir todo.

5662 **cadet**
ss
[kəˈdɛt]

el cadete
This cadet could use a lesson in intergalactic protocol.
-A este cadete le vendría bien unas lecciones de protocolo intergaláctico.

5663 **revolt**
ss; vb
[rɪˈvoʊlt]

la revuelta| la rebelión; rebelarse
Maybe they died during the ghetto revolt.
-Tal vez muriesen durante la revuelta de los guetos.

5664 **commerce**
ss
[ˈkɑmərs]

el comercio
Zero is essential to bookkeeping and hence all modern commerce.
-El cero es esencial para la contabilidad y por lo tanto para el comercio moderno.

5665 **chum**
ss; vb
[tʃʌm]

el amigo; hacerse amigos
Your old school chum, Jefferson.
-Tu viejo amigo de la escuela, Jefferson.

5666 **plumbing**
ss
[ˈplʌmɪŋ]

la plomería
Sometimes that reason is bad plumbing.
-A veces esa rezón es una mala fontanería.

5667 **clang**
ss; vb
[klæŋ]

el sonido metálico; sonar
Quivering like a madman, laughing under the noise and the clang of all that American music.
-Temblando como un demente, riendo bajo el ruido y el sonido metálico de toda esa música americana.

5668 **privileged**
adj
[ˈprɪvlədʒd]

privilegiado
Aviation has long been a privileged industry.
-La aviación ha sido durante mucho tiempo un sector privilegiado.

5669 **greasy**

grasiento

		adj	I thought the food was too greasy.
		[ˈgrisi]	-Pensé que la comida era demasiado grasienta.
5670	meow		el maullido; maullar
		ss; vb	"Meow," said the cat and it looked at me.
		[miˈaʊ]	-«Mau», dijo el gato mirándome.
5671	mat		la estera; mate; enmarañarse
		ss; adj; vb	There's bloodstains under the mat.
		[mæt]	-Hay manchas de sangre debajo de la alfombra.
5672	tar		el alquitrán| la brea; alquitranar
		ss; vb	Pursuing the murderer, police and tar experts...
		[tɑr]	-Persiguiendo al asesino, la policía y los expertos en alquitrán...
5673	Islam		el islam
		ss	Islam now confronts a similar dilemma.
		[ɪˈslɑm]	-El Islam se enfrenta ahora a un dilema similar.
5674	raving		delirante; el delirio
		adj; ss	I was going to kill that raving sonuvabitch.
		[ˈreɪvɪŋ]	-Iba a matar a esa delirante hijoeputa.
5675	sow		sembrar; la cerda
		vb; ss	Unarmed resistance movements also tend to sow divisions within pro-government circles.
		[soʊ]	-Los movimientos de resistencia no armada tienden además a sembrar la discordia en los mismos círculos del gobierno.
5676	amnesia		la amnesia
		ss	It is inability to remember that constitutes amnesia.
		[æmˈniʒə]	-La incapacidad de recordar es lo que constituye la amnesia.
5677	certainty		la certeza| la seguridad
		ss	No human undertaking ever offers absolute certainty.
		[ˈsɜrtənti]	-Ninguna obra del ser humano ofrece siempre seguridad absoluta.
5678	enchant		encantar
		vb	We thought we'd dance to enchant Ulysses.
		[ɛnˈtʃænt]	-Pensamos que bailaron para encantar a Ulises.
5679	drugstore		la farmacia
		ss	Where is the nearest drugstore?
		[ˈdrʌɡˌstɔr]	-¿Dónde está la farmacia más cercana?
5680	northwest		noroeste; el noroeste
		adj; ss	The northwest corner of Highland and First, please.
		[ˌnɔrˈθwɛst]	-La esquina noroeste de las tierras altas y primer lugar, por favor.
5681	sympathetic		simpático
		adj	Most provide sympathetic and knowledgeable support to victims.
		[ˌsɪmpəˈθɛtɪk]	-Casi todos brindan a las víctimas un apoyo comprensivo e informado.
5682	despicable		despreciable| vil
		adj	How demons deceived him in the most despicable way.
		[dɪˈspɪkəbəl]	-De cómo los demonios lo engañaron de la forma más despreciable.
5683	allegiance		la lealtad
		ss	The new Government has won unprecedented public support and allegiance.
		[əˈlidʒəns]	

-El nuevo Gobierno ha recibido una lealtad y un apoyo públicos sin precedentes.

5684	**cutie**	**la chica**
	ss	Whatever you think is best, cutie.
	[cutie]	-Lo que creas que es mejor, guapo.
5685	**tighten**	**apretar| estrechar**
	vb	I'll tighten your blindfold, baby
	[ˈtaɪtən]	-Voy a apretar la venda, el bebé
5686	**successor**	**el sucesor**
	ss	I also wish your successor well.
	[səkˈsɛsər]	-Le deseo también lo mejor a su sucesor.
5687	**louse**	**el piojo**
	ss	You can't frighten even a sick louse with that.
	[laʊs]	-No asustas ni a un piojo enfermo.
5688	**boiler**	**la caldera**
	ss	Electronic sensor temperature for the boiler and process tank.
	[ˈbɔɪlər]	-Sensor electrónico de temperatura de la caldera y del tanque de proceso con Pt 100.
5689	**telly**	**el tele**
	ss	Donna, look at the telly.
	[ˈtɛli]	-Donna, fíjate en la tele.
5690	**protein**	**la proteína**
	ss	PeptoPro is an enzymatically hydrolysed milk protein derived from casein.
	[ˈproʊˌtin]	-PeptoPro es una proteína de leche hidrolizada enzimáticamente, y derivada de la caseína.
5691	**scarlet**	**las escarlata; colorado**
	ss; adj	The latest must-have design comes in a sensational scarlet.
	[ˈskɑrlət]	-El último grito de la moda viene en un escarlata sensacional.
5692	**upright**	**vertical| recto; erguido; el montante**
	adj; adv; ss	Hangs lower when the body's upright.
	[əˈpraɪt]	-Se localiza más abajo cuando el cuerpo está vertical.
5693	**consultant**	**el consultor| el consultante**
	ss	Most applicant families engage an educational consultant.
	[kənˈsʌltənt]	-La mayoría de las familias candidatas contratan a un consultor educativo.
5694	**dorm**	**la residencia universitaria**
	ss	Jim couldn't sneak out of the dorm without being seen.
	[dɔrm]	-Jim no se pudo escabullir del dormitorio sin ser visto.
5695	**statistic**	**la estadística; estadístico**
	ss; adj	In 2003 an updated statistic bulletin of the Central Statistics Department Children in Latvia was published.
	[stəˈtɪstɪk]	-En 2003 se publicó un boletín estadístico actualizado del Departamento Central de Estadística titulado "Los niños en Letonia".
5696	**Scottish**	**el escocés**
	ss	"Is your wife British?" "She isn't British, she's Scottish."
	[ˈskɑtɪʃ]	-"¿Es tu esposa británica?" "No es británica, es escocesa."
5697	**mourn**	**llorar**
	vb	When someone dies people wear white to mourn...
	[mɔrn]	-Cuando alguien muere la gente viste de blanco para llorar...

5698	**exploit**	**explotar; la hazaña**
	vb; ss	I say we exploit that mindset.
	[ˈɛkˌsplɔɪt]	-Opino que debemos explotar ese modo de pensar.
5699	**regain**	**recuperar| cobrar**
	vb	Jobs once lost are extremely difficult to regain.
	[rɪˈgeɪn]	-Los puestos de trabajo, una vez que se pierden, resultan muy difíciles de recuperar.
5700	**inhabitant**	**habitante**
	ss	I'm the last remaining inhabitant of my world.
	[ɪnˈhæbətənt]	-El último no habitante de mi mundo.
5701	**cocoa**	**el cacao**
	ss	Appalling numbers of children are engaged in hazardous activities on cocoa fields.
	[ˈkoʊkoʊ]	-Una terrible cantidad de niños está expuesta a actividades peligrosas en plantaciones de cacao.
5702	**valet**	**el ayudante de cámara**
	ss	And still, your parking valet gave me his phone number.
	[væˈleɪ]	-Y aun así, su valet del estacionamiento me dio su número de teléfono.
5703	**doorway**	**la puerta| la entrada**
	ss	We sent your enemy through the doorway.
	[ˈdɔrˌweɪ]	-Enviamos a sus enemigos a través de la puerta.
5704	**goofy**	**mentecato**
	adj	I guess I get a little goofy when I'm nervous.
	[ˈgufi]	-Supongo que me pongo algo tonto cuando estoy nervioso.
5705	**excess**	**el exceso| el excedente; exceder**
	ss; vb	He drinks to excess.
	[ˈɛkˌsɛs]	-Él toma demasiado.
5706	**countdown**	**la cuenta atrás**
	ss	There's also the self-destruct sequence frozen halfway through its countdown.
	[ˈkaʊntˌdaʊn]	-También está la secuencia de auto-destrucción congelada a mitad de la cuenta atrás.
5707	**perception**	**la percepción**
	ss	Our connection to reality is never just perception.
	[pərˈsɛpʃən]	-Nuestra conexión con la realidad no es nunca percepción solamente.
5708	**veteran**	**veterano; el veterano**
	adj; ss	The old veteran might still have it.
	[ˈvɛtərən]	-El viejo veterano todavía tiene algo.
5709	**collision**	**la colisión**
	ss	Come left 0- 1-5 for collision.
	[kəˈlɪʒən]	-Vaya a la izquierda 0- 1-5 para colisión.
5710	**witchcraft**	**la brujería**
	ss	He recommended educational efforts and the decriminalization of witchcraft.
	[ˈwɪtʃˌkræft]	-Recomendó que se hicieran esfuerzos en materia de educación y se despenalizara la brujería.
5711	**wimp**	**endeble**

	adj	They elected a warrior and got a wimp.
	[wɪmp]	-Eligieron a un guerrero, pero tienen a un cobarde.
5712	**intercourse**	**las relaciones| el coito**
	ss	Failure because of attempting intercourse before strength returns following the operation.
	[ˈɪntərˌkɔrs]	-Fracaso por haber intentado las relaciones después de la cirugía y antes de recuperar las fuerzas.
5713	**felony**	**el delito**
	ss	Wiretaps without warrants are a felony.
	[ˈfɛləni]	-Pinchar teléfonos sin una orden es un delito.
5714	**siege**	**el cerco**
	ss	The siege intensified in December 2013.
	[sidʒ]	-El asedio se intensificó en diciembre de 2013.
5715	**donation**	**la donación**
	ss	All donation buttons are available under the Creative Commons CC-BY-SA License.
	[doʊˈneɪʃən]	-Todos los botones de donación están disponibles bajo la licencia Creative Commons CC-BY-SA.
5716	**proceeding**	**el proceder**
	ss	This infringement proceeding resulted from a complaint.
	[prəˈsidɪŋ]	-Este procedimiento de infracción fue el resultado de una denuncia.
5717	**cheeky**	**fresco; el fresco**
	adj; ss	If you're cheeky once more, I won't read you a story tonight.
	[ˈtʃiki]	-Como vuelvas a ser descarado una vez más, no voy a leerte un cuento esta noche.
5718	**soy**	**la soja**
	ss	The document provides guidelines for responsible soy production for a sustainable development.
	[sɔɪ]	-El documento ofrece guías para la producción de soja responsable para un desarrollo sustentable.
5719	**iced**	**con hielo**
	adj	Some of that iced coffee will do.
	[aɪst]	-Un poco de ese café helado bastará.
5720	**chubby**	**regordete**
	adj	Bottom line, you guys need a chubby, agile guy.
	[ˈtʃʌbi]	-Línea final: necesitáis un tío gordito y ágil.
5721	**prop**	**apuntalar| mantener; el puntal**
	vb; ss	To the costume designers, to the prop makers...
	[prɑp]	-Hasta los diseñadores del vestuario y utilería.
5722	**muddy**	**enturbiar; fangoso**
	vb; adj	It sounds as clear as a muddy windscreen.
	[ˈmʌdi]	-Suena tan claro como un parabrisas fangoso.
5723	**extinct**	**extinto**
	adj	Horses were extinct in the Americas until Christopher Columbus reintroduced them.
	[ɪkˈstɪŋkt]	-Los caballos se habían extinguido en el continente americano hasta que Cristóbal Colón los volvió a introducir.
5724	**courier**	**el mensajero**

	ss	ABB seeks compensation for the use of courier services.
	[ˈkɜriər]	-La ABB solicita indemnización por el uso de servicios de mensajero.
5725	**mischief**	**la travesura	la malicia**
	ss	A lopsided grin, eyes promising mischief.
	[ˈmɪstʃəf]	-Una sonrisa ladeada, y ojos prometedores de travesura.
5726	**slate**	**la pizarra; de pizarra; cubrir de pizarras**
	ss; adj; vb	The church has three towers with slate spires.
	[sleɪt]	-La Iglesia está rematada por tres torres, con chapiteles de pizarra.
5727	**transplant**	**el trasplante; trasplantar**
	ss; vb	The transplant community has actively campaigned in organ donation.
	[trænˈsplænt]	-La comunidad de trasplante ha realizado campañas de donación de órganos.
5728	**impose**	**imponer**
	vb	Jim is always trying to impose his will on others.
	[ɪmˈpoʊz]	-Jim siempre trata de imponer su voluntad.
5729	**gallant**	**galante; el galán; ser galante**
	adj; ss; vb	Same for the gallant snowdrop, Which from snow shows it's head.
	[ˈgælənt]	-Lo mismo para el snowdrop galante, que a partir de la nieve muestra su cabeza.
5730	**considerate**	**considerado**
	adj	Which means Kirby was very considerate.
	[kənˈsɪdərət]	-Eso significa que Kirby, fue muy considerado.
5731	**dispose**	**disponer	colocar**
	vb	Guatemala may dispose freely of its natural wealth and resources. This question is dealt with in articles 121 to 128 of the Constitution.
	[dɪˈspoʊz]	-Asimismo, Guatemala puede disponer libremente de sus riquezas y recursos naturales, lo cual se encuentra regulado en la Constitución Política de la República, en los artículos 121,122, 123,124, 125,126, 127 y 128.
5732	**tightly**	**estrechamente**
	adv	Freedom of speech was tightly restricted.
	[ˈtaɪtli]	-La libertad de expresión fue firmemente restringida.
5733	**rudder**	**el timón**
	ss	When the rudder breaks on one of those old tenders...
	[ˈrʌdər]	-Cuando el timón se rompe sobre uno de esos viejo tensores...
5734	**feedback**	**el feedback**
	ss	The process provides feedback to classifications and national accounts where necessary.
	[ˈfidˌbæk]	-El proceso proporciona información para las clasificaciones y cuentas nacionales cuando es necesario.
5735	**steep**	**escarpado	empinado; empapar; el abismo**
	adj; vb; ss	The road across the mountain was narrow, and what's more, it was a steep slope.
	[stip]	-El camino que atravesaba la montaña era angosto, y lo que es más, muy empinado.
5736	**bloodshed**	**la matanza**
	ss	Disputes between us cause needless bloodshed.
	[ˈblʌdˌʃɛd]	-Y las luchas entre nosotros solo causan un derramamiento de sangre innecesario.

5737	**hash**	**el picadillo; picar**
	ss; vb	That's some chunk of hash, Julian.
	[hæʃ]	-Que pedazote de hachís, Julian.
5738	**superstitious**	**supersticioso**
	adj	Please avoid the superstitious panic which marked the recent lunar eclipse.
	[ˌsupərˈstiʃəs]	-Por favor, eviten el pánico supersticioso que marcó el reciente eclipse lunar.
5739	**intruder**	**el intruso**
	ss	This is Earth Alliance Cruiser Hyperion to intruder.
	[ɪnˈtrudər]	-Le habla el crucero de la alianza terrestre Hyperion al intruso.
5740	**windy**	**ventoso**
	adj	It was cold, and, in addition, it was windy.
	[ˈwɪndi]	-Además de hacer frío, el viento era fuerte.
5741	**rating**	**la clasificación| el índice**
	ss	Internal rating procedures were not validated using statistical methods.
	[ˈreɪtɪŋ]	-Los procedimientos internos de calificación de riesgos no se validaban con métodos estadísticos.
5742	**Caribbean**	**caribe**
	adj	Tulum is a Caribbean town that has great weather perfect for outdoor sports.
	[kəˈrɪbiən]	-Tulum es un lugar caribeño donde tanto en sus dominios como en los alrededores, en la Riviera Maya, podrá practicar varios deportes al aire libre.
5743	**Peru**	**el Perú**
	ss	But Peru is fundamentally different from any African country.
	[pəˈru]	-Sin embargo, Perú es fundamentalmente distinto a cualquier país africano.
5744	**scorpion**	**el escorpión**
	ss	The scorpion venom must have worn off.
	[ˈskɔrpiən]	-Debe haber pasado el efecto del veneno de escorpión.
5745	**jersey**	**el jersey**
	ss	Competitors must wear the jersey for all activities.
	[ˈdʒɜrzi]	-Los competidores deben llevar el jersey de todas las actividades.
5746	**doorstep**	**el peldaño**
	ss	Nobody likes instability at his doorstep.
	[ˈdɔrˌstɛp]	-A nadie le gusta la inestabilidad a su puerta.
5747	**slash**	**la barra oblicua; acuchillar**
	ss; vb	Probably taking a slash in the bushes.
	[slæʃ]	-Es probable que tomar una barra en los arbustos.
5748	**liberated**	**liberado**
	adj	It was the Red Army that liberated the extermination camps.
	[ˈlɪbəˌreɪtɪd]	-La liberación de los campos de exterminio fue obra del Ejército Rojo.
5749	**threshold**	**el umbral**
	ss	Many technologies are currently at the threshold of economic viability.
	[ˈθrɛˌʃoʊld]	-Muchas tecnologías se encuentran actualmente en el umbral de la viabilidad económica.
5750	**wanker**	**gilipollas**
	ss	I didn't think it would end... with them being total wanker cowards.
	[ˈwɑŋkər]	-No pensé que acabaría con ellos siendo unos cobardes gilipollas.
5751	**sunglasses**	**las gafas de sol**

ss
['sʌnˌglæsɪz]

She has sunglasses.
-Ella tiene gafas de sol.

5752 titanic

titánico

adj
[taɪˈtænɪk]

In his rebellion he had undertaken something titanic for the enemy was far superior.
-En su rebelión había emprendido algo titánico... con un enemigo que era muy superior.

5753 significance

el significado

ss
[səɡˈnɪfɪkəns]

Therefore, enforceability of violations assumes significance.
-Por consiguiente, la obligación de no violar las normas adquiere mucha importancia.

5754 arctic

ártico

adj
['ɑrktɪk]

Cape Dezhnev is 30 miles south of the Arctic Circle.
-El Cabo Dezhnev está 30 millas al sur del Círculo Ártico.

5755 chic

elegante; la elegancia

adj; ss
[ʃik]

Pérsicco: Designer ice-cream in chic surroundings at high prices.
-Pérsicco: Encontrará estos helados artesanales en la atmósfera chic del barrio de Palermo, claro que a altos precios.

5756 authorization

la autorización

ss
[ˌɔθərəˈzeɪʃən]

Specific authorization from the copyright holder is required to reproduce photos.
-Para la reproducción de las fotos, una autorización específica de los poseedores del Derecho de Autor es requerida.

5757 spade

la pala

ss
[speɪd]

Right, think of drawing a spade.
-Bien, piensa en dibujar una pala.

5758 calculation

el cálculo| la cuenta

ss
[ˌkælkjəˈleɪʃən]

I have gone astray somewhere in my calculation.
-Me equivoqué en alguna parte de mis cálculos.

5759 crunch

el crujido; crujir

ss; vb
[krʌntʃ]

Maybe a handful of tortilla strips for added crunch.
-A lo mejor un puñado de nachos para un mayor crujido.

5760 canned

enlatado

adj
[kænd]

Another 29 people chose the canned coffee.
-Otros 29 escogieron el café enlatado.

5761 hopper

la tolva

ss
['hɑpər]

He'd have been better off doing this journey on a space hopper.
-Habría sido mejor haciendo este viaje en una tolva de espacio.

5762 intercept

interceptar

vb
[ˌɪntərˈsɛpt]

Delta flight is ready to intercept the Raiders.
-El escuadrón Delta está listo para interceptar a los piratas.

5763 obscene

obsceno

adj
[ɑbˈsin]

Using this crisis to profit is obscene.
-Es obsceno utilizar esta crisis con fines de lucro.

5764 prostitution

la prostitución

ss
[ˌprɑstəˈtuʃən]

Governor Chris-and-Greg was arrested today on prostitution and racketeering charges.

-El Gobernador Chris-y-Greg fue arrestado hoy bajo cargos de prostitución y extorsión.

5765	**urgently**		**urgentemente**
	adv		Oil urgently needs to suffer a similar fate.
	[ˈɜrdʒəntli]		-Es necesario que el petróleo sufra urgentemente un destino similar.
5766	**jinx**		**gafe; gafar**
	ss; vb		I felt I couldn't possibly jinx his life.
	[dʒɪŋks]		-Sentía que no podía gafar su vida de ningún modo.
5767	**congregation**		**la congregación**
	ss		Stories like yours really resonate with the congregation.
	[ˌkɑŋɡrəˈɡeɪʃən]		-Historias como la tuya de verdad resonarán en nuestra congregación.
5768	**domain**		**el dominio**
	ss		Audience, concrete people are the domain of his unfettered improvisation.
	[doʊˈmeɪn]		-Y el público, la gente en concreto, son el dominio de su improvisación desenfrenada.
5769	**occasional**		**ocasional**
	adj		Yet periodically organizing meetings or establishing an occasional task force was entirely insufficient.
	[əˈkeɪʒənəl]		-No obstante, es totalmente insuficiente organizar periódicamente reuniones o crear un grupo de trabajo ocasional.
5770	**heroine**		**la heroína**
	ss		She's no heroine.
	[ˈhɛroʊən]		-Él no es un héroe.
5771	**athletic**		**atlético**
	adj		A beautiful and very athletic struggle of two friends.
	[æˈθlɛtɪk]		-Una lucha hermosa y muy atlético de dos amigos.
5772	**youngster**		**joven| el jovencito**
	ss		He can join that troublesome youngster Henry Tudor.
	[ˈjʌŋstər]		-Allí puede unirse a ese joven agitado de Henry Tudor.
5773	**stuffy**		**cargado**
	adj		You're the youngest, and least stuffy member of this faculty.
	[ˈstʌfi]		-Eres el miembro más joven y menos estirado del profesorado.
5774	**briefly**		**brevemente**
	adv		Could you please briefly introduce yourself?
	[ˈbrifli]		-Preséntese en términos sencillos, por favor.
5775	**extract**		**extraer| sacar; el extracto**
	vb; ss		For your recipe... one tablespoon coconut extract.
	[ˈɛkˌstrækt]		-Para su receta... una cucharada de extracto de coco.
5776	**boredom**		**el aburrimiento**
	ss		Cool, so let the boredom begin.
	[ˈbɔrdəm]		-Genial, así que dejemos que el aburrimiento comience.
5777	**plaster**		**el yeso; enyesar**
	ss; vb		Our berylium sphere is-is wire with plaster around it.
	[ˈplæstər]		-Nuestra esfera de beryllium está-está cableada con yeso alrededor de ella.
5778	**sardine**		**la sardina**
	ss		The main pelagic stocks were sardine and anchovy.
	[sɑrˈdin]		-Las principales poblaciones pelágicas son la sardina y la anchoa.

5779	**epic**	**épico; el épico**
	adj; ss	Please join us in this epic adventure.
	[ˈɛpɪk]	-Por favor únanse a nosotros para esta aventura épica.
5780	**tactical**	**táctico**
	adj	Place a tactical team around Homeland.
	[ˈtæktɪkəl]	-Sitúa un equipo táctico alrededor de Seguridad Nacional.
5781	**harassment**	**el acoso**
	ss	This continued harassment only entrenches, understandably, hard-line views in Gibraltar.
	[həˈræsmənt]	-Este acoso continuado únicamente favorece, de forma comprensible, opiniones muy combativas en Gibraltar.
5782	**microwave**	**la microonda; cocinar al microondas**
	ss; vb	For space-saving design nothing equals Sharp Compact microwave ovens.
	[ˈmaɪkrəˌweɪv]	-Para el diseño del space-saving nada iguala los hornos de microonda compactos agudos.
5783	**outrage**	**el escándalo; ultrajar**
	ss; vb	More outrage around the world at American double standards.
	[ˈaʊˌtreɪdʒ]	-Más indignación en todo el mundo por el doble rasero americano.
5784	**Morocco**	**el Marruecos**
	ss	Morocco regularly attends international meetings on security.
	[məˈrɑkoʊ]	-Marruecos participa sistemáticamente en los encuentros internacionales dedicados al tema de la seguridad.
5785	**veer**	**virar| girar; el cambio**
	vb; ss	Lorelei and all of her sirens could not make me veer one degree.
	[vɪr]	-Ni Lorelei con todas sus sirenas podría hacerme virar un grado.
5786	**metaphor**	**la metáfora**
	ss	But this is how metaphor misleads.
	[ˈmɛtəfɔr]	-Pero así es cómo la metáfora puede confundir.
5787	**premiere**	**el estreno**
	ss	About crashing Tom Cruise's premiere...
	[prɛˈmɪr]	-De colarse en el estreno de Tom Cruise...
5788	**panther**	**la pantera**
	ss	Going in search of the man-eating panther.
	[ˈpænθər]	-Iba en busca de la pantera devoradora de hombres.
5789	**breaker**	**el interruptor automático**
	ss	You could have Siler pull the main breaker.
	[ˈbreɪkər]	-Podría ordenar que Siler desconecte el interruptor principal.
5790	**inclined**	**inclinado**
	adj	To trust the Queen I am inclined.
	[ɪnˈklaɪnd]	-Estoy inclinado a confiar en la Reina.
5791	**dependent**	**dependiente; el dependiente**
	adj; ss	A man who is poor, but independent of other people, is only dominated by his needs. A man who is rich, but dependent, is subordinate to another person, or to several.
	[dɪˈpɛndənt]	-El pobre no depende de nadie y solo responde a sí mismo. En cambio, el rico no depende de nada, pero tiene que responder frente a otros.
5792	**caress**	**la caricia; acariciar**

ss; vb
[kəˈrɛs]
Fur has to caress the cheek.
-La piel te tiene que acariciar la mejilla.

5793 convey
vb
[kənˈveɪ]
transmitir| llevar
Only the Security Council can credibly convey that message.
-Sólo el Consejo de Seguridad puede transmitir ese mensaje con credibilidad.

5794 serpent
ss
[ˈsɜrpənt]
la serpiente
Cunning serpent, to deceive the human race...
-Serpiente con tu astucia, has venido a engañar a la raza humana...

5795 cocky
adj
[ˈkɑki]
gallito| arrogante
He was a bit cocky as I recall.
-Un poco arrogante, según recuerdo.

5796 redhead
adj
[ˈrɛdˌhɛd]
pelirrojo
Trying to trim a redhead... ridiculous.
-Intentar recortar el pelo de un pelirrojo... ridículo.

5797 fling
vb; ss
[flɪŋ]
arrojar; el lanzamiento
Anything over three months is more than a fling.
-Más de tres meses es algo más que una aventura.

5798 telegraph
ss; vb
[ˈtɛləˌgræf]
el telégrafo; telegrafiar
The telegraph and telephone move messages at lightning speed.
-El telégrafo y el teléfono transmiten mensajes a la velocidad de un rayo.

5799 obstacle
ss
[ˈɑbstəkəl]
el obstáculo| el estorbo
He can overcome any obstacle.
-Él puede superar todas las dificultades.

5800 plantation
ss
[ˌplænˈteɪʃən]
la plantación
Funicular: banana transportation infrastructure within the plantation.
-Funicular: Infraestructura de transporte de banano dentro de la plantación.

5801 equation
ss
[ɪˈkweɪʒən]
la ecuación
It's called the standard model - beautifully simple mathematical equation.
-Es llamado el "modelo estándar", una ecuación matemática hermosamente simple.

5802 penthouse
ss
[ˈpɛntˌhaʊs]
el ático
Scene's in the east penthouse.
-La escena está en el ático del este.

5803 sneaky
adj
[ˈsniki]
furtivo
That was way beyond sneaky, Brian Chu.
-Eso fue mucho más allá de astuto, Brian Chu.

5804 manor
ss
[ˈmænər]
el señorío
A Thanksgiving supper at Mallard manor.
-Una cena de Acción de Gracias en la mansión Mallard.

5805 stun
vb
[stʌn]
aturdir| dejar sin sentido
Phasers on lightest possible stun setting.
-Fáseres en aturdir, al nivel más bajo posible.

5806 puss
ss
[pʊs]
el gatito
And with a sweet little puss like yours, well...
-Y tratándose de un dulce gatito como tu...

5807 consulate
el consulado

	ss	In France did you work at the embassy or in the consulate?
	['kɑnsələt]	-En Francia, ¿trabajaste en la embajada o en el consulado?
5808	**culprit**	**el culpable**
	ss	Provided that the culprit is an animal.
	['kʌlprɪt]	-A condición de que el culpable es un animal.
5809	**Danish**	**danés; danés**
	adj; ss	The Danish Labour Institute has produced figures today.
	['deɪnɪʃ]	-El Instituto de Empleo danés ha dado hoy sus cifras.
5810	**heritage**	**el patrimonio**
	ss	Implementation of policies to promote and conserve the natural heritage.
	['hɛrətədʒ]	-La puesta en marcha de políticas de promoción y conservación del patrimonio natural.
5811	**classmate**	**el compañero de clase**
	ss	She is my classmate.
	['klæ͵smeɪt]	-Ella es mi compañera de salón.
5812	**lasting**	**perdurable**
	adj	Peace provides the most secure context for lasting development.
	['læstɪŋ]	-La paz brinda el contexto más seguro para un desarrollo duradero.
5813	**mace**	**la maza**
	ss	The weapons chosen are quarter staff, mace and sword.
	[meɪs]	-Las armas elegidas son bastones maza y espada.
5814	**daft**	**loco**
	adj	He was just a daft metal dog.
	[dæft]	-Sólo era un tonto perro de metal.
5815	**transformation**	**la transformación**
	ss	But the energy transformation must begin now.
	[͵trænsfər'meɪʃən]	-Pero la transformación de la energía debe comenzar ahora.
5816	**medieval**	**medieval**
	adj	India's ancient and medieval history is notoriously malleable.
	[mɪ'divəl]	-La historia antigua y medieval de la India es notoriamente maleable.
5817	**jumbo**	**el jumbo| el elefante; enorme**
	ss; adj	Dispenser for use with 600 mts jumbo paper.
	['dʒʌmboʊ]	-Dispensador para ser utilizado con papel jumbo de 600 mts.
5818	**trespass**	**infringir**
	vb	Assaulting a police officer, trespass.
	['trɛ͵spæs]	-Asalto a un oficial de policía, allanamiento.
5819	**stance**	**la postura**
	ss	Britain's stance holds lessons for today.
	[stæns]	-La postura de Gran Bretaña encierra varias lecciones para hoy.
5820	**repeatedly**	**repetidamente**
	adv	As Mrs Ferrero-Waldner repeatedly says, positive cooperation is required.
	[rɪ'pitɪdli]	-Como dice repetidamente la señora Ferrero-Waldner, se necesita una cooperación positiva.
5821	**brunette**	**morena; la morena**
	adj; ss	Elizabeth Gibson, another short-haired brunette.
	[bru'nɛt]	-Elizabeth Gibson, otra morena de pelo corto.
5822	**blush**	**el rubor; ruborizarse**

	ss; vb	You're making me blush.
	[blʌʃ]	-Me haces sonrojar.
5823	**informer**	**el informador**
	ss	Because the informer is not here.
	[ɪnˈfɔrmər]	-Debido a que el informante no está aquí.
5824	**touchy**	**quisquilloso**
	adj	On a first date, it's best to steer clear of touchy subjects.
	[ˈtʌtʃi]	-En una primera cita, es mejor mantenerse alejado de temas delicados.
5825	**apiece**	**cada uno**
	adv	They average over 150 acres apiece.
	[əˈpis]	-Eso es una media de 150 Acres cada uno.
5826	**enthusiastic**	**entusiasta**
	adj	He hid his emotions and pretended to be enthusiastic.
	[ɪnˌθuziˈæstɪk]	-Ocultó sus sentimientos y fingió estar entusiasmado.
5827	**regional**	**regional**
	adj	Quarterly regional mission leadership planning meetings held.
	[ˈridʒənəl]	-El personal directivo de las misiones ha celebrado reuniones trimestrales de planificación de ámbito regional.
5828	**dumpling**	**la bola de masa hervida**
	ss	It's like dumpling with spicy meat inside.
	[ˈdʌmplɪŋ]	-Es una bola de masa... rellena de especias y carne.
5829	**getaway**	**el escape| la escapatoria**
	ss	Guests will enjoy a peaceful retreat for a romantic holiday or a family getaway.
	[ˈgɛtəˌweɪ]	-Los huéspedes disfrutarán de un refugio tranquilo, ideal para unas vacaciones románticas o una escapada familiar.
5830	**prejudice**	**perjudicar| predisponer; el prejuicio**
	vb; ss	He has a prejudice against foreigners.
	[ˈprɛdʒədɪs]	-Tiene prejuicios contra los extranjeros.
5831	**superstition**	**la superstición**
	ss	A superstition is a premature explanation that overstays its time.
	[ˌsupərˈstɪʃən]	-Una superstición es una explicación prematura que dura más de lo que cabría razonablemente esperar.
5832	**grub**	**la comida**
	ss	Go on and get yourself some grub, Dinky.
	[grʌb]	-Sírvete algo de comida, Dinky.
5833	**bacterium**	**la bacteria**
	ss	It sets mandatory standards for the salmonella bacterium.
	[bækˈtɪriəm]	-El Reglamento establece normas obligatorias con relación a la bacteria salmonella.
5834	**profitable**	**rentable**
	adj	All you need is a little legerdemain in your accounting to make people think your company is profitable.
	[ˈprɑfətəbəl]	-Todo lo que necesitas es un poco de prestidigitación en tu contabilidad para hacer que la gente piensa que tu empresa es rentable.
5835	**mutiny**	**el motín; amotinarse**
	ss; vb	Forces loyal to RCD-Goma intervened and stopped the mutiny.
	[ˈmjutəni]	-Las fuerzas leales a la CCD-Goma intervinieron y contuvieron el motín.

5836	**anguish**	**la angustia| la congoja; angustiar**
	ss; vb	The anguish and suffering caused is incalculable.
	[ˈæŋgwɪʃ]	-Es incalculable la angustia y el sufrimiento que han sido causados.
5837	**patriotic**	**patriótico**
	adj	They regarded returning as their patriotic duty.
	[ˌpeɪtriˈɑtɪk]	-Consideraban que regresar era su deber patriótico.
5838	**radius**	**el radio**
	ss	Her ceaseless caterwauling alarmed every dog within a 500-foot radius.
	[ˈreɪdiəs]	-Sus incesantes aullidos alertaron a cada perro a 500 pies a la redonda.
5839	**surprisingly**	**asombrosamente**
	adv	One day Mark Twain surprisingly confessed: "I am not as young as I was several years ago..."
	[sərˈpraɪzɪŋli]	-Un día, sorprendentemente Mark Twain confesó: "Ya no soy tan joven como solía serlo hace varios años atrás..."
5840	**presently**	**ahora**
	adv	The Regulation of Surveillance Bill is presently awaiting Royal Assent.
	[ˈprɛzəntli]	-Actualmente el proyecto de ley sobre el Reglamento de vigilancia está en espera de la sanción real.
5841	**nosy**	**curioso**
	adj	Stop being nosy.
	[ˈnoʊzi]	-No te entrometas.
5842	**crust**	**la corteza**
	ss	Initial scans revealed substantial dilithium deposits beneath the planetoid's crust.
	[krʌst]	-Escaneos iniciales revelan depósitos... sustanciales de dilitium debajo de la corteza del planetoide.
5843	**conclude**	**concluir| deducir**
	vb	What do you conclude from that?
	[kənˈklud]	-¿Qué concluyes a partir de eso?
5844	**sleigh**	**el trineo**
	ss	My sleigh is white.
	[sleɪ]	-Mi trineo es blanco.
5845	**queue**	**la cola; hacer cola**
	ss; vb	He was in the queue.
	[kju]	-Él estaba en la lista de espera.
5846	**cockroach**	**la cucaracha**
	ss	There's a cockroach in the bathroom.
	[ˈkɑˌkroʊtʃ]	-Hay una cucaracha en el baño.
5847	**spontaneous**	**espontáneo**
	adj	The spontaneous legacy of this practice continues today against Hungarians.
	[spɑnˈteɪniəs]	-El legado espontáneo de esta práctica continúa hoy en día contra los húngaros.
5848	**matching**	**el pareo; a tono**
	ss; adj	She was wearing a green coat with a matching mini-skirt.
	[ˈmætʃɪŋ]	-Ella llevaba un abrigo verde con una minifalda a juego.
5849	**admirable**	**admirable**
	adj	Education is an admirable thing. But it is well to remember from time to time that nothing that is worth knowing can be taught.
	[ˈædmərəbəl]	

-La educación es algo admirable, sin embargo, es bueno recordar de vez en cuando, que nada que valga la pena saber se puede enseñar.

5850	**smoothly**	**suavemente**
	adv	A good mediator can make a deal go smoothly.
	[ˈsmuðli]	-Un buen mediador puede llegar a un acuerdo sin problemas.
5851	**infirmary**	**la enfermería**
	ss	Prison infirmary records detailing his injuries.
	[ɪnˈfɜrməri]	-El registro de la enfermería de la prisión detalla sus heridas.
5852	**irresistible**	**irresistible**
	adj	Jim is irresistible.
	[ˌɪrɪˈzɪstəbəl]	-Jim es irresistible.
5853	**addiction**	**la adicción**
	ss	People "diagnosed" with "Internet addiction" are nearly always diagnosed with other difficulties as well.
	[əˈdɪkʃən]	-Las personas "diagnosticadas" de "adición a Internet" son casi siempre diagnosticadas además de otros problemas.
5854	**archbishop**	**el arzobispo**
	ss	Pezzi as Catholic archbishop of Moscow, replacing Msgr.
	[ˈɑrtʃˈbɪʃəp]	-Pezzi, como arzobispo católico de Moscú, sucediendo a Mons.
5855	**database**	**las base de datos**
	ss	Turns out the police maintain a backup database.
	[ˈdeɪtəˌbeɪs]	-Resulta que la policía mantiene un respaldo de su base de datos.
5856	**moor**	**el páramo| el brezal; amarrar**
	ss; vb	The shortest road to the village is over the moor.
	[mʊr]	-El camino más corto al pueblo es a través del páramo.
5857	**flop**	**el fracaso; descansar en**
	ss; vb	It was a terrible flop, and he never looked back.
	[flɑp]	-Fue un fracaso terrible y él nunca miró hacia atrás.
5858	**serum**	**el suero**
	ss	To inject the serum back into people.
	[ˈsɪrəm]	-Para volver a inyectar el suero en las personas.
5859	**disappointing**	**decepcionante**
	adj	Argentina's long-term GDP growth has been disappointing.
	[ˌdɪsəˈpɔɪntɪŋ]	-El crecimiento a largo plazo del PIB de la Argentina ha sido decepcionante.
5860	**sneakers**	**las zapatillas**
	ss	Your sneakers are dirty; take them off before you come in.
	[ˈsnikərz]	-Tus zapatillas están sucias, sacátelas antes de entrar.
5861	**banish**	**desterrar**
	vb	You must immediately banish all feelings of guilt.
	[ˈbænɪʃ]	-Usted debe desterrar de inmediato todos los sentimientos de culpa.
5862	**excessive**	**excesivo| desmedido; el excedente**
	adj; ss	It was excessive.
	[ɪkˈsɛsɪv]	-Fue excesivo.
5863	**royalty**	**la realeza**
	ss	Leaders of industry, royalty, Hollywood stars.
	[ˈrɔɪəlti]	-Líderes de la industria, realeza, estrellas de Hollywood.
5864	**sweetness**	**la dulzura**

	ss	The sweetness of Interlingua was more suited to my poetic vision.
	[ˈswitnəs]	-La dulzura de la interlingua se adecuaba mejor a mi visión poética.
5865	**geisha**	**la geisha**
	ss	Introducing Lotus Blossom, geisha girl first-class.
	[ˈgeɪʃə]	-Yo presentar a ti Flor de Loto, geisha de primera clase.
5866	**bronze**	**el bronce; bronceado; broncear**
	ss; adj; vb	He won a bronze medal.
	[brɑnz]	-Él ganó una medalla de bronce.
5867	**lantern**	**la linterna**
	ss	Unlucky with the digital in the lantern.
	[ˈlæntərn]	-No tuvimos suerte con las huellas en la linterna.
5868	**stepmother**	**la madrastra**
	ss	She's my stepmother.
	[ˈstɛpˌmʌðər]	-Ella es mi madrastra.
5869	**hormone**	**la hormona**
	ss	Severe brain injury may also cause growth hormone deficiency.
	[ˈhɔrˌmoʊn]	-Lesión cerebral grave también puede causar deficiencia de la hormona de crecimiento.
5870	**pitcher**	**el lanzador**
	ss	Please put a pitcher of water in my room.
	[ˈpɪtʃər]	-Hágame el favor de poner una jarra con agua en mi cuarto.
5871	**fiery**	**ardiente**
	adj	Then Michael the Archangel came with his fiery sword.
	[ˈfaɪəri]	-Entonces Miguel, el Arcángel, llegó con su ardiente espada.
5872	**foster**	**fomentar| criar**
	vb	He was visiting his foster mother.
	[ˈfɑstər]	-Estaba visitando a su madre adoptiva.
5873	**norm**	**la norma| el tipo de**
	ss	Being bilingual is the norm.
	[nɔrm]	-La norma es ser bilingüe.
5874	**analyze**	**analizar| analizarse**
	vb	We want to analyze your urine.
	[ˈænəˌlaɪz]	-Queremos analizar tu orina.
5875	**chronic**	**crónico| permanente**
	adj	She suffers from a chronic illness.
	[ˈkrɑnɪk]	-Ella sufre una enfermedad crónica.
5876	**whichever**	**cualquiera**
	adj	Take the one you like best, whichever it is.
	[wɪˈtʃɛvər]	-Toma el que más te guste, sea cuál sea.
5877	**combine**	**combinar; la asociación**
	vb; ss	Creativity is the ability to combine known elements in a new and unusual way.
	[ˈkɑmbaɪn]	-La creatividad es la habilidad para combinar elementos conocidos de formas nuevas e inusuales.
5878	**crucify**	**crucificar**
	vb	You and your friends you're trying to crucify me.
	[ˈkrusəˌfaɪ]	-Tú y tus amigos tratando de crucificar.

5879	**pluck**	**arrancar| desplumar; las agallas**
	vb; ss	Where did you pluck them?
	[plʌk]	-¿Dónde las arrancastes?
5880	**incomplete**	**incompleto**
	adj	The dictionary is incomplete. It only goes to the letter J.
	[ˌɪnkəmˈplit]	-El diccionario es incompleto. Sólo llega a la letra J.
5881	**inspect**	**inspeccionar| revisar**
	vb	Assess cable insulation and inspect plugs.
	[ɪnˈspɛkt]	-Evaluar el aislamiento de los cables e inspeccionar los enchufes.
5882	**jab**	**el pinchazo| el golpe; pinchar**
	ss; vb	That was a real sharp jab.
	[ʤæb]	-Ése ha sido un golpe afilado.
5883	**par**	**el par; normal**
	ss; adj	He never broke par on hole 17 at Springfield Mini Golf.
	[pɑr]	-Nunca hizo par en el agujero 17 del mini golf de Springfield.
5884	**devastating**	**devastador**
	adj	Natural disasters can be devastating.
	[ˈdɛvəˌsteɪtɪŋ]	-Los desastres naturales pueden ser devastadores.
5885	**precaution**	**la precaución**
	ss	The confidentiality of such proceedings represents a basic precaution.
	[priˈkɔʃən]	-La confidencialidad de estos procedimientos constituye una medida de precaución básica.
5886	**loco**	**la locomotora| loco**
	ss; adj	Makes me think you're loco.
	[ˈloʊkoʊ]	-Me hace pensar que estás loco.
5887	**sporting**	**deportivo**
	adj	These levels are significantly higher than any other sporting trophies.
	[ˈspɔrtɪŋ]	-Estos porcentajes son considerablemente más altos que los de cualquier otro trofeo deportivo.
5888	**matrix**	**la matriz**
	ss	It makes things easier if your matrix is sparse.
	[ˈmeɪtrɪks]	-Si tu matriz es poco densa, hace las cosas más fáciles.
5889	**facial**	**facial; los tratamiento facial**
	adj; ss	Looks like Angela finished the victim's facial reconstruction.
	[ˈfeɪʃəl]	-Parece que Angela ha acabado la reconstrucción facial de la víctima.
5890	**diversion**	**la desviación| la diversión**
	ss	Furthermore, RTAs can have trade creation or diversion effects.
	[daɪˈvɜrʒən]	-Además, los acuerdos comerciales regionales pueden producir efectos de creación o desviación del comercio.
5891	**ration**	**racionar; la ración**
	vb; ss	I'm actually having ration pack #5 - stewed tomatoes with dehydrated eggs.
	[ˈræʃən]	-Realmente tomaré la ración Nº 5... Estofado de tomates con huevos deshidratados.
5892	**seller**	**el vendedor**
	ss	Her new novel has become a best seller.
	[ˈsɛlər]	-Su nueva novela se ha convertido en un best seller.
5893	**dishonest**	**deshonesto**

	adj [dɪˈsɑnəst]	It's strange that men should take up crime when there are so many legal ways to be dishonest. -Es extraño que los hombres se ocupen del crimen cuando hay tantas maneras legales de ser deshonesto.
5894	**tame** vb; adj [teɪm]	**domar| amansar; manso** The bear is quite tame and doesn't bite. -El oso está bastante domesticado y no muerde.
5895	**pry** ss; vb [praɪ]	**la palanca; curiosear** I needed it to pry open some paint cans. -Lo necesité para abrir unas latas de pinturas.
5896	**gallon** ss [ˈgælən]	**el galón** You want to take that gallon, you carry it. -Quieres llevarte un galón, tú cárgalo.
5897	**stumble** ss; vb [ˈstʌmbəl]	**el tropezón; trastabillar** Once you stumble, human nature is on you. -Al tropezar, la naturaleza humana paso de ti.
5898	**Norwegian** adj; ss [ˌnɔrˈwidʒən]	**noruego; el noruego** Norwegian prisons are the most luxurious in the world. -Las prisiones noruegas son las más lujosas del mundo.
5899	**waterfall** ss [ˈwɔtərˌfɔl]	**la cascada** Jim lives alone in a small cabin near a waterfall. -Jim vive solo en una pequeña cabaña cerca de una cascada.
5900	**unnatural** adj [ənˈnætʃərəl]	**antinatural** She had an unnatural desire for money. -Ella tenía un deseo desmesurado por el dinero.
5901	**snitch** ss; vb [snɪtʃ]	**el soplón; birlarse** There's always someone turning snitch. -Siempre hay alguien que se vuelve el soplón.
5902	**humility** ss [hjuˈmɪlɪti]	**la humildad** I pride myself on my humility. -Me enorgullezco de mi humildad.
5903	**staircase** ss [ˈstɛrˌkeɪs]	**la escalera** When I was a child, I used to like sliding down the staircase banister. -Cuando era niño, me gustaba deslizarme por la baranda de la escalera.
5904	**satisfactory** adj [ˌsætəˈsfæktri]	**satisfactorio** No matter who you ask, you won't be able to get a satisfactory answer. -Sin importar a quién le preguntes, no vas a poder obtener una respuesta satisfactoria.
5905	**cheerleader** ss [ˈtʃɪrˌlidər]	**el animador** Then we better find this cheerleader. -Entonces es mejor que hallemos a esa porrista.
5906	**oral** adj; ss [ˈɔrəl]	**oral; el examen oral** Oral tradition has existed for hundreds of years. -La tradición oral ha existido por cientos de años.
5907	**insignificant** adj [ˌɪnsɪgˈnɪfɪkənt]	**insignificante** It's funny how the most insignificant things sometimes have a way of, you know, having their way with you.

-Es curioso como las cosas más insignificantes, a veces, pueden llegar a importarte tanto.

5908	**rouge**	**el colorete; dar colorete**
	ss; vb	Look, I don't need rouge.
	[ruʒ]	-Mire, yo no tengo colorete.
5909	**alias**	**alias; el alias**
	adv; ss	No hotels booked under her alias.
	[ˈeɪliəs]	-Ningún hotel reservado con ninguno de sus alias.
5910	**abide**	**acatar| permanecer**
	vb	We have to abide by the rules.
	[əˈbaɪd]	-Debemos seguir las reglas.
5911	**tempting**	**tentador| seductor**
	adj	Test pilots are constantly tempting fate.
	[ˈtɛmptɪŋ]	-Los pilotos de prueba desafían constantemente al destino.
5912	**skunk**	**la mofeta; dar una paliza de**
	ss; vb	So take off that skunk, dear, and tell me everything.
	[skʌŋk]	-Quítate esa mofeta, querida, y cuéntamelo todo.
5913	**eclipse**	**el eclipse; eclipsar**
	ss; vb	Did you see yesterday's total lunar eclipse?
	[ɪˈklɪps]	-¿Viste el eclipse total de luna de ayer?
5914	**sighted**	**de vista normal**
	adj	Tanker wreckage sighted at position 2 cast 7.
	[ˈsaɪtəd]	-Hundimiento de buque petrolero avistado en posición 2 Charlie 7.
5915	**relay**	**el relé; retransmitir**
	ss; vb	Life support runs through this relay.
	[riˈleɪ]	-El soporte vital opera a través de este relé.
5916	**caliber**	**el calibre| la capacidad**
	ss	Our security staff of the highest caliber.
	[ˈkæləbər]	-Nuestro equipo de seguridad es del más alto calibre.
5917	**blaze**	**el resplandor; arder**
	ss; vb	Her baby sister died in the blaze.
	[bleɪz]	-Su hermana que era bebé murió en el incendio.
5918	**penetrate**	**penetrar**
	vb	To invade and penetrate Germany through the Lowlands.
	[ˈpɛnəˌtreɪt]	-Invadir y penetrar Alemania a través de las tierras bajas.
5919	**patriot**	**patriota; temprano**
	ss; adv	I see that you're a patriot.
	[ˈpeɪtriət]	-Veo que eres un patriota.
5920	**foe**	**el enemigo**
	ss	Come drink with your vanquished foe.
	[foʊ]	-Ven aquí, bebe con tu enemigo derrotado.
5921	**coca**	**la coca**
	ss	However, the most serious questions concern the manner in which the interdiction operations are being carried out in coca growing zones such as Chapare in Cochabamba.
	[ˈkoʊkə]	-Pero los cuestionamientos más graves se dan a la forma en que se realizan

las tareas de interdicción en las zonas de producción cocalera como la del Chapare en el trópico de Cochabamba.

5922	**informant**	**informante**
	ss	I cannot disclose any information about the informant.
	[ɪnˈfɔrmənt]	-No puedo revelar nada de información acerca del informante.

5923	**toothpaste**	**la pasta dentífrica**
	ss	Where's the toothpaste?
	[ˈtuθˌpeɪst]	-¿Dónde está la pasta de dientes?

5924	**armored**	**blindado**
	adj	This big, gray armored bus...
	[ˈarmərd]	-Este camión blindado grande y gris...

5925	**mosque**	**la mezquita**
	ss	I have to go to the mosque.
	[mɑsk]	-Tengo que ir a la mezquita.

5926	**courthouse**	**el palacio de justicia**
	ss	Take a tour to the courthouse.
	[ˈkɔrtˌhaʊs]	-Tendrían que darse una vuelta por el Juzgado.

5927	**sap**	**la savia| el bobo; minar**
	ss; vb	Poor sap. He can't tell when he's being taken advantage of.
	[sæp]	-Pobre tonto. Él no puede decir cuando está siendo aprovechado.

5928	**eerie**	**misterioso| extraño**
	adj	There was an eerie silence hanging over the hut.
	[ˈɪri]	-Había un silencio extraño en la choza.

5929	**goldfish**	**el pez de colores**
	ss	The goldfish is alive.
	[ˈgoʊldˌfɪʃ]	-El pez dorado está vivo.

5930	**competitive**	**competitivo**
	adj	Sometimes hockey players get so competitive that fights break out.
	[kəmˈpɛtətɪv]	-A veces, los jugadores de hockey se ponen tan peleoneros entre ellos que estallan peleas.

5931	**politically**	**políticamente**
	adv	As of 1950, the European Coal and Steel Community begins to unite European countries economically and politically in order to secure lasting peace.
	[pəˈlɪtɪkəli]	-En los años 50, la Comunidad Europea del Carbón y del Acero es el primer paso de una unión económica y política de los países europeos para lograr una paz duradera.

5932	**commotion**	**la conmoción| el tumulto**
	ss	It caused quite a commotion.
	[kəˈmoʊʃən]	-Causó cierta conmoción.

5933	**admission**	**la admisión| el reconocimiento**
	ss	Admission is free on Sundays.
	[ædˈmɪʃən]	-La entrada es gratuita los domingos.

5934	**cod**	**el bacalao; hacer bacalao**
	ss; vb	Probably one discard for every cod retained.
	[kɑd]	-Probablemente estemos hablando de un descarte por cada bacalao que no se descarta.

5935	**eccentric**	**excéntrico; el excéntrico**

	adj; ss	I appreciate he seems a little eccentric.
	[ɪkˈsɛntrɪk]	-Reconozco que a primera vista, él parece un poco excéntrico.
5936	**inferior**	**inferior; los inferior**
	adj; ss	This butter is domestic, but it is in no way inferior to foreign butter.
	[ɪnˈfɪriər]	-Esta mantequilla es doméstica, pero de ninguna forma es inferior a la mantequilla extranjera.
5937	**videotape**	**filmar con una videocámara**
	vb	This is a transcript of the Scofield-Burrows videotape.
	[ˈvɪdioʊˈteɪp]	-Ésta es una transcripción del video de Scofield y Burrows.
5938	**salty**	**salado**
	adj	You can't drink seawater because it is too salty.
	[ˈsɔlti]	-No puedes beber agua del mar porque es demasiado salada.
5939	**dirk**	**el puñal; puñar**
	ss; vb	And there he was, hung on the end of my dirk like meat.
	[dɜrk]	-Y ahí estaba, colgando de la punta de mi puñal como un pedazo de carne.
5940	**gringo**	**el gringo**
	ss	Now sit on it, gringo.
	[ˈgrɪŋgoʊ]	-A continuación, sentarse en ella, gringo.
5941	**tribal**	**tribal**
	adj	Jim has tribal tattoos on his thighs.
	[ˈtraɪbəl]	-Jim tiene tatuajes tribales en sus muslos.
5942	**calculate**	**calcular| computar**
	vb	How do you calculate the length of the circumference? I've forgotten.
	[ˈkælkjəˌleɪt]	-¿Cómo se calcula la longitud de la circunferencia? Lo he olvidado.
5943	**dresser**	**el aparador**
	ss	Jim helped Ana move the dresser.
	[ˈdrɛsər]	-Jim ayudó a Ana a cambiar de sitio el tocador.
5944	**landlady**	**la dueña| la casera**
	ss	Easter, the landlady forgives me.
	[ˈlænˌdleɪdi]	-PASCUA. LA CASERA ME PERDONA. 8h.
5945	**symphony**	**la sinfonía**
	ss	What's your favorite symphony?
	[ˈsɪmfəni]	-¿Cuál es tu sinfonía preferida?
5946	**watchman**	**el sereno| el celador**
	ss	I'm the watchman of the Buffalora cemetery.
	[ˈwɑtʃmən]	-Soy el vigilante del cementerio de Buffalora.
5947	**composition**	**la composición**
	ss	He wrote his comments in the margin of the composition.
	[ˌkɑmpəˈzɪʃən]	-Escribió sus comentarios al margen de la redacción.
5948	**awaken**	**despertar| abrir los ojos**
	vb	He thinks that nothing contains the emotions he hoped to awaken.
	[əˈweɪkən]	-Piensa que nada tiene la emoción que él esperaba despertar.
5949	**flyer**	**los volantes**
	ss	Λ flyer for you from Postman Butters.
	[ˈflaɪər]	-Un volante para usted de parte del Cartero Butters.
5950	**overall**	**total; en conjunto; el mono**

		adj; adv; ss	Improved overall effectiveness of related agreements.
		[ˈoʊvəˌrɔl]	-Lograr mejoras en la eficacia general de los acuerdos relacionados entre sí.
5951	**monitoring**	**la escucha**	
		ss	This provides easy administration, monitoring and scalability.
		[ˈmɑnətərɪŋ]	-Lo que facilita su administración, monitoreo y escalabilidad.
5952	**insight**	**la penetración| la perspicacia**	
		ss	Please follow me for another interesting insight.
		[ˈɪnˌsaɪt]	-Por favor, sígame... para otra visión interesante.
5953	**comeback**	**el regreso**	
		ss	And this is Steven's comeback game.
		[ˈkʌmˌbæk]	-Y este es el regreso de Steven al terreno de juego.
5954	**recess**	**el recreo; prorrogarse**	
		ss; vb	The meeting will reconvene in two hours after a brief recess.
		[rɪˈsɛs]	-La reunión se reanudará en dos horas luego de un breve receso.
5955	**dew**	**el rocío**	
		ss	The dew evaporated when the sun rose.
		[du]	-El rocío se evaporó cuando el sol se elevó.
5956	**mailbox**	**el buzón**	
		ss	Jim is checking his mailbox.
		[ˈmeɪlˌbɑks]	-Jim está revisando su buzón.
5957	**dispute**	**la disputa| el conflicto; disputar**	
		ss; vb	I don't dispute the facts you've presented but only the conclusion you draw
		[dɪˈspjut]	from them.
			-No disputo los hechos que has presentado sino sólo la conclusión que sacas a partir de ellos.
5958	**heavyweight**	**de peso pesado; el pez gordo**	
		adj; ss	Africa is indeed a heavyweight in every sense.
		[ˈhɛviˌweɪt]	-En realidad, África es un peso pesado en todos los sentidos.
5959	**refresh**	**refrescar**	
		vb	She looked at the picture to refresh her memory.
		[rɪˈfrɛʃ]	-Ella miró la fotografía para refrescar su memoria.
5960	**treacherous**	**traicionero**	
		adj	Treacherous fire, bring relief to my torment.
		[ˈtrɛtʃərəs]	-Fuego traicionero, alivia mi tormento.
5961	**fanfare**	**la fanfarria**	
		ss	Leela and Ram departed amidst grand fanfare.
		[ˈfænˌfɛr]	-Ram y Leela partieron en medio de gran fanfarria.
5962	**starter**	**el motor de arranque| la entrada**	
		ss	I was told I need a new starter.
		[ˈstɑrtər]	-Al parecer, necesita un arranque nuevo.
5963	**paragraph**	**el párrafo; dividir en párrafos**	
		ss; vb	The paragraph emphasises the message.
		[ˈpærəˌgræf]	-El párrafo enfatiza el mensaje.
5964	**adjourn**	**aplazar| levantar**	
		vb	I'll adjourn sentencing until I do.
		[əˈdʒɜrn]	-Voy a aplazar la sentencia hasta que lo haga.
5965	**shag**	**la pelusa; follar**	

	ss; vb	And I know I had a shag then.
	[ʃæg]	-Y eché un polvo por entonces.
5966	**investor**	**el inversor**
	ss	Dirk Cannon, an investor from Montana.
	[ɪnˈvɛstər]	-El es Dirk Cannon, un inversor de Montana.
5967	**brag**	**jactarse| fanfarronear; el alarde**
	vb; ss	Maybe you could brag over them another time, tempe.
	[bræg]	-Quizás puedas presumir sobre ellos en algún otro momento, Tempe.
5968	**strand**	**la hebra| el mechón; varar**
	ss; vb	I found a strand of her hair today.
	[strænd]	-Encontré un mechón de su pelo hoy.
5969	**teen**	**adolescente; joven**
	ss; adj	Keeping an open line of communication is critical to ensuring that your teen stays safe online.
	[tin]	-La comunicación es algo muy importante para asegurarte de que el adolescente no corra ningún riesgo online.
5970	**missionary**	**misionero; el misionero**
	adj; ss	Jim went to Korea as a Christian missionary.
	[ˈmɪʃəˌnɛri]	-Jim fue a Corea como misionero cristiano.
5971	**economics**	**las ciencias económicas**
	ss	He is a professor of economics at Hyogo University.
	[ˌɛkəˈnɑmɪks]	-Es un profesor de economía en la universidad de Hyogo.
5972	**fiend**	**el demonio**
	ss	When something's bothering me, I smoke like a fiend.
	[find]	-Cuando algo me preocupa, fumo como un demonio.
5973	**abyss**	**el abismo**
	ss	Her pupils were as black and deep as an abyss.
	[əˈbɪs]	-Las pupilas de sus ojos tenían la negrura de un profundo abismo.
5974	**coyote**	**el coyote**
	ss	Una ardillita o un coyote podrían enfermarse.
	[kaɪˈoʊti]	-A little squirrelly or a coyote might get sick.
5975	**conventional**	**convencional**
	adj	This problem can't be solved with conventional methods.
	[kənˈvɛnʃənəl]	-Este problema no se puede resolver de la forma usual.
5976	**jumper**	**el saltador| el jersey**
	ss	The jumper cannot identify the situation.
	[ˈdʒʌmpər]	-El saltador no puede discernir sobre la situación.
5977	**clam**	**la almeja**
	ss	A large edible clam of the Atlantic coast.
	[klæm]	-Una almeja grande, comestible, de la costa Atlántica.
5978	**broker**	**el corredor**
	ss	Everybody's cheesed about their broker these days.
	[ˈbroʊkər]	-Todo el mundo está cheesed acerca de su agente en estos días.
5979	**tread**	**la pisada| el paso; pisar**
	ss; vb	The tread looks like a standard military boot.
	[trɛd]	-La huella parece ser de una bota militar corriente.
5980	**ladyship**	**la señoría**

	ss		I hope your ladyship approves of her.
	[ˈleɪdɪʃɪp]		-Espero que Su Señoría la apruebe.
5981	**rust**	**el moho| la roya; oxidarse**	
	ss; vb		The ladder was covered with dust and rust.
	[rʌst]		-La escalera estaba cubierta de polvo y óxido.
5982	**admiration**	**la admiración**	
	ss		Their bravery deserves our admiration and indeed our support.
	[ˌædməˈreɪʃən]		-Su valentía merece nuestra admiración y, desde luego, nuestro apoyo.
5983	**unreal**	**irreal**	
	adj		Listening to a Portuguese conversation is an unreal experience. A completely opaque string of phonemes, occasionally punctuated by a crystal-clear "Sim, senhor."
	[ənˈril]		-Escuchar una conversación en portugués es una experiencia irreal, un barullo interminable de fonemas apuntillados por un «Sim, senhor.» perfectamente claro.
5984	**witty**	**ingenioso**	
	adj		That's a very witty phrase.
	[ˈwɪti]		-Esa frase tiene mucho ingenio.
5985	**buffet**	**el aparador| el bar; golpear**	
	ss; vb		The price of Coca-Cola at the buffet increased.
	[ˈbʌfət]		-El precio de la Coca-Cola en el buffet aumentó.
5986	**donut**	**el buñuelo**	
	ss		Because a donut that's selling donuts is basically a slave trader.
	[ˈdoʊˌnʌt]		-Porque una rosquilla que vende rosquillas es una traficante de esclavos.
5987	**loony**	**loco; el loco**	
	adj; ss		My first thought was a loony though.
	[ˈluni]		-Sin embargo, un loco fue en lo primero que pensé.
5988	**under way**	**en marcha**	
	adv		Initiatives are under way to cost outputs and outcomes.
	[ˈʌndər weɪ]		-Están en marcha iniciativas para calcular el costo de los productos y los resultados.
5989	**peck**	**picotear; el beso**	
	vb; ss		He gave her a peck on the cheek.
	[pɛk]		-Él la besó en la mejilla.
5990	**lunar**	**lunar**	
	adj		The powdery rock covering the lunar surface.
	[ˈlunər]		-El manto de polvo que cubre la superficie lunar.
5991	**vacant**	**vacante| vacío; el vacante**	
	adj; ss		Do you have a vacant apartment?
	[ˈveɪkənt]		-¿Hay algún departamento desocupado?
5992	**vicinity**	**la vecindad| la región**	
	ss		These welfare organisations maintain advice centres nationwide which are located within the vicinity of the integration courses.
	[vəˈsɪnəti]		-Estas organizaciones de asistencia social mantienen en todo el país centros de asesoramiento ubicados en la proximidad de los cursos de integración.
5993	**litter**	**la camada| la basura; ensuciar**	
	ss; vb		These days you can't walk down the street without seeing people dropping litter.
	[ˈlɪtər]		

-Hoy en día no puedes andar por la calle sin ver a la gente tirar la basura al suelo.

5994	**transition**	**la transición; de transición**
	ss; adj	I am a transsexual woman in transition.
	[trænˈzɪʃən]	-Soy una mujer transexual en transición.
5995	**strategic**	**estratégico**
	adj	Behind the unpleasantness may lie a broader strategic calculation.
	[strəˈtidʒɪk]	-Detrás de la descortesía puede haber un cálculo estratégico más amplio.
5996	**ramp**	**la rampa; descender**
	ss; vb	He tripped down his wheelchair ramp.
	[ræmp]	-Tropezó por su rampa de silla de ruedas.
5997	**pup**	**el cachorro; parir**
	ss; vb	You pup was chasing my kitten again.
	[pʌp]	-Su cachorro estaba persiguiendo de nuevo a mi gatito.
5998	**fin**	**la aleta**
	ss	Modified fin suggests primitive Time Distort facility.
	[fɪn]	-La aleta modificada sugiere una primitiva capacidad de distorsión del tiempo.
5999	**cinch**	**la cincha; hacer algo con facilidad**
	ss; vb	It was a cinch with our new software.
	[sɪntʃ]	-Pan comido con el nuevo programa.
6000	**rye**	**el centeno**
	ss	Commissioner, in Finland rye is very special.
	[raɪ]	-Señor Comisario, en Finlandia el centeno es muy especial.
6001	**lighthouse**	**el faro**
	ss	There's the lighthouse.
	[ˈlaɪtˌhaʊs]	-Ahí está el faro.
6002	**gunner**	**el artillero**
	ss	But the door gunner walked away.
	[ˈgʌnər]	-Pero el artillero de la puerta camina todavía.
6003	**refined**	**refinado| elegante**
	adj	Rule two is no refined sugar.
	[rəˈfaɪnd]	-La segunda regla es nada de azúcar refinado.
6004	**interpretation**	**la interpretación**
	ss	Poetry is what is lost in translation. It is also what is lost in interpretation.
	[ɪnˌtɜrprɪˈteɪʃən]	-La poesía es lo que está perdido en la traducción. También es lo que se pierde en la interpretación.
6005	**mold**	**el molde; moldear**
	ss; vb	We failed our annual mold inspection.
	[moʊld]	-No hemos pasado la inspección de moho anual.
6006	**fearful**	**temeroso| terrible**
	adj	And he saith unto them, Why are ye fearful, O ye of little faith? Then he arose, and rebuked the winds and the sea; and there was a great calm.
	[ˈfɪrfəl]	-Y él les dijo, ¿por qué temen, hombres de poca fe? Entonces, levantándose, reprendió a los vientos y al mar: y hubo una gran calma.
6007	**pay back**	**pagar**
	vb	If Member States have to pay back the money, they will only fund the projects that they really need.
	[peɪ bæk]	

-Si se obliga a los Estados miembros a devolver el dinero, solo financiarán los proyectos que realmente necesiten.

6008	**cologne**	**la colonia**
	ss	A sprinkling perhaps of French cologne...
	[kəˈloʊn]	-Un chorrito de colonia francesa, tal vez.

6009	**believer**	**creyente**
	ss	Are you a believer?
	[bəˈlivər]	-¿Eres un creyente?

6010	**intimacy**	**la intimidad**
	ss	Sam was experiencing intimacy that only came from anonymity.
	[ˈɪntəməsi]	-Sam estaba viviendo el tipo de intimidad que venía del anonimato.

6011	**hallow**	**santificar**
	vb	We are here to hallow the name of the Lord.
	[ˈhæloʊ]	-Estamos aquí para santificar el nombre del Señor.

6012	**humbly**	**humildemente**
	adv	We, your unworthy servants humbly thank wholeheartedly.
	[ˈhʌmbli]	-Nosotros, tus siervos indignos humildemente agradecemos de todo corazón.

6013	**slob**	**el haragán**
	ss	Your little brother has the face of a slob!
	[slɑb]	-¡Qué cara de atorrante tiene tu hermanito!

6014	**slay**	**matar**
	vb	You're not being asked to slay children or anything.
	[sleɪ]	-Nadie te pidió matar niños ni nada parecido.

6015	**quarantine**	**la cuarentena; poner en cuarentena**
	ss; vb	Strengthen the capacity of plant quarantine officers.
	[ˈkwɔrənˌtin]	-Fortalecer la capacidad de los oficiales de cuarentena fitosanitaria.

6016	**ripper**	**el destripador**
	ss	He knows that ripper case inside out.
	[ˈrɪpər]	-Él conoce el caso de Jack el Destripador desde dentro.

6017	**whim**	**el capricho| la veleidad**
	ss	Once you decide to enter a profession, you can't change your mind on a whim.
	[wɪm]	-Una vez que decidas una profesión, no puedes cambiar de opinión por un antojo.

6018	**burglary**	**el robo con fractura**
	ss	There's been a burglary.
	[ˈbɜrgləri]	-Ha habido un robo.

6019	**abnormal**	**anormal**
	adj	It is abnormal to have the heart on the right side.
	[æbˈnɔrməl]	-Es anormal tener el corazón en el lado derecho.

6020	**zipper**	**la cremallera**
	ss	My zipper stuck halfway up.
	[ˈzɪpər]	-El cierre se me atascó a la mitad.

6021	**vocal**	**vocal; la canción**
	adj; ss	Highest vocal range in the church choir.
	[ˈvoʊkəl]	-El más alto rango vocal en el coro de la iglesia.

6022	**executioner**	**el verdugo**
	ss	The desert is an indiscriminate executioner, Baron.
	[ˌɛksəˈkjuʃənər]	-El desierto es un verdugo que no discrimina, Barón.
6023	**conceal**	**ocultar| disimular**
	vb	Let's conceal this secret from him.
	[kənˈsil]	-Ocultémonos este secreto de él.
6024	**lama**	**el lama**
	ss	Beyond the lama are the ghosts.
	[ˈlamə]	-Por encima del lama están los fantasmas.
6025	**rep**	**el reps**
	ss	Is our dusky, exotic customer service rep.
	[rɛp]	-Es nuestra morena y exótica representante de servicio al cliente.
6026	**ashtray**	**el cenicero**
	ss	I broke your ashtray.
	[ˈæʃˌtreɪ]	-Quebré tu cenicero.
6027	**trivial**	**trivial| banal**
	adj	The conclusion may seem trivial: Esperanto exists.
	[ˈtrɪviəl]	-La conclusión puede parecer trivial: el esperanto existe.
6028	**dictatorship**	**la dictadura**
	ss	The Constitution was proclaimed during the dictatorship.
	[dɪkˈteɪtərˌʃɪp]	-La constitución fue proclamada durante la dictadura.
6029	**doorman**	**el portero| el trabajo de portero**
	ss	I showed my ticket to the doorman and went into the theatre.
	[ˈdɔrˌmæn]	-Mostré mi billete al portero y entré al teatro.
6030	**Islamic**	**islámico**
	adj	Both are threatened by Islamic extremism and growing unrest.
	[ɪˈzlɑmɪk]	-Ambos enfrentan la amenaza del extremismo islámico y un creciente malestar social.
6031	**immunity**	**la inmunidad**
	ss	To stimulate immunity against Streptococcus equi.
	[ɪmˈjunəti]	-Para estimular la inmunidad frente a Streptococcus equi.
6032	**alleged**	**presunto**
	adj	The parties have strongly contested this alleged anti-competitive effect.
	[əˈlɛdʒd]	-Las partes han refutado enérgicamente este supuesto efecto contrario a la competencia.
6033	**vicar**	**el vicario**
	ss	She and the vicar brought Margaret home.
	[ˈvɪkər]	-Ella y el vicario llevaron a Margaret a casa.
6034	**wrench**	**las llave inglesa; torcer fuertemente**
	ss; vb	The astronaut lost his grip on the wrench and all he could do was watch in dismay as it floated serenely away.
	[rɛntʃ]	-Al astronauta se le escurrió la llave y no pudo hacer nada más que mirar como se iba alejando flotando.
6035	**manipulate**	**manipular**
	vb	Jim doesn't like people who manipulate others.
	[məˈnɪpjəˌleɪt]	-A Jim no le gusta la gente que manipula a otras personas.
6036	**admirer**	**el admirador**

	ss	Jim has a secret admirer.
	[æd'maɪrər]	-Jim tiene un admirador secreto.
6037	**dense**	**denso| estúpido**
	adj	Because of the dense haze, the road was hard to see.
	[dɛns]	-A causa de la densa neblina, el camino era difícil de ver.
6038	**underpants**	**los calzoncillos**
	ss	Please take off all your clothes except your underpants and bra.
	[ˈʌndərˌpænts]	-Por favor quítate toda la ropa excepto las bragas y el sujetador.
6039	**shilling**	**el chelín**
	ss	Miss Haynes always tipped me a shilling.
	[ˈʃɪlɪŋ]	-Miss Haynes siempre me daba un chelín de propina.
6040	**outsider**	**forastero; el forastero**
	adj; ss	The easier it is for an outsider to suggest a change, the more volunteers you'll get.
	[aʊtˈsaɪdər]	-Entre más fácil sea para una persona ajena sugerir un cambio, más voluntarios obtendrán.
6041	**cub**	**el cachorro; parir**
	ss; vb	He's feeding a lion cub.
	[kʌb]	-Le está dando de comer a un cachorro de león.
6042	**alternate**	**alternar; alterno; suplente**
	vb; adj; ss	In December the prosecution added an alternate sedition charge.
	[ˈɔltɜrnət]	-En diciembre, la acusación agregó un cargo de sedición alternativo.
6043	**concussion**	**la contusión**
	ss	Vincent's for a serious concussion.
	[kənˈkʌʃən]	-Vincents por cuatro días por una contusión seria.
6044	**genie**	**el genio**
	ss	Deal with it, diaper genie.
	[ˈdʒini]	-Hazte cargo, genio del pañal.
6045	**substantial**	**sustancial**
	adj	We have a substantial stake in the venture.
	[səbˈstæntʃəl]	-Tenemos un riesgo importante en el negocio.
6046	**suspension**	**la suspensión; suspensivo**
	ss; adj	It even comes with run-of-the-mill suspension.
	[səˈspɛnʃən]	-Incluso viene con una suspensión normal y corriente.
6047	**gibberish**	**la algarabía**
	ss	To anyone else hearing this conversation, we're talking absolute gibberish.
	[ˈgɪbərɪʃ]	-Para cualquier otro que oiga esta conversación, sólo es un galimatías.
6048	**arc**	**el arco**
	ss	A large-scale arc furnace was tested for the process.
	[ɑrk]	-Para ese propósito, se probó un horno de arco de gran envergadura.
6049	**manly**	**varonil**
	adj	It is not manly to speak ill of others behind their backs.
	[ˈmænli]	-No es muy varonil hablar mal de los otros detrás de sus espaldas.
6050	**detain**	**detener**
	vb	Some national courts have recognized the right to detain aliens pending deportation.
	[dɪˈteɪn]	

-Algunos tribunales nacionales han reconocido el derecho a detener extranjeros en espera de su deportación.

6051	**import**	**importar; importación; de importación**
	vb; ss; adj	We import a lot of things from Australia.
	[ˈɪmpɔrt]	-Importamos un montón de cosas de Australia.
6052	**bikini**	**el bikini**
	ss	I think Jim's grandmother is too old to be wearing a bikini.
	[bɪˈkini]	-Pienso que la abuela de Jim es muy vieja para estar usando una bikini.
6053	**brethren**	**los hermanos**
	ss	Not fans of their homeless brethren.
	[ˈbrɛðrən]	-No son admiradores de sus hermanos los indigentes.
6054	**veal**	**la ternera**
	ss	In other words, they're raised like veal.
	[vil]	-En otras palabras, son criados como un ternero.
6055	**northeast**	**el nordeste; del nordeste**
	ss; adj	A similar initiative has started in northeast Brazil.
	[ˌnɔrˈθist]	-Una iniciativa similar ha comenzado en el noreste de Brasil.
6056	**descend**	**bajar**
	vb	He could suddenly descend upon us.
	[dɪˈsɛnd]	-Que de repente el podría descender sobre nosotros.
6057	**barbarian**	**bárbaro; el bárbaro**
	adj; ss	My level 9 barbarian has been killed.
	[barˈbɛriən]	-Mi bárbaro de nivel 9 murió.
6058	**dyke**	**el dique**
	ss	I intend to find meself a nice dyke tonight.
	[daɪk]	-Sí. Pretendo buscarme una linda lesbiana esta noche.
6059	**Mt.**	**monte**
	abr	The highest mountain in Korea is Mt. Baekdu 2,744 meters.
	[maʊnt.]	-La montaña más alta de Corea es el monte Baekdu de 2,744 metros.
6060	**external**	**externo; la exterioridad**
	adj; ss	External application only.
	[ɪkˈstɜrnəl]	-Uso externo solamente.
6061	**goo**	**la cosa muy pegajosa**
	ss	This goo can also bring the competition to a halt.
	[gu]	-Esta viscosidad también puede detener la competencia.
6062	**commune**	**la comuna; comulgar**
	ss; vb	The commune must forget you first.
	[ˈkɑmjun]	-Primero tendrá que olvidarse de ti la comuna.
6063	**weaver**	**el tejedor**
	ss	I will arrange an introduction to my sweater weaver.
	[ˈwivər]	-Voy a arreglar para presentarte a mi tejedor de suéters.
6064	**mink**	**el visón**
	ss	Domestic European mink can therefore be legally bred for commercial purposes.
	[mɪŋk]	-Por consiguiente, el visón europeo doméstico puede criarse legalmente con fines comerciales.
6065	**nag**	**el rocín; fastidiar**

	ss; vb	Shredded Ear isn't a nag.
	[næg]	-Oreja Rajada no es ningún jamelgo.
6066	**blacksmith**	**el herrero**
	ss	Practice makes perfect or, as the French proverb says, forging makes a
	[ˈblækˌsmɪθ]	blacksmith.
		-Como dice un refrán francés, el herrero se hace forjando.
6067	**vermin**	**las alimañas**
	ss	You look just fine down there slithering in the mud like vermin.
	[ˈvɜrmɪn]	-Te ves muy bien allí abajo... como un bicho agazapado en el fango.
6068	**diesel**	**diesel; el diesel**
	adj; ss	Isolated rural electrification plants are mostly based on diesel oil.
	[ˈdisəl]	-Las centrales de electrificación en zonas rurales aisladas funcionan
		principalmente a base de petróleo diésel.
6069	**Martian**	**marciano; el marciano**
	adj; ss	The Martian Development Foundation representatives, please.
	[ˈmɑrʃən]	-Los representantes de la Fundación de Desarrollo Marciano, por favor.
6070	**meadow**	**el prado**
	ss	We saw cows grazing in the meadow.
	[ˈmɛˌdoʊ]	-Vimos vacas pastando en la pradera.
6071	**moody**	**de humor cambiante**
	adj	From that day Dersu became moody and irritable.
	[ˈmudi]	-Desde ese día Dersu cambió Se volvió malhumorado e irritable.
6072	**imprisonment**	**la prisión**
	ss	In many countries, being gay is a cause for imprisonment.
	[ɪmˈprɪzənmənt]	-En muchos países, ser gay es motivo de encarcelamiento.
6073	**emerge**	**surgir| eclosionar**
	vb	After the tragedy, survival stories began to emerge.
	[ɪˈmɜrdʒ]	-Después de esta tragedia, las historias de supervivencia empezaron a
		surgir.
6074	**ultra-**	**ultra-**
	pfj	Approximately 15,000 ultra- poor households in the Gaza Strip and 7,000 in
	[ˈʌltrə-]	the West Bank will benefit from WFP food aid.
		-Aproximadamente 15.000 familias indigentes de la Faja de Gaza y 7.000 de
		la Ribera Occidental se beneficiarán de la ayuda alimentaria del PMA.
6075	**psychopath**	**psicópata**
	ss	Your ex is a psychopath.
	[ˈsaɪkoʊˌpæθ]	-Tu ex es una psicópata.
6076	**millennium**	**el milenio**
	ss	How many centuries are there in a millennium?
	[məˈlɛniəm]	-¿Cuántos siglos hay en un milenio?
6077	**tyranny**	**la tiranía**
	ss	Living under tyranny often renders people submissive and fearful.
	[ˈtɪrəni]	-Vivir bajo la tiranía a menudo hace a las personas sumisas y temerosas.
6078	**forensic**	**forense**
	adj	My preference is forensic anthropology.
	[fəˈrɛnsɪk]	-Mi preferencia es la antropología forense.
6079	**senseless**	**sin sentido**

	adj	The sentence is senseless, but correct.
	[ˈsɛnsləs]	-La oración no tiene sentido, pero es correcta.
6080	**chemist**	**el químico**
	ss	Johnny was a chemist; now Johnny is no more. For what he thought was water, was H2SO4.
	[ˈkɛmɪst]	-Johnny era un químico; pero ya no lo es más. Ya que lo que él pensó que era agua, era H2SO4.
6081	**loft**	**el desván**
	ss	We have officers searching your loft right now.
	[lɔft]	-Tenemos agentes en busca de su desván en estos momentos.
6082	**driveway**	**la entrada de coches**
	ss	Said the suspect Approached her In her driveway.
	[ˈdraɪˌvweɪ]	-Dijo que la sospechosa se le acercó en el camino de entrada.
6083	**squat**	**agacharse; rechoncho; la ocupación ilegal**
	vb; adj; ss	My father lives in a squat.
	[skwɑt]	-Mi padre vive en una casa okupa.
6084	**premature**	**prematuro**
	adj	There's nothing that ruins life as much as premature ejaculation.
	[ˌpriməˈtʃʊr]	-No hay nada que arruine la vida tanto como la eyaculación prematura.
6085	**predator**	**el depredador**
	ss	Alicia harding, host of neighborodod predator.
	[ˈprɛdətər]	-Alicia Harding, presentadora de Depredador en el barrio.
6086	**sentiment**	**el sentimiento**
	ss	Not surprisingly, secessionist sentiment remains strong.
	[ˈsɛntəmənt]	-No es de extrañar que el sentimiento secesionista siga siendo muy intenso.
6087	**ominous**	**ominoso**
	adj	Headline in South Africa: "They have landed." Quite ominous.
	[ˈɑmənəs]	-Titular en Sudáfrica: "Han aterrizado." Bastante siniestro.
6088	**nobility**	**la nobleza**
	ss	OBE, married into our nobility.
	[noʊˈbɪləti]	-Excelentísima Orden del Imperio, casado con la nobleza.
6089	**leisure**	**el ocio; de deporte**
	ss; adj	Only a person who can live with himself can enjoy the gift of leisure.
	[ˈlɛʒər]	-Solo una persona que pueda vivir consigo misma puede disfrutar del don del ocio.
6090	**barefoot**	**descalzo; descalzo**
	adj; adv	Look, the boys are walking barefoot in the water.
	[ˈbɛrˌfʊt]	-Mira, los niños están caminando descalzos en el agua.
6091	**educational**	**educativo**
	adj	The new law will bring about important changes in the educational system.
	[ˌɛdʒəˈkeɪʃənəl]	-La nueva ley efectuará cambios importantes en el sistema educativo.
6092	**victorious**	**victorioso**
	adj	I will return to this house victorious!
	[vɪkˈtɔriəs]	-¡Regresaré victorioso a esta casa!
6093	**separately**	**por separado**
	adv	They each paid separately.
	[ˈsɛpərətli]	-Cada uno pagó por separado.

6094	**confiscate**	**confiscar**
	vb	Various methods used to confiscate land were also reported.
	[ˈkɑnfəˌskeɪt]	-También se informó de diversos métodos utilizados para confiscar las tierras.
6095	**cackle**	**el cacareo; cacarear**
	ss; vb	The moment where your laughter becomes a cackle.
	[ˈkækəl]	-El momento en el que la risa se convierte en un cacareo.
6096	**lettuce**	**la lechuga**
	ss	Jim and Ana grow leaf lettuce in their garden.
	[ˈlɛtəs]	-Jim y Ana cultivan lechuga en su jardín.
6097	**harp**	**las arpa**
	ss	I can't believe you quit playing harp.
	[hɑrp]	-No puedo creer que dejaras de tocar el harpa.
6098	**tuition**	**la matrícula| la enseñanza**
	ss	My allowance does not pay for my tuition.
	[tjuˈɪʃən]	-El dinero que recibo es insuficiente para pagar las tasas de clase.
6099	**valiant**	**valiente; valiente**
	adj; ss	It was a valiant first-day effort.
	[ˈvæljənt]	-Fue un esfuerzo valiente para el primer día.
6100	**distinction**	**la distinción**
	ss	It's necessary to make a distinction between the two sounds.
	[dɪˈstɪŋkʃən]	-Hay que hacer una distinción entre los dos sonidos.
6101	**bumper**	**el parachoques; abundante**
	ss; adj	Another fellow behind me brushed my bumper.
	[ˈbʌmpər]	-Otro tipo detrás de mí chocó con mi parachoques.
6102	**socialism**	**el socialismo**
	ss	Thatcherism emerged as the most plausible alternative to state socialism.
	[ˈsoʊʃəˌlɪzəm]	-El thatcherismo surgió como la alternativa más aceptable al socialismo de Estado.
6103	**criticize**	**criticar**
	vb	Don't criticize what you can't understand.
	[ˈkrɪtɪˌsaɪz]	-No critiques lo que no entiendes.
6104	**amendment**	**la enmienda**
	ss	The remainder of the amendment remains unchanged.
	[əˈmɛndmənt]	-El resto de la enmienda se mantiene sin cambios.
6105	**dairy**	**la lechería; lechero**
	ss; adj	Cheese, butter, cream, yogurt and kefir are dairy products.
	[ˈdɛri]	-El queso, la mantequilla, la nata, el yogur y el kefir son productos lácteos.
6106	**gallows**	**la horca**
	ss	Hanging from the gallows in central city square.
	[ˈgæloʊz]	-Colgando en la horca de la plaza en Ciudad Central.
6107	**weave**	**tejer; el tejido**
	vb; ss	Today, I will begin to weave a shroud for my lost husband.
	[wiv]	-Hoy comenzaré a tejer una mortaja para mi esposo perdido.
6108	**wilt**	**marchitar**
	vb	Even the most beautiful rose will someday wilt.
	[wɪlt]	-Hasta la rosa más bella se marchitará un día.

6109	Oriental	oriental; el oriental
	adj; ss	She plans to stay at the Oriental Hotel.
	[ˌɔriˈɛntəl]	-Planea quedarse en el hotel Oriental.
6110	awe	el temor; atemorizar
	ss; vb	With deep and reverent awe I replaced the candelabrum in its former
	[ɑ]	position.
		-Con profundo y reverente sobrecogimiento, volví a poner el candelabro a
		su posición anterior.
6111	cello	el violonchelo
	ss	Her parents decided that she would play the cello.
	[ˈtʃɛloʊ]	-Sus padres decidieron que ella tocaría el violonchelo.
6112	jug	la jarra| el cántaro; enchironar
	ss; vb	This little jug is historic; it's more than eighty years old.
	[dʒʌg]	-Esta jarrita es histórica, tiene más de ochenta años.
6113	uncertain	incierto
	adj	The weather is uncertain at this time of year.
	[ənˈsɜrtən]	-El clima es incierto en esta época del año.
6114	amused	divertido
	adj	Therefore, the audience was free to feel comfortable and amused.
	[əmˈjuzd]	-Por lo tanto, el público estaba libre de sentirse cómodo y divertido.
6115	flick	la película; dar un golpecito a
	ss; vb	Fact: that's a pretty good name for a horror flick.
	[flɪk]	-Hecho: es un buen nombre para el titulo de una película de terror.
6116	subconscious	subconsciente; el subconsciente
	adj; ss	Business transactions... subconscious thoughts and dreams.
	[səbˈkɑnʃəs]	-Transacciones de negocios... pensamientos del subconsciente y sueños.
6117	interpret	interpretar| entender
	vb	We interpret your silence as consent.
	[ɪnˈtɜrprət]	-Interpretamos tu silencio como consentimiento.
6118	rite	el rito
	ss	Baptism is the rite of initiation.
	[raɪt]	-El bautismo es el rito de la iniciación.
6119	diploma	el diploma; diplomar
	ss; vb	I'll get my diploma in two years.
	[dɪˈploʊmə]	-Obtendré mi diploma en dos años.
6120	trooper	el soldado
	ss	She was a trooper during chemotherapy.
	[ˈtrupər]	-Ella fue como un soldado durante la quimio.
6121	canteen	la cantina
	ss	There is little water left in the canteen.
	[kænˈtin]	-Apenas queda agua en la cantimplora.
6122	moo	mugir; los mu
	vb; ss	Because if he doesn't like you, this is all a moo point.
	[mu]	-Porque si no le gustas esto es un punto mu.
6123	flap	la solapa; batir
	ss; vb	We're going to learn how to make one flap.
	[flæp]	-Vamos a aprender cómo hacer una solapa.

6124	**voter**	**el votante**
	ss	Each voter votes personally and alone.
	[ˈvoʊtər]	-Cada votante interviene de forma personal y en solitario.
6125	**startle**	**asustar**
	vb	We're beating the grass to startle the snakes.
	[ˈstɑrtəl]	-Golpeamos la hierba para asustar a las víboras.
6126	**rejection**	**el rechazo**
	ss	Indicate number of samples taken and rejection criteria.
	[rɪˈdʒɛkʃən]	-Indíquese el número de muestras que se hayan tomado y los criterios de rechazo.
6127	**awareness**	**la conciencia**
	ss	Developing political awareness takes time.
	[əˈwɛrnəs]	-Desarrollar conciencia política toma tiempo.
6128	**yelp**	**el gañido; gañir**
	ss; vb	Reggie, emit a yelp of honor for papa.
	[jɛlp]	-Reggie, emite un aullido de honor por papá.
6129	**barb**	**la lengüeta| la barba; poner lengüetas en**
	ss; vb	Looks to have some barb in him.
	[bɑrb]	-Parece que tiene algo de barba.
6130	**Austrian**	**austriaco; el austriaco**
	adj; ss	Karis is Austrian.
	[ˈɔstriən]	-Karis es austríaca.
6131	**membership**	**la afiliación**
	ss	In December 2008 Montenegro filed its membership application.
	[ˈmɛmbərˌʃip]	-En diciembre de 2008 Montenegro presentó su solicitud de adhesión.
6132	**sphere**	**la esfera**
	ss	The conflict in economic policy is spreading to the geopolitical sphere.
	[sfɪr]	-El conflicto en la política económica se está propagando a la esfera geopolítica.
6133	**savannah**	**la sabana**
	ss	Forest and savannah are the predominant vegetation.
	[səˈvænə]	-El bosque y la sabana son la principal vegetación.
6134	**indoors**	**dentro**
	adv	He is running indoors.
	[ˈɪnˌdɔrz]	-Él está corriendo en interior.
6135	**skinner**	**el desollador**
	ss	I need back copies of your reports On the skinner cases.
	[ˈskɪnər]	-Necesito copias de tus informes de los casos del desollador.
6136	**lassie**	**la muchacha| la jovencita**
	ss	Here we are, lads and lassie.
	[ˈlæsi]	-Aquí estamos, muchachos y muchacha.
6137	**restroom**	**los aseos**
	ss	The flimsy stalls in this restroom offer very little privacy.
	[ˈrɛˌstrum]	-Los endebles compartimentos de estos aseos ofrecen muy poca intimidad.
6138	**indulge**	**complacer| dar rienda suelta**
	vb	You can indulge yourself without spending a fortune.
	[ɪnˈdʌldʒ]	-Puedes satisfacerte a ti mismo sin gastar una fortuna.

6139	extensive	extenso
	adj	Those selected will have to face extensive medical and psychological tests.
	[ɪkˈstɛnsɪv]	-Los seleccionados tendrán que enfrentar extensas pruebas médicas y psicológicas.

6140	ingredient	el ingrediente
	ss	Flour is the main ingredient in cakes.
	[ɪnˈgridiənt]	-La harina es el principal ingrediente de las tartas.

6141	colorful	vistoso
	adj	The rainbow is colorful.
	[ˈkʌlərfəl]	-El arcoiris es colorido.

6142	stepfather	el padrastro
	ss	My stepfather was diabetic.
	[ˈstɛpˌfɑðər]	-Mi padrastro era diabético.

6143	frequent	frecuente; frecuentar
	adj; vb	The European Union is set up with the aim of ending the frequent and bloody wars between neighbours, which culminated in the Second World War.
	[ˈfrikwənt]	-La Unión Europea nació con el anhelo de acabar con los frecuentes y cruentos conflictos entre vecinos que habían culminado en la Segunda Guerra Mundial.

6144	foolishness	la tontería| la necedad
	ss	I am sure he is unaware of this foolishness.
	[ˈfuliʃnəs]	-Seguramente no está al tanto de esta tontería.

6145	psych	psicoanalizar
	vb	Well, he's your psych patient now.
	[saɪk]	-Aquí está tu paciente de psiquiatría.

6146	journalism	el periodismo
	ss	He is a big man in journalism.
	[ˈdʒɜrnəˌlɪzəm]	-Él es un hombre importante en el periodismo.

6147	fingernail	la uña
	ss	Beau's lines are depressions across the fingernail.
	[ˈfɪŋgərˌneɪl]	-Las líneas de Beau son depresiones a través de la uña.

6148	stallion	el semental
	ss	A stallion is a male horse.
	[ˈstæljən]	-Un garañón es un caballo macho.

6149	Belgian	belga; belga
	adj; ss	An Englishman, a Belgian and a Dutchman enter a pub and sit down at the counter. Says the barkeeper, "Wait a minute, is this a joke or what?"
	[ˈbɛldʒən]	-Un inglés, un belga y un holandés entran a un bar y se sientan en el mostrador. El cantinero dice, "Un minuto, ¿esto es una broma o qué?"

6150	Hindi	hindi
	adj	Dev loves old Hindi film music.
	[ˈhɪndi]	-A Dev le encanta la música de las películas Hindi antiguas.

6151	initiate	iniciado; el iniciado; iniciar
	adj; ss; vb	Military Investigators should not initiate investigations into human rights violations.
	[ɪˈnɪʃiɪt]	-Los investigadores militares no deberían iniciar investigaciones sobre violaciones de los derechos humanos.

6152	**hassle**	**la molestia| el bullicio; molestar**
	ss; vb	Save you the hassle of parking.
	[ˈhæsəl]	-Ahorrarte la molestia de estacionar y todo eso.
6153	**motivation**	**la motivación**
	ss	Jim lacks motivation.
	[ˌmoʊtəˈveɪʃən]	-A Jim le falta motivación.
6154	**pianist**	**pianista**
	ss	Her mother is a wonderful pianist.
	[piˈænəst]	-Su madre es una pianista excelente.
6155	**imminent**	**inminente**
	adj	Death is imminent.
	[ˈɪmənənt]	-La muerte es inminente.
6156	**nonetheless**	**sin embargo; con todo**
	con; adv	Whoever may oppose my plan, I will carry it out nonetheless.
	[ˌnʌnðəˈlɛs]	-Llevaré a cabo mi plan, sea quien sea que se oponga.
6157	**anarchy**	**la anarquía**
	ss	Their country is threatened by anarchy.
	[ˈænərki]	-Su país se ve amenazado por la anarquía.
6158	**omen**	**el presagio; presagiar**
	ss; vb	According to ancient legend, she was an omen of disaster and death.
	[ˈoʊmən]	-De acuerdo a la antigua leyenda era presagio desgracia y muerte.
6159	**Hindu**	**hindú; el hindú**
	adj; ss	SCOTLAND YARD BUREAU OF INVESTIGATIONS: Excellent likeness of Hindu servant Ramullah.
	[ˈhɪnˌdu]	-SCOTLAND YARD AGENCIA DE INVESTIGACIONES: Se parece a Ramullah, el sirviente hindú.
6160	**enlist**	**conseguir| alistarse**
	vb	We must therefore enlist our imaginations and creativity.
	[ɛnˈlɪst]	-Por lo tanto, debemos alistar nuestra imaginación y creatividad.
6161	**surname**	**el apellido; apellidar**
	ss; vb	How is his surname pronounced?
	[ˈsɜrˌneɪm]	-¿Cómo se pronuncia su apellido?
6162	**navigator**	**el navegador**
	ss	In other words, our ars surface navigator.
	[ˈnævəˌgeɪtər]	-En otras palabras, es nuestro navegador en la superficie de Marte.
6163	**processing**	**el tratamiento**
	ss	Prepare a programme for upgrading food processing establishments to meet EU requirements.
	[ˈprɑsɛsɪŋ]	-Elaborar un programa de modernización de los establecimientos de transformación de alimentos a fin de que cumplan las exigencias comunitarias.
6164	**precision**	**la precisión**
	ss	Ana is sitting at her desk and translating a novel. She's surrounded by heaps of big dictionaries. Ana needs all of them as she is translating with an almost fanatic precision.
	[priˈsɪʒən]	-Ana está sentada en su escritorio y traduce una novela, rodeada de pilas de voluminosos diccionarios. Ana los necesita a todos, porque ella traduce con precisión casi fanática.

6165	**laptop**	**el ordenador portátil plegable**
	ss	Plug into desktop or laptop to assess functionality.
	[ˈlæpˌtɑp]	-Conectarlo al ordenador de sobremesa o portátil para evaluar su funcionalidad.
6166	**runt**	**el enano**
	ss	You know, every intern class has its runt of the litter.
	[runt]	-Ya sabes, toda clase de internos tiene su enano de la basura.
6167	**entrust**	**confiar| encomendar**
	vb	It would be a terrible mistake to entrust this organisation with that amount of information.
	[ɛnˈtrʌst]	-Sería un terrible error confiar a esta organización tal cantidad de información.
6168	**chateau**	**el castillo**
	ss	My father lived in a chateau on a huge estate.
	[ʃæˈtoʊ]	-Mi padre vivió en un castillo de un gran parque.
6169	**charter**	**la carta; alquiler**
	ss; vb	With that charter, people will move there.
	[ˈtʃɑrtər]	-Bajo ese estatuto la gente se irá para allá a vivir.
6170	**unworthy**	**indigno de**
	adj	Again? I am unworthy and sinful, Father.
	[ənˈwɜrði]	-Soy indigno y pecaminoso, padre.
6171	**sculpture**	**la escultura; esculpir**
	ss; vb	He made a sand sculpture.
	[ˈskʌlptʃər]	-Él hizo una escultura de arena.
6172	**shady**	**sombreado| turbio**
	adj	My uncle's brother's son got involved in a shady business and disgraced the family.
	[ˈʃeɪdi]	-El hijo del hermano de mi tío se metió en un negocio turbio y deshonró a la familia.
6173	**grin**	**la mueca; sonreír**
	ss; vb	The Cheshire Cat is a fictional cat popularised by Lewis Carroll in Alice's Adventures in Wonderland and known for its distinctive mischievous grin.
	[grɪn]	-El gato de Cheshire es un gato de ficción popularizado por Lewis Carroll en Alicia en el país de las maravillas y conocido por su distintiva y amplia sonrisa maliciosa.
6174	**uneasy**	**inquieto**
	adj	When he saw her letter, he felt somewhat uneasy.
	[əˈnizi]	-Cuando él vio su carta, se sintió algo inquieto.
6175	**speculation**	**la especulación**
	ss	This is just speculation.
	[ˌspɛkjəˈleɪʃən]	-Esa es pura especulación.
6176	**pineapple**	**la piña**
	ss	I like John's blue pineapple.
	[ˈpaɪˌnæpəl]	-Me gusta la piña azul de John.
6177	**hideout**	**el escondite**
	ss	Okay, the army storms Pablo's hideout.
	[ˈhaɪˌdaʊt]	-Bien. El ejército tiende una emboscada en el escondite de Pablo.
6178	**equivalent**	**equivalente; el equivalente**

adj; ss
[ɪˈkwɪvələnt]

The will of the people shall be the basis of the authority of government; this will shall be expressed in periodic and genuine elections which shall be by universal and equal suffrage and shall be held by secret vote or by equivalent free voting procedures.

-La voluntad del pueblo es la base de la autoridad del poder público; esta voluntad se expresará mediante elecciones auténticas que habrán de celebrarse periódicamente, por sufragio universal e igual y por voto secreto u otro procedimiento equivalente que garantice la libertad del voto.

6179 **linen** **el lino**

ss
[ˈlɪnən]

The heavy oak tables were covered with snow-white linen.

-Las pesadas mesas de roble estaban cubiertas por manteles blancos como la nieve.

6180 **disconnect** **desconectar| desacoplar**

vb
[dɪskəˈnɛkt]

You must disconnect each sequencer conduit at the insertion juncture.

-Debe desconectar cada conducto del secuenciador... en el ensamble de inserción.

6181 **ingenious** **ingenioso**

adj
[ɪnˈdʒinjəs]

Wanting to protect me from myself is about as ingenious as saving a fish from drowning.

-Querer protegerme de mí mismo es casi tan ingenioso como querer salvar a un pez de ahogarse.

6182 **sinful** **pecaminoso**

adj
[ˈsɪnfəl]

Christians view human nature as inherently sinful.

-Los cristianos consideran la naturaleza humana como inherentemente pecaminosa.

6183 **cabaret** **el cabaret**

ss
[ˌkæbəˈreɪ]

This is not the cabaret, my friend.

-Éste no es el cabaret, amiga.

6184 **bout** **el combate| el ataque**

ss
[baʊt]

The next bout presenting four rounds of boxing.

-La presentación de la próxima pelea cuatro rondas de boxeo.

6185 **kidnapper** **el secuestrador**

ss
[ˈkɪdˌnæpər]

We can conclude that he is the kidnapper.

-Un interno está en situación de saberlo, por eso deducimos que él es el secuestrador.

6186 **obedient** **obediente**

adj
[oʊˈbidiənt]

Jim isn't obedient.

-Jim no es obediente.

6187 **curb** **el bordillo; refrenar a**

ss; vb
[kɜrb]

Jim sat on the curb.

-Jim se sentó en el bordillo.

6188 **hub** **el cubo**

ss
[hʌb]

Do you come from your hub?

-¿Vienes de tu lugar de trabajo?

6189 **increasingly** **cada vez más**

adv
[ɪnˈkrisɪŋli]

Recruitment into the military became more and more difficult as the war grew increasingly unpopular.

-El reclutamiento dentro del ejército se volvió más y más difícil a medida que la guerra fue haciéndose menos popular.

6190	**lawful**	**legal**
	adj	The postponement adopted is not lawful.
	[ˈlɔfəl]	-El aplazamiento que se realizó no es legal.
6191	**placing**	**la colocación**
	ss	Delivery of goods is done after a month of placing the order.
	[ˈpleɪsɪŋ]	-El envío de los productos se realiza posterior a un mes de hecha la orden.
6192	**dusk**	**la oscuridad| el anochecer; anochecer; oscuro**
	ss; vb; adj	The sky at dusk is red.
	[dʌsk]	-El cielo del atardecer es rojo.
6193	**retiring**	**saliente**
	adj	I don't have the slightest intention of retiring.
	[rɪˈtaɪrɪŋ]	-Yo no tengo la más mínima intención de retirarme.
6194	**knockout**	**el knock-out; eliminatorio**
	ss; adj	I'm predicting a knockout in round four.
	[ˈnɑˌkaʊt]	-Pronostico un knockout en el cuarto round.
6195	**willingly**	**de buena gana**
	adv	A true German can't stand the French, yet willingly he drinks their wines.
	[ˈwɪlɪŋli]	-Un verdadero alemán no soporta a los franceses, aunque con gusto se beba sus vinos.
6196	**shiver**	**temblar| hacer añicos; el escalofrío**
	vb; ss	Yes, if stone can shiver and bleed.
	[ˈʃɪvər]	-Si. De una piedra que puede temblar y sangrar.
6197	**peacock**	**el pavo real; pavonearse**
	ss; vb	That's what peacock feathers do.
	[ˈpiˌkɑk]	-Eso es lo que hacen las plumas de pavo real.
6198	**slope**	**la pendiente| la ladera; inclinarse**
	ss; vb	We climbed a steep slope.
	[sloʊp]	-Escalamos una empinada cuesta.
6199	**greenhouse**	**el invernadero**
	ss	Some scientists believe that the greenhouse effect is imaginary.
	[ˈgrinˌhaʊs]	-Algunos científicos creen que el efecto invernadero es imaginario.
6200	**detector**	**el detector**
	ss	The script mTurk needs the most is the native speaker detector.
	[dɪˈtɛktər]	-El script que más falta hace en mTurk es el detector de hablantes nativos.
6201	**aurora**	**el amanecer**
	ss	Del griego se traduce "aurora".
	[əˈrɔrə]	-From the Greek "aurora" is translated.
6202	**omega**	**la omega**
	ss	Sin duda serás un omega inteligente.
	[oʊˈmɛgə]	-No doubt you'll be a clever Omega.
6203	**muffin**	**el mollete**
	ss	Nada como un buen muffin dietético...
	[ˈmʌfən]	-Nothing like a good fat-free muffin...
6204	**sever**	**cortar**

		vb	I would but sever dangling thread.
		[ˈsɛvər]	-No haría más que cortar el hilo del que cuelga.
6205	**Romanian**		**rumano; el rumano**
		adj; ss	I want to learn Romanian.
		[roʊˈmeɪniən]	-Quiero aprender rumano.
6206	**fatherland**		**la patria**
		ss	The teacher said that we are the future of the fatherland.
		[ˈfɑðərˌlænd]	-El maestro ha dicho que somos el porvenir de nuestro país.
6207	**intensity**		**la intensidad| la vehemencia**
		ss	Fears of equal intensity confront candidate countries.
		[ɪnˈtɛnsəti]	-Los países candidatos se enfrentan a temores de similar intensidad.
6208	**wireless**		**sin hilos; la radio**
		adj; ss	Maneuvering the Spyfish is simple with the wireless remote control.
		[ˈwaɪrlɪs]	-Manipular el "Spyfish" es simple a través del control remoto inalámbrico.
6209	**stem**		**el vástago; refrenar a**
		ss; vb	Only swift and sustained recovery can stem the rise in the human cost of economic stagnation.
		[stɛm]	-Sólo una recuperación rápida y sostenida puede detener el aumento del costo humano del estancamiento económico.
6210	**parasite**		**el parásito**
		ss	You're nothing more than a social parasite!
		[ˈpɛrəˌsaɪt]	-¡No eres nada más que un parásito social!
6211	**efficiency**		**la eficiencia**
		ss	Peacekeeping efficiency should be constantly enhanced.
		[ɪˈfɪʃənsi]	-Es necesario mejorar constantemente la eficiencia en el mantenimiento de la paz.
6212	**contractor**		**contratista**
		ss	Working for a defense contractor doing RD.
		[ˈkɑnˌtræktər]	-Trabajando para un contratista de defensa en investigación y desarrollo.
6213	**resemble**		**parecerse a**
		vb	I resemble my mother.
		[rɪˈzɛmbəl]	-Me parezco a mi madre.
6214	**reactor**		**el reactor**
		ss	The concrete sarcophagus built over the destroyed reactor must be renovated.
		[riˈæktər]	-El sarcófago de concreto que se construyó sobre el reactor destruido debe renovarse.
6215	**absorb**		**absorber| amortiguar**
		vb	A good book can completely absorb your attention, to the extent that you forget your surroundings and even your existence.
		[əbˈzɔrb]	-Un buen libro puede absorber completamente tu atención, hasta el extremo de que olvides lo que te rodea e incluso tu propia existencia.
6216	**expertise**		**la pericia**
		ss	Security sector reform expertise and knowledge.
		[ˌɛkspərˈtiz]	-Experiencia y conocimientos en materia de reforma del sector de la seguridad.
6217	**prominent**		**prominente**

	adj	The prominent physician was invested doctor honoris causa.
	[ˈprɑmənənt]	-El prominente médico fue investido doctor honoris causa.
6218	**baton**	**la batuta**
	ss	Ota, use your electric baton!
	[bəˈtɑn]	-Ota, ¡Usa tu bastón eléctrico!
6219	**provision**	**la provisión| la disposición; proveer**
	ss; vb	This provision includes movements via fixed pipelines.
	[prəˈvɪʒən]	-La presente disposición se aplica también a la circulación a través de conducciones fijas.
6220	**motivate**	**motivar**
	vb	This measure can only motivate European research and innovation.
	[ˈmoʊtəˌveɪt]	-Esta medida solo puede motivar la investigación y la innovación europeas.
6221	**nightfall**	**el anochecer**
	ss	There's something magic about the nightfall.
	[ˈnaɪtˌfɔl]	-Hay algo mágico acerca del anochecer.
6222	**alligator**	**el caimán**
	ss	Do you know how to tell the difference between an alligator and a crocodile?
	[ˈæləˌgeɪtər]	-¿Sabés diferenciar un jacaré de un cocodrilo?
6223	**shortage**	**la escasez| la falta**
	ss	There is a severe shortage of water in this city, so we must give up having a bath occasionally.
	[ˈʃɔrtədʒ]	-Hay una gran escasez de agua en esta ciudad, así que debemos dejar de tomar un baño ocasionalmente.
6224	**fraternity**	**la fraternidad**
	ss	"Liberty, equality, fraternity" is a French motto.
	[frəˈtɜrnəti]	-"Libertad, igualdad, fraternidad" es el lema francés.
6225	**plasma**	**el plasma**
	ss	A treatment called plasma exchange usually improves symptoms.
	[ˈplæzmə]	-Un tratamiento llamado intercambio de plasma generalmente mejora los síntomas.
6226	**farce**	**la farsa**
	ss	That's a farce.
	[fɑrs]	-Eso es una farsa.
6227	**raspberry**	**la frambuesa**
	ss	Can raspberry sherbet cause this type of infection?
	[ˈræzˌbɛri]	-¿El sorbete de frambuesa puede causar este tipo de infección?
6228	**gauge**	**medir; el calibre**
	vb; ss	Structure gauge set for CCS installations.
	[geɪdʒ]	-Gálibo de obras para las instalaciones de CCS.
6229	**obscure**	**oscuro| solitario; oscurecer**
	adj; vb	The cause of the accident is still obscure.
	[əbˈskjʊr]	-El origen del accidente aún no se ha aclarado.
6230	**handicapped**	**minusválido; el minusválido**
	adj; ss	Talk of prejudice typically suggests racism, but that's not the only prejudice spread by the media. Other victims include Jews, Palestinians, Asians, poor people, homosexuals, handicapped persons, and--especially--women.
	[ˈhændiˌkæpt]	-Hablar de prejuicio suele sugerir el racismo, pero ese no es el único

prejuicio expandido por los medios de comunicación. Otras víctimas son los judíos, los palestinos, los asiáticos, los pobres, los homosexuales, los minusválidos y, especialmente, las mujeres.

6231	**insecure**	**inseguro**
	adj	Why are you so insecure?
	[ˈɪnsəkjər]	-¿Por qué estás tan insegura?
6232	**justified**	**justificado**
	adj	This is a justified, welcome report.
	[ˈdʒʌstəˌfaɪd]	-Es un informe justificado y que acojo con satisfacción.
6233	**lever**	**la palanca; enderezarse**
	ss; vb	Jim put two slices of bread into the toaster and pushed down on the lever.
	[ˈlɛvər]	-Jim puso dos rebanadas de pan en la tostadora y bajó la bandeja.
6234	**brink**	**el borde**
	ss	We have been on the very brink of a crisis.
	[brɪŋk]	-Hemos estado incluso al borde de una crisis.
6235	**operative**	**operatorio; agente**
	adj; ss	This man is a British Special Forces operative.
	[ˈɑpərətɪv]	-Este hombre es un Operativo de las Fuerzas Especiales Británicas.
6236	**terrain**	**el terreno**
	ss	Moving polk toward crater's terrain.
	[təˈreɪn]	-Moviendo a Polk hacia el terreno de Crater.
6237	**adultery**	**el adulterio**
	ss	Men get released by merely accusing their wives of adultery.
	[əˈdʌltəri]	-Esos hombres consiguen su excarcelación simplemente acusando a su esposa de adulterio.
6238	**obedience**	**la obediencia| la docilidad**
	ss	The fear of some divine and supreme powers keeps men in obedience.
	[oʊˈbidiəns]	-El miedo a algunos poderes divinos y supremos mantiene a los hombres en obediencia.
6239	**canoe**	**la canoa; ir en canoa**
	ss; vb	We rented a canoe.
	[kəˈnu]	-Alquilamos una canoa.
6240	**clank**	**el sonido metálico seco; hacer sonar**
	ss; vb	I thought I heard a clank.
	[klæŋk]	-Me parece haber oído una Clank.
6241	**nightingale**	**el ruiseñor**
	ss	Clearly no ancestor of the nightingale.
	[ˈnaɪtɪŋgeɪl]	-Es evidente que no eres ancestro del ruiseñor.
6242	**strengthen**	**fortalecer| reforzar**
	vb	It should strengthen monitoring and reporting mechanisms.
	[ˈstrɛŋθən]	-El Consejo debe fortalecer la vigilancia y los mecanismos de presentación de informes.
6243	**beetle**	**el escarabajo; enmarañado; golpear**
	ss; adj; vb	Watch how often the beetle dances.
	[ˈbitəl]	-Observen la frecuencia con que el escarabajo danza.
6244	**delirious**	**delirante**
	adj	You're delirious.
	[dɪˈlɪriəs]	-Estás delirante.

6245	**redemption**	**la redención**
	ss	We remember the victims for whom redemption never came.
	[rɪˈdɛmpʃən]	-Recordamos a las víctimas para las que la redención nunca llegó.

6246	**paranoia**	**la paranoia**
	ss	His low-grade insecurity became full-blown paranoia.
	[ˌpɛrəˈnɔɪə]	-Su alto grado de inseguridad se tornó en una completa paranoia.

6247	**keyboard**	**el teclado; teclear**
	ss; vb	You see the words that I typed on the screen, but you don't see the tears that I shed over the keyboard.
	[ˈkiˌbɔrd]	-Ves las palabras que he tecleado en la pantalla, pero no ves las lágrimas que he derramado en el teclado.

6248	**downhill**	**cuesta abajo; en declive**
	adj; adv	The weather is supposed to go downhill starting this afternoon.
	[ˈdaʊnˈhɪl]	-Se considera que el tiempo empeorará a partir de esta tarde.

6249	**filter**	**filtrar; el filtro**
	vb; ss	Includes a curved Bombilla with dismountable filter.
	[ˈfɪltər]	-Incluye una Bombilla curva con filtro desmontable. Hecho en Brasil.

6250	**canary**	**el canario**
	ss	Every day I feed my canary.
	[kəˈnɛri]	-Durante la jornada doy de comer al canario.

6251	**senile**	**senil**
	adj	It's better to go senile while you're still young. It'll save you the trouble of having to do it later.
	[ˈsiˌnaɪl]	-Es mejor volverte senil mientras todavía seas joven, eso te ahorrará el tener que hacerlo luego.

6252	**theatrical**	**teatral; la función teatral**
	adj; ss	His creation scene was a masterpiece of theatrical understatement.
	[θiˈætrɪkəl]	-Su escena de la creación era una obra maestra del comedimiento teatral.

6253	**deport**	**deportar**
	vb	There are adequate powers to detain and deport if security is threatened.
	[dɪˈpɔrt]	-Existen competencias adecuadas para detener y deportar si la seguridad se ve amenazada.

6254	**radioactive**	**radioactivo**
	adj	America's radioactive waste may be targeted in terrorist attacks.
	[ˌreɪdioʊˈæktɪv]	-Los residuos radiactivos de EE.UU. pueden ser objetivo de ataques terroristas.

6255	**tally**	**la cuenta; concordar**
	ss; vb	As a result, some polling stations produced tally sheets with more votes than registered voters.
	[ˈtæli]	-Por ese motivo, en algunas mesas electorales se elaboraron hojas de recuento con más votos que el número de votantes censados.

6256	**tendency**	**la tendencia**
	ss	People have the tendency to speak more loudly when they get excited.
	[ˈtɛndənsi]	-La gente tiende a hablar fuerte cuando están emocionados.

6257	**snappy**	**rápido| conciso**
	adj	I just need some snappy dialogue from you, Jerry.
	[ˈsnæpi]	-Necesito tener un diálogo rápido contigo, Jerry.

6258	**Mediterranean**	**mediterráneo; el Mediterráneo**

adj; ss
[ˌmɛdətəˈreɪniən]

A cargo vessel, bound for Athens, sank in the Mediterranean without a trace.

-Un buque de carga, con rumbo a Atenas, se hundió en el Mediterráneo sin dejar rastro.

6259 providence — **la providencia**

ss
[ˈprɑvədəns]

Thank the Good Lord for his providence.

-Agradece a Dios por su providencia.

6260 formality — **la formalidad**

ss
[fɔrˈmæləti]

The regularity and formality of these documents varies greatly.

-La periodicidad y el grado de formalidad de esos documentos varían considerablemente.

6261 sideways — **oblicuo; de lado**

adj; adv
[ˈsaɪˌdweɪz]

I was driving sideways all day.

-Había estado conduciendo de lado todo el día.

6262 transcript — **la transcripción| el expediente**

ss
[ˈtrænˌskrɪpt]

This is a transcript of the Scofield-Burrows videotape.

-Ésta es una transcripción del video de Scofield y Burrows.

6263 germ — **el germen; tener bacilo**

ss; vb
[ʤɜrm]

This milk is germ-free.

-Esta leche está libre de gérmenes.

6264 offspring — **descendiente| la descendencia**

ss
[ˈɔfˌsprɪŋ]

We must specifically exclude products from cloned animals or their offspring.

-Debemos excluir específicamente los productos que provienen de animales clonados o de su descendencia.

6265 thump — **golpear| dar golpes; el ruido sordo**

vb; ss
[θʌmp]

That last thump got my guts going.

-Ese último golpe me ha revuelto el estómago.

6266 treachery — **la traición| la falsedad**

ss
[ˈtrɛʧəri]

I have not forgotten your treachery.

-No he olvidado tu traición.

6267 capitalism — **el capitalismo**

ss
[ˈkæpɪtəˌlɪzəm]

Capitalism is the exploitation of man by man. Communism is the exact opposite.

-El capitalismo es la explotación del hombre por el hombre. El comunismo es exactamente lo opuesto.

6268 vintage — **la vendimia; de época**

ss; adj
[ˈvɪntɪʤ]

This store sells vintage jewelry.

-Esta tienda vende joyas antiguas.

6269 suicidal — **suicida**

adj
[ˌsuəˈsaɪdəl]

That would be suicidal.

-Eso sería mortal.

6270 furnace — **el horno**

ss
[ˈfɜrnəs]

He says the prototype furnace functioned as designed.

-Dice que el prototipo de horno funcionaba como se esperaba.

6271 rim — **el borde| la llanta**

ss
[rɪm]

My Latin teacher used to look down sternly on me over the rim of her glasses, but now I know it only had to do with the fact that she was wearing reading glasses and that she will have found it a nuisance taking them off all the time, so what looked like contempt towards us students might well and truly have been kindness.

-Mi profesora de latín acostumbraba bajar la mirada con rigurosidad sobre mí por encima del borde de sus gafas, pero ahora sé que sólo se debía al hecho de que ella llevaba gafas de lectura y que resultaba molesto quitárselas siempre, así que lo que parecía desprecio hacia nosotros los estudiantes podría bien y realmente haber sido amabilidad.

6272	renounce	la renuncia; renunciar
	ss; vb	Through relentless interrogations he stubbornly refused to renounce his views.
	[rɪˈnaʊns]	-A través de los interrogatorios implacables se negó obstinadamente a renunciar a sus puntos de vista.

6273	procession	la procesión| el cortejo; desfilar
	ss; vb	The Holy Week procession starts tonight.
	[prəˈsɛʃən]	-La procesión de Semana Santa comienza esta noche.

6274	deuce	los dos| el diablo; cuarenta iguales
	ss; adv	Big, bad stickup boy on parole after serving a deuce upstate.
	[dus]	-Un chico grande, malo y atracador que está en libertad condicional después de haber cumplido condena en Deuce al norte del estado.

6275	snowy	de mucha nieve
	adj	My grandfather has snowy white hair.
	[ˈsnoʊi]	-Mi abuelo tiene el pelo blanco como la nieve.

6276	sully	manchar
	vb	How dare you sully my reputation!
	[ˈsʌli]	-¡Cómo se atreve a mancillar mi reputación!

6277	tolerance	la tolerancia| la indulgencia
	ss	Drugs can cause both dependency and tolerance.
	[ˈtɑlərəns]	-Las drogas pueden crear dependencia y tolerancia.

6278	maple	el arce
	ss	I'm making pan-seared salmon with mustard maple glaze.
	[ˈmeɪpəl]	-Estoy haciendo un salmón a la plancha con glaseado de arce y mostaza.

6279	cube	el cubo; cubicar
	ss; vb	This is an ice cube.
	[kjub]	-Este es un cubo de hielo.

6280	pep	la energía
	ss	We were all full of pep, especially at the beginning...
	[pɛp]	-Estábamos llenos de ánimo, especialmente al principio...

6281	prohibit	prohibir
	vb	Many countries have passed laws to prohibit people from smoking in public places.
	[proʊˈhɪbət]	-Muchos países han aprobado leyes prohibiendo a la gente fumar en lugares públicos.

6282	prairie	la pradera
	ss	But the canyon runs down to the prairie and all this greenery attracts larger dinosaurs.
	[ˈprɛri]	-Pero el cañón llega hasta la pradera y todo este verdor atrae grandes dinosaurios.

6283	**unpack**	**deshacer**
	vb	Now, stop loafing and help your Grampa unpack.
	[ənˈpæk]	-Ahora deja de haraganear y ayúdale a tu abuelo a desempacar.

6284	**eel**	**la anguila**
	ss	Several European aquafeed manufacturers produce eel feeds.
	[il]	-Varios fabricantes europeos de alimentos acuáticos producen dietas para anguila.

6285	**collateral**	**colateral; la seguridad**
	adj; ss	Venture capitalists do not require collateral from borrowers.
	[kəˈlætərəl]	-Los inversores de capital de riesgo no requieren garantía de los prestatarios.

6286	**geezer**	**el vejestorio**
	ss	That geezer owes me 50 p.
	[ˈdʒizər]	-Ese viejo me debe 50 peniques.

6287	**immature**	**inmaduro**
	adj	You're so immature.
	[ˌɪməˈtjʊr]	-Sos muy inmaduro.

6288	**crisp**	**crujiente; crujir; la cosa crespa**
	adj; vb; ss	Some people think crisp is overrated.
	[krɪsp]	-Algunas personas piensan que lo crujiente está sobrevalorado.

6289	**assumption**	**la suposición| la asunción**
	ss	The assumption underlying your question is completely wrong.
	[əˈsʌmpʃən]	-El supuesto en el que se basa su pregunta es totalmente erróneo.

6290	**capsule**	**la cápsula**
	ss	Each soft capsule contains 100 mg ritonavir.
	[ˈkæpsəl]	-Cada cápsula blanda de contiene 100 mg de ritonavir.

6291	**throttle**	**el acelerador| la válvula reguladora; estrangular**
	ss; vb	Use the throttle and the joystick.
	[ˈθrɑtəl]	-Use el acelerador y la palanca de mando.

6292	**dominate**	**dominar**
	vb	One particular view came to dominate Western thought.
	[ˈdɑməˌneɪt]	-Un punto de vista particular, llegó a dominar el pensamiento occidental.

6293	**rightly**	**correctamente**
	adv	He was rightly punished.
	[ˈraɪtli]	-Fue castigado justamente.

6294	**sublime**	**sublime**
	adj	But the Iliad is the most sublime ever written.
	[səˈblaɪm]	-Pero La Ilíada es lo más sublime... que jamás se haya escrito.

6295	**captive**	**cautivo; el cautivo**
	adj; ss	Especially since his grandson is here, our captive.
	[ˈkæptɪv]	-Sobre todo, debido a que su nieto se encuentra aquí, cautivo.

6296	**patent**	**patentar| distinguirse; la patente; de patentes**
	vb; ss; adj	Carl Benz obtained in 1886 the patent for the first car.
	[ˈpætənt]	-Carl Benz obtuvo en 1886 la patente por el primer automóvil.

6297	**sect**	**la secta**
	ss	Elder Harris from the Hesidic sect.
	[sɛkt]	-Patriarca Harris, de la secta de jasídicos.

6298	**exaggerated**	**exagerado**
	adj	I exaggerated.
	[ɪgˈzædʒəˌreɪtəd]	-Yo exageré.
6299	**marathon**	**el maratón; larguísimo**
	ss; adj	He timed him during the marathon.
	[ˈmɛrəˌθɑn]	-Él la cronometró a ella en la maratón.
6300	**spank**	**azotar; el azote en las nalgas**
	vb; ss	We shall not hesitate to spank the unruly ones.
	[spæŋk]	-No vacilaremos en azotar fuertemente a los rebeldes.
6301	**jumpy**	**asustadizo**
	adj	I'm a bit jumpy these days.
	[ˈdʒʌmpi]	-Soy un poco nervioso estos días.
6302	**miraculous**	**milagroso**
	adj	This medicine is known for its miraculous healing powers.
	[məˈrækjələs]	-Esta medicina es conocida por sus milagrosos poderes curativos.
6303	**debut**	**el debut**
	ss	Tonight, a local composer will debut a symphony of his own.
	[deɪˈbju]	-Esta noche un compositor local estrenará una sinfonía propia.
6304	**powerless**	**impotente**
	adj	A man is truly free, even here in this embodied state, if he knows that God is
	[ˈpaʊərləs]	the true agent and he by himself is powerless to do anything.
		-Un hombre es verdaderamente libre, incluso aquí, en este estado
		encarnado, si él sabe que Dios es el verdadero agente y él solo es impotente
		para hacer algo.
6305	**impotent**	**impotente; los impotente**
	adj; ss	My husband is impotent. What should I do?
	[ˈɪmpətənt]	-Mi marido es impotente ¿Qué debo hacer?
6306	**fragment**	**el fragmento| el trozo**
	ss	The anatomical characters observation allows identifying each fragment.
	[ˈfrægmənt]	-La observación de sus caracteres anatómicos permite la identificación de
		cada fragmento.
6307	**drilling**	**la perforación**
	ss	Jim is drilling the wall.
	[ˈdrɪlɪŋ]	-Jim está taladrando la pared.
6308	**layout**	**la disposición**
	ss	Miyazaki was responsible for locations and layout.
	[ˈleɪˌaʊt]	-Miyazaki era responsable de las localizaciones y el diseño.
6309	**continental**	**continental; habitante del Continente Europeo**
	adj; ss	They serve a continental breakfast in this hotel.
	[ˌkɑntəˈnɛntəl]	-Sirven un desayuno continental en este hotel.
6310	**cling**	**adherirse| quedar pegado**
	vb	You can't cling to the past.
	[klɪŋ]	-No puedes aferrarte al pasado.
6311	**rightful**	**legítimo**
	adj	All with Leocritus, the rightful king.
	[ˈraɪtfəl]	-Todos con Leiocrito, el único y legítimo Rey de Ítaca.
6312	**handbag**	**el bolso**

| | ss | Who has taken my handbag? |
| | [ˈhændˌbæg] | -¿Quién ha tomado mi bolso? |

6313 prevail — **prevalecer| predominar**
vb
In Colombia, Catholic customs prevail.
[prɪˈveɪl]
-En Colombia prevalecen las costumbres católicas.

6314 amnesty — **la amnistía; amnistiar**
ss; vb
An amnesty board can consider the case.
[ˈæmnəsti]
-Una junta de amnistía puede también examinar el caso.

6315 weed — **eliminar| escardar; la mala hierba**
vb; ss
Generic weed should never be confused with genuine California Orange Bud.
[wid]
-La hierba genérica nunca debe ser confundida con la genuina California Orange Bud.

6316 infamous — **infame**
adj
And our infamous feature length commentary.
[ˈɪnfəməs]
-Y nuestra infame sección de comentarios de la temporada.

6317 trifle — **la bagatela| los algo; comer**
ss; vb
A mere trifle compared to my real work.
[ˈtraɪfəl]
-Una nimiedad comparado con mi verdadero trabajo.

6318 sexuality — **la sexualidad**
ss
If women did not take back control of their sexuality, development would be impossible.
[ˌsɛkʃuˈæləti]
-Si las mujeres no recuperan ese control el desarrollo será imposible.

6319 conquest — **la conquista**
ss
The horse is the noblest conquest ever made by man.
[ˈkɑŋkwɛst]
-El caballo es la conquista más noble que ha hecho el hombre.

6320 takeoff — **el despegue| la toma**
ss
All takeoff beacons are transmitting normally.
[ˈteɪˌkɔf]
-Todas las balizas de despegue transmiten con normalidad.

6321 ballroom — **los salón de baile**
ss
Robert Kennedy was shot in that ballroom.
[ˈbɔlˌrum]
-Robert Kennedy fue asesinado en ese salón de baile.

6322 distinct — **distinto| claro**
adj
My opinion is very distinct from yours.
[dɪˈstɪŋkt]
-Mi opinión es muy distinta de la tuya.

6323 twinkle — **el centelleo| el parpadeo; brillar**
ss; vb
When the stars start to twinkle,
[ˈtwɪŋkəl]
-Cuando las estrellas empiezan a brillar...

6324 hallucination — **la alucinación**
ss
You experienced an hallucination due to an endorphin release.
[həˌlusəˈneɪʃən]
-Lo que experimentó fue una alucinación debida a la liberación de endorfinas.

6325 destroyer — **el destructor**
ss
It's a fully armed Siege Perilous class destroyer.
[dɪˈstrɔɪər]
-Se trata de un bien armado y peligroso Sitio de la clase destructor.

6326 scatter — **la dispersión; dispersar**
ss; vb
Scatter, you chickens!
[ˈskætər]
-¡Dispersaros, pollos!

6327	**knob**	**la perilla | el botón; tirar la puerta**
	ss; vb	Jim twisted the knob and opened the door.
	[nɑb]	-Jim giró la perilla y abrió la puerta.
6328	**scold**	**el regaño; gritar**
	ss; vb	I cannot scold Taninna. She's still a little girl.
	[skoʊld]	-No puedo regañar a Taninna. Aún es una niña pequeña.
6329	**continuous**	**continuo**
	adj	The blood stream is usually constant and continuous.
	[kənˈtɪnjuəs]	-El flujo de sangre suele ser constante y continuo.
6330	**persistent**	**persistente**
	adj	I have a persistent pain here.
	[pərˈsɪstənt]	-Tengo un dolor persistente aquí.
6331	**rake**	**el rastrillo; rastrillar**
	ss; vb	Jim wanted to help Ana rake the leaves, but she was using the only rake.
	[reɪk]	-Jim quería ayudar a Ana a rastrillar las hojas, pero ella estaba usando el único rastrillo.
6332	**borrowing**	**el préstamo**
	ss	He was constantly borrowing money from me.
	[ˈbɑroʊɪŋ]	-Él constantemente me pedía dinero prestado.
6333	**brew**	**elaborar cerveza; la infusión**
	vb; ss	Man has an instinctive tendency to speak as we see in the babble of our young children while no child has an instinctive tendency to bake, brew or write.
	[bru]	-El hombre tiene una tendencia instintiva a hablar como vemos en el balbuceo de nuestros niños, mientras que ningún niño tiene una tendencia instintiva a hornear, preparar o escribir.
6334	**harness**	**aprovechar; los arneses**
	vb; ss	Governments need to find creative ways to harness private capital markets.
	[ˈhɑrnəs]	-Los gobiernos deben encontrar formas creativas de aprovechar los mercados de capital privado.
6335	**sham**	**el impostor | el engaño; falso; fingir**
	ss; adj; vb	This is budgetary acrobatics and a sham.
	[ʃæm]	-Se trata de artificios presupuestarios, de una farsa.
6336	**goon**	**el matón**
	ss	Today a goon handed you your transfer order...
	[gun]	-Hoy un matón te ha entregado una orden de traslado...
6337	**antenna**	**la antena**
	ss	Have they connected the radio antenna?
	[ænˈtɛnə]	-¿Han conectado la antena del radio?
6338	**virtuous**	**virtuoso**
	adj	The way of the superior man is threefold, but I am not equal to it. Virtuous, he is free from anxieties; wise, he is free from perplexities; bold, he is free from fear.
	[ˈvɜrtʃuəs]	-El camino de un hombre superior es tripartito, pero yo no soy como él. Virtuoso, está libre de ansiedades; sabio, está libre de la confusión; valiente, está libre del miedo.
6339	**equality**	**la igualdad**

	ss	Everyone is entitled in full equality to a fair and public hearing by an independent and impartial tribunal, in the determination of his rights and obligations and of any criminal charge against him.
	[ɪˈkwɑləti]	-Toda persona tiene derecho, en condiciones de plena igualdad, a ser oída públicamente y con justicia por un tribunal independiente e imparcial, para la determinación de sus derechos y obligaciones o para el examen de cualquier acusación contra ella en materia penal.
6340	**vulture**	**el buitre**
	ss	In darkness sometimes difficult to distinguish hawk from vulture.
	[ˈvʌltʃər]	-En la oscuridad, a veces es difícil distinguir halcón de buitre.
6341	**reading**	**la lectura | la interpretación**
	ss	If one cannot enjoy reading a book over and over again, there is no use in reading it at all.
	[ˈrɛdɪŋ]	-Si uno no puede disfrutar de leer un libro una y otra vez de nuevo, no hay ningún uso en leerlo en absoluto.
6342	**interpreter**	**el intérprete**
	ss	He engaged her as an interpreter.
	[ɪnˈtɜrprətər]	-Él la contrató como intérprete.
6343	**desperation**	**la desesperación**
	ss	It was an act of desperation.
	[ˌdɛspəˈreɪʃən]	-Fue un acto de desesperación.
6344	**hazel**	**el color avellana**
	ss	Single nucleotide polymorphisms indicate hazel eyes, dark hair, pale complexion.
	[ˈheɪzəl]	-Seguro. Polimorfismos simples del nucleótido indican ojos color avellana, pelo oscuro, tez pálida.
6345	**grumpy**	**gruñón; el malhumorado**
	adj; ss	Why does he look grumpy?
	[ˈgrʌmpi]	-¿Por qué parece estar tan enfadado?
6346	**chunk**	**el pedazo; cortar un pedazo**
	ss; vb	Big chunk of mid-brain went missing.
	[tʃʌŋk]	-Falta un gran pedazo de su cerebro medio.
6347	**sharply**	**bruscamente**
	adv	Why has the birthrate declined so sharply?
	[ˈʃɑrpli]	-¿Por qué el índice de natalidad ha disminuido tan bruscamente?
6348	**steroid**	**el esteroide**
	ss	It's an older steroid still used by bottom-feeders.
	[stəˈrɔɪd]	-Es un antiguo esteroide todavía utilizado por los alimentadores de fondo.
6349	**transmit**	**transmitir**
	vb	Music that doesn't transmit feelings, images, thoughts, or memories is just background noise.
	[trænzˈmɪt]	-La música que no transmite sentimientos, imágenes, pensamientos, recuerdos, es simplemente ruido de fondo.
6350	**anatomy**	**la anatomía**
	ss	Elisa has enrolled in the anatomy department.
	[əˈnætəmi]	-Elisa se inscribió en la cátedra de anatomía.
6351	**swimmer**	**el nadador**

	ss	Jim is a very fast swimmer.
	[ˈswɪmər]	-Jim es un nadador muy veloz.
6352	**accordion**	**el acordeón**
	ss	I forgot Jim knew how to play the accordion.
	[əˈkɔrdiən]	-Me he olvidado de que Jim sabía tocar el acordeón.
6353	**hoax**	**el engaño| el truco; engañar**
	ss; vb	Is the Loch Ness monster real or is it just an elaborate hoax?
	[hoʊks]	-¿El monstruo del Lago Ness es real, o es solo un engaño elaborado?
6354	**spotlight**	**destacar; el foco**
	vb; ss	Just a little something where I sing under a spotlight.
	[ˈspɑtˌlaɪt]	-Sólo un lugar donde pueda cantar, ¿sabes? Bajo un foco.
6355	**accidental**	**accidental| casual; el accidente**
	adj; ss	Columbus' discovery of America was accidental.
	[ˌæksəˈdɛntəl]	-El descubrimiento de América de Colón fue accidental.
6356	**ivory**	**el marfil**
	ss	The general, without interrupting his speech, hit him on the head with his heavy ivory stick; the barbarian fell.
	[ˈaɪvəri]	-El general, sin interrumpir su discurso, le golpeó en la cabeza con su pesado bastón de marfil; y el bárbaro cayó.
6357	**ogre**	**el ogro**
	ss	You make him sound like an ogre.
	[ˈoʊgər]	-Lo haces sonar como un ogro.
6358	**shah**	**el cha**
	ss	Today I am the shah of Molla Bashi.
	[ʃɑ]	-Hoy soy el Sha de Molli-Bashi.
6359	**seizure**	**la incautación**
	ss	The ownership of women begins in the lower barbarian stages of culture, apparently with the seizure of female captives. The original reason for the seizure and appropriation of women seems to have been their usefulness as trophies.
	[ˈsiʒər]	-La apropiación de mujeres comienza en los estadios inferiores de la cultura bárbara aparentemente con la aprehensión de cautivas. La razón originaria de la captura y apropiación de mujeres parece haber sido su utilidad como trofeos.
6360	**fluffy**	**mullido**
	adj	Above: The Cat Bus is soft and fluffy.
	[ˈflʌfi]	-Encima: El Gato Autobús es suave y esponjoso.
6361	**astray**	**por mal camino; descarriado**
	adv; adj	The animal experiments Must have led us astray.
	[əˈstreɪ]	-Los experimentos con animales nos deben haber llevado por mal camino.
6362	**schoolteacher**	**el maestro**
	ss	My father was the village schoolteacher.
	[ˈskulˌtitʃər]	-Mi padre era el maestro del pueblo.
6363	**kinky**	**rizado| ensortijado**
	adj	It's a kinky role-playlng game.
	[ˈkɪŋki]	-Es un juego pervertido de interpretar papeles.
6364	**founder**	**el fundador| el creador; fracasar**

		ss; vb [ˈfaʊndər]	The university bears the name of its founder. -La universidad lleva el nombre de su fundador.
6365	**cum**	**el semen; con**	
		ss; prp [kʌm]	He cannot hold his cum anymore. -Él no puede sostener su semen más.
6366	**barren**	**estéril| árido; la tierra yerma**	
		adj; ss [ˈbærən]	Any places on Earth remotely similar are completely barren. -Cualquier lugar remotamente similar en la Tierra se encuentra completamente estéril.
6367	**expired**	**muerto**	
		adj [ɪkˈspaɪrd]	Your driver's license has expired. -Tu permiso de conducir ha caducado.
6368	**beseech**	**implorar**	
		vb [biˈsitʃ]	I also know come to beseech... the Empress for help. -También sé que ustedes vinieron... para suplicar... la ayuda de la Emperatriz.
6369	**filing**	**la presentación**	
		ss [ˈfaɪlɪŋ]	Registered design protection begins when a filing date is granted. -La protección del dibujo y modelo registrado comienza cuando se proporciona una fecha de presentación.
6370	**archives**	**el archivo**	
		ss [ˈɑrˌkaɪvz]	We management Johnnies are ticklish about archives. -Nos las arreglaremos para que Johnnies sea más quisquilloso con el archivo.
6371	**sincerity**	**la sinceridad**	
		ss [sɪnˈsɛrəti]	His sincerity gained the confidence of everyone. -Con su sinceridad ganó la confianza de todos.
6372	**herald**	**el heraldo| el anunciador; anunciar**	
		ss; vb [ˈhɛrəld]	Ancient Urdu dialect meaning "herald" -En un dialecto antiguo significa "Heraldo"
6373	**slimy**	**baboso**	
		adj [ˈslaɪmi]	Jim is covered in slimy goo. -Jim está cubierto de mugre pegajosa.
6374	**vaccine**	**la vacuna**	
		ss [ˌvækˈsin]	Prevention: Immunization with the Hib vaccine protects most children from epiglottitis. -Prevención: La inmunización con la vacuna Hib protege a la mayoría de los niños de la epiglotitis.
6375	**fashionable**	**de moda**	
		adj [ˈfæʃənəbəl]	She's fashionable. -Ella tiene estilo.
6376	**potentially**	**potencialmente**	
		adv [pəˈtɛnʃəli]	Encouraging widespread capital ownership could potentially give rise to good policies. -La estimulación de una propiedad generalizada del capital podría dar origen a políticas potencialmente beneficiosas.
6377	**electronics**	**la electrónica**	

	ss [ɪˌlɛkˈtrɑnɪks]	He doesn't know anything about electronics. -No sabe nada de electrónica.
6378	**gunpowder** ss [ˈgʌnˌpaʊdər]	**la pólvora** Trajectory and gunpowder residue indicated suicide. -La trayectoria y los residuos de pólvora indican suicidio.
6379	**surroundings** ss [səˈraʊndɪnz]	**los alrededores| las cercanías** Some insects can take on the color of their surroundings. -Algunos insectos pueden adoptar el color de su entorno.
6380	**consulting** adj [kənˈsʌltɪŋ]	**consultante** Dr. Rivera has an extensive background in education including financial consulting. -El Dr. Rivera tiene amplia experiencia en el campo de la educación, incluyendo la consultoría financiera.
6381	**liaison** ss [liˈeɪˌzɑn]	**el enlace** I'm your liaison for the blue-on-blue response operation. -Soy su enlace con la operación de respuesta "azul-en-azul".
6382	**junction** ss [ˈdʒʌŋkʃən]	**la unión** We can re-route through junction 14B. -Podemos reabrir una ruta por el cruce 1 4B.
6383	**horrid** adj [ˈhɔrəd]	**horrible| horrendo** Sword stopped that horrid fish lady. -La espada detuvo a esa señora pescado horrible.
6384	**anticipate** vb [ænˈtɪsəˌpeɪt]	**prever| anticiparse** I anticipate that there will be problems on their expedition. -Preveo que ellos tendrán problemas en la expedición.
6385	**scrambled** adj [ˈskræmbəld]	**revuelto** One of us has a scrambled brain, all right. -Uno de nosotros tiene el cerebro revuelto, está bien.
6386	**Christianity** ss [ˌkrɪstʃiˈænɪti]	**el cristianismo** I believe in Christianity. -Yo creo en el cristianismo.
6387	**frustration** ss [frəˈstreɪʃən]	**la frustración** Peter expressed his frustration at the meeting with Robert because at this moment he has like eight immediate bosses that give him contradictory orders. -Pedro expresó su frustración en la reunión con Roberto porque tiene en este momento como ocho jefes inmediatos que le dan órdenes contradictorias.
6388	**nagging** adj; ss [ˈnægɪŋ]	**persistente; las quejas** I'm tired of all this nagging. -Estoy cansado de todo este fastidio.
6389	**prototype** ss [ˈproʊtəˌtaɪp]	**el prototipo** This is only a prototype. -Este es solo un prototipo.
6390	**radiant** adj; ss [ˈreɪdiənt]	**radiante; el radiador** He thinks I'm a radiant beauty. -Bien, Um... Él piensa que estoy una belleza radiante.

6391	**cramp**	**el calambre; apretar**
	ss; vb	He got a cramp while he was swimming.
	[kræmp]	-Le dio un calambre mientras nadaba.
6392	**ghastly**	**horrible| cadavérico**
	adj	Because you made him commit that ghastly crime.
	[ˈɡæstli]	-Porque Vds. le obligaron a cometer tal espantoso crimen.
6393	**emptiness**	**el vacío**
	ss	Shame, soul-shattering emptiness, embarrassment.
	[ˈɛmptinəs]	-Vergüenza, un vacío que rompe el alma, avergonzado.
6394	**govern**	**gobernar| dominar**
	vb	You must learn to govern your temper.
	[ˈɡʌvərn]	-Debes aprender a dominar tu carácter.
6395	**detour**	**el desvío| el rodeo; desviarse**
	ss; vb	There was a detour on the road.
	[dɪˈtʊr]	-Había una desviación en el camino.
6396	**pappy**	**el papá; blando**
	ss; adj	Looks like the baby's pappy... is a mighty sick man.
	[pappy]	-Parece que el papá del bebé... es un hombre muy, muy enfermo.
6397	**shush**	**silenciar**
	vb	I love it when they shush me.
	[shush]	-Me encanta cuando me hacen callar.
6398	**vine**	**la vid**
	ss	Who creates the fruit of the vine.
	[vaɪn]	-Que creas el fruto de la Vid.
6399	**grime**	**la mugre**
	ss	Lime Mandarin soap, with just a hint of New Gotham grime.
	[graɪm]	-Jabón de lima de mandarina, el último grito contra la mugre de Nueva Gotham.
6400	**clamor**	**el clamor; clamar**
	ss; vb	Yet, despite these advantages, America is irked by the constant European
	[ˈklæmər]	clamor for access and attention.
		-Con todo, a pesar de estas ventajas, los Estados Unidos están molestos por el constante clamor europeo por atención y acceso.
6401	**carver**	**tallista| el trinchante**
	ss	This carver didn't confine his work to the secular.
	[ˈkɑrvər]	-Este tallador no limitó su trabajo a la secular.
6402	**tinker**	**el hojalatero; remendar**
	ss; vb	Why, he's the most wide-awake tinker in the Colonies.
	[ˈtɪŋkər]	-¿Por qué?, es el más vivo y despierto hojalatero de las colonias.
6403	**zebra**	**la cebra**
	ss	An adult zebra is potentially lethal.
	[ˈzibrə]	-Una cebra adulta es potencialmente letal.
6404	**aerial**	**aéreo; la antena**
	adj; ss	Forests cannot be maintained without aerial spraying.
	[ˈɛriəl]	-Es imposible mantener los bosques sin la pulverización aérea.
6405	**muck**	**el estiércol**

	ss	Chucked a lot of muck all over me.	
	[mʌk]	-¿Se cayó? - Me echó una porquería encima.	
6406	**convertible**	**convertible**	
	adj	My new Alfa Romeo convertible is light red.	
	[kənˈvɜrtəbəl]	-Mi nuevo Alfa Romero convertible es rojo claro.	
6407	**intensive**	**intensivo**	
	adj	Meanwhile, after six months of intensive training...	
	[ɪnˈtɛnsɪv]	-Entre tanto, después de seis meses de entrenamiento intensivo...	
6408	**advocate**	**el abogado| el defensor; defender**	
	ss; vb	I may be playing the devil's advocate, but I have to ask, what are we going to do if we don't get all the customers we expect?	
	[ˈædvəkət]	-Puedo estar haciendo de abogado del diablo, pero tengo que preguntar, ¿qué vamos a hacer si no conseguimos todos los clientes que esperamos?	
6409	**interrogate**	**interrogar**	
	vb	He knows how to interrogate people.	
	[ɪnˈtɛrəˌɡeɪt]	-Él sabe cómo interrogar a las personas.	
6410	**shuffle**	**barajar; la barajada**	
	vb; ss	Please shuffle the cards carefully.	
	[ˈʃʌfəl]	-Por favor, baraja las cartas cuidadosamente.	
6411	**emerald**	**la esmeralda**	
	ss	Her eyes were a spectacular emerald green.	
	[ˈɛmrəld]	-Sus ojos eran de un color verde esmeralda espectacular.	
6412	**sauna**	**la sauna**	
	ss	Our sauna and hotel restaurant caters for your culinary wishes.	
	[ˈsɔnə]	-En el restaurante, que pertenece al hotel y la sauna, deleitaremos a su paladar de la mejor manera.	
6413	**silently**	**silenciosamente**	
	adv	Jim walked silently through the forest.	
	[ˈsaɪləntli]	-Jim caminaba silenciosamente por el bosque.	
6414	**douche**	**la ducha; ducharse**	
	ss; vb	Same douche bag who thought Denmark was rotting.	
	[duʃ]	-El mismo idiota que pensaba que Dinamarca estaba viniéndose abajo.	
6415	**gem**	**la joya**	
	ss	Little gem of the citrus family.	
	[dʒɛm]	-Una pequeña joya de la familia de los cítricos.	
6416	**ruble**	**el rublo**	
	ss	Every kopeck invested earns a ruble.	
	[ˈrubəl]	-Por cada kopek que se invierta se gana un rublo.	
6417	**cooperative**	**la cooperativa; cooperativo**	
	ss; adj	Success against terrorists requires cooperative and coordinated action.	
	[koʊˈɑpəˌreɪtɪv]	-Para tener éxito en la lucha contra los terroristas se requiere cooperación y medidas coordinadas.	
6418	**viper**	**la víbora**	
	ss	She is the viper queen of galu.	
	[ˈvaɪpər]	-Es la víbora reina de Galu.	
6419	**translator**	**el traductor**	

	ss	He works as a translator.
	[trænˈsleɪtər]	-Él trabaja como traductor.
6420	**freshen**	**refrescar; el refresco**
	vb; ss	Would you like to freshen up?
	[ˈfrɛʃən]	-¿Quieres refrescarte?
6421	**mystical**	**místico**
	adj	There doesn't seem to be anything mystical about this.
	[ˈmɪstɪkəl]	-Parece ser que no hay nada místico en esto.
6422	**intervene**	**intervenir| participar**
	vb	Maybe the village elders will intervene to reconcile them.
	[ˌɪntərˈvin]	-Tal vez los ancianos de la villa intervengan para reconciliarlos.
6423	**stingy**	**tacaño**
	adj	He is very stingy with his money.
	[ˈstɪndʒi]	-Él es muy tacaño.
6424	**crossroad**	**los cruce de caminos**
	ss	Afghanistan is now at an historical crossroad.
	[ˈkrɔsˌroʊd]	-Afganistán se encuentra ahora en una encrucijada histórica.
6425	**scalp**	**el cuero cabelludo; escalpar**
	ss; vb	Small blisters on the scalp usually confirm the diagnosis.
	[skælp]	-Pequeñas ampollas en el cuero cabelludo por lo regular confirman el diagnóstico.
6426	**bookstore**	**la librería**
	ss	Jim borrowed some books from the bookstore to read over the weekend.
	[ˈbʊkˌstɔr]	-Jim pidió prestados algunos libros de la librería para leer por el fin de semana.
6427	**cloudy**	**nublado**
	adj	It's a cloudy day.
	[ˈklaʊdi]	-Es un día nublado.
6428	**multiply**	**multiplicar**
	vb	I can read, write and multiply.
	[ˈmʌltəˌplaɪ]	-Puedo leer, escribir y multiplicar.
6429	**fertile**	**fértil| fecundo**
	adj	Profound study of nature is the most fertile source of mathematical discoveries.
	[ˈfɜrtəl]	-El estudio profundo de la naturaleza es la fuente más fértil de descubrimientos matemáticos.
6430	**arsenal**	**el arsenal**
	ss	Russia guarantied the sovereignty of Ukraine, and her borders, following the treaty of nineteen ninety-four, whereby Ukraine, in exchange, renounced her nuclear arsenal.
	[ˈɑrsənəl]	-Rusia garantizó la soberanía de Ucrania, y sus fronteras, siguiendo el tratado de mil novecientos noventa y cuatro, por el cual Ucrania, a cambio, renunció a su arsenal nuclear.
6431	**swordsman**	**el espadachín**
	ss	Andrade was a swordsman impressive the leader of the similianos.
	[swordsman]	-Dradan, era un espadachín impresionante, el líder de los similianos.
6432	**goodwill**	**la buena voluntad**

	ss	Leaving everything to goodwill is no longer sufficient.
	[ˈɡʊˈdwɪl]	-Ya no basta con dejar todo en manos de la buena voluntad.
6433	**observer**	**el observador**
	ss	The Commission cannot remain a mere observer.
	[əbˈzɜrvər]	-La Comisión no puede seguir siendo un mero observador.
6434	**redeem**	**redimir**
	vb	Jesus was born to redeem mankind.
	[rɪˈdim]	-Jesús nació para redimir a los seres humanos.
6435	**chute**	**la tolva**
	ss	You worried most about your chute.
	[ʃut]	-Lo que más nos preocupaba era el paracaídas.
6436	**pastry**	**los pasteles**
	ss	This puff pastry is popular in the Philippines.
	[ˈpeɪstri]	-Este hojaldre es popular en las Filipinas.
6437	**jeopardy**	**el peligro| el daño; peligrar**
	ss; vb	I'm afraid going into their yard will put me in jeopardy.
	[ˈdʒɛpərdi]	-Me temo que entrar en el patio de ellos será peligroso.
6438	**excellence**	**la excelencia**
	ss	Our priority now is excellence in legislation.
	[ˈɛksələns]	-Nuestra prioridad ahora es la excelencia de la legislación.
6439	**consumption**	**el consumo**
	ss	Japan's consumption of rice is decreasing.
	[kənˈsʌmpʃən]	-El consumo de arroz en Japón está bajando.
6440	**malaria**	**la malaria**
	ss	Great, everybody still got malaria.
	[məˈlɛriə]	-Grandioso, todo el mundo todavía enfermaba de malaria.
6441	**clarify**	**aclarar**
	vb	Trading partners are leaning on Japan to clarify its trade policy.
	[ˈklɛrəˌfaɪ]	-Los socios comerciales se apoyan en Japón para clarificar su política comercial.
6442	**deprived**	**privado**
	adj	The perpetrator deprived civilians of objects indispensable to their survival.
	[dɪˈpraɪvd]	-Que el autor haya privado a civiles de objetos indispensables para su supervivencia.
6443	**contaminated**	**contaminado**
	adj	This rice is contaminated by arsenic.
	[kənˈtæməˌneɪtəd]	-Este arroz está contaminado por arsénico.
6444	**firstly**	**primero**
	adv	Firstly, happiness is related to money.
	[ˈfɜrstli]	-En primer lugar, la felicidad está relacionada con el dinero.
6445	**symbolic**	**simbólico**
	adj	Maybe this was symbolic or retributive.
	[sɪmˈbɑlɪk]	-Tal vez esto era simbólico... o retribuido.
6446	**fusion**	**la fusión**
	ss	Mentat engineers, please report to fusion plants.
	[ˈfjuʒən]	-Ingenieros mentats, por favor repórtense en las plantas de fusión.
6447	**predictable**	**previsible**

	adj	You're so predictable.
	[prɪˈdɪktəbəl]	-Eres tan predecible.
6448	**slime**	**el limo**
	ss	Gliding along a carpet of slime works just as well on land as it does underwater.
	[slaɪm]	-Deslizarse a lo largo de una alfombra de baba funciona tan bien en la tierra como en el agua.
6449	**irrational**	**irracional; el irracional**
	adj; ss	Clava loves all things irrational, and works at the kindergarten for precisely that reason.
	[ɪˈræʃənəl]	-A Clava le encanta todo lo irracional, y por esa misma razón trabaja en la guardería.
6450	**minority**	**la minoría**
	ss	I wish there were more minority languages in Tatoeba.
	[maɪˈnɔrəti]	-Desearía que hubiera más lenguas minoritarias en Tatoeba.
6451	**transit**	**el tránsito**
	ss	I listen to the radio while in transit.
	[ˈtrænzɪt]	-Lo escuché por la radio en el trayecto.
6452	**budge**	**ceder| moverse**
	vb	I don't think he's going to budge.
	[bʌdʒ]	-No creo que vaya a ceder.
6453	**herring**	**el arenque**
	ss	Smoked herring is called buckling.
	[ˈhɛrɪŋ]	-El arenque ahumado se llama buckling.
6454	**immigrant**	**inmigrante; el inmigrante**
	adj; ss	Oliver found out that his new girlfriend is an illegal immigrant.
	[ˈɪməgrənt]	-Óliver descubrió que su nueva novia era una inmigrante ilegal.
6455	**sitter**	**modelo**
	ss	Every portrait that is painted with feeling is a portrait of the artist, not of the sitter.
	[ˈsɪtər]	-Todo retrato que es pintado con sentimiento es un retrato del artista, no del modelo.
6456	**bladder**	**la vejiga**
	ss	My small bladder has me constantly running to the bathroom.
	[ˈblædər]	-Mi pequeña vejiga me tiene constantemente corriendo al baño.
6457	**gavel**	**el mazo**
	ss	The judge banged his gavel again.
	[ˈgævəl]	-El juez golpeó con su martillo de nuevo.
6458	**anal**	**anal**
	adj	After having anal sex with my girlfriend, we usually need to have a good wash.
	[ˈeɪnəl]	-Después de tener sexo anal con mi novia, usualmente necesitamos lavarnos bien.
6459	**deliberate**	**deliberar; deliberado**
	vb; adj	She was deliberate in everything she did.
	[dɪˈlɪb(ə)rət]	-Ella fue deliberada en todo lo que hizo.
6460	**pioneer**	**el pionero; promover**

ss; vb
[ˌpaɪəˈnɪr]

He is a pioneer in this field.
-Él es un pionero en este campo.

6461 revive

vb
[rɪˈvaɪv]

reanimar| restablecer

Social networks enable men to revive their instinct of pack hunters, like hyena.
-Las redes sociales permiten a los hombres revivir su instinto de cazadores en manada, como la hiena.

6462 scroll

ss
[skroʊl]

la voluta| el pergamino

She took the scroll that way.
-Ella se llevó el pergamino en esa dirección.

6463 deacon

ss
[ˈdikən]

el diácono

Father, husband, teacher, deacon.
-Padre, esposo, maestro, diácono.

6464 bonnet

ss
[ˈbɑnət]

el capó

I'm a bit worried because there is a constant banging noise coming from under the bonnet of my car.
-Estoy un poco preocupado porque hay un constante ruido de golpeteo que viene de bajo el capó de mi coche.

6465 cone

ss
[koʊn]

el cono

The formal traffic cone for black-tie events.
-El antiguo cono de tráfico pero para eventos de etiqueta.

6466 penitentiary

adj; ss
[ˌpɛnɪˈtɛntʃəri]

penitenciario; el penitenciario

This programme is already being implemented at Rustavi penitentiary.
-Este programa ya se está aplicando en la penitenciaría de Rustavi.

6467 fossil

adj; ss
[ˈfɑsəl]

fósil; el fósil

What I have in my hand is a fossil seashell.
-Lo que tengo en mi mano es una concha endurecida.

6468 scanner

ss
[ˈskænər]

el escáner

You will lie on scanner table.
-Usted debe acostarse sobre la mesa del escáner.

6469 intrusion

ss
[ɪnˈtruʒən]

la intrusión

Please, forgive duty of intrusion.
-Por favor, perdonen deber de la intrusión.

6470 syndicate

ss; vb
[ˈsɪndɪkət]

el sindicato; sindicar

ALMOUHAMI: The Attorney Libyan lawyers syndicate magazine.
-Almouhami: El Abogado, Revista del Sindicato de Abogados Libios.

6471 tug

ss; vb
[tʌg]

el tirón; tirar de

They searched the tug before requesting back-up from the frigate.
-Estas personas registraron el remolcador y luego pidieron refuerzos a la fragata.

6472 evaluation

ss
[ɪˌvæljuˈeɪʃən]

la evaluación

The evaluation involved analysing available information about PCN.
-La evaluación se basó en el análisis de la información disponible sobre los PCN.

6473 wench

ss
[wench]

la moza

My thanks to ye, fair wench.
-Las gracias os doy, buena moza.

6474 shaky

tembloroso

	adj	Says that proof of its practical application Is pretty shaky.
	[ˈʃeɪki]	-Dice que la prueba de su aplicación práctica es muy inestable.
6475	**tram**	**el tranvía**
	ss	The eastbound tram is approaching the island.
	[træm]	-Señor. El tranvía con dirección este está aproximándose a la isla.
6476	**insolent**	**insolente**
	adj	These bank employees seem so politely insolent lately. I wonder what's behind it.
	[ˈɪnsələnt]	-Estos empleados del banco parecen tan cortésmente insolentes últimamente. Me pregunto que hay detrás de ello.
6477	**plunge**	**la inmersión| la caída; sumergirse**
	ss; vb	We will plunge into a worse crisis.
	[plʌndʒ]	-Nos sumergiremos en una crisis peor.
6478	**geography**	**la geografía**
	ss	A map helps us study geography.
	[dʒiˈɑɡrəfi]	-Un mapa nos ayuda a estudiar geografía.
6479	**functioning**	**la marcha**
	ss	Outcome: functioning subregional programme coordination unit established.
	[ˈfʌŋkʃənɪŋ]	-Efecto: establecimiento y puesta en funcionamiento de una dependencia subregional de coordinación de programas.
6480	**controversial**	**polémico**
	adj	This movie is highly controversial.
	[ˌkɑntrəˈvɜrʃəl]	-Esta película es muy polémica.
6481	**uncover**	**descubrir| dejar al descubierto**
	vb	KFOR and UNMIK police continued efforts to uncover weapons caches.
	[ənˈkʌvər]	-La KFOR y la policía de la UNMIK han proseguido sus esfuerzos para descubrir alijos de armas.
6482	**retain**	**conservar| quedarse con**
	vb	We had to retain a lawyer.
	[rɪˈteɪn]	-Tuvimos que contratar a un abogado.
6483	**commandment**	**el mandamiento| el mandato**
	ss	The first commandment is you got nothing coming.
	[kəˈmændmənt]	-El primer mandamiento es "no tienes nada a tu llegada".
6484	**cruiser**	**el crucero**
	ss	Centauri cruiser is arming weapons, opening gun ports.
	[ˈkruzər]	-El Crucero Centauri está activando las armas, abriendo las portillas de de los cañones.
6485	**disgusted**	**disgustado**
	adj	Jim is totally disgusted with Ana's behavior.
	[dɪsˈgʌstəd]	-Jim está completamente indignado del comportamiento de Ana.
6486	**capitalist**	**capitalista; capitalista**
	adj; ss	Jim is a venture capitalist.
	[ˈkæpətəlɪst]	-Jim es un capitalista de riesgo.
6487	**defender**	**el defensor**
	ss	Legal entities may also contact the human rights defender.
	[dɪˈfɛndər]	-Las entidades jurídicas también pueden ponerse en contacto con el Defensor de los Derechos Humanos.

6488	**nip**	**cortar| pellizcar; el pellizco| el trago**
	vb; ss	He made me a large nip and some sandwiches...
	[nɪp]	-Entonces él me hizo un trago algunos sándwiches...
6489	**fret**	**el traste| el raído; inquietarse**
	ss; vb	Don't fret about it.
	[frɛt]	-No te preocupes por eso.
6490	**whiz**	**el zumbido; silbar**
	ss; vb	I'm not a computer whiz.
	[wɪz]	-No soy un genio de la computación.
6491	**notch**	**la muesca; mellar**
	ss; vb	Another notch in Jenny's bedpost.
	[nɑtʃ]	-Otra muesca en el cabecero de Jenny.
6492	**brutality**	**la brutalidad**
	ss	Both involved State-sponsored brutality against civilians.
	[bruˈtæləti]	-En ambas se trata de la brutalidad patrocinada por el Estado contra civiles.
6493	**compel**	**obligar**
	vb	Look, I'll compel you to testify.
	[kəmˈpɛl]	-Mira, te voy a obligar a testificar.
6494	**bridal**	**nupcial; la boda**
	adj; ss	For bridal registry, press 6.
	[ˈbraɪdəl]	-Para registro nupcial, presione el 6.
6495	**nervously**	**nerviosamente**
	adv	George nervously swung in to see if his son still remembered him.
	[ˈnɜrvəsli]	-George nerviosamente regresó para ver si su hijo aún lo recordaba.
6496	**mentor**	**el mentor**
	ss	He became Eastwood's most important mentor.
	[ˈmɛnˌtɔr]	-Se convirtió en el mentor más importante de Eastwood.
6497	**hoot**	**ulular; el ululato**
	vb; ss	Rest of them aren't worth a hoot.
	[hut]	-Los demás no valen un comino.
6498	**winding**	**el devanado; tortuoso**
	ss; adj	Once you have left the coast, the journey is short but very winding.
	[ˈwaɪndɪŋ]	-Una vez abandonada la línea de la costa, el trayecto es corto pero muy sinuoso.
6499	**horribly**	**terriblemente**
	adv	Humanity's return to Earth is still horribly incomplete.
	[ˈhɔrəbli]	-El retorno de la Humanidad a la Tierra está aún horriblemente incompleto.
6500	**construct**	**construir**
	vb	The slope of the ground made it difficult to construct the road.
	[kənˈstrʌkt]	-La inclinación del terreno hacía difícil la construcción de la carretera.
6501	**uprise**	**levantarse**
	vb	There is another version of the Columns uprise.
	[ˈʌpraɪz]	-Existe otra versión acerca de la aparición de las Columna
6502	**parcel**	**el paquete; empaquetar**
	ss; vb	When we are away from home, nothing gives us more pleasure than to receive a parcel from home.
	[ˈpɑrsəl]	

-Cuando estamos fuera de casa, nada nos da más placer que recibir un paquete de casa.

6503	**intrude**	**entrometerse**
	vb	I don't want to intrude.
	[ɪnˈtrud]	-No quiero entrometerme.
6504	**mush**	**las gachas| la masa blanda**
	ss	Because adrenaline turns perfectly good minds to mush.
	[mʌʃ]	-Porque la adrenalina vuelve papilla a una mente perfectamente buena.
6505	**miniature**	**miniatura; la miniatura; miniaturizar**
	adj; ss; vb	He too is reinventing the miniature tradition.
	[ˈmɪniəˌtʃʊr]	-Él también está reinventando la tradición de la miniatura.
6506	**renowned**	**renombrado**
	adj	Our museum is among the ten most renowned in the country.
	[rɪˈnaʊnd]	-Nuestro museo está entre los diez más conocidos del país.
6507	**poll**	**la encuesta; sondear**
	ss; vb	A poll shows that an overwhelming majority is in favor of the legislation.
	[poʊl]	-Una encuesta muestra que una gran mayoría está a favor de la legislación.
6508	**zodiac**	**el zodíaco**
	ss	A lot of people ask why the cat does not appear among the twelve animals of the Chinese zodiac.
	[ˈzoʊdiˌæk]	-Mucha gente se pregunta por qué el gato no aparece entre los doce animales del zodiaco chino.
6509	**baptize**	**bautizar| dar nombre**
	vb	You will baptize when you become a priest.
	[bæpˈtaɪz]	-Cuando seas sacerdote, podrás bautizar.
6510	**scarce**	**escaso; apenas**
	adj; adv	Water is scarce in this area.
	[skɛrs]	-El agua escasea en esta zona.
6511	**demolition**	**la demolición**
	ss	Proposals range from its activation to suspension to demolition.
	[ˌdɛməˈlɪʃən]	-Las propuestas oscilan entre su reactivación y su suspensión, pasando por su demolición.
6512	**probable**	**probable**
	adj	It's possible, but not probable.
	[ˈprɑbəbəl]	-Es posible pero no probable.
6513	**glamorous**	**atractivo**
	adj	Welcome to the glamorous world of surveillance.
	[ˈglæmərəs]	-Bienvenido al glamuroso mundo de la vigilancia.
6514	**snoop**	**fisgonear; el fisgón**
	vb; ss	The cops have started to snoop.
	[snup]	-Los policías han comenzado a husmear.
6515	**acceptance**	**la aceptación**
	ss	Peer acceptance becomes more important during the school-age years.
	[ækˈsɛptəns]	-La aceptación de los compañeros se vuelve cada vez más importante durante los años de edad escolar.
6516	**correction**	**la corrección| la enmienda**
	ss	Thank you for the correction.
	[kəˈrɛkʃən]	-Gracias por la corrección.

6517	**memorize**	**memorizar**
	vb	You don't need to memorize a dictionary to have good knowledge of a language.
	[ˈmɛməˌraɪz]	-No hace falta memorizar el diccionario para conocer bien una lengua.
6518	**gurgle**	**el gorgoteo; gorgotear**
	ss; vb	You know, that gratifying gurgle when a good healthy stream hits the main flow.
	[ˈgɜrgəl]	-Ya sabes, esa gratificante gorgoteo cuando una buena corriente golpea el río.
6519	**beak**	**el pico**
	ss	Just then the door opened a little way, and a creature with a long beak put its head out for a moment and said: "No admittance till the week after next!" and shut the door again with a bang.
	[bik]	-Justo entonces se abrió la puerta un poco más, y una criatura con un pico largo levantó su cabeza por un momento y dijo: "¡Prohibida la entrada hasta dentro de dos semanas!" y cerró la puerta de nuevo dando un portazo.
6520	**whorehouse**	**el burdel**
	ss	Has all the subtlety of a Thai whorehouse.
	[ˈhɔrˌhaʊs]	-Tiene toda la sutileza de un burdel tailandés.
6521	**metallic**	**metálico**
	adj	Pre-treatment should include dewatering to avoid explosive reactions with metallic sodium.
	[məˈtælɪk]	-El tratamiento previo debe incluir la extracción de agua para evitar reacciones explosivas con el sodio metálico.
6522	**overdose**	**la sobredosis; tomar una sobredosis**
	ss; vb	The addict died from a drug overdose.
	[ˈoʊvərˌdoʊs]	-El adicto murió de sobredosis.
6523	**uphold**	**defender| sostener**
	vb	As a public official you have sworn an oath to uphold and defend the constitution.
	[əpˈhoʊld]	-Como oficial público usted ha hecho un juramento de sostener y defender la constitución.
6524	**rewrite**	**volver a escribir; la nueva versión**
	vb; ss	You'd better rewrite the article.
	[riˈraɪt]	-Mejor reescribe el artículo.
6525	**indifferent**	**indiferente| regular**
	adj	The youth of our country is indifferent to politics.
	[ɪnˈdɪfrənt]	-A la juventud de nuestro país le es indiferente la política.
6526	**folly**	**la locura**
	ss	To abandon the country again would be criminal folly.
	[ˈfɑli]	-Abandonar al país otra vez sería una locura criminal.
6527	**export**	**exportar; la exportación; exportador**
	vb; ss; adj	The export of weapons was prohibited.
	[ˈɛkspɔrt]	-Se prohibió la exportación de armas.
6528	**ownership**	**la propiedad**
	ss	Third-party ownership is another important element relating to good governance.
	[ˈoʊnərˌʃɪp]	

-La propiedad por parte de terceros es otro elemento importante relacionado con el buen gobierno.

6529	**orgy**	**la orgía**
	ss	They killed 100,000 civilians in an orgy of destruction.
	[ˈɔrdʒi]	-Mataron a 100.000 civiles en una destrucción bacanal.
6530	**casket**	**el ataúd**
	ss	Mourners found a body in the casket.
	[ˈkæskət]	-Los que celebraban un funeral encontraron un cuerpo en el ataúd.
6531	**grieve**	**afligirse| entristecer**
	vb	Or taking private time to grieve.
	[griv]	-O tomando un tiempo en privado para llorar.
6532	**unlimited**	**ilimitado**
	adj	Mind is consciousness which has put on limitations. You are originally unlimited and perfect. Later you take on limitations and become the mind.
	[ənˈlɪmətəd]	-La mente es la conciencia que se ha puesto limitaciones. Usted es originalmente ilimitado y perfecto. Más tarde se toma sobre las limitaciones y se convierte en la mente.
6533	**lest**	**para que no**
	con	It is well that war is so terrible — lest we should grow too fond of it.
	[lɛst]	-Es bueno que la guerra sea tan terrible, para evitar que nos encariñemos demasiado con ella.
6534	**titan**	**el titán**
	ss	Over 95% of Titan's atmosphere is nitrogen.
	[ˈtaɪtən]	-Más del 95% de la atmósfera de Titán está compuesta de nitrógeno.
6535	**spectator**	**el espectador**
	ss	No, I'm strictly a spectator now.
	[ˈspɛkteɪtər]	-¿Nunca piensas en competir de nuevo? No, ahora sólo soy un espectador.
6536	**stammer**	**balbucear| tartamudear; la tartamudez**
	vb; ss	Every Thursday, he goes for speech therapy for his stammer.
	[ˈstæmər]	-Todos los jueves, va a terapia del habla por su tartamudeo.
6537	**meditation**	**la meditación**
	ss	In my opinion, meditation is more tranquilizing than any medication.
	[ˌmɛdəˈteɪʃən]	-Según mi opinión, la meditación tranquiliza más que cualquier medicamento.
6538	**bop**	**golpear; el be-bop**
	vb; ss	They're doing the bop, I want to go...
	[bɑp]	-Están bailando el bop, yo quiero ir...
6539	**vinegar**	**el vinagre**
	ss	French fries without vinegar, please.
	[ˈvɪnəgər]	-Patatas fritas sin vinagre, por favor.
6540	**kimono**	**el kimono**
	ss	She really looks beautiful in a kimono.
	[kəˈmoʊnə]	-Ella de verdad se ve hermosa en un kimono.
6541	**banjo**	**el banjo**
	ss	If you want to sound like a native speaker, you must be willing to practice saying the same sentence over and over in the same way that banjo players practice the same phrase over and over until they can play it correctly and at the desired tempo.
	[ˈbænˌdʒoʊ]	

-Si quieres sonar como un hablante nativo, debes estar dispuesto a practicar diciendo la misma frase una y otra vez de la misma manera en que un músico de banjo practica el mismo fraseo una y otra vez hasta que lo puedan tocar correctamente y en el tiempo esperado.

6542	**drought**	**la sequía**
	ss	Last year the region was visited by the worst drought in 60 years.
	[draʊt]	-El último año la región padeció la peor sequía en 60 años.
6543	**unprecedented**	**sin precedentes**
	adj	Agriculture faces unprecedented challenges and opportunities.
	[ənˈprɛsɪˌdɛntɪd]	-El sector de la agricultura afronta retos y oportunidades sin precedentes.
6544	**homemade**	**casero**
	adj	I think Jim's homemade cookies are better than the ones Ana makes.
	[ˈhoʊmˈmeɪd]	-Creo que las galletas caseras de Jim son mejores que las que hace Ana.
6545	**toot**	**sonar; el sonido breve**
	vb; ss	One more toot on that thing and I'll stop paying for your lessons.
	[tut]	-Otro bocinazo con eso y dejaré de pagarte las lecciones.
6546	**twat**	**el coño| la concha**
	ss	Uncle Roy's an irresponsible twat.
	[twat]	-Tío Roy es un idiota irresponsable.
6547	**clone**	**el clon; clonar**
	ss; vb	The clone needs full memory access.
	[kloʊn]	-El clon necesita acceso total a la memoria.
6548	**overdue**	**atrasado**
	adj	The train is 30 minutes overdue.
	[ˈoʊvərˈdu]	-El tren está 30 minutos atrasado.
6549	**merger**	**la fusión| la concentración**
	ss	The merger will destroy their elegant disk shapes.
	[ˈmɜrdʒər]	-La fusión va a destruir sus elegantes formas de disco.
6550	**disregard**	**la indiferencia| el descuido; ignorar**
	ss; vb	That disregard was manifested in numerous violations of housing rights.
	[ˌdɪsrɪˈgɑrd]	-Este desprecio se manifiesta en numerosas violaciones de los derechos a la vivienda.
6551	**earthly**	**terrenal**
	adj	I see representatives of earthly justice.
	[ˈɜrθli]	-Veo entre nosotros a representantes de la justicia terrenal.
6552	**lass**	**la muchacha| la chavala**
	ss	Now don't be afraid, lass.
	[læs]	-Ahora, no tengas miedo, muchacha.
6553	**napkin**	**la servilleta**
	ss	Clean your lips with the napkin.
	[ˈnæpkɪn]	-Límpiate los labios con la servilleta.
6554	**firearm**	**las arma de fuego**
	ss	The firearm was subsequently surrendered to LNP.
	[ˈfaɪəˌrɑrm]	-Posteriormente el arma fue entregada a la Policía Nacional de Liberia.
6555	**seminar**	**el seminario**

	ss	The seminar demonstrated practical arms destruction methods.
	[ˈsɛməˌnɑr]	-En el seminario se efectuaron demostraciones prácticas de métodos de destrucción de armas.
6556	**noose**	**el lazo; coger con lazo**
	ss; vb	He's the one dangling from a noose ten minutes ago.
	[nus]	-Él era quien colgaba de una soga hace 10 minutos.
6557	**pornography**	**la pornografía**
	ss	As if pornography was harmless to adults.
	[pɔrˈnɑgrəfi]	-Como si la pornografía para adultos fuera una cosa inofensiva.
6558	**terminate**	**terminar| terminarse**
	vb	Any association could terminate its activities by dissolution.
	[ˈtɜrməˌneɪt]	-Cualquier asociación puede poner fin a sus actividades por autodisolución.
6559	**fender**	**la defensa**
	ss	So, I stuck the tracking device underneath the front fender.
	[ˈfɛndər]	-Bueno, dejé el dispositivo de rastreo debajo del guardabarros delantero.
6560	**finale**	**el final**
	ss	I call this my in-your-face finale.
	[fəˈnæli]	-Yo a esto lo llamo final en la cara.
6561	**thumping**	**descomunal; enormemente**
	adj; adv	While the glasses were raised... she made everybody sing "my heart
	[ˈθʌmpɪŋ]	thumping".
		-Mientras se levantaban las copas... hizo a todo el mundo cantar "Mi enorme corazón".
6562	**hymn**	**el himno| el canto; cantar himnos**
	ss; vb	And started weirdly singing this hymn.
	[hɪm]	-Y empezó de manera extraña a cantar ese himno.
6563	**assassinate**	**asesinar**
	vb	The only way to get rid of a modern dictator is to assassinate him.
	[əˈsæsəˌneɪt]	-La única manera de deshacerse de un dictador moderno es asesinarlo.
6564	**flaw**	**la falla; fallar**
	ss; vb	A design flaw made my computer crash.
	[flɔ]	-Un diseño imperfecto produjo el fallo informático.
6565	**prefect**	**el prefecto**
	ss	It means another open prefect place.
	[ˈpriˌfɛkt]	-Significa que hay otro lugar abierto para prefecto.
6566	**afar**	**lejos**
	adv	We get married on the mountains, afar from the crowd.
	[əˈfɑr]	-Nos casaremos en la montaña, lejos de todos.
6567	**mash**	**la mezcla; mezclar**
	ss; vb	Not when they dragged in the mash, we didn't.
	[mæʃ]	-No cuando los arrastraba por el puré.
6568	**blizzard**	**la ventisca**
	ss	Smells a blizzard coming, maybe.
	[ˈblɪzərd]	-Huele que se acerca una ventisca, quizás.
6569	**ranking**	**la categoría; superior**
	ss; adj	The ranking of contraceptive methods varies considerably across countries
	[ˈræŋkɪŋ]	and regions.

-La clasificación de los métodos anticonceptivos varía considerablemente entre los distintos países y regiones.

6570	**lullaby**	la canción de cuna
	ss	And that beautiful lullaby captures all his inexpressible sadness.
	[ˈlʌləˌbaɪ]	-Y esa hermosa canción de cuna captura toda la tristeza que no puede expresar.

6571	**pagan**	pagano; el pagano
	adj; ss	Its name is appropriately pagan and outlandish, rahat loukoum.
	[ˈpeɪgən]	-Su nombre es apropiadamente pagano y excéntrico, "rahat loukoum".

6572	**drunkard**	el borracho| el borrachín
	ss	There was a report from the neighbours because a drunkard was making noise in the park. When the police officers arrived at the scene, Kusanagi was alone, dead drunk and completely naked.
	[ˈdrʌŋkərd]	-Hubo una denuncia de los vecinos porque un borracho estaba haciendo ruido en el parque. Cuando la policía llegó a la escena, Kusanagi estaba solo, extremadamente borracho y completamente desnudo.

6573	**joyful**	alegre
	adj	Musicians should bring instruments, and the atmosphere should be joyful and positive.
	[ˈdʒɔɪfəl]	-Los músicos deben llevar sus instrumentos, y el ambiente debe ser alegre y positivo.

6574	**insured**	asegurado
	adj	It's a crying shame that they weren't insured against fire.
	[ɪnˈʃʊrd]	-Es una verdadera lástima que no estaban asegurados contra incendio.

6575	**paste**	la pasta| el engrudo; pegar
	ss; vb	If your country doesn't let you camp for your rights, but lets you do so to see Justin Bieber, paste this on your wall.
	[peɪst]	-Pega esto en tu muro si tu país no deja que acampes por tus derechos, pero sí para ver a Justin Bieber.

6576	**traumatic**	traumático
	adj	Relocation of participants can be an extremely traumatic event.
	[trɔˈmætɪk]	-La reubicación de los participantes puede ser un hecho sumamente traumático.

6577	**bummer**	el gorrón
	ss	"I can't go dancing with you." "Bummer."
	[ˈbʌmər]	-"No puedo ir al baile con vos." "Qué pena".

6578	**dynamic**	la dinámica; dinámico
	ss; adj	So that is a non-zero-sum dynamic.
	[daɪˈnæmɪk]	-Y eso es una dinámica de suma no nula.

6579	**thieve**	robar
	vb	Shoot landowners, thieve livestock, explode dynamite.
	[thieve]	-Balear propietarios de tierras, robar ganado, explotar dinamita.

6580	**appealing**	atractivo
	adj	Well, nothing happening is becoming more appealing.
	[əˈpilɪŋ]	-No. Bueno, que no pase nada se ha vuelto más atractivo.

6581	**trance**	el trance
	ss	They were about spiritual experience in trance.
	[træns]	-Eran acerca de las experiencias espirituales durante el trance.

6582	**famine**	**las hambre| la carestía**
	ss	Can you share food with others in the face of famine?
	[ˈfæmən]	-¿Puedes compartir la comida con otros en frente de la hambruna?

6583	**tablet**	**la tableta**
	ss	A tablet is a mobile computer with display, circuitry and battery in a single unit.
	[ˈtæblət]	-Una tableta es una computadora portátil con pantalla, circuitos y batería integrados en una sola unidad.

6584	**clause**	**la cláusula**
	ss	It's funny how German can take a verb, cut it in half, and spread it over a five-clause sentence.
	[klɔz]	-Es curioso cómo el alemán puede coger un verbo, partirlo en dos, y extenderlo por una oración de cinco proposiciones.

6585	**irritate**	**irritar| impacientar**
	vb	The edges are sharp, they'll irritate the tissue.
	[ˈɪrɪˌteɪt]	-Los bordes son afilados, que va a irritar el tejido.

6586	**john**	**el lavabo**
	ss	I'm just off to the john.
	[dʒɑn]	-Estoy justo al lado del baño.

6587	**porridge**	**el gachas de avena**
	ss	Praise the Lord who made porridge.
	[ˈpɔrədʒ]	-Bendito sea el Señor que hizo la avena.

6588	**maze**	**el laberinto| la confusión; desconcertar**
	ss; vb	Id and date of disappearance of our maze victim.
	[meɪz]	-El nombre y fecha de desaparición de nuestra víctima del laberinto.

6589	**sedative**	**sedante; el sedante**
	adj; ss	The nurse gave you a sedative.
	[ˈsɛdətɪv]	-La enfermera te dio un sedante.

6590	**firewood**	**la leña**
	ss	I'd like you to help me gather some firewood.
	[ˈfaɪərˌwʊd]	-Quisiera que me ayudaras a recoger algo de leña.

6591	**graceful**	**agraciado**
	adj	The dancer's graceful action charmed the audience.
	[ˈgreɪsfəl]	-La actuación grácil del bailarín hechizó a la audiencia.

6592	**harmonica**	**la harmónica**
	ss	Jim plays the harmonica by ear.
	[hɑrˈmɑnɪkə]	-Jim toca la armónica de oído.

6593	**stale**	**duro**
	adj	While on a mountain trip, I was chewing on some hard, stale bread when I happened upon a huge snake.
	[steɪl]	-Durante un viaje a las montañas, masticaba un trozo de pan duro y rancio, cuando me encontré con una enorme serpiente.

6594	**salvage**	**salvar; el salvamento**
	vb; ss	Sam and I managed to salvage some gear.
	[ˈsælvədʒ]	-Sam y yo nos las arreglamos para salvar un poco de engranaje.

6595	**pageant**	**la pompa**
	ss	The pageant is this Friday night.
	[ˈpædʒənt]	-El desfile es este viernes por la noche.

6596	hustler	el estafador| la puta
	ss	He's a filthy street hustler.
	[ˈhʌsələr]	-Es un asqueroso estafador de la calle.
6597	meaningful	significativo
	adj	My signature is meaningful, majestic and inimitable.
	[ˈmɪnɪŋfəl]	-Mi firma es significativa, majestuosa e inimitable.
6598	cactus	los cactus
	ss	I bought a cactus.
	[ˈkæktəs]	-Compré un cactus.
6599	boner	la metedura de pata| el erección
	ss	Really boner move on our part.
	[ˈboʊnər]	-¿En serio erección moverse por nuestra parte.
6600	transaction	la transacción| la operación
	ss	The Governor did not like the news reports relating to the transaction and viewed them as a personal attack.
	[trænˈzækʃən]	-Al gobernador no le gustaron los reportes noticiosos concernientes a la transacción y los consideró como un ataque personal.
6601	decoration	la decoración| el decorado
	ss	Meaning of the decoration is visual delight.
	[ˌdɛkəˈreɪʃən]	-El sentido de la decoración es el deleite visual.
6602	Persian	persa; persa
	adj; ss	Long live the Persian language!
	[ˈpɜrʃən]	-¡Larga vida a la lengua persa!
6603	troupe	la compañía
	ss	No, it was an improv troupe.
	[trup]	-No, era una compañía de teatro.
6604	presidency	la presidencia
	ss	He is a natural to win the Presidency.
	[ˈprɛzədənsi]	-Para alguien como él será fácil ganar las elecciones a la presidencia.
6605	certified	certificado
	adj	Even the charcoal for barbecues comes from a certified supplier.
	[ˈsɜrtəˌfaɪd]	-Hasta el carbón vegetal para las parrilladas viene de un proveedor certificado.
6606	dictator	el dictador
	ss	Do you think that I'm a dictator?
	[dɪkˈteɪtər]	-¿Crees que soy un dictador?
6607	programming	la programación; programador
	ss; adj	Evidence-based programming can enhance UNFPA effectiveness.
	[ˈproʊˌɡræmɪŋ]	-La programación basada en datos puede aumentar la eficacia del UNFPA.
6608	diplomat	el diplomático
	ss	You would make a good diplomat.
	[ˈdɪpləˌmæt]	-Serías un buen diplomático.
6609	amulet	el amuleto
	ss	The natives each had an amulet, which they considered their true heart.
	[ˈæmjələt]	-Los indígenas tenían cada uno un amuleto que consideraban su verdadero corazón.
6610	unexpectedly	inesperadamente

	adv	Mrs. Young wouldn't mind my dropping in on her unexpectedly.
	[ˌʌnɪkˈspɛktɪdli]	-A la señorita Young no le importaría si la visitara inesperadamente.
6611	**newborn**	**recién nacido; el recién nacido**
	adj; ss	They found the body of a newborn baby in a freezer.
	[ˈnubɔrn]	-Ellos encontraron el cuerpo de un recién nacido en un congelador.
6612	**flexible**	**flexible**
	adj	I'm not flexible enough to sit in the lotus position.
	[ˈflɛksəbəl]	-No soy lo suficientemente flexible para sentarme en la posición del loto.
6613	**pilgrim**	**el peregrino**
	ss	In my country, it's usual for pilgrims to beg for alms.
	[ˈpɪlgrəm]	-En mi país es común que los peregrinos pidan limosna.
6614	**fragrance**	**la fragancia**
	ss	During mating season many animals exude strong fragrances.
	[ˈfreɪgrəns]	-Durante la temporada de apareamiento muchos animales exudan fragancias fuertes.
6615	**coaching**	**el entrenamiento**
	ss	Individuals who need more information about coaching should consult the resources listed below.
	[ˈkoʊtʃɪŋ]	-Los individuos que necesitan más información sobre el entrenamiento deberán consultar los recursos mencionados a continuación.
6616	**decay**	**decaer| pudrirse; el decaimiento**
	vb; ss	Fruits decay in the sun.
	[dəˈkeɪ]	-La fruta se pudre al sol.
6617	**Morse**	**el morse**
	ss	She knows English, Chinese, Esperanto and Morse Code.
	[mɔrs]	-Sabe inglés, chino, esperanto y código morse.
6618	**vouch**	**atestiguar**
	vb	I need him to vouch for me.
	[vaʊtʃ]	-Necesito que él me dé su apoyo.
6619	**motorbike**	**la moto**
	ss	It is dangerous to ride a motorbike without a helmet.
	[ˈmoʊtərˌbaɪk]	-Es peligroso andar en moto sin casco.
6620	**tile**	**el azulejo; embaldosar**
	ss; vb	The tile which fell from the roof broke into pieces.
	[taɪl]	-La teja que se cayó del tejado se rompió en pedazos.
6621	**itchy**	**picante**
	adj	Try over-the-counter hydrocortisone cream on itchy areas.
	[ˈɪtʃi]	-Ensaye con crema de hidrocortisona en áreas de picazón.
6622	**molecule**	**la molécula**
	ss	A molecule is made up of atoms.
	[ˈmɑləˌkjul]	-Una molécula está formada por átomos.
6623	**watermelon**	**la sandía**
	ss	A watermelon is full of water.
	[ˈwɔtərˌmɛlən]	-Una sandía está llena de agua.
6624	**sparkling**	**espumoso**
	adj	I like sparkling and fruity wines.
	[ˈspɑrklɪŋ]	-Me gustan los vinos espumosos y afrutados.

6625	**credential**	**credencial; los credencial**
	adj; ss	Present valid credential at the Ticket Office.
	[krɪˈdɛntʃəl]	-Presentando su credencial válida en taquilla.
6626	**pedal**	**pedal; el pedal; pedalear**
	adj; ss; vb	Jim stomped on the brake pedal and screeched to a halt.
	[ˈpɛdəl]	-Jim pisó fuerte el pedal de freno y paró en seco con un chirrido.
6627	**quarry**	**la cantera; extraer**
	ss; vb	The quarry trail crosses the mines.
	[ˈkwɔri]	-El sendero a la cantera cruza las minas.
6628	**analyst**	**analista| el analizador**
	ss	I got nothing until my analyst appointment.
	[ˈænələst]	-No tengo nada que hacer hasta la sesión con mi analista.
6629	**puck**	**el disco**
	ss	With your eyesight I'm surprised you can see the puck.
	[pʌk]	-Con tu vista, me sorprende que veas el disco.
6630	**artery**	**la arteria**
	ss	Fibromuscular dysplasia is another cause of renal artery stenosis.
	[ˈɑrtəri]	-La displasia fibromuscular es otra causa de estenosis de la arteria renal.
6631	**override**	**anular| no hacer caso de**
	vb	Under the Constitution, the lower chamber's resolutions override those of the upper chamber.
	[ˈoʊvərˌraɪd]	-Según la Constitución, las resoluciones de la cámara baja se anteponen a las de la cámara alta.
6632	**needy**	**necesitado; el necesitado**
	adj; ss	Now I'm needy and snubbed.
	[ˈnidi]	-Ahora soy un necesitado y rechazado.
6633	**organism**	**el organismo**
	ss	It's a single-cell organism.
	[ˈɔrgəˌnɪzəm]	-Es un organismo unicelular.
6634	**intern**	**interno; el interno; internar**
	adj; ss; vb	My intern checked the search history on your laptop.
	[ˈɪntɜrn]	-Mi interno ha comprobado el historial de búsqueda de su portátil.
6635	**fracture**	**la fractura; fracturar**
	ss; vb	The fracture pattern suggests a wrenching motion.
	[ˈfræktʃər]	-El patrón de fractura sugiere un movimiento de dislocación.
6636	**vivid**	**vivo| vívido**
	adj	You've got a vivid imagination!
	[ˈvɪvəd]	-¡Tenéis una imaginación fértil!
6637	**matrimony**	**el matrimonio**
	ss	Think: positive matrimony plus negative adultery equals bourgeois unity.
	[ˈmætrəˌmoʊni]	-Pensar: matrimonio positivo más adulterio negativo... igual a unidad burguesa.
6638	**disgraceful**	**vergonzoso**
	adj	Your behavior was disgraceful.
	[dɪsˈgreɪsfəl]	-Tu comportamiento fue vergonzoso.
6639	**chaplain**	**el capellán**

	ss	And tell the chaplain to hurry.
	['tʃæplən]	-Y dígale al capellán que lo haga rápido.
6640	**overlook**	**pasar por alto**
	vb	Shouldn't you overlook his indiscretions and forgive him?
	['oʊvərˌlʊk]	-¿No deberías pasar por alto sus indiscreciones y perdonarle?
6641	**surgical**	**quirúrgico**
	adj	Mauritian citizens have free medical and surgical treatment.
	['sɜrdʒɪkəl]	-Los ciudadanos de Mauricio tienen acceso a tratamiento médico y quirúrgico gratuito.
6642	**lower**	**inferior| bajo; reducir; bajo**
	adj; vb; adv	He bargained with the house agent for a lower price.
	['loʊər]	-Él negoció con el agente de la casa por un precio más bajo.
6643	**luncheon**	**el almuerzo| el bocadillo; almorzar**
	ss; vb	We officially became ladies who luncheon.
	['lʌntʃən]	-Oficialmente, nos convertimos en damas del almuerzo.
6644	**windshield**	**el parabrisas**
	ss	Jim was the one who broke the windshield of Ana's car.
	['wɪndˌʃild]	-Jim fue el que rompió el parabrisas del auto de Ana.
6645	**preposterous**	**absurdo**
	adj	Surely, nothing so preposterous really exists.
	[prɪˈpɑstərəs]	-Sin duda, no existe nada realmente tan absurdo.
6646	**trinity**	**la trinidad**
	ss	I called because, Trinity, I- shut up.
	['trɪnəti]	-Llamé porque, Trinidad, yo... Cállate.
6647	**brow**	**el frente**
	ss	Wipe the sweat from your brow.
	[braʊ]	-Sécate el sudor de la frente.
6648	**performer**	**ejecutante| el intérprete**
	ss	What is music for you, listener, and for you, performer?
	[pərˈfɔrmər]	-¿Qué es la música para ti, oyente, y para ti, intérprete?
6649	**inflation**	**la inflación**
	ss	Governments usually resort to price control when inflation has reached a certain level.
	[ɪnˈfleɪʃən]	-Los gobiernos suelen recurrir al control de precios cuando la inflación ha alcanzado un cierto nivel.
6650	**uranium**	**el uranio**
	ss	Uranium is used in the production of nuclear power.
	[jəˈreɪniəm]	-El uranio se utiliza en la producción de energía nuclear.
6651	**semen**	**el semen**
	ss	Vampires need blood that's not contaminated by human semen.
	['simən]	-Los vampiros necesitan sangre que no esté contaminada por el semen humano.
6652	**batting**	**el bateo| la guata**
	ss	Former yakuza opens a batting cage.
	['bætɪŋ]	-El ex yakuza abre una jaula de bateo.
6653	**distinguish**	**distinguir| caracterizar**

	vb	It is not easy to distinguish good from evil.
	[dɪˈstɪŋgwɪʃ]	-No es fácil distinguir entre el bien y el mal.
6654	**pilgrimage**	**el peregrinaje**
	ss	What's the purpose of a life of pilgrimage?
	[ˈpɪlgrəmədʒ]	-¿Cuál es el objeto de una vida de peregrinaje?
6655	**moth**	**la polilla**
	ss	The silk moth is a large moth whose caterpillar spins a cocoon used for silk production.
	[mɔθ]	-La bombyx mori es una mariposa grande cuya oruga teje un capullo usado en la fabricación de seda.
6656	**colonial**	**colonial; el colono**
	adj; ss	India's parliamentary system is embedded in its British colonial history.
	[kəˈloʊniəl]	-El sistema parlamentario de la India está arraigado en su historia colonial británica.
6657	**magnet**	**el imán**
	ss	The students used a magnet in science class.
	[ˈmægnət]	-Los estudiantes usaron un imán en la clase de ciencias.
6658	**knuckle**	**el nudillo**
	ss	He's probably the kind of bloke that has his knuckle hair removed with electrolysis.
	[ˈnʌkəl]	-Él es probablemente el tipo de tío que tiene su cabello nudillo eliminado con la electrolisis.
6659	**leftover**	**sobrante; superviviente**
	adj; ss	Our mother had no choice but to make dinner with leftovers.
	[ˈlɛfˌtoʊvər]	-Nuestra madre no tuvo más opción que preparar la cena con las sobras.
6660	**merrily**	**alegremente**
	adv	Jim drove his car, whistling merrily.
	[ˈmɛrəli]	-Jim conducía su coche, silbando alegremente.
6661	**forfeit**	**perder; la prenda; confiscado**
	vb; ss; adj	Despite these provisions, forwarders are often content to forfeit surety bonds.
	[ˈfɔrfɪt]	-Pese a esas disposiciones, los transitarios con frecuencia se contentan con perder la fianza.
6662	**insert**	**insertar| intercalar; el encarte**
	vb; ss	Please insert values assessed ex post i.e. after measurement.
	[ɪnˈsɜrt]	-Sírvanse insertar los valores evaluados ex post, es decir, después de la medición.
6663	**orchard**	**la huerta**
	ss	How many apple trees do you have in your orchard?
	[ˈɔrtʃərd]	-¿Cuántos manzanos hay en vuestro huerto?
6664	**pollution**	**la polución**
	ss	It's about time the government did something about pollution.
	[pəˈluʃən]	-Era cuestión de tiempo que el gobierno hiciese algo sobre la contaminación.
6665	**mammy**	**la mamita**
	ss	My good old mammy's name is Daisy Bell.
	[mammy]	-Mi mamá se llama Daisy Bell.
6666	**straightforward**	**sencillo**

adj
['streit'fɔrwərd]

Making a clean separation between the "useful" and the "useless" is about as straightforward as drawing the fine line between water and ice.
-Hacer una clara separación entre "útil" e "inútil" es casi tan sencillo como trazar la delgada línea entre hielo y agua.

6667 **aft** **en popa**

adv
[æft]

Fore and aft target scanners are aligned.
-Los escáneres de objetivos de popa a proa están alineados.

6668 **digest** **digerir; el digesto**

vb; ss
['daɪdʒɛst]

Cheese doesn't digest easily.
-El queso no se digiere con facilidad.

6669 **Leg it!** **¡Márchate!**

int
[lɛg ɪt!]

There's a hot pie for everyone, if you leg it!
-¡Habrá pastel para todos si corren!

6670 **belle** **la beldad**

ss
[bɛl]

Except, she's no village belle...
-Pero no es una belleza de la aldea.

6671 **furry** **peludo; el peludo**

adj; ss
['fɜri]

Now I just got a furry dude watching.
-Sólo que ahora tengo un tío peludo mirando.

6672 **popularity** **la popularidad**

ss
[ˌpɑpjəˈlɛrəti]

The city is gaining popularity as a major tourist destination.
-La ciudad está ganando popularidad como un importante destino turístico.

6673 **wrestler** **el luchador**

ss
['rɛsələr]

My favorite wrestler was Chief Jay Strongbow.
-De niño, mi luchador favorito era el Jefe Jay Strongbow.

6674 **defect** **el defecto| la falta; desertar**

ss; vb
['difɛkt]

To be perfect she lacked just one defect.
-Para ser perfecta sólo le faltaba un defecto.

6675 **kangaroo** **el canguro**

ss
[ˌkæŋɡəˈru]

The kangaroo jumps very high.
-El canguro salta muy alto.

6676 **indication** **la indicación| la muestra**

ss
[ˌɪndəˈkeɪʃən]

Most of the data supporting this indication are as expected retrospective.
-La mayor parte de los datos que apoyan esta indicación son, como cabía esperar, retrospectivos.

6677 **bumpy** **desigual**

adj
['bʌmpi]

As you can tell by my handwriting, the way is pretty bumpy.
-Como podrán notar por mi letra, el camino es bastante accidentado.

6678 **bitterness** **la amargura**

ss
['bɪtərnəs]

He couldn't stand the bitterness of the coffee.
-No podía soportar el amargor del café.

6679 **affectionate** **cariñoso| afectuoso**

adj
[əˈfɛkʃənət]

He's always been very affectionate with his in-laws.
-Siempre ha sido muy cariñoso con sus cuñados.

6680 **homesick** **nostálgico**

adj
['hoʊmˌsɪk]

No wonder Dante was homesick for Tuscany.
-No es extraño que Dante era nostalgia de la Toscana.

6681	**technician**	**el técnico**
	ss	The Unit currently comprises one military technician.
	[tɛkˈnɪʃən]	-La Dependencia cuenta en la actualidad con un técnico militar.
6682	**climax**	**el clímax; llegar a un clímax**
	ss; vb	The kitchen paint dispute had reached a climax.
	[ˈklaɪˌmæks]	-La disputa por la pintura de la cocina había llegado a su clímax.
6683	**cornered**	**arrinconado**
	adj	Brendon's probably cornered some jaywalker.
	[ˈkɔrnərd]	-Branden debe tener acorralado a un peatón imprudente.
6684	**ledge**	**la repisa**
	ss	It's a second-Story window, no ledge.
	[lɛdʒ]	-Es la ventana de un segundo piso, no de una cornisa.
6685	**Capitol**	**el Capitolio**
	ss	The bronze she-wolf at the Capitol.
	[ˈkæpɪtəl]	-La loba del Capitolio... toda de bronce.
6686	**hypnosis**	**la hipnosis**
	ss	The strongest moment is a hypnosis session.
	[hɪpˈnoʊsəs]	-El momento más impresionante es una sesión de hipnosis.
6687	**dilemma**	**el dilema**
	ss	This is the dilemma.
	[dɪˈlɛmə]	-Este es el dilema.
6688	**accordingly**	**en consecuencia**
	adv	Complaints on torture have decreased accordingly.
	[əˈkɔrdɪŋli]	-En consecuencia, el número de denuncias de tortura ha disminuido.
6689	**acute**	**agudo| grave**
	adj	A blind person's hearing is often very acute.
	[əˈkjut]	-El oído de un ciego a menudo es muy agudo.
6690	**crusade**	**la cruzada**
	ss	Non-governmental organizations and other action groups should also join this crusade.
	[kruˈseɪd]	-Las organizaciones no gubernamentales y otros grupos de acción deben sumarse a esta cruzada.
6691	**arouse**	**despertar| excitar**
	vb	Coffee does not arouse my interest.
	[əˈraʊz]	-El café no despierta mi interés.
6692	**crater**	**el cráter**
	ss	The Treasure of Atlantis lies somewhere in that crater.
	[ˈkreɪtər]	-El Tesoro de Atlántida descansa en algún lugar en ese cráter.
6693	**disobey**	**desobedecer**
	vb	Do not disobey the rules.
	[ˌdɪsəˈbeɪ]	-No incumplas las normas.
6694	**impulsive**	**impulsivo**
	adj	Jim is an impulsive buyer.
	[ɪmˈpʌlsɪv]	-Jim es un comprador compulsivo.
6695	**formidable**	**formidable**
	adj	He is a formidable opponent.
	[ˈfɔrmədəbəl]	-Él es un adversario formidable.

6696	**ordeal**	**las ordalías**
	ss	Jim told Ana about last night's ordeal.
	[ɔrˈdil]	-Jim le contó a Ana la terrible experiencia de anoche.
6697	**giddy**	**mareado**
	adj	Actually, I'm downright giddy.
	[ˈgɪdi]	-En realidad, estoy francamente mareado.
6698	**marvel**	**la maravilla; maravillarse**
	ss; vb	I marvel how you could agree to the proposal.
	[ˈmɑrvəl]	-Me asombra cómo tú pudiste estar de acuerdo con la propuesta.
6699	**wildlife**	**la fauna**
	ss	Those lands include parks, forests and wildlife refuges.
	[ˈwaɪlˌdlaɪf]	-Esas tierras incluyen parques, bosques y refugios de vida silvestre.
6700	**screening**	**el cribado**
	ss	Routine urine screening tests may be done.
	[ˈskrinɪŋ]	-Igualmente se pueden hacer pruebas rutinarias de detección en orina.
6701	**godmother**	**la madrina**
	ss	The godmother baked a delicious cake.
	[ˈgɑdˌmʌðər]	-La madrina preparó una deliciosa tarta.
6702	**portal**	**el portal**
	ss	An Indian Hotel reservation portal offering real time reservations.
	[ˈpɔrtəl]	-Un portal indio de la reservación del hotel que ofrece reservaciones en tiempo real.
6703	**lesser**	**menor**
	adj	Greater and lesser humeral tubercles are enlarged.
	[ˈlɛsər]	-Los tubérculos mayor y menor del húmero se han dilatado.
6704	**vineyard**	**el viñedo**
	ss	No, the vineyard has crazy potential.
	[ˈvɪnjərd]	-No, el viñedo tiene un potencial de locura.
6705	**influential**	**influyente**
	adj	He is a prestigious and influential member of the Democratic Party.
	[ˌɪnfluˈɛntʃəl]	-Él es un miembro prestigioso e influyente del Partido Democrático.
6706	**heater**	**el calentador**
	ss	Jim can fix the heater.
	[ˈhitər]	-Jim puede arreglar el calefactor.
6707	**financially**	**financialmente**
	adv	It is thus a constitution: financially, politically and legally.
	[fəˈnænʃəli]	-Es pues una constitución: económicamente, políticamente y jurídicamente.
6708	**feeble**	**débil| endeble**
	adj	Happiness is a feeble flower.
	[ˈfibəl]	-La fortuna es una delicada flor.
6709	**racial**	**racial**
	adj	He fought against racial discrimination.
	[ˈreɪʃəl]	-Él luchó contra la discriminación racial.
6710	**distribute**	**distribuir**
	vb	The media doesn't distribute the news.
	[dɪˈstrɪbjut]	-Los medios no difunden esta noticia.
6711	**imply**	**implicar| insinuar**

	vb [ɪmˈplaɪ]	FSB membership should imply accountability in implementation of standards. -La pertenencia a la FSB debería implicar responsabilidad respecto de dicha implementación.
6712	**sibling** ss [ˈsɪblɪŋ]	**el hermano** The donor is usually a sibling with compatible tissue. -El donante es, por lo general, un hermano con tejido compatible.
6713	**lunchtime** ss [ˈlʌntʃˌtaɪm]	**la hora de comer** I'll say when it's lunchtime. -Te aviso cuando es hora de comer.
6714	**caw** vb; ss [kɔ]	**graznar; el graznido** Nobody says "caw," Julian. -Nadie dice "graznido" Julian.
6715	**probability** ss [ˌprɑbəˈbɪləti]	**la probabilidad** In all probability, no language is completely free of borrowed words. -En toda la probabilidad, ningún idioma es completamente libre de palabras prestadas.
6716	**endanger** vb [ɛnˈdeɪndʒər]	**poner en peligro| comprometer** Early pregnancies can endanger young adolescents' health. -Los embarazos tempranos pueden poner en peligro la salud de las muchachas adolescentes.
6717	**beforehand** adv [bɪˈfɔrˌhænd]	**antemano** In case I can't come, I'll give you a call beforehand. -En caso de que no pueda venir, te marco antes.
6718	**grammar** ss [ˈgræmər]	**la gramática** Grammar is very complicated. -La gramática es muy complicada.
6719	**crummy** adj; ss [ˈkrʌmi]	**sucio; la calidad baja** I'm not part of your crummy Family. -No soy parte de su miserable Familia.
6720	**bailiff** ss [ˈbeɪləf]	**el alguacil** The person guarding him's the bailiff. -La única persona vigilándolo es el alguacil.
6721	**collier** ss [ˈkɑljər]	**el minero** Captain Rasputin offered us this Dutch collier. -El Capitán Rasputin nos ofreció este minero holandés.
6722	**suffocate** vb [ˈsʌfəˌkeɪt]	**sofocar| sofocarse** He tried to suffocate his own mother. -Trató de asfixiar a su madre.
6723	**reluctant** adj [rɪˈlʌktənt]	**reacio** Jim was reluctant to go. -Jim estaba reacio a marcharse.
6724	**disperse** vb [dɪˈspɜrs]	**dispersar** IDF troops used tear-gas to disperse the youths. -Las tropas de las FDI utilizaron gases lacrimógenos para dispersar a los jóvenes.
6725	**respectful**	**respetuoso**

	adj	Be respectful.
	[rɪˈspɛktfəl]	-Sé respetuoso.
6726	**pitching**	**el lanzamiento; lanzado**
	ss; adj	Listen, her actual pitching skills - bush league.
	[ˈpɪtʃɪŋ]	-Escucha, sus actuales aptitudes de lanzamiento eran de la liga menor.
6727	**fencing**	**la esgrima**
	ss	Immortality isn't one long fencing match.
	[ˈfɛnsɪŋ]	-La inmortalidad no es solo un largo partido de esgrima.
6728	**basin**	**la cuenca**
	ss	Total renewable water resources by basin.
	[ˈbeɪsən]	-Cantidad total de recursos hídricos renovables por cuenca.
6729	**incense**	**el incienso; incensar**
	ss; vb	Get some incense for sacrificial offerings.
	[ɪnˈsɛns]	-Ve a conseguir algo de incienso para dar una ofrenda.
6730	**bungalow**	**el bungalow**
	ss	Marry one of your bungalow girls.
	[ˈbʌŋgəˌloʊ]	-Cásate con una de tus chicas de bungalow.
6731	**cardboard**	**la cartulina**
	ss	The cardboard boxes are fragile.
	[ˈkɑrdˌbɔrd]	-Las cajas de cartón son frágiles.
6732	**snicker**	**la risa disimulada**
	ss	They might... snicker a Little.
	[ˈsnɪkər]	-Podrían... reírse un poco de mí.
6733	**envious**	**envidioso**
	adj	I am envious of his success.
	[ˈɛnviəs]	-Envidio su éxito.
6734	**metropolis**	**la metrópoli**
	ss	The metropolis continues to grow today.
	[məˈtrɑpələs]	-En la actualidad, la metrópoli continúa creciendo.
6735	**neigh**	**relinchar; el relincho**
	vb; ss	His neigh is like the bidding of a monarch - and his countenance enforces
	[neigh]	homage.
		-Su relincho es como el mandato de un monarca. y su marcha arranca la admiración.
6736	**aloud**	**en voz alta**
	adv	He read the document aloud.
	[əˈlaʊd]	-Él leyó el documento en voz alta.
6737	**contemporary**	**contemporáneo; el contemporáneo**
	adj; ss	He studies contemporary literature.
	[kənˈtɛmpəˌrɛri]	-Él estudia la literatura contemporánea.
6738	**futile**	**fútil**
	adj	Resistance is futile.
	[ˈfjutəl]	-Resistirse es inútil.
6739	**hygiene**	**la higiene**
	ss	Having good oral hygiene is important.
	[ˈhaɪˌdʒin]	-Es importante tener buena higiene oral.
6740	**recruiting**	**el reclutamiento**

	ss	Government forces are also responsible for recruiting children in Darfur.
	[rəˈkrutɪŋ]	-Las fuerzas gubernamentales también son responsables del reclutamiento de niños en Darfur.
6741	**generate**	**generar| producir**
	vb	The returns such projects could generate go beyond addressing carbon emissions.
	[ˈdʒɛnəˌreɪt]	-Las ganancias que esos fondos podrían generar van mucho más allá del tratamiento de las emisiones de carbono.
6742	**dictate**	**dictar| imponer condiciones; el dictado**
	vb; ss	Your government thinks it can dictate protocol regarding Stargate technology.
	[ˈdɪkˌteɪt]	-Su gobierno cree que puede dictar protocolos con todo lo concerniente a la tecnología del Stargate.
6743	**bearer**	**el portador**
	ss	Washington hatchet man, bearer of bad news.
	[ˈbɛrər]	-El hombre destripador de Washington, portador de malas noticias.
6744	**fraction**	**la fracción**
	ss	Time is a certain fraction of eternity.
	[ˈfrækʃən]	-El tiempo es una parte de la eternidad.
6745	**adequate**	**adecuado**
	adj	If we don't obtain an adequate knowledge of their culture, a lot of problems could easily arise.
	[ˈædəkwət]	-Si no logramos un conocimiento adecuado de su cultura, podrían surgir muchos problemas con facilidad.
6746	**oblivion**	**el olvido**
	ss	Most of these duplicated segments are doomed to oblivion, because any proteins their genes produce are redundant.
	[əˈblɪviən]	-La mayoría de esos segmentos duplicados están condenados al olvido, porque cualesquiera proteínas que produzcan sus genes son superfluas.
6747	**lotion**	**la loción**
	ss	I need hand lotion.
	[ˈloʊʃən]	-Necesito crema para las manos.
6748	**hopeful**	**esperanzado; aspirante**
	adj; ss	And yes, very hopeful meaning.
	[ˈhoʊpfəl]	-Y, sí, un significado muy esperanzador.
6749	**cove**	**la ensenada; llamar al tío**
	ss; vb	No respectable trout in this cove.
	[koʊv]	-No hay ninguna trucha respetable en esta cala.
6750	**competent**	**competente**
	adj	Jim is very competent.
	[ˈkɑmpətɪnt]	-Jim es muy capaz.
6751	**deploy**	**desplegar; el despliegue**
	vb; ss	Electronic intelligence satellites may deploy distinctive receiving antennas.
	[dɪˈplɔɪ]	-Los satélites de obtención de información de inteligencia por medios electrónicos pueden desplegar antenas receptoras especiales.
6752	**err**	**errar**
	vb	To err is human. Blaming someone else is wise.
	[ɛr]	-Errar es humano. Culpar a alguien es sabio.

6753	**consumer**	**el consumidor**
	ss	The consumer needs special equipment to decode the signal.
	[kənˈsumər]	-El consumidor necesita un equipo descodificador especial para restaurar la señal.

6754	**worldly**	**mundano**
	adj	No one is free from worldly cares.
	[ˈwɜrldli]	-Nadie está libre de preocupaciones mundanales.

6755	**motherland**	**la patria**
	ss	The birds' home is in the forest, the fish's home is in the river, the bees' home is in the flowers, and the little children's is in China. We love our motherland from the time we're little, as the birds love the forest, the fish love the river, and the bees love the flowers.
	[ˈmʌðərˌlænd]	-El hogar de los pájaros está en el bosque, el hogar de los peces está en el río, el hogar de las abejas está en las flores y el de los niños pequeñitos está en China. Amamos nuestra madre patria desde chiquitos como los pájaros aman al bosque, los peces aman al río y las abejas aman a las flores.

6756	**inventor**	**el inventor| el creador**
	ss	Who is the inventor of the radio?
	[ɪnˈvɛntər]	-¿Quién inventó la radio?

6757	**frustrating**	**frustrante**
	adj	Often, moreover, the timetable proves extremely frustrating.
	[ˈfrʌˌstreɪtɪŋ]	-A menudo, por otra parte, el escalonamiento del calendario resulta sumamente frustrante.

6758	**laddie**	**el muchacho| el chico**
	ss	It's not poverty, laddie.
	[laddie]	-No es la pobreza, muchacho.

6759	**venom**	**el veneno**
	ss	Frogs and snakes were captured for their venom.
	[ˈvɛnəm]	-Las ranas y las serpientes eran capturadas por su veneno.

6760	**Palestinian**	**palestino; el palestino**
	adj; ss	Palestinian President Mahmoud Abbas has now set his conditions for dialogue.
	[ˌpælɪˈstɪniən]	-El presidente palestino Mahmoud Abbas ha formulado ahora sus condiciones para el diálogo.

6761	**picky**	**difícil**
	adj	Jim is a picky eater.
	[ˈpɪki]	-Jim es quisquilloso.

6762	**superficial**	**superficial**
	adj	He has only a superficial knowledge of the subject.
	[ˌsupərˈfɪʃəl]	-No tiene más que un conocimiento superficial del tema.

6763	**evident**	**evidente| constatable**
	adj	This has been particularly evident in the context of demonstrations.
	[ˈɛvədənt]	-Esto se había hecho particularmente evidente en el contexto de las manifestaciones.

6764	**starvation**	**las hambre**
	ss	Jim was on the verge of starvation.
	[starˈveɪʃən]	-Jim estaba a punto de morir de hambre.

| 6765 | **snot** | **el moco** |

	ss	Waiter, there's a bug in my snot.
	[snɔt]	-Mesero, hay un bicho en mi moco.
6766	**initially**	**inicialmente**
	adv	Initially we had some problems with our computer system, but they've been sorted out now.
	[ɪˈnɪʃəli]	-Al principio tuvimos algunos problemas con nuestro sistema informático, pero ahora ya están resueltos.
6767	**handicap**	**el handicap| la desventaja; perjudicar**
	ss; vb	You told them I'm a 10 handicap.
	[ˈhændiˌkæp]	-Le has dicho que tengo hándicap 10.
6768	**simultaneously**	**simultáneamente**
	adv	But the wounds were inflicted simultaneously.
	[ˌsaɪməlˈteɪniəsli]	-Sin embargo, las heridas fueron infligidas simultáneamente.
6769	**competitor**	**el competidor**
	ss	A new competitor has joined the search.
	[kəmˈpɛtətər]	-Un nuevo competidor se ha unido a la búsqueda.
6770	**sneeze**	**el estornudo; estornudar**
	ss; vb	I sneeze all the time.
	[sniz]	-Yo estornudo todo el tiempo.
6771	**crotch**	**la entrepierna**
	ss	It's sand in the crotch, ticks...
	[krɑtʃ]	-Arena en la ingle, picadas...
6772	**rapist**	**el violador**
	ss	Unless they mean Toby. Convicted rapist.
	[ˈreɪpɪst]	-Yo no contraté a un ex convicto a menos que sea Toby, el violador.
6773	**cockpit**	**la carlinga**
	ss	The heat in this cockpit is getting unbearable.
	[ˈkɑkˌpɪt]	-Este calor en la cabina es cada vez mas insoportable.
6774	**cheetah**	**el leopardo cazador**
	ss	The cheetah is the fastest animal.
	[ˈtʃitə]	-El chita es el animal más rápido.
6775	**troll**	**el gnomo; pescar con caña**
	ss; vb	Do not feed the troll.
	[troʊl]	-¡No da de comer al trol!
6776	**degenerate**	**degenerar; el degenerado; degenerado**
	vb; ss; adj	Some degenerate killed everybody, exactly.
	[dɪˈdʒɛnərət]	-Algún degenerado mató a todo el mundo, exactamente.
6777	**blasphemy**	**la blasfemia**
	ss	Me? Encourage you to work? Blasphemy!
	[ˈblæsfəmi]	-¿Yo? ¿Alentarte a trabajar? ¡Blasfemia!
6778	**teaching**	**la enseñanza; de enseñanza**
	ss; adj	Some teachers peel potatoes while teaching.
	[ˈtitʃɪŋ]	-Algunos profesores pelan patatas mientras enseñan.
6779	**outdoors**	**al aire libre; al aire libre**
	adj; adv	Nowadays children do not play outdoors.
	[ˈaʊtˈdɔrz]	-Hoy en día los niños no juegan afuera.
6780	**perceive**	**percibir| comprender**

vb
[pərˈsiv]
The smallest sound you can perceive moves your eardrum just four atomic diameters.
-El mínimo sonido que pueden percibir mueve el tímpano 4 diámetros atómicos.

6781 **opener** **el abrelatas**
ss
[ˈoʊpənər]
Do you know where the can opener is?
-¿Sabéis dónde está el abrelatas?

6782 **verbal** **verbal**
adj
[ˈvɜrbəl]
The psychometric examination requires revision, particularly the section on verbal thinking.
-El examen psicométrico exige una revisión, en especial en la sección sobre pensamiento verbal.

6783 **penance** **la penitencia; hacer penitencia**
ss; vb
[ˈpɛnəns]
He is doing penance.
-Está haciendo penitencia.

6784 **overdo** **exagerar**
vb
[ˈoʊvərˈdu]
I tend to overdo - big overdoer.
-I-tiendo a exagerar - gran overdoer.

6785 **rubble** **los escombros**
ss
[ˈrʌbəl]
The earthquake reduced many villages to rubble.
-El temblor de tierra redujo muchos pueblos a escombros.

6786 **animation** **la animación**
ss
[ˌænəˈmeɪʃən]
Computer games are examples of software multimedia because they combine text, images, animation, video, and sound.
-Los juegos de computadora son ejemplos de software multimedia porque combinan texto, imágenes, animación, video y sonido.

6787 **eyewitness** **los testigo ocular**
ss
[ˈaɪˈwɪtnəs]
Get Kalinda to undercut this eyewitness.
-Y ve si Kalinda puede encontrar algo de esta testigo.

6788 **sensitivity** **la sensibilidad**
ss
[ˌsɛnsɪˈtɪviti]
Fourthly, peacebuilding requires cultural sensitivity.
-En cuarto lugar, la consolidación de la paz requiere sensibilidad cultural.

6789 **module** **el módulo**
ss
[ˈmɑdʒul]
Reroute the signal enhancement module to the main sensor.
-Desvíe el módulo de intensificación de la señal al sensor principal.

6790 **bridegroom** **el novio**
ss
[ˈbraɪdˌgrum]
In that case you're the bridegroom.
-En ese caso, usted es el novio.

6791 **clash** **el choque| el enfrentamiento; chocar**
ss; vb
[klæʃ]
Today there Paganese - Taranto, saving important clash...
-Hoy en día hay Paganese - Taranto, el ahorro de choque importante...

6792 **sash** **la faja**
ss
[sæʃ]
Franz Ferdinand with the stars and sash only the emperor could wear.
-Francisco Fernando con las estrellas y la banda que sólo el Emperador podía llevar.

6793 **monopoly** **el monopolio**
ss
[məˈnɑpəli]
SC Lietuvos Telekomas has a monopoly for fixed telecommunications services.

-La SC Lietuvos Telekomas goza de monopolio en el sector de los servicios de telecomunicaciones fijos.

6794	**compensate**	**compensar**
	vb	Even budget airlines must compensate their passengers.
	[ˈkɑmpənˌseɪt]	-Incluso las compañías aéreas económicas deben compensar a sus pasajeros.

6795	**goof**	**el bobo; meter la pata**
	ss; vb	Turned my son into a goof, Q.
	[guf]	-Convertiste a mi hijo en un tonto, Q.

6796	**sterling**	**la libra esterlina; excelente**
	ss; adj	They have once again done a sterling job.
	[ˈstɜrlɪŋ]	-Una vez más, han realizado un excelente trabajo.

6797	**spur**	**estimular; el espolón**
	vb; ss	Investment in those regions could spur economic growth and job creation.
	[spɜr]	-Las inversiones en esas regiones pueden estimular el crecimiento económico y la creación de puestos de trabajo.

6798	**designate**	**designado| nombrado; señalar**
	adj; vb	Member States should designate the inspection services responsible for supervising this Regulation.
	[ˈdɛzɪgnɪt]	-Los Estados miembros deben designar los servicios de inspección responsables de la supervisión del presente Reglamento.

6799	**dung**	**el estiércol**
	ss	Where sedition spreads like dung across the fields.
	[dʌŋ]	-Donde la sedición se expande como el estiércol sobre los campos.

6800	**overlap**	**la superposición; traslapar**
	ss; vb	Currently, these two States completely overlap.
	[ˌoʊvərˈlæp]	-Actualmente hay una superposición completa de esos dos Estados.

6801	**mellow**	**meloso; madurar**
	adj; vb	This martial arts thing seems pretty mellow.
	[ˈmɛloʊ]	-Esta cosa de las artes marciales parece bastante suave.

6802	**buff**	**pulir; el color de ante; amarillo**
	vb; ss; adj	I'm a big aviation buff, fan.
	[bʌf]	-Soy un gran fanático de la aviación.

6803	**frig**	**echar un polvo**
	vb	Who the frig is Golders Green?
	[frɪdʒ]	-¿Quién cojones es Golders Green?

6804	**irregular**	**irregular; el guerrillero**
	adj; ss	My hobby: inventing irregular forms of verbs.
	[ɪˈrɛgjələr]	-Mi afición: inventar formas irregulares de verbos.

6805	**harass**	**acosar| hostilizar**
	vb	Go find someone else to harass.
	[həˈræs]	-Búscate alguien más a quien acosar.

6806	**yogurt**	**el yogur**
	ss	This yogurt tastes strange.
	[ˈjoʊgərt]	-Este yogur sabe extraño.

6807	**cuddle**	**el abrazo; abrazar**
	ss; vb	You shouldn't cuddle them too much.
	[ˈkʌdəl]	-No se les debe abrazar demasiado.

6808	**bypass**	**la derivación; evitar**
	ss; vb	Patient's dad had bypass surgery.
	[ˈbaɪˌpæs]	-El padre del paciente tuvo cirugía de bypass.
6809	**enlightenment**	**la ilustración**
	ss	The most significant achievement of the Hungarian Enlightenment was the language reform.
	[ɛnˈlaɪtənmənt]	-El logro más significativo de la Ilustración en Hungría fue la reforma de la lengua.
6810	**sanity**	**la cordura**
	ss	Who in the rainbow can draw the line where the violet tint ends and the orange tint begins? Distinctly we see the difference of the colors, but where exactly does the one first blendingly enter into the other? So with sanity and insanity.
	[ˈsænəti]	-¿En el arcoíris quién puede trazar la línea en la que el matiz violeta termina y comienza el naranja? Vemos con claridad la diferencia de los colores, pero ¿exactamente dónde empieza el uno a mezclarse con el otro? Lo mismo ocurre con la cordura y la locura.
6811	**isle**	**la isla**
	ss	Watch the sun rise from the tropic isle.
	[aɪl]	-Ver el amanecer de una isla tropical.
6812	**withdrawal**	**la retirada**
	ss	Israeli withdrawal was met responsibly by the Lebanese.
	[wɪðˈdrɔəl]	-Los libaneses reaccionaron de un modo responsable a la retirada de Israel.
6813	**forecast**	**el pronóstico; prever**
	ss; vb	Today's weather forecast says that it is likely to be fine tomorrow.
	[ˈfɔrˌkæst]	-La predicción del tiempo de hoy dice que probablemente haga bueno mañana.
6814	**sandal**	**la sandalia**
	ss	Suddenly her wooden sandal is broken.
	[ˈsændəl]	-De repente, una sandalia se le rompe.
6815	**sarcastic**	**sarcástico**
	adj	Jim is very sarcastic.
	[sɑrˈkæstɪk]	-Jim es muy sarcástico.
6816	**infinity**	**el infinito**
	ss	The two mirrors facing each other created a repeating image that went on to infinity.
	[ɪnˈfɪnəti]	-Los dos espejos enfrentados crearon una imagen repetida hasta el infinito.
6817	**malfunction**	**funcionar mal; la avería**
	vb; ss	A major malfunction stopped the car.
	[mælˈfʌŋkʃən]	-Una avería grave paró el coche.
6818	**unseen**	**invisible; el lo invisible**
	adj; ss	In the past, Kes has shown an ability to detect an unseen presence.
	[ənˈsin]	-Kes ha demostrado la capacidad de detectar una presencia invisible.
6819	**clarity**	**la claridad**
	ss	Such clarity also entails significant positive development implications.
	[ˈklɛrəti]	-Tal claridad también hace posible que se deriven unas implicaciones de desarrollo positivas e importantes.
6820	**outnumber**	**superar numéricamente**

	vb	Girls outnumber boys in secondary education.
	[aʊtˈnʌmbər]	-En la enseñanza secundaria, las niñas son más numerosas que los niños.
6821	**intriguing**	**intrigante**
	adj	It's an intriguing theory, but I don't see how it can be tested.
	[ɪnˈtrigɪŋ]	-Es una teoría intrigante, pero no veo como podría ser probada.
6822	**sage**	**sabio; el sabio**
	adj; ss	Better to be a happy fool than an unhappy sage.
	[seɪdʒ]	-Es mejor ser un tonto feliz que un sabio infeliz.
6823	**appalling**	**pésimo**
	adj	She is an appalling cook.
	[əˈpɔlɪŋ]	-Es un cocinero pésimo.
6824	**mast**	**el mástil**
	ss	We spent a month fixing the mast.
	[mæst]	-Nos pasamos un mes arreglando el mástil.
6825	**snob**	**el snob**
	ss	Perfectly fair if it punishes a snob.
	[snɑb]	-Es perfectamente justo, si se logra castigar a un snob.
6826	**premier**	**el primer ministro; primero**
	ss; adj	The premier shows not the first false optimism.
	[preˈmɪr]	-No es la primera vez que el primer ministro peca de optimista.
6827	**ref**	**el árbitro**
	ss	And despite an obviously biased ref...
	[rɛf]	-Y a pesar de un árbitro claramente parcial...
6828	**sparkle**	**brillar| chispear; el brillo**
	vb; ss	People want light, sparkle, something pleasing to the eye.
	[ˈspɑrkəl]	-La gente quiere color, brillo, lo más deslumbrante a la vista.
6829	**kosher**	**comestible según la ley judía**
	ss	Everything we put in that spell was kosher.
	[ˈkoʊʃər]	-Todo lo que pusimos en ese hechizo era Kosher.
6830	**posh**	**elegante**
	adj	Minus 35, like a posh mortuary.
	[pɑʃ]	-Menos de 35 años, como un depósito de cadáveres elegante.
6831	**comply**	**cumplir**
	vb	Management must also comply assiduously with protocols and procedures.
	[kəmˈplaɪ]	-El personal directivo también debe cumplir rigurosamente los protocolos y procedimientos.
6832	**vocabulary**	**el vocabulario**
	ss	His vocabulary is inadequate.
	[voʊˈkæbjəˌlɛri]	-Su vocabulario es inadecuado.
6833	**span**	**abarcar; los palmo**
	vb; ss	"You have the attention span of a chicken." "Chickens are delicious." "My point exactly."
	[spæn]	-"Tú tienes la capacidad de atención de una gallina". "Las gallinas están deliciosas". "Exactamente lo que decía".
6834	**customary**	**acostumbrado**
	adj	The deliberate destruction of food-producing infrastructure is unlawful
	[ˈkʌstəˌmɛri]	under customary international humanitarian law.

-La destrucción deliberada de la infraestructura de producción de alimentos es ilegal según el derecho humanitario internacional consuetudinario.

6835	**encouragement**	**el estímulo| el aliento**
	ss	In spite of our encouragement, he decided to throw in the towel.
	[ɛnˈkɜrɪdʒmənt]	-A pesar de los ánimos que le dábamos decidió rendirse.
6836	**challenger**	**el desafiador**
	ss	A new challenger has entered the field.
	[ˈtʃæləndʒər]	-Parece que ha ingresado al campo un nuevo retador.
6837	**horseback**	**el lado de caballo**
	ss	She enjoys dancing and horseback riding.
	[ˈhɔrsˌbæk]	-Le gusta bailar y montar a caballo.
6838	**eligible**	**elegible**
	adj	Jim will be eligible for parole in five years.
	[ˈɛlədʒəbəl]	-Jim podrá optar a libertad condicional en cinco años.
6839	**nutty**	**de nuez**
	adj	He's as nutty as a filbert.
	[ˈnʌti]	-Está más loco que una cabra.
6840	**scoot**	**largarse**
	vb	They can scoot forward nearly two metres every second.
	[skut]	-Se puede deslizarse hacia adelante casi dos metros por segundo.
6841	**coaster**	**el barco de cabotaje**
	ss	Honey, please use your coaster.
	[ˈkoʊstər]	-Cariño, usa el posavasos, por favor.
6842	**metropolitan**	**metropolitano; el metropolitano**
	adj; ss	They're all cities committed to taking a metropolitan approach to urban planning.
	[ˌmɛtrəˈpɑlətən]	-Todas son ciudades que se han comprometido a llevar a cabo una planificación urbana con un enfoque metropolitano.
6843	**snuff**	**el rapé; aspirar**
	ss; vb	A little stimulant snuff to sleep.
	[snʌf]	-Un poco de tabaco estimulante para poder dormir.
6844	**sled**	**el trineo; ir en trineo**
	ss; vb	Adam Bilson's sled is moving faster than ever before.
	[slɛd]	-El trineo de Adam Bilson está andando más rápido que nunca.
6845	**wheeze**	**jadear; el resuello**
	vb; ss	And together they started to grumble and wheeze.
	[wiz]	-Y juntos empezaron A refunfuñar y jadear.
6846	**testicle**	**el testículo**
	ss	Bring this lady that testicle salad.
	[ˈtɛstɪkəl]	-Ll{evele a esta señora la ensalada de testículo.
6847	**input**	**la entrada| la introducción; entrar**
	ss; vb	Jim needs our input.
	[ˈɪnˌpʊt]	-Jim necesita nuestro aporte.
6848	**knitting**	**el tejido de punto**
	ss	Ana is knitting a scarf for Jim.
	[ˈnɪtɪŋ]	-Ana está tejiendo una bufanda para Jim.
6849	**teeny**	**chiquitín**

	adj [ˈtini]	Some teeny, tiny shred of evidence that he even knew I existed. -Algunos pequeñito, diminuto fragmento de evidencia que incluso sabía que yo existía.
6850	**pavement** ss [ˈpeɪvmənt]	**el pavimento** Walk on the pavement. -Camina sobre el pavimento.
6851	**sorcerer** ss [ˈsɔrsərər]	**el hechicero** "The sorcerer disguises himself as a beast, he wears a hide over his head and walks around town. It's my daddy who told me that." -"El hechicero se disfraza de bestia, lleva una piel sobre su cabeza y camina alrededor de la ciudad. Es mi papá quien me dijo esto".
6852	**decoy** ss; vb [ˈdikɔɪ]	**el señuelo; entruchar** You see, I needed a modest decoy to make it more convincing. -Verás, necesitaba un señuelo para parecer más convincente.
6853	**indecent** adj [ɪnˈdisənt]	**indecente** She might think yours was an indecent relationship. -Ella podría pensar que la vuestra era una relación indecente.
6854	**dissolve** vb; ss [dɪˈzɑlv]	**disolver; el disolvente** This volume of ethanol cannot completely dissolve 0.5 g of the white solid. -Este volumen de etanol no puede disolver completamente 0,5 g del sólido blanco.
6855	**genesis** ss [ˈdʒɛnəsəs]	**la génesis** Conflict is the genesis of creation. -El conflicto es la génesis de la creación.
6856	**timber** ss; vb [ˈtɪmbər]	**la madera; enmaderar** Thirty years ago, timber was the main industry here. -Hace treinta años, la madera de construcción era la industria principal de aquí.
6857	**devour** vb [dɪˈvaʊər]	**devorar** What Starro cannot control or devour... -Lo que Starro no puede controlar o devorar...
6858	**unimportant** adj [ənɪmˈpɔrtənt]	**sin importancia** I wouldn't say it was unimportant. -Yo no diría que no era importante.
6859	**dart** ss; vb [dɑrt]	**el dardo; lanzarse** Small bamboo dart projected by blowgun. -Pequeño dardo de bambú, lanzado por cerbatana.
6860	**prescribe** vb [prəˈskraɪb]	**prescribir** Your doctor may prescribe medicine to relieve pain. -El médico puede prescribir un medicamento para aliviar el dolor.
6861	**stability** ss [stəˈbɪliti]	**la estabilidad** Nuclear-weapon-free zones contribute significantly to sustainable stability. -Las zonas libres de armas nucleares contribuyen de forma significativa a la estabilidad sostenible.
6862	**solemnly** adv [ˈsɔləmli]	**solemnemente** Tens of thousands of people gathered in Saint Peter's Square on Sunday morning, despite the cold and the rain, to take part in Solemn Mass with Pope Francis in celebration of Easter.

-Decenas de miles de personas se reunieron en la Plaza de San Pedro el domingo por la mañana, a pesar del frío y la lluvia, para participar en la misa solemne con el Papa Francisco en la celebración de la Pascua.

6863	**calamity**	**la calamidad**
	ss	It transforms random calamity into Hollywood-style entertainment rendering it less real.
	[kəˈlæməti]	-Transforma calamidad aleatoria en entretenimiento al estilo Hollywood haciendo que sea menos real.

6864	**quantity**	**la cantidad**
	ss	Japan imports a large quantity of oil.
	[ˈkwɑntəti]	-Japón importa una gran cantidad de petróleo.

6865	**creed**	**el credo**
	ss	I do not believe in the creed professed by the Jewish Church, by the Roman Church, by the Greek Church, by the Turkish Church, by the Protestant Church, nor by any church that I know of.
	[krid]	-No creo en el credo profesado por la Iglesia judía, por la Iglesia romana, por la Iglesia griega, por la Iglesia turca, por la Iglesia protestante, ni por cualquier otra Iglesia que conozca.

6866	**alphabet**	**el alfabeto**
	ss	I can say the alphabet backwards in less than five seconds.
	[ˈælfəˌbɛt]	-Yo puedo recitar el alfabeto al revés en menos de cinco segundos.

6867	**revenue**	**los ingresos| el rédito**
	ss	Its revenue source is the education tax.
	[ˈrɛvəˌnu]	-Su fuente de ingreso es el impuesto de educación.

6868	**vista**	**la vista**
	ss	Possible forced entry and sabotage at vista terrace power planet.
	[ˈvɪstə]	-Posible entrada forzada y sabotaje en la Planta de Energía Terraza Vista.

6869	**fascism**	**el fascismo**
	ss	Men wearing this uniform died ridding Europe of fascism.
	[ˈfæˌʃɪzəm]	-Hombres con este uniforme murieron para liberar a Europa del fascismo.

6870	**manifest**	**manifiesto; el manifiesto; manifestar**
	adj; ss; vb	Everyone has the right to freedom of thought, conscience and religion; this right includes freedom to change his religion or belief, and freedom, either alone or in community with others and in public or private, to manifest his religion or belief in teaching, practice, worship and observance.
	[ˈmænəˌfɛst]	-Toda persona tiene derecho a la libertad de pensamiento, de conciencia y de religión; este derecho incluye la libertad de cambiar de religión o de creencia, así como la libertad de manifestar su religión o su creencia, individual y colectivamente, tanto en público como en privado, por la enseñanza, la práctica, el culto y la observancia.

6871	**supervision**	**la supervisión**
	ss	Improved supervision of unaccompanied minors seeking asylum.
	[ˌsupərˈvɪʒən]	-Una mejor supervisión de los solicitantes de asilo que sean menores no acompañados.

6872	**sleeper**	**el durmiente**
	ss	Jim is a very sound sleeper.
	[ˈslipər]	-Jim es de los que duermen de un tirón.

| 6873 | **forsake** | **abandonar\| renegar de** |

	vb	We made a bargain that we wouldn't forsake each other.
	[fɔrˈseɪk]	-Llegamos a un acuerdo de que ninguno de nosotros abandonaría al otro.
6874	**smuggle**	**hacer contrabando**
	vb	The tunnel was built during Prohibition to smuggle illegal whiskey.
	[ˈsmʌgəl]	-El túnel fue hecho durante la prohibición, para contrabandear whisky ilegal.
6875	**marrow**	**la médula**
	ss	I was thrilled to the marrow meeting Edison.
	[ˈmɛroʊ]	-Yo estaba emocionado hasta la médula por encontrarme con Edison.
6876	**exclusively**	**exclusivamente**
	adv	Architects and designers tend to focus exclusively on these.
	[ɪkˈsklusɪvli]	-Los arquitectos y los diseñadores tienden a centrarse exclusivamente en estos.
6877	**attendance**	**la asistencia**
	ss	Attendance is mandatory.
	[əˈtɛndəns]	-La asistencia es obligatoria.
6878	**diabetes**	**la diabetes**
	ss	The Argentine president said that diabetes is a disease of people with high purchasing power.
	[ˌdaɪəˈbitiz]	-La presidente argentina dijo que la diabetes es una enfermedad de gente con alto poder adquisitivo.
6879	**jog**	**la sacudida; hacer footing**
	ss; vb	We jog before breakfast every morning.
	[dʒɑg]	-Hacemos footing todas las mañanas antes del desayuno.
6880	**wiggle**	**menear**
	vb	He can wiggle his fingers and toes.
	[ˈwɪgəl]	-Puede mover los dedos de manos y pies.
6881	**tat**	**hacer encaje; la basura**
	vb; ss	There's a crew on 149th Street that wears a Sword of Damascus tat.
	[tæt]	-Hay una banda en la calle 149 que usa un tatuaje de la Espada de Damasco.
6882	**o/d**	**a solicitud**
	abr	About 30,000 surveys were conducted, which led to the establishment of O/D matrices, both general and by passenger profile.
	[oʊ/di]	-Se realizaron unas 30.000 entrevistas, lo que permitió establecer matrices O/D de conjunto y por perfiles de pasajeros.
6883	**bankruptcy**	**la quiebra**
	ss	Many are now close to bankruptcy.
	[ˈbæŋkrəptsi]	-Muchos se encuentran actualmente en una situación próxima a la quiebra.
6884	**tribunal**	**el tribunal**
	ss	The tribunal affirmed Marisa is right.
	[trəˈbjunəl]	-El tribunal le ha dado la razón a Marisa.
6885	**provincial**	**provincial; el provincial**
	adj; ss	Challenges remain regarding the budget preparation process at the provincial level.
	[prəˈvɪnʃəl]	-Persisten los problemas con el proceso de preparación del presupuesto a nivel provincial.
6886	**saucer**	**el platillo**

	ss	We believed it to be a flying saucer.
	[ˈsɔsər]	-Pensamos que sería un platillo volador.
6887	**fractured**	**fracturado**
	adj	Your fractured bones are blocking the blood flow.
	[ˈfræktʃərd]	-Beth, su hueso fracturado bloquea el flujo sanguíneo hacia su pie.
6888	**assessment**	**la valoración**
	ss	We consider a fine investment, one that is a subject of careful planing, co-operation, proffessional assesment and maximum results.
	[əˈsɛsmənt]	-Para nosotros la buena inversión es cuestión de una planificación meticulosa, trabajo en equipo, evaluación profesional y resultados máximos.
6889	**participation**	**la participación**
	ss	The participation of Muslims in politics is of fundamental importance to society.
	[pɑrˌtɪsəˈpeɪʃən]	-La participación de los musulmanes en la política es de una importancia fundamental para la sociedad.
6890	**voluntarily**	**voluntariamente**
	adv	I would voluntarily help you, but I'm occupied at the moment.
	[ˌvɑlənˈtɛrəli]	-Yo ayudaría voluntariamente, pero estoy ocupado en este momento.
6891	**wondrous**	**maravilloso**
	adj	Something magical, wondrous is happening through you.
	[ˈwʌndrəs]	-Algo mágico, maravilloso está pasando a través de ti.
6892	**formerly**	**antes**
	adv	Merger: formerly known as Catholic Organization for Development Cooperation.
	[ˈfɔrmərli]	-Organización producto de una fusión; conocida anteriormente como Catholic Organization for Development Cooperation.
6893	**chariot**	**el carruaje; ir en carruaje**
	ss; vb	The chariot of prayers spins around sprinkling curses.
	[ˈtʃɛriət]	-El carro de plegarias gira a tu alrededor regando maldiciones.
6894	**apron**	**el delantal**
	ss	That apron's slipping through my fingers.
	[ˈeɪprən]	-Ese delantal se está escapando a través de mis dedos.
6895	**index**	**el índice| el índex; indizar**
	ss; vb	The application allows you to quickly calculate the ratio of body mass index - BMI.
	[ˈɪndɛks]	-La aplicación te permite calcular rápidamente la proporción del índice de masa corporal - IMC.
6896	**damnation**	**la condenación**
	ss	That's another plus with my technique - mass damnation.
	[dæmˈneɪʃən]	-Ese es otro plus A mi técnica - masa condenación.
6897	**passive**	**pasivo; la voz pasiva**
	adj; ss	He has a passive character.
	[ˈpæsɪv]	-Él tiene un carácter pasivo.
6898	**invalid**	**inválido| minusválido; el inválido; licenciar**
	adj; ss; vb	The password you have entered is invalid.
	[ˈɪnvəlɪd]	-La contraseña que ha introducido no es válida.
6899	**comprehend**	**comprender| incluir**

	vb	This theory is too difficult for me to comprehend.
	[ˌkɑmpriˈhɛnd]	-Esta teoría es demasiado difícil para que la entienda.

6900 formally — **formalmente**

adv
['fɔrməli]

Discrimination in employment is formally prohibited.
-En la esfera del empleo, se prohíbe formalmente la discriminación.

6901 reset — **reajustar**

vb
[riˈsɛt]

Thought I might help him reset his neural net.
-Tratamos de conectarlo a la red de energía principal. pensando que esto podría reiniciar su red neural.

6902 dignified — **digno| solemne**

adj
['dɪgnəˌfaɪd]

What a dignified man!
-¡Qué hombre tan digno!

6903 suspense — **el suspense| la incertidumbre**

ss
[səˈspɛns]

I think that there is a lot of suspense in this painting.
-Creo que hay mucho suspenso en esta pintura.

6904 haunting — **obsesionante**

adj
['hɔntɪŋ]

A spectre is haunting Europe—the spectre of communism.
-Un fantasma recorre Europa – el fantasma del comunismo.

6905 virtual — **virtual**

adj
['vɜrtʃuəl]

It emphasises the virtual nature of most financial assets.
-Destaca la naturaleza virtual de la mayoría de los bienes financieros.

6906 booby — **el bobo**

ss
['bubi]

I think I see a booby.
-Creo que ver a un bobo.

6907 abstract — **el extracto; abstracto; abstraer**

ss; adj; vb
['æbstrækt]

The abstract analysis of the world by mathematics and physics rests on the concepts of space and time.
-El análisis abstracto del mundo por las matemáticas y la física se basa en los conceptos de espacio y tiempo.

6908 sandy — **arenoso**

adj
['sændi]

Spanish words sound sandy...
-Las palabras en español suenan arenosas.

6909 reincarnation — **la reencarnación**

ss
[riinkɑrˈneɪʃən]

Some weird, psycho, Aramaic-Satanist reincarnation cult.
-Una secta rara, de psicópatas, de reencarnación arameo-satánica.

6910 eyesight — **la vista**

ss
['aɪˌsaɪt]

My eyesight is getting worse.
-Mi vista está empeorando.

6911 fudge — **el dulce de azúcar; esquivar**

ss; vb
[fʌdʒ]

My favourite type of food is chocolate fudge.
-Mi clase favorita de comida es el caramelo de chocolate.

6912 eternally — **eternamente**

adv
[ɪˈtɜrnəli]

Man has many wishes that he does not really wish to fulfil, and it would be a misunderstanding to suppose the contrary. He wants them to remain wishes, they have value only in his imagination; their fulfilment would be a bitter disappointment to him. Such a desire is the desire for eternal life. If it were fulfilled, man would become thoroughly sick of living eternally, and yearn for death.

-El hombre tiene muchos deseos que en realidad no quiere satisfacer, y
sería un malentendido imaginar lo contrario. Quiere que sigan siendo
deseos, tienen valor únicamente en su imaginación, su cumplimiento sería
una amarga decepción para él. Un deseo así es el deseo de la vida eterna. Si
se cumpliera, el hombre llegaría a hastiarse de vivir eternamente, y
anhelaría la muerte.

6913	**trot**	**el trote; trotar**
	ss; vb	The sawed-off billiard cue made Jewel trot as straight as you please.
	[trɑt]	-El taco de billar hacía a Jewel trotar tan derecha como es de desear.
6914	**brutally**	**brutalmente**
	adv	He brutally raped and murdered a 34-year-old woman.
	[ˈbrutəli]	-Violó y asesinó brutalmente a una mujer de 34 años.
6915	**solidarity**	**la solidaridad**
	ss	Ireland experienced European solidarity during the crisis.
	[ˌsɑləˈdɛrəti]	-Irlanda experimentó la solidaridad europea durante la crisis y eso es algo positivo.
6916	**roach**	**la cucaracha**
	ss	Nothing behind the toilet except this roach motel.
	[roʊtʃ]	-El baño parece limpio nada detrás del retrete excepto esta cucaracha de motel.
6917	**glamor**	**el glamour| el encanto; encantar**
	ss; vb	The girl we found has as much glamor as any pro.
	[ˈglæmər]	-La chica que encontramos tiene tanto glamour como cualquier profesional.
6918	**salami**	**el salami**
	ss	Fancy cheeses, crackers, evenly sliced salami.
	[səˈlɑmi]	-Queso elegante, galletas, salami cortado en rodajas iguales.
6919	**raincoat**	**el impermeable**
	ss	You had better put on a raincoat.
	[ˈreɪnˌkoʊt]	-Sería mejor que te pusieras un impermeable.
6920	**portable**	**portátil; el portátil**
	adj; ss	My portable computer uses Linux.
	[ˈpɔrtəbəl]	-Mi computadora portátil usa Linux.
6921	**erection**	**la erección| el montaje**
	ss	When the Swiss population decides against the erection of minarets, this decision is accepted.
	[ɪˈrɛkʃən]	-Cuando la población suiza decide en contra de la construcción de minaretes, esta decisión se aceptada.
6922	**pear**	**la pera**
	ss	She's eating a pear.
	[pɛr]	-Está comiendo una pera.
6923	**repulsive**	**repulsivo**
	adj	You are repulsive.
	[riˈpʌlsɪv]	-Eres repugnante.
6924	**socially**	**socialmente**
	adv	That must have been socially awkward.
	[ˈsoʊʃəli]	-Eso debe haber sido socialmente incómodo.
6925	**hardship**	**la privación**

	ss	Many great men went through hardship during their youth.
	[ˈhɑrdʃɪp]	-Muchos grandes hombres pasaron penurias durante su juventud.
6926	**render**	**hacer| prestar; el devolver**
	vb; ss	Okay, well, I can render an educated guess based on metallic properties and
	[ˈrɛndər]	total weight.
		-Vale, bueno, puedo hacer una conjetura con cierta base basándome en las propiedades de los metales y el peso total.
6927	**refrain**	**el estribillo; abstenerse**
	ss; vb	I refrain from drinking.
	[rɪˈfreɪn]	-Me abstengo de beber.
6928	**knack**	**la maña**
	ss	She hasn't got the knack of cooking yet.
	[næk]	-Todavía no le ha cogido el tranquillo a cocinar.
6929	**surge**	**la oleada; hervir**
	ss; vb	It is expected that the tsunami surge will be ten meters or less.
	[sɜrdʒ]	-Se espera que la oleada de tsunami sea diez metros o menos.
6930	**ulcer**	**la úlcera**
	ss	An ulcer forms in the stomach.
	[ˈʌlsər]	-Una úlcera se forma en el estómago.
6931	**trader**	**comerciante| el traficante**
	ss	Law-breakers make life more difficult for the law-abiding trader.
	[ˈtreɪdər]	-Los infractores hacen más difícil la vida para el comerciante que respeta la ley.
6932	**disposition**	**la disposición| el temperamento**
	ss	The worst the populace's situation the bigger its disposition... to fight for a
	[ˌdɪspəˈzɪʃən]	change.
		-Cuanto peor la situación del pueblo mayor su disposición... para luchar por cambios.
6933	**vie**	**rivalizar**
	vb	I'm offering you the chance to vie for my services.
	[vaɪ]	-Te ofrezco la oportunidad de competir por mis servicios.
6934	**progressive**	**progresivo| progresista; progresista**
	adj; ss	Yawara-Jitsu teaching method is scientific, rational and progressive.
	[prəˈgrɛsɪv]	-El método de enseñanza de la defensa personal Yawara-Jitsu, es científico, racional y progresivo.
6935	**jive**	**la jerga; bailar el swing**
	ss; vb	I thought that was new jive talk.
	[dʒaɪv]	-Pensé que era una nueva jerga.
6936	**knickers**	**las bragas**
	ss	You think everybody's just trying to get in your knickers.
	[ˈnɪkərz]	-Piensan que todos quieren meterse en su ropa interior.
6937	**vertical**	**vertical**
	adj	Treatment for opening of vertical dimension.
	[ˈvɜrtɪkəl]	-Tratamiento para la abertura de la dimensión vertical.
6938	**pecker**	**el pájaro carpintero**
	ss	He just pulled out his pecker and pissed.
	[ˈpɛkər]	-Simplemente sacó su pene y orinó.
6939	**Serbian**	**serbio; el serbio**

	adj; ss	Serbian trains are terribly slow.
	[ˈsɔrbiən]	-Los trenes serbios son terriblemente lentos.
6940	**insensitive**	**insensible**
	adj	You are very insensitive.
	[ɪnˈsɛnsətɪv]	-Eres muy insensible.
6941	**orchid**	**la orquídea**
	ss	Tigress needs that orchid by sundown.
	[ˈɔrkəd]	-Tigresa necesita esa orquídea para la puesta de sol.
6942	**pleasing**	**agradable**
	adj	David has a keen interest in aesthetics — the qualities that make a painting, sculpture, musical composition, or poem pleasing to the eye, ear, or mind.
	[ˈplizɪŋ]	-David tiene un apasionado interés por la estética - las cualidades en un cuadro, una escultura, una composición musical o un poema que la hacen agradables al ojo, al oído o a la mente.
6943	**differ**	**diferir de**
	vb	Racism has its roots in the distrust and scorn for people who differ in their appearance and their culture.
	[ˈdɪfər]	-El racismo arraiga en la desconfianza y el desprecio por los hombres que se distinguen en la apariencia física y la cultura.
6944	**craven**	**cobarde; cobarde; ser cobarde**
	adj; ss; vb	Some craven impulse to turn animals into objects for our own selfish pleasure.
	[ˈkreɪvən]	-Un impulso cobarde de hacer de los animales el objeto de nuestro egoísmo.
6945	**finding**	**el descubrimiento**
	ss	He had no luck in finding work.
	[ˈfaɪndɪŋ]	-Él no consiguió encontrar trabajo.
6946	**amazingly**	**espantosamente**
	adv	Fudge is not at all healthy, but it sure is amazingly tasty.
	[əˈmeɪzɪŋli]	-El dulce de leche no es muy sano, pero seguro que es increiblemente sabroso.
6947	**manufacture**	**fabricar; la manufactura**
	vb; ss	You'll have to manufacture some kind of excuse.
	[ˌmænjəˈfæktʃər]	-Tendrás que confeccionar alguna excusa.
6948	**tack**	**virar| hilvanar; la tachuela**
	vb; ss	Here I was thinking you were sharp as a tack.
	[tæk]	-Y yo que pensaba que eras afilado como una tachuela.
6949	**biblical**	**bíblico**
	adj	The biblical text is very clear.
	[ˈbɪbləkəl]	-El texto bíblico es muy claro.
6950	**transparent**	**transparente| diáfano**
	adj	Glass is a transparent and easily breakable material.
	[trænˈspɛrənt]	-El vidrio es un material transparente y fácil de romper.
6951	**hangar**	**el hangar**
	ss	Maru launching, hangar number two.
	[ˈhæŋər]	-Lanzamiento de la Maru, hangar número dos.
6952	**checkpoint**	**el control**

	ss	The entrance is past the South-side security checkpoint.
	[ˈtʃɛkˌpɔɪnt]	-La entrada está situada a continuación del control de seguridad.
6953	**oppress**	**oprimir**
	vb	Many societal institutions were established solely to oppress women.
	[əˈprɛs]	-Muchas instituciones Sociales se establecieron únicamente para oprimir a las mujeres.
6954	**mortar**	**el mortero**
	ss	Fragmentation mortar bombs were also fired into densely populated neighbourhoods.
	[ˈmɔrtər]	-También se dispararon bombas de mortero de fragmentación en barrios muy poblados.
6955	**prestige**	**el prestigio**
	ss	Being a nuclear power provides sovereign states with protection and prestige.
	[prɛˈstiʒ]	-La condición de potencia nuclear brinda protección y prestigio a los Estados soberanos.
6956	**holocaust**	**el holocausto**
	ss	Fear of a nuclear holocaust seems to have ended with the Cold War.
	[ˈhɑləˌkɔst]	-El temor a un holocausto nuclear parece haber terminado con la Guerra Fría.
6957	**barricade**	**la barricada; levantar barricadas**
	ss; vb	Toussaint says the students built a barricade in Saint Merri.
	[ˈbærəˌkeɪd]	-Toussaint me dijo que los estudiantes armaron una barricada en Saint Merri.
6958	**avalanche**	**la avalancha**
	ss	The gravedigger was left by an avalanche.
	[ˈævəˌlæntʃ]	-Quedó sepultado por un alud.
6959	**electromagnetic**	**electromagnético**
	adj	Frequency and wavelength characterise an electromagnetic field.
	[ɪˌlɛktroʊmægˈnɛtɪk]	-Un campo electromagnético se caracteriza mediante su frecuencia o su longitud de onda.
6960	**characteristic**	**la característica; característico**
	ss; adj	Slow speech is characteristic of that man.
	[ˌkɛrəktəˈrɪstɪk]	-Hablar lentamente es típico de ese hombre.
6961	**shred**	**la pizca; hacer trizas**
	ss; vb	Not a shred of new or recent evidence was presented.
	[ʃrɛd]	-No se presentó ni una pizca de evidencias nuevas o recientes.
6962	**agitate**	**agitar**
	vb	Propaganda posters to agitate the masses.
	[ˈædʒəˌteɪt]	-Posters de propaganda para agitar a las masas.
6963	**memorable**	**memorable**
	adj	If you're gonna get into the Evil League of Evil, you have to have a memorable laugh.
	[ˈmɛmərəbəl]	-Si vas a entrar a la Maligna Liga del Mal, tendrás que tener una risa memorable.
6964	**scarecrow**	**el espantapájaros**
	ss	I cannot scare the birds away. I am not a scarecrow.
	[ˈskærkroʊ]	-No puedo ahuyentar a los pájaros. No soy un espantapájaros.

6965 **saliva**

ss

[səˈlaɪvə]

la saliva

Even humans have poisonous substances in their saliva.

-Incluso los seres humanos tienen sustancias tóxicas en la saliva.

6966 **wand**

ss

[wɑnd]

la varita mágica

Already used the cyanoacrylate fuming wand you like.

-Ya he usado la varita de vapor de cianocrilato que le gusta.

6967 **tribune**

ss

[ˈtrɪbjun]

la tribuna

The tribune and his nephews kneel for grace.

-El tribuno y sus sobrinos te están pidiendo gracia.

6968 **masculine**

adj; ss

[ˈmæskjələn]

masculino; el masculino

Masculine qualities in a woman are seen as strength, while feminine qualities in a man are viewed as weakness.

-Atributos masculinos en una mujer son vistos como fuerza, por el contrario, atributos femeninos en un hombre son vistos como debilidad.

6969 **clinical**

adj

[ˈklɪnəkəl]

clínico

Any clinical sign or post-mortem lesion suggesting avian influenza.

-Todo indicio clínico o lesión post mortem que sugiera la presencia de gripe aviar.

6970 **drastic**

adj; ss

[ˈdræstɪk]

drástico; el drástico

Drastic measures must be taken to prevent the further spread of the virus.

-Hay que tomar medidas drásticas para impedir que el virus se propague más.

6971 **oppression**

ss

[əˈprɛʃən]

la opresión

Many have suffered oppression and misery for a long period of time under the rule of colonialism.

-Muchos han sufrido la opresión y la miseria durante un largo período de tiempo bajo el dominio del colonialismo.

6972 **cot**

ss

[kɑt]

la cuna

Sleeping on a cot in the keg room.

-Durmiendo en un catre en el cuarto de barriles.

6973 **ongoing**

adj; ss

[ˈɑnˌgoʊɪŋ]

en marcha; la continuación

Recommendation noted and implementation is ongoing.

-Se toma nota de la recomendación y su aplicación está en curso.

6974 **renew**

vb

[rɪˈnu]

renovar| volver a

Dental assistants can now renew their registrations online.

-Los asistentes dentales ahora pueden renovar sus registros en línea.

6975 **ruby**

ss; adj

[ˈrubi]

el rubí; de rubíes

Here, a beautiful ruby ring.

-Éste es un hermoso anillo de rubí.

6976 **dashing**

adj

[ˈdæʃɪŋ]

apuesto

Possibly reminded me of a certain dashing young time traveller.

-Posiblemente me recordaba a un cierto joven y apuesto viajero del tiempo.

6977 **celestial**

adj

[səˈlɛstʃəl]

celestial| claro

Practising to be a celestial being.

-Practicando para llegar a ser un ser celestial.

6978 **bravely**

adv

[ˈbreɪvli]

valientemente

Avatar Korra has bravely answered the call to action.

-El Avatar Korra, ha respondido valientemente a la llamada de emergencia.

6979	**coo**	**el arrullo; arrullar**
	ss; vb	But then he heard a coo like the cry of a dove.
	[ku]	-Cuando escuchó un arrullo como de paloma.
6980	**stricken**	**afligido**
	adj	We all have very close ties with the people of this stricken country.
	[ˈstrɪkən]	-Todos tenemos estrechos vínculos con los ciudadanos de este país afectado.
6981	**scarcely**	**apenas**
	adv	She had scarcely finished speaking when he cut in.
	[ˈskɛrsli]	-Apenas había terminado de hablar cuando él la interrumpió.
6982	**synthetic**	**sintético**
	adj	Examples include applications of synthetic biology and nanotechnology.
	[sɪnˈθɛtɪk]	-Se pueden dar como ejemplos las aplicaciones de la biología sintética y la nanotecnología.
6983	**unmarried**	**soltero**
	adj	Married people are happier than unmarried people.
	[ənˈmɛrid]	-La gente casada es más feliz que la gente soltera.
6984	**mayonnaise**	**la mayonesa**
	ss	It's the first time I mix chilli with mayonnaise.
	[ˈmeɪəˌneɪz]	-Es la primera vez que mezclo ají con mayonesa.
6985	**fay**	**meter**
	vb	Even started the fay binder fan club.
	[feɪ]	-Incluso empezó el club de fans de Fay Binder.
6986	**lair**	**la guarida| el cubil**
	ss	A fox smells its own lair first.
	[lɛr]	-Un zorro huele su propia madriguera antes de entrar.
6987	**neurotic**	**neurótico; el neurótico**
	adj; ss	Married, neurotic, anti-Semitic and all.
	[nʊˈrɑtɪk]	-Casado, neurótico, antisemita y todo lo demás.
6988	**mathematical**	**matemático**
	adj	We offer you the chance to obtain training in mathematical sciences.
	[ˌmæθəˈmætɪkəl]	-Les ofrecemos la oportunidad de obtener una formación en ciencias matemáticas.
6989	**counseling**	**el asesoramiento**
	ss	Concerned parties are subjected to more rigorous evaluation and counseling process.
	[ˈkaʊnsəlɪŋ]	-Por lo demás, se somete a las partes interesadas a una evaluación más rigurosa en el marco de un proceso de asesoramiento.
6990	**improvise**	**improvisar**
	vb	A wise person knows when to improvise.
	[ˈɪmprəˌvaɪz]	-Una persona sabia sabe cuándo improvisar.
6991	**aide**	**el ayudante**
	ss	I'm an American aide work...
	[eɪd]	-Yo soy un ayudante de trabajo de América...
6992	**disastrous**	**desastroso**
	adj	Pollution has a disastrous effect on the ecology of a region.
	[dɪˈzæstrəs]	-La polución tiene un efecto desastroso sobre la ecología de una región.
6993	**onward**	**adelante; hacia adelante**

adv; adj   Some refund cases of June 2008 onward were found outstanding.
['ɔnwərd]   -Se comprobó que había casos de reintegro pendientes de pago, correspondientes al período de junio de 2008 en adelante.

6994 hysteria   **la histeria**
ss   At best, this is tabloid hysteria.
[hɪˈstɛriə]   -En el mejor de los casos, esto es histeria de la prensa amarilla.

6995 platinum   **el platino**
ss   Silica, porcelain or platinum ashing crucibles.
[ˈplætnəm]   -Crisoles de incineración de sílice, porcelana o platino.

6996 slogan   **el eslogan**
ss   Alliance solidarity is not just a slogan.
[ˈsloʊɡən]   -La solidaridad de la Alianza no es sólo un eslogan.

6997 user   **el usuario**
ss   How can I become a trusted user?
[ˈjuzər]   -¿Cómo puedo convertirme en un usuario de confianza?

6998 grilled   **asado a la parrilla**
adj   The loin is lightly stuffed with grilled escarole.
[grɪld]   -El lomo está ligeramente relleno con escarola a la parrilla.

6999 rugby   **el rugby**
ss   Playing rugby, he got injured.
[ˈrʌgbi]   -Se lesionó jugando rugby.

7000 plank   **el tablón; entablar**
ss; vb   Dougie Mallard, hit me with a plank.
[plæŋk]   -Dougie Mallard, me golpeo con una tabla.

7001 distressed   **afligido**
adj   The Kosovo conflict has distressed us all.
[dɪˈstrɛst]   -El conflicto de Kosovo nos ha angustiado a todos.

7002 sling   **la honda; colgar; viscoso**
ss; vb; adj   You will be wearing a sling when you leave the hospital.
[slɪŋ]   -Usted usará un cabestrillo cuando salga del hospital.

7003 delusion   **el engaño| la ilusión**
ss   My grandpa is under the delusion that we're still at war.
[dɪˈluʒən]   -Mi abuelo vive con el delirio de que aún estamos en guerra.

7004 overthrow   **el derrocamiento; derribar**
ss; vb   Austria condemns the attempts of extremists to overthrow the TFG.
[ˈoʊvərˌθroʊ]   -Austria condena los intentos extremistas de derrocar al Gobierno Federal de Transición.

7005 margin   **el margen**
ss   Note: Capacity margin is over ACS peak demand.
[ˈmɑrdʒən]   -Nota: El margen de capacidad está por encima de la demanda máxima ACS.

7006 slander   **la calumnia; calumniar**
ss; vb   You have the right to free speech, but not the right to slander.
[ˈslændər]   -Tienes el derecho a la libertad de expresión, pero no el derecho a difamar.

7007 seagull   **la gaviota**
ss   Easier to hit than a seagull.
[ˈsiˌgʌl]   -Más fácil de acertar que a una gaviota.

7008 decisive   **decisivo**

| | | adj
[dɪˈsaɪsɪv] | The Stockholm Summit comes precisely at this decisive moment.
-La Cumbre de Estocolmo se celebra justamente en este momento decisivo. |

adj
[dɪˈsaɪsɪv]
The Stockholm Summit comes precisely at this decisive moment.
-La Cumbre de Estocolmo se celebra justamente en este momento decisivo.

7009 chord — **el acorde**
ss
[kɔrd]
Here they only play on one chord for me.
-Aquí ellos siguen tocando en un acorde para mí.

7010 knit — **tejer**
vb
[nɪt]
Maybe we could knit them together.
-Quizás nosotros los podríamos tejer junto.

7011 munch — **mascar**
vb
[mʌntʃ]
I could munch your good dryoats.
-Podría mascar tu rica avena seca.

7012 dink — **el tonto; tontorronear**
ss; vb
[dɪŋk]
And dink made a mix cd for my birthing music.
-Y Dink ha hecho un CD mezclado con mi música de parto.

7013 handshake — **el apretón de manos**
ss
[ˈhænd ˌʃeɪk]
I greeted the students with a handshake.
-Saludé a los estudiantes con un apretón de manos.

7014 delete — **borrar| cancelar**
vb
[dɪˈlit]
The system says I do not have the necessary permissions to delete the folder.
-El sistema dice que no tengo los permisos necesarios para borrar la carpeta.

7015 liability — **la responsabilidad| el riesgo**
ss
[ˌlaɪəˈbɪlɪti]
National courts occasionally confirm environmental liability.
-Los tribunales nacionales confirman en ocasiones la responsabilidad con respecto al medio ambiente.

7016 radiator — **el radiador**
ss
[ˈreɪdiˌeɪtər]
Yes. Monsieur Dicker, my radiator, it has gone cold.
-Señor Tickle, mi radiador se está enfriando...

7017 drone — **el zumbido; zumbar**
ss; vb
[droʊn]
SG-3 spotted a Goa'uld reconnaissance drone where they found the colonnade.
-El SG-3 descubrió un dron de reconocimiento... mientras estaba en un planeta donde encontraron una columnata.

7018 spinal — **espinal**
adj
[ˈspaɪnəl]
EEG for neurological anomalies and biopsy a spinal nerve.
-Un electro por si hay anomalías neuronales y una biopsia en el nervio espinal.

7019 requirement — **el requisito**
ss
[rɪˈkwaɪrmənt]
Claiming that money is not a requirement for happiness is foolish.
-Sostener que el dinero no es un requisito para la felicidad es estúpido.

7020 matron — **la matrona**
ss
[ˈmeɪtrən]
Now, I suppose, there is a British matron with beefy forearms.
-Supongo que ahora habrá una matrona inglesa de brazos musculosos.

7021 conception — **la concepción| la idea**
ss
[kənˈsɛpʃən]
This month is my conception date.
-Este mes es la fecha de mi concepción.

7022 delegation — **la delegación**

	ss [ˌdɛləˈgeɪʃən]	A trade delegation has gone to Japan ahead of the Prime Minister to crunch the numbers with their Japanese counterparts. -Una delegación comercial ha ido a Japón, por delante del primer ministro, para cuadrar los números con sus homólogos japoneses.
7023	**badger** ss; vb [ˈbædʒər]	**el tejón; importunar** Somebody put the chocolate badger back. -Alguien puso en su lugar el tejón chocolate.
7024	**fore** adj; adv; ss [fɔr]	**delantero; delante; el frente** No lobster fishing in the fore reef. -Prohibida la pesca de langosta se podrá pescar en el arrecife delantero.
7025	**counterfeit** ss; adj; vb [ˈkaʊntərˌfɪt]	**la falsificación; falsificado; contrahacer** That coin is counterfeit. -Esa moneda es falsa.
7026	**maneuver** ss; vb [məˈnuvər]	**la maniobra; maniobrar** Martelli was instrumental in the Philippines maneuver. -Martelli fue útil en la maniobra de las Filipinas.
7027	**cappuccino** ss [ˌkæˌpuˈtʃinoʊ]	**el capuchino** I need a cappuccino and a bear claw. -Necesito un capuchino y un panecillo.
7028	**mantle** ss; vb [ˈmæntəl]	**el manto; cubrir** It probably traveled beneath the earth's mantle. -Es probable que haya venido a través del manto terrestre.
7029	**navigation** ss [ˈnævəˌgeɪʃən]	**la navegación** So navigation is a fundamental issue. -Así que la navegación es una cuestión fundamental.
7030	**viola** ss [vaɪˈoʊlə]	**la viola** She played viola and had found a job in the Opera. -Ella tocaba la viola y encontró trabajo en la Opera.
7031	**hoist** vb; ss [hɔɪst]	**izar| levantar; el montacargas** You need two hands to hoist the crates. -Necesitas dos manos para izar los embalajes.
7032	**intellect** ss [ˈɪntəˌlɛkt]	**el intelecto** In history Barcelona has helped shape modern intellect. -A lo largo de la historia Barcelona ha contribuido a formar el intelecto moderno.
7033	**ore** ss [ɔr]	**el mineral** Amalgamation only works with ore containing free gold. -La amalgamación solo funciona con mineral que contenga oro en estado libre.
7034	**inquisition** ss [ˌɪnkwəˈzɪʃən]	**la inquisición** Jews fled the Spanish Inquisition and took shelter in Ottoman Empire in the fifteenth century. -Judíos huyeron de la Inquisición española y se refugiaron en el Imperio Otomano en el siglo quince.
7035	**volcanic** adj [vɑlˈkænɪk]	**volcánico** The volcanic eruption threatened the village. -La erupción volcánica amenazaba a la aldea.
7036	**accessory**	**accesorio; el accesorio**

155

	adj; ss	Reggie Jarvis, accessory to armed robbery.
	[ækˈsɛsəri]	-Reggie Jarvis, cómplice de robo a mano armada.
7037	**kip**	**dormir; el sueño**
	vb; ss	She lets me kip on her couch sometimes.
	[kɪp]	-Me deja tomar una siesta en su sofá de vez en cuando.
7038	**mammal**	**el mamífero**
	ss	A dolphin is a kind of mammal.
	[ˈmæməl]	-Un delfín es una especie de mamífero.
7039	**chug**	**resoplar; la resopla**
	vb; ss	Saw a guy chug some blood.
	[ʧʌg]	-Vi a un tipo beber un poco de sangre.
7040	**afterward**	**después**
	adv	Immediately afterward, the Congress had adopted a law permitting divorce.
	[ˈæftərwərd]	-Inmediatamente después, el Congreso sancionó una ley en virtud de la cual se permitía el divorcio.
7041	**deceit**	**el engaño| la mentira**
	ss	Fraud and deceit abound in these days more than in former times.
	[dəˈsit]	-Fraude y engaño abundan más en estos días que en tiempos antiguos.
7042	**hesitation**	**la vacilación**
	ss	After some hesitation, he laid the book on the desk.
	[ˌhɛzəˈteɪʃən]	-Tras algo de vacilación, él puso el libro sobre el escritorio.
7043	**rinse**	**el enjuague| los aclarado; enjuagar**
	ss; vb	I cannot rinse the dishes. There is no water.
	[rɪns]	-No puedo enjuagar los platos. No hay agua.
7044	**dialect**	**el dialecto**
	ss	Are you still studying the Okinawa dialect?
	[ˈdaɪəˌlɛkt]	-¿Seguís estudiando el dialecto de Okinawa?
7045	**truthful**	**veraz**
	adj	I don't think he is truthful.
	[ˈtruθfəl]	-No creo que él sea honesto.
7046	**liberate**	**liberar**
	vb	An invention that will help liberate mankind.
	[ˈlɪbəˌreɪt]	-Una invención que ayudará a liberar a la humanidad.
7047	**ell**	**las ana**
	ss	And now we're looking at this and thinking, ell, if these meteorites are coming into Earth
	[ɛl]	-Y ahora que estamos viendo en este y pensando, ell, si estos meteoritos están llegando a la Tierra
7048	**stoop**	**agacharse; el pórtico**
	vb; ss	We can't just decide that on the stoop.
	[stup]	-No podemos decidir eso en la entrada.
7049	**backside**	**el trasero**
	ss	The teacher will cane our backside.
	[ˈbækˌsaɪd]	-El profesor nos pegará con su vara en la espalda.
7050	**comfy**	**confortable**
	adj	Although the satin lining looks very comfy.
	[ˈkʌmfi]	-Aunque el forro de satén parece ve muy cómodo.

7051	**eyeball**	**el globo del ojo**
	ss	The U.S. is in hock up to its eyeballs.
	[ˈaɪˌbɔl]	-Los Estados Unidos están endeudados hasta las cejas.

7052	**velocity**	**la velocidad**
	ss	Old Banshee-class fighters armed with high velocity ship-to-ship missiles.
	[vəˈlɑsəti]	-Clase antigua de combatientes Banshee armados con misiles de alta velocidad nave - nave...

7053	**extortion**	**la extorsión**
	ss	Meanwhile, the Honduran government has taken additional measures to fight extortion.
	[ɛkˈstɔrʃən]	-Mientras tanto, el gobierno hondureño ha tomado medidas adicionales para combatir la extorsión.

7054	**gender**	**el género; tener género**
	ss; vb	Don't discriminate against people based on nationality, gender, or occupation.
	[ˈdʒɛndər]	-No discrimines a la gente basándote en su nacionalidad, sexo u ocupación.

7055	**gore**	**la sangre; cornear**
	ss; vb	If you like gore-free zombie treasure protectors.
	[gɔr]	-Si te gustan los protectores de tesoro zombi "no sangrientos".

7056	**wallpaper**	**el papel pintado**
	ss	I like this wallpaper of Marilyn Monroe you have on your laptop because it reminds me a lot of you when you lay your little eyes on me.
	[ˈwɔlˌpeɪpər]	-Me gusta ese fondo de pantalla de Marilyn Monroe que tienes en el portátil porque me recuerda muchísimo a ti cuando me pones esos ojitos.

7057	**inconvenient**	**inconveniente| incómodo**
	adj	He has to go to the bathroom right when the food's being served. He's always doing things at such inconvenient times.
	[ˌɪnkənˈvinjənt]	-Tiene que ir al baño cuando la comida está servida, siempre es así de inoportuno.

7058	**contrast**	**el contraste; contrastar**
	ss; vb	Latin American novels are characterized by their contrast.
	[ˈkɑntræst]	-La novela latinoamericana se caracteriza por sus contrastes.

7059	**dire**	**terrible| calamitoso**
	adj	I'm in dire need of money.
	[daɪr]	-Estoy mal de dinero.

7060	**hatchet**	**las hacha**
	ss	At one time we were enemies, but we've buried the hatchet and we are now on friendly terms with each other.
	[ˈhætʃət]	-Antes éramos enemigos, pero hemos enterrado el hacha de guerra y ahora nos llevamos bien.

7061	**roulette**	**la ruleta**
	ss	Jim and Ana played a game of Russian roulette.
	[ruˈlɛt]	-Jim y Ana jugaron a la ruleta rusa.

7062	**smug**	**presumido**
	adj	The market economy is referred to as a model for smug individualism and Keynesian theories are rejected as incorrect.
	[smʌg]	-Así, se habla de la economía de mercado como un modelo de individualismo engreído y las teorías de Keynes son tachadas de incorrectas.

7063 aquarium   **el acuario**
ss   Is there an aquarium at this zoo?
[əˈkwɛriəm]   -¿Hay un acuario en este zoológico?

7064 presumably   **presumiblemente**
adv   So was Jack the Ripper presumably.
[prəˈzuməbli]   -Así que era Jack el Destripador, presumiblemente.

7065 manhood   **la virilidad**
ss   Well, my manhood was at stake.
[ˈmænˌhʊd]   -Bueno, mi hombría estaba en juego.

7066 duct   **el conducto**
ss   Can you crawl through the duct.
[dʌkt]   -¿Se puede rastrear a través del conducto.

7067 infrared   **infrarrojo**
adj   Nothing on the infrared or penetrating radar either.
[ˌɪnfrəˈrɛd]   -Nada en el infrarrojo ni en el radar penetrante tampoco.

7068 pillar   **el pilar**
ss   The first pillar is promoting sustainable growth and jobs.
[ˈpɪlər]   -El primer pilar es el fomento del crecimiento sostenible y de la creación de empleo.

7069 summons   **la citación**
ss   One day Totaka-san received a summons.
[ˈsʌmənz]   -Un día, el señor Totaka recibió una citación.

7070 withstand   **resistir a**
vb   Robots can withstand dangerous conditions.
[wɪθˈstænd]   -Los robots pueden soportar condiciones peligrosas.

7071 removal   **la eliminación**
ss   Love is a temporary insanity curable by marriage or by removal of the patient from the influences under which he incurred the disorder.
[rɪˈmuvəl]   -El amor es una locura transitoria curable por el matrimonio o por la eliminación de la paciente de las influencias bajo las cuales hubiere incurrido el trastorno.

7072 swede   **el colinabo**
ss   The doctor comes up to Miss potato's boyfriend, the hunky swede,
[swid]   -El médico se acerca al novio de la Señora Patata, el sueco guapo,

7073 civic   **cívico**
adj   Ushahidi, by contrast, is civic value.
[ˈsɪvɪk]   -Ushahidi, en cambio, tiene valor cívico.

7074 diver   **el buzo**
ss   Must have had a diver waitin'.
[ˈdaɪvər]   -Estaba en mi baile de caridad esta noche - Debió tener un buzo esperando.

7075 bowman   **el arquero**
ss   But you and your tweety little friend are done, bowman.
[ˈboʊmən]   -Pero usted y su tweety amiguito se hacen, arquero.

7076 credibility   **la credibilidad**
ss   Simple propaganda lacks credibility and thus is counterproductive.
[ˌkrɛdəˈbɪlɪti]   -La simple propaganda carece de credibilidad y por lo tanto es contraproducente.

7077	**oddly**	**extrañamente**
	adv	You are looking at me oddly.
	[ˈɑdli]	-Me miras extraño.

7078	**speedy**	**rápido| pronto**
	adj	This extraordinary increase is explained by the speedy economic unification
	[ˈspidi]	which took place during the same period.
		-Este extraordinario aumento se explica por la veloz unificación económica
		que tuvo lugar durante el mismo período.

7079	**governess**	**la institutriz**
	ss	She became my sister's governess.
	[ˈgʌvərnəs]	-Ella se convirtió en la institutriz de mi hermana.

7080	**vaguely**	**vagamente**
	adv	No signals even vaguely resembling that.
	[ˈveɪgli]	-No hay señales ni vagamente parecidas a ésa.

7081	**hark**	**escuchar con atención**
	vb	August flame of the 10,000 mandarins, hark your humble servants.
	[hɑrk]	-Oh, llama de agosto de los 10.000 mandarines, escucha a tus humildes
		siervos.

7082	**preferably**	**preferiblemente**
	adv	As I will take a vacation anyways, I would prefer to take my vacation in full
	[ˈprɛfərəbli]	immediately so that I can have sufficient time to visit all the capitals of
		Europe.
		-Como voy a tomarme vacaciones de todas formas, preferiría tomarme de
		inmediato las vacaciones enteras para tener tiempo suficiente para visitar
		todas las capitales de Europa.

7083	**prosper**	**prosperar**
	vb	Medfield College can grow and prosper.
	[ˈprɑspər]	-La universidad de Medfield puede crecer y prosperar.

7084	**foremost**	**principal| delantero; primero**
	adj; adv	Foremost politicians of three nations expressed their grave concern
	[ˈfɔrˌmoʊst]	concerning the consequences of military operations in south-eastern
		Ukraine.
		-Importantes políticos de tres países expresaron su seria preocupación con
		relación a las consecuencias de las operaciones militares en el sureste de
		Ucrania.

7085	**wrinkle**	**la arruga; arrugar**
	ss; vb	I remember every wrinkle on his face.
	[ˈrɪŋkəl]	-Recuerdo cada arruga de su rostro.

7086	**dominant**	**dominante; los dominante**
	adj; ss	Phoenix's mind is becoming dominant.
	[ˈdɑmənənt]	-La mente de Phoenix se está volviendo dominante.

7087	**remarkably**	**extraordinariamente**
	adv	Fertility rates declined remarkably with completed middle school education.
	[rɪˈmɑrkəbli]	-Las tasas de fecundidad disminuían notablemente en el caso de las mujeres
		que habían completado la enseñanza media.

7088	**molecular**	**molecular**
	adj	Nanotechnology is the science of molecular engineering.
	[məˈlɛkjələr]	-La nanoctencología es la ciencia de la ingeniería molecular.

7089	**manure**	**el estiércol; abonar**
	ss; vb	Agricultural biogas plants use liquid and solid manure as base materials.
	[məˈnʊr]	-Las plantas agrícolas de biogás utilizan como material básico estiércol líquido y sólido.
7090	**ballad**	**la balada| la canción**
	ss	Clean as a Tim McGraw ballad.
	[ˈbæləd]	-Limpio como una balada de Tim McGraw.
7091	**thermal**	**térmico**
	adj	Extensive thermal tissue damage, kidney and spleen damage.
	[ˈθɜrməl]	-Daño de tejido termal extenso, daño en bazo y riñón.
7092	**trend**	**la tendencia| la moda; tender a**
	ss; vb	Digital helpers make our everyday life easier. Instead of relying on our own memory, we prefer external ones. Where will this trend lead?
	[trɛnd]	-Las ayudas digitales nos hacen la vida más fácil. En vez de fiarnos de nuestra memoria, preferimos memorias externas. ¿A dónde nos llevará esta tendencia?
7093	**inhuman**	**inhumano**
	adj	The Germans have an inhuman way of cutting up their verbs. Now a verb has a hard time enough of it in this world when it's all together. It's downright inhuman to split it up. But that's just what those Germans do.
	[ɪnhˈjumən]	-Los alemanes tienen una forma inhumana de cortar sus verbos. Un verbo ya lo pasa bastante mal cuando está entero. Es completamente inhumano partirlo. Pero eso es exactamente lo que hacen los alemanes.
7094	**miller**	**el molinero**
	ss	The miller's wife mills corn.
	[ˈmɪlər]	-La esposa del molinero muele maíz.
7095	**troublesome**	**molesto| dificultoso**
	adj	In any case, it's troublesome, isn't it?
	[ˈtrʌbəlsəm]	-En todo caso es problemático, ¿no?
7096	**stump**	**el tocón; desconcertar en algo**
	ss; vb	And there it is, the stump of his pillar.
	[stʌmp]	-Y ahí está, el muñón de su pilar.
7097	**scramble**	**la lucha; mezclar**
	ss; vb	Sixth Air-Force Squadron, you are ordered to scramble.
	[ˈskræmbəl]	-Sexto escuadrón, tienen órdenes de despegar.
7098	**exploration**	**la exploración**
	ss	Beautiful words about the power of science and exploration.
	[ˌɛkspləˈreɪʃən]	-Hermosas palabras sobre el poder de la ciencia y la exploración.
7099	**refund**	**el reembolso| la devolución; reembolsar**
	ss; vb	May I return this for a refund?
	[ˈriˌfʌnd]	-¿Puedo devolver esto para que me lo reembolsen?
7100	**cassette**	**el casete**
	ss	Let's listen to this cassette.
	[kəˈsɛt]	-Vamos a escuchar esta cinta.
7101	**gorge**	**la garganta; hartarse**
	ss; vb	Now, here's the bridge, over a deep gorge.
	[gɔrdʒ]	-Aquí está el puente, sobre un desfiladero profundo.
7102	**platter**	**el plato| el disco**

	ss	Scotty did it all, and he even made a pupu platter.
	['plætər]	-Scotty lo hizo todo - E incluso ha hecho una bandeja de Pu Pu.
7103	**prosecute**	**enjuiciar| procesar**
	vb	Well, DP means declining to prosecute.
	['prɑsəˌkjut]	-Bien, DP significa "negarse a procesar".
7104	**axis**	**el eje**
	ss	The earth revolves on its axis once every 24 hours.
	['æksəs]	-La Tierra gira alrededor de su eje una vez cada 24 horas.
7105	**guillotine**	**la guillotina; guillotinar**
	ss; vb	Is the guillotine still used by certain countries?
	['gɪləˌtin]	-¿Aún se usan las guillotinas en ciertos países?
7106	**municipal**	**municipal**
	adj	Many offices of the municipal government are in the town hall.
	[mju'nɪsəpəl]	-En el ayuntamiento hay muchas oficinas del gobierno municipal.
7107	**serenity**	**la serenidad**
	ss	Combining colors to express joy, serenity, pain.
	[sə'rɛnəti]	-Sí con combinaciones de colores expresar alegría, serenidad, dolor.
7108	**carefree**	**despreocupado**
	adj	His once carefree doggy world has been shattered, perhaps forever.
	['kɛrˌfri]	-El era un perro despreocupado y ahora se ha enfermado, tal vez para siempre.
7109	**mystic**	**místico; el místico**
	adj; ss	The mystic must love all seventy-two nations.
	['mɪstɪk]	-El místico debe amar a las setenta y dos naciones.
7110	**clink**	**tintinar; la cárcel**
	vb; ss	It's no good understanding the clink.
	[klɪŋk]	-Y con comprender la cárcel no alcanza.
7111	**baboon**	**el babuino**
	ss	A leopard and baboon wander freely over the grounds.
	[bə'bun]	-Un leopardo y un babuino... divagaban libremente por el terreno.
7112	**coronation**	**la coronación**
	ss	Your fingerprints were all over the coronation chair.
	[ˌkɔrə'neɪʃən]	-Sus huellas digitales estaban por toda la silla de coronación.
7113	**apocalypse**	**el apocalipsis**
	ss	Probably because I started the apocalypse.
	[ə'pɑkəˌlɪps]	-Quizás porque fui yo quien comenzó el Apocalipsis.
7114	**snail**	**el caracol**
	ss	Bob ate the snail, then vomited.
	[sneɪl]	-Bob se comió el caracol, y entonces vomitó.
7115	**vale**	**el valle; ir por una valle**
	ss; vb	I see death returning from the vale of tears.
	[veɪl]	-Veo a la muerte regresar del valle de las lágrimas.
7116	**allegation**	**la alegación**
	ss	They keep making that allegation.
	[ˌælə'geɪʃən]	-Ellos continúan haciendo esa acusación.
7117	**livestock**	**el ganado**

		ss	We have ten heads of livestock.
		['laɪvˌstɑk]	-Tenemos diez cabezas de ganado.
7118	**triumphant**		**triunfante**
		adj	The Allied triumphant dash across France continues.
		[traɪˈʌmfənt]	-La arremetida triunfante Aliada a través de Francia continua.
7119	**sizzling**		**candente; el chisporroteo**
		adj; ss	You can cook many delicious treats such as chips and doughnuts simply by immersing them in hot, sizzling oil for a few minutes.
		['sɪzəlɪŋ]	-Puedes cocinar multitud de delicias, como patatas fritas o rosquillas, simplemente sumergiéndolas durante unos minutos en aceite muy caliente.
7120	**tangled**		**enredado**
		adj	Got myself tangled in it too.
		['tæŋgəld]	-Ahora también me he enredado yo.
7121	**imitation**		**la imitación**
		ss	It's incredible that you could write such a well-designed program after just picking up programming by imitation.
		[ˌɪməˈteɪʃən]	-Es increíble que puedas escribir un programa tan bien diseñado, luego de haber aprendido programación por imitación.
7122	**pug**		**el doguillo; amasar**
		ss; vb	The little fat man with the pug-nosed face.
		[pʌg]	-El gordito con su nariz de cerdito.
7123	**lingerie**		**la lencería**
		ss	Yes, I do lingerie mostly.
		['lɑnʒəˌreɪ]	-Si, me gusta la ropa interior en su mayoría.
7124	**crumb**		**la miga| la migaja**
		ss	You didn't even leave me a crumb.
		[krʌm]	-No me dejaste ni una miga.
7125	**trustworthy**		**digno de confianza**
		adj	You're trustworthy.
		['trʌˌstwɜrði]	-Eres confiable.
7126	**representation**		**la representación**
		ss	The system establishes quotas for parliamentary indigenous representation.
		[ˌrɛprəzɛnˈteɪʃən]	-Mediante este sistema se establecen cuotas para la representación de los indígenas en el Parlamento.
7127	**confrontation**		**la confrontación**
		ss	The politics of confrontation will benefit no-one.
		[ˌkɑnfrənˈteɪʃən]	-La política de la confrontación no beneficiará a nadie.
7128	**mega-**		**mega-**
		pfj	Analysis was carried out on the seabed topography, sedimentology, geology and the biological communities (mega-, macro- and meiofauna).
		['mɛgə-]	-Se realizaron análisis sobre la topografía, sedimentología y geología de los fondos marinos y las comunidades biológicas (mega, macro y meiofauna).
7129	**hoop**		**el aro; enarcar**
		ss; vb	Well, the basketball hoop looks like it's regulation height.
		[hup]	-Bien, el aro de baloncesto parece que tiene la altura oficial.
7130	**contradiction**		**la contradicción**
		ss	Yet Putin is caught in a fundamental contradiction.
		[ˌkɑntrəˈdɪkʃən]	-Sin embargo, Putin está atrapado en una contradicción fundamental.

7131	**strive**	**esforzarse| pugnar**
	vb	I will honour Christmas in my heart, and try to keep it all the year. I will live
	[straɪv]	in the Past, the Present, and the Future. The Spirits of all Three shall strive
		within me. I will not shut out the lessons that they teach.
		-Voy a honrar la Navidad en mi corazón, y tratar de celebrarla todo el año.
		Voy a vivir en el Pasado, el Presente y el Futuro. Los Espíritus de los Tres
		competirán dentro de mí. No voy a dejar fuera las lecciones que enseñan.
7132	**unjust**	**injusto**
	adj	This unjust economic and political system produces armed violence.
	[ənˈdʒʌst]	-Este sistema económico y político injusto da como resultado la violencia
		armada.
7133	**proportion**	**la proporción; proporcionar**
	ss; vb	With every increase of scientific knowledge, man's power for evil is
	[prəˈpɔrʃən]	increased in the same proportion as his power for good.
		-Con cada incremento del conocimiento científico, el poder del hombre
		para el mal se incrementa en la misma proporción que su poder para el bien.
7134	**qualification**	**la calificación| el título**
	ss	After completion of the curriculum students undertake a vocational
	[ˌkwɑləfəˈkeɪʃən]	qualification examination.
		-Una vez finalizado el programa de estudio, los estudiantes se someten a un
		examen de cualificación profesional.
7135	**roadblock**	**la barricada**
	ss	A roadblock outside Kiryat Arba prevented settlers from entering Hebron.
	[ˈroʊdˌblɑk]	-Una barricada en las afueras de Kiryat Arba impidió que los colonos
		entraran a Hebrón.
7136	**indictment**	**la acusación**
	ss	The prosecutor could defer indictment and request mediation.
	[ɪnˈdaɪtmənt]	-El fiscal tiene la posibilidad de aplazar la acusación y de solicitar soluciones
		de mediación.
7137	**fiber**	**la fibra**
	ss	You need to eat more fiber.
	[ˈfaɪbər]	-Necesitas comer más fibra.
7138	**binoculars**	**los prismáticos**
	ss	Lend me the binoculars so I can see it better.
	[bəˈnɑkjələrz]	-Prestame los binoculares para verlo mejor.
7139	**outline**	**el esquema| el contorno; perfilar**
	ss; vb	The working groups also met to outline project proposals.
	[ˈaʊtˌlaɪn]	-Los grupos de trabajo también se reunieron para esbozar propuestas de
		proyectos.
7140	**brawl**	**pelearse; la riña**
	vb; ss	Nothing. We had a report of a brawl.
	[brɔl]	-Recibimos un aviso de una pelea.
7141	**atheist**	**el ateo**
	ss	Thank God I am an atheist.
	[ˈeɪθiəst]	-Gracias a Dios soy ateo.
7142	**inflict**	**infligir**

	vb [ɪnˈflɪkt]	Huge claws and 60 serrated teeth can inflict terrible damage. -Unas garras inmensas y 60 dientes aserrados pueden infligir un daño terrible.
7143	**countryman** ss [ˈkʌntrimən]	**compatriota** What a delightful surprise, encountering such an enchanting countryman. -Que sorpresa tan agradable, encontrarse con una compatriota.
7144	**illiterate** adj; ss [ɪˈlɪtərət]	**analfabeto; el analfabeto** He is illiterate. -Él es analfabeto.
7145	**gibbon** ss [ˈgɪbən]	**el gibón** It's like dancing with a gibbon. -Es como bailar con un gibón.
7146	**gruesome** adj [ˈgrusəm]	**horrible| agotador** Their search yielded a gruesome and mysterious discovery. -Su búsqueda no produjo un espantoso y el descubrimiento misterioso.
7147	**cushion** vb; ss [ˈkʊʃən]	**amortiguar| acolchonar; el cojín** That is actually the listening cushion. -De hecho ese cojín es para el turno de escuchar.
7148	**exterior** adj; ss [ɪkˈstɪriər]	**exterior; el exterior** Scratch-resistant polyethylene, stainless-steel exterior, spring-loaded tap. -Polietileno resistente a rayones, exterior de acero inoxidable, grifo con resorte.
7149	**restrain** vb [riˈstreɪn]	**contener** You should learn to restrain yourself. -Usted debe aprender a contenerse.
7150	**charitable** adj [ˈtʃærətəbəl]	**caritativo** The word "moustache" would be a charitable characterization. -Llamarle a eso "bigote" sería ser muy caritativo.
7151	**homage** ss [ˈɑmədʒ]	**el homenaje** Everyone has an homage these days. -En estos días todos lo hacen, un homenaje.
7152	**commodore** ss [ˈkɑməˌdɔr]	**el comodoro** I'm not your dear commodore! -I ¡No soy tu querido Comodoro!
7153	**wholly** adv [ˈhoʊli]	**totalmente** We wholly support the Commission on this. -En este punto, apoyamos totalmente a la Comisión.
7154	**stomp** vb [stɑmp]	**pisar muy fuerte** They're going to stomp the Mets. -Van a pisotear a los Mets.
7155	**seemingly** adv [ˈsimɪŋli]	**aparentemente** Some birds indulge in aerobatics, seemingly for the sheer pleasure of doing so. -Algunos pájaros se entregan a acrobacias aéreas, aparentemente por el puro placer de hacerlo.
7156	**reasoning**	**el razonamiento; racional**

	ss; adj	We pointed out to him the error in his reasoning.
	[ˈrizənɪŋ]	-Le señalamos el error en su razonamiento.
7157	**voluntary**	**voluntario**
	adj	This organization relies entirely on voluntary donations.
	[ˈvɑlənteri]	-Esta organización depende completamente de donaciones voluntarias.
7158	**giraffe**	**la jirafa; largo**
	ss; adj	I have never seen a giraffe.
	[dʒəˈræf]	-No he visto nunca una jirafa.
7159	**obnoxious**	**desagradable**
	adj	The conductor is French And obnoxious.
	[ɑbˈnɑkʃəs]	-El director de orquestra es francés y odioso.
7160	**anticipation**	**la anticipación| la previsión**
	ss	The anticipation is always worse than the calamity.
	[ænˌtɪsəˈpeɪʃən]	-La anticipación siempre es peor que la calamidad.
7161	**intersection**	**la intersección| la sección**
	ss	We ran out of gas in the middle of the intersection.
	[ˌɪntərˈsɛkʃən]	-Nos quedamos sin bencina en medio del cruce.
7162	**brig**	**el bergantín| el calabezo**
	ss	Shipped off to a brig in South Carolina.
	[brɪg]	-Encarcelado en un calabozo en Carolina del sur.
7163	**puddle**	**el charco| mezcla de arcilla y grava; pudelar**
	ss; vb	The ice melted into a puddle of water.
	[ˈpʌdəl]	-El hielo se fundió y se transformó en un charco de agua.
7164	**bulletproof**	**a prueba de balas**
	adj	Bulletproof glass has already saved many lives.
	[ˈbʊlətˌpruf]	-El vidrio blindado ya salvó muchas vidas.
7165	**pulp**	**la pulpa; destruir**
	ss; vb	I started drinking orange juice with pulp.
	[pʌlp]	-He empezado a beber zumo de naranja con pulpa.
7166	**explorer**	**el explorador**
	ss	Christopher Columbus wasn't an explorer because he loved the sea. He was an explorer because he hated Spanish jails.
	[ɪkˈsplɔrər]	-No es que Cristóbal Colón fuera un explorador porque le encantara el mar; lo era porque odiaba las prisiones españolas.
7167	**librarian**	**el bibliotecario**
	ss	Ana is a librarian.
	[laɪˈbrɛriən]	-Ana es bibliotecaria.
7168	**democrat**	**demócrata**
	ss	A democrat is a free citizen who yields to the will of the majority.
	[ˈdɛməˌkræt]	-Un demócrata es un ciudadano libre que acata la voluntad de la mayoría.
7169	**amends**	**la compensación**
	ss	The proposal regarding ENISA's duration amends the existing regulation 460/2004.
	[əˈmɛndz]	-La propuesta relativa a la duración de la ENISA modifica el Reglamento n.º 460/2004 en vigor.
7170	**effectively**	**eficazmente**

adv
[ɪˈfɛktɪvli]

Effectively, I killed him.
-Efectivamente, lo maté.

7171 posture
ss; vb
[ˈpɑstʃər]

la postura; tomar una postura
The Thai army abandoned its neutral posture and became increasingly belligerent.
-El ejército tailandés abandonó su postura neutral y se volvió cada vez más beligerante.

7172 imperative
adj; ss
[ɪmˈpɛrətɪv]

imperativo; el imperativo
If there was a verb called "to nache", "Nache!" would be the imperative form.
-Si hubiera un verbo llamado "nachar", "¡Nachad!" sería el modo imperativo.

7173 confide
vb
[kənˈfaɪd]

confiar
I have no one to confide in.
-No tengo a nadie en quien pueda confiar.

7174 spinach
ss
[ˈspɪnətʃ]

la espinaca
Cucumbers, spinach, broccoli and onions are considered non-starchy vegetables.
-Los pepinos, la espinada, el brócoli y las cebollas son considerados vegetales no almidonados.

7175 rave
ss; vb
[reɪv]

el delirio; delirar
This Ethan was selling jimsonweed tea at the desert rave.
-Este Ethan estaba vendiendo té de jimsonweed en la rave del desierto.

7176 measurement
ss
[ˈmɛʒərmənt]

la medición| la dimensión
A ruler is a flat, rectangular measuring or drawing device with graduations in units of measurement.
-Una regla es un instrumento de medición o de dibujo, rectangular y plano, graduado en unidades de medida.

7177 humane
adj
[hjuˈmeɪn]

humano
To instil a humane and Christian spirit.
-Formar a las usuarias dentro de un espíritu humano y cristiano.

7178 curl
ss; vb
[kɜrl]

el rizo; enroscarse
Hair formed with new Hydrowave Technology has additional structural moisture, increased curl bounce and flexibility.
-El cabello tratado con la nueva Tecnología Hydrowave posee una hidratación adicional e incrementa la vitalidad del rizo y su flexibilidad.

7179 partisan
adj; ss
[ˈpɑrtəzən]

partidista; el guerrillero
Ask that crazy partisan Marinko and his mates.
-Pregunte a ese loco partisano de Marinko y sus amigos.

7180 muse
ss; vb
[mjuz]

la musa; meditar
Thanks for being my death muse.
-Gracias por ser mi musa de la muerte.

7181 camouflage
ss; vb
[ˈkæməˌflɑʒ]

el camuflaje; camuflar
Black-light camouflage, developed by Earthforce.
-Camuflaje de luz negra, desarrollado por la Fuerza Terrestre.

7182 madhouse
ss
[ˈmædˌhaʊs]

el manicomio
In a few hours we'll be leaving this madhouse forever.
-Pronto dejaremos este manicomio, para no volver.

7183	**misplace**	**perder**
	vb	I can misplace this fanatic's time sheets.
	[mɪsˈpleɪs]	-Puedo extraviar las hojas de asistencia de este fanático.
7184	**implore**	**implorar**
	vb	Champcenetz would give anything to see you and implore your pardon.
	[ɪmˈplɔr]	-Champcenetz Lo daría todo en el mundo por veros para implorar vuestro perdón.
7185	**guild**	**el gremio**
	ss	ED: Awl, also, good that the leather crafter's guild is here.
	[gɪld]	-ED: La lezna, además, que bueno que el gremio de los artesanos del cuero está aquí.
7186	**descendant**	**descendiente; descendiente**
	adj; ss	The law also provides for disinheritance of descendant.
	[dɪˈsɛndənt]	-La legislación prevé también la posibilidad de desheredar al descendiente.
7187	**tornado**	**el tornado**
	ss	Jim's house was destroyed by a tornado.
	[tɔrˈneɪˌdoʊ]	-La casa de Jim fue destruida por un tornado.
7188	**charcoal**	**el carbón; dibujar al carbón**
	ss; vb	Do you think it impossible for the sky to turn charcoal black?
	[ˈtʃɑrˌkoʊl]	-¿Lo encuentras imposible que se ponga negro como el carbón el cielo?
7189	**clamp**	**la abrazadera; afianzar**
	ss; vb	This clamp could keep someone alive.
	[klæmp]	-Esta pinza puede mantener a alguien con vida.
7190	**drench**	**empapar| mojar; la poción**
	vb; ss	How these Spaniards love their moment of truth, this compulsion to die, to drench the ground with their blood.
	[drɛntʃ]	-A los españoles les encanta el momento de la verdad, están obsesionados con la muerte, con empapar la tierra con su sangre.
7191	**cinnamon**	**la canela**
	ss	Add the lemon zest and cinnamon.
	[ˈsɪnəmən]	-Añade la ralladura de limón y la canela.
7192	**cardiac**	**cardíaco; el medio cardíaco**
	adj; ss	Arrhythmias and cardiac failure have been reported.
	[ˈkɑrdiˌæk]	-Se han notificado casos de arritmia y fallo cardíaco.
7193	**covert**	**encubiert; el abrigo**
	adj; ss	Congress recently approved the covert plan to assassinate Saddam Hussein.
	[ˈkoʊvərt]	-El Congreso recientemente aprobó el plan encubierto para asesinar a Saddam Hussein.
7194	**dimensional**	**dimensional**
	adj	It's impossible for us to visualise four-dimensional objects.
	[dɪˈmɛnʃənəl]	-Para nosotros es imposible visualizar objetos tetradimensionales.
7195	**spat**	**la freza**
	ss	One of our daughters had gotten into a spat.
	[spæt]	-Una de nuestras hijas había tenido una pelea.
7196	**catalog**	**catalogar; el catálogo**
	vb; ss	Williams-Sonoma, fall catalog, page 27.
	[ˈkætəlɔg]	-Williams- Sonoma, catálogo de otoño, página 27.
7197	**fatigue**	**la fatiga| el cansancio; fatigar**

	ss; vb	Fatigue showed on her face.
	[fəˈtig]	-Su cara mostraba fatiga.
7198	**gall**	**la hiel; mortificar**
	ss; vb	And then your father, he had the gall to blackmail me.
	[gɔl]	-Y entonces tu padre, tuvo el descaro de chantajearme.
7199	**respectfully**	**respetuosamente**
	adv	He behaves respectfully toward his superiors.
	[rɪˈspɛktfəli]	-Es respetuoso con sus superiores.
7200	**overreact**	**sobrereaccionar**
	vb	OK, but until then, we can't overreact.
	[ˈoʊvərriˈækt]	-Bueno, pero hasta entonces, no podemos exagerar.
7201	**crave**	**pedir**
	vb	Oxytocin makes you crave physical contact with your friends and family.
	[kreɪv]	-La oxitocina hace anhelar el contacto físico con amigos y familiares.
7202	**cucumber**	**el pepino**
	ss	I am eating a cucumber.
	[ˈkjukəmbər]	-Estoy comiendo un pepino.
7203	**yearn**	**añorar**
	vb	I yearn for victory.
	[jɜrn]	-Aspiro a la victoria.
7204	**rehabilitation**	**la rehabilitación**
	ss	Prisons are euphemistically called rehabilitation centers.
	[ˌrihəˌbɪləˈteɪʃən]	-Las prisiones se llaman, eufemísticamente, centros de rehabilitación.
7205	**helper**	**el ayudante| auxiliar**
	ss	My Aunt Ferjeen's helper monkey.
	[ˈhɛlpər]	-Es el mono ayudante de mi tía Ferjeen.
7206	**majestic**	**majestuoso**
	adj	It's easy to see the area's majestic topography from the cockpit of a helicopter.
	[məˈdʒɛstɪk]	-Es fácil ver la majestuosa topografía de la zona desde la cabina de un helicóptero.
7207	**deserter**	**el desertor**
	ss	She harbored the deserter.
	[ˈdɛzərtər]	-Ella dio refugio al desertor.
7208	**sturdy**	**robusto| fuerte**
	adj	A ship's captain must remain observant that a reliable buoy be attached to each anchor by a sturdy rope, so that one could find and raise the anchor if its anchor-cable were to be shorn apart, were to fall into the sea or were to be hewn apart.
	[ˈstɜrdi]	-El capitán de un buque debe permanecer atento a que una boya de calidad esté unida a cada ancla por una cuerda robusta, por lo que cualquiera podría encontrar y elevar el ancla si el cable principal del ancla tuviese que ser cortado, fuera a caer en el mar o fuera a ser extraída aparte.
7209	**tights**	**las medias**
	ss	Why not pink tights... you know, with spangles all around.
	[taɪts]	-Por qué no los trajes de malla rosas, ya sabe, con lentejuelas alrededor, cubriéndolo.
7210	**lending**	**el préstamo**

	ss	This justifies government regulation of lending and investment practices.
	[ˈlɛndɪŋ]	-Esto justifica que el gobierno regule las prácticas de préstamo e inversión.
7211	**crest**	**la cresta| el blasón; usar blasón**
	ss; vb	With a crest and two scabbard mounts.
	[krɛst]	-Con una cresta y dos vainas.
7212	**phenomenal**	**fenomenal**
	adj	Investors suspect such phenomenal growth was achieved at Gazprom's expense.
	[fəˈnɑmənəl]	-Los inversionistas creen que ese crecimiento fenomenal se logró a expensas de Gazprom.
7213	**aluminum**	**el aluminio**
	ss	There was a time when aluminum was more expensive than gold.
	[əˈlumənəm]	-Hubo una época en la que el aluminio fue más caro que el oro.
7214	**examiner**	**el examinador**
	ss	I spoke to the forensic examiner who ran the tests.
	[ɪgˈzæmənər]	-Hablé con el forense que realizó las pruebas.
7215	**holder**	**el titular**
	ss	The opinions that are held with passion are always those for which no good ground exists; indeed the passion is the measure of the holder's lack of rational conviction. Opinions in politics and religion are almost always held passionately.
	[ˈhoʊldər]	-Las opiniones sostenidas con pasión son siempre aquellas para las que no existen buenos argumentos; de hecho, la pasión es la forma de medir la falta de convicción de la persona que la sostiene. En política y religión, las opiniones casi siempre se sostienen apasionadamente.
7216	**lowly**	**humilde; humildemente**
	adj; adv	Charming company turn lowly sandwich into rich banquet.
	[ˈloʊli]	-Su compañía convertirá un humilde sándwich en un rico banquete.
7217	**restraint**	**la restricción| la moderación**
	ss	Not ifone uses restraint and self-discipline.
	[rɪˈstreɪnt]	-No si uno usa moderación y auto disciplina.
7218	**omelet**	**la tortilla**
	ss	You can't make an omelet without breaking eggs.
	[ˈɑmlət]	-No puedes hacer un omelet sin quebrar huevos.
7219	**ensign**	**la bandera**
	ss	I couldn't take advice from an ensign.
	[ˈɛnsən]	-No podría con los consejos de un alférez.
7220	**slumber**	**el sueño; dormir**
	ss; vb	Raise Tiberius and Caesar from peaceful slumber.
	[ˈslʌmbər]	-Despierten a Tiberius y a Caesar de su pacífico sueño.
7221	**ether**	**el éter**
	ss	But ether is used in industry too.
	[ˈiθər]	-Pero también se puede usar éter con fines industriales.
7222	**gateway**	**la puerta**
	ss	Self-knowledge is the gateway to freedom.
	[ˈgeɪˌtweɪ]	-El conocimiento de uno mismo es la puerta hacia la libertad.
7223	**fascination**	**la fascinación**

	SS	Getting old is a fascination thing. The older you get, the older you want to get.
	[ˌfæsəˈneɪʃən]	-Envejecer es una cosa fascinante. Mientras más envejeces, más quieres envejecer.
7224	**welsh**	**largarse sin pagar**
	vb	Welsh is a beautiful language.
	[wɛltʃ]	-El galés es una bella lengua.
7225	**arsehole**	**gilipollas**
	SS	It's hard to outrun Reddy Kilowatt, arsehole.
	[arsehole]	-Es difícil ganarle al Rey del Kilovatio, imbécil.
7226	**pompous**	**pomposo**
	adj	Got stuck walking with that pompous windbag Father Bain.
	[ˈpɑmpəs]	-Quedé atrapada caminando con ese charlatán pomposo, el Padre Bain.
7227	**buttock**	**la nalga**
	SS	What's this scratch on your buttock?
	[ˈbʌtək]	-¿Qué es este rasguño en la nalga?
7228	**painless**	**sin dolor**
	adj	It's completely painless for most people.
	[ˈpeɪnləs]	-Es completamente indoloro para la mayoría de la gente.
7229	**lurk**	**estar al acecho**
	vb	They can lurk around the borders.
	[lɜrk]	-Pueden acechar alrededor de las fronteras.
7230	**polka**	**la polca**
	SS	The polka is from Poland, as is the polonaise.
	[ˈpoʊlkɑ]	-La polca es de Polonia como la polonesa.
7231	**buggy**	**la calesa**
	SS	Mind you, I never had to hire a golf buggy.
	[ˈbʌgi]	-Eso sí, no tenía que alquilar ningún buggy.
7232	**solely**	**únicamente**
	adv	Are you from a planet solely populated by women?
	[ˈsoʊəli]	-¿Eres de un planeta poblado únicamente por mujeres?
7233	**faraway**	**lejano| muy lejos**
	adj	His crew members often complained of Christopher Columbus's hogging of their vessel's Wifi connection to play online games, but he denied these accusations with indignation, claiming that he was researching faraway lands that they had yet to discover.
	[ˈfɑrəˈweɪ]	-Los miembros de su tripulación se quejaban a menudo de que Cristóbal Colón acaparaba la conexión Wi-fi de su embarcación para jugar a juegos en línea, pero él negaba estas acusaciones con indignación, alegando que estaba buscando tierras lejanas que todavía no hubieran sido descubiertas.
7234	**postal**	**postal; la tarjeta postal**
	adj; ss	Such communications are protected under the postal secrecy requirement.
	[ˈpoʊstəl]	-Estas comunicaciones están protegidas en virtud del principio del secreto postal.
7235	**stewardess**	**la azafata**
	SS	A stewardess was rescued from the wreck.
	[ˈstuərdəs]	-Una camarera fue rescatada del naufragio.
7236	**voyager**	**el viajero**

	ss	Major Robert Gaines, a latter-day voyager just returned from an adventure.
	[ˈvɔɪədʒər]	-El comandante Robert Gaines, ...un moderno viajero recién regresado de una gran aventura.
7237	**digger**	**el cavador**
	ss	I already had my doctor, digger, demolition expert, mechanic.
	[ˈdɪgər]	-Ya tenía el doctor, el excavador, el experto demoledor y el mecánico.
7238	**macaroni**	**los macarrones**
	ss	The smell of macaroni and cheese makes me nauseous.
	[ˌmækəˈroʊni]	-El olor de macarrones con queso me da náuseas.
7239	**poodle**	**el caniche**
	ss	I had to watch him with a poodle.
	[ˈpudəl]	-Yo tuve que mirarlo con un caniche.
7240	**puberty**	**la pubertad**
	ss	Now these changes are called puberty.
	[ˈpjubərti]	-Ahora bien, estos cambios se llaman pubertad.
7241	**cellular**	**celular**
	adj	I want a cellular phone, but I don't have enough money to pay for one.
	[ˈsɛljələr]	-Quiero un teléfono celular, pero no tengo suficiente dinero para comprar uno.
7242	**meatball**	**la albóndiga**
	ss	I dropped my meatball in the pool.
	[ˈmitˌbɔl]	-Se me cayó la albóndiga en la piscina.
7243	**gardening**	**la jardinería**
	ss	He took advantage of the good weather to do some gardening.
	[ˈgardənɪŋ]	-Él aprovechó el buen clima para hacer jardinería.
7244	**phoney**	**falso; farsante**
	adj; ss	A phoney African fakir thaught me a trick.
	[ˈfoʊni]	-Es un truco que me enseñó un falso faquir africano en Túnez.
7245	**stimulate**	**estimular| incentivar**
	vb	To stimulate immunity against Streptococcus equi.
	[ˈstɪmjəˌleɪt]	-Para estimular la inmunidad frente a Streptococcus equi.
7246	**havoc**	**los estragos; destruir por un toque**
	ss; vb	The Golden Horde wreaked havoc and death all around Eurasia.
	[ˈhævək]	-La Horda de Oro causó estragos y muerte por toda Eurasia.
7247	**mythology**	**la mitología**
	ss	The story of a great flood is very common in world mythology.
	[məˈθɑlədʒi]	-La historia del diluvio universal es muy común en el mundo de la mitología.
7248	**expansion**	**la expansión**
	ss	The Viking expansion from the 9th century onwards reached areas such as Normandy, Galicia, Andalusia, Sicily and Crimea.
	[ɪkˈspænʃən]	-La expansión vikinga desde el siglo IX en adelante alcanzó zonas como la Normandía, Galicia, Andalucía, Sicilia y Crimea.
7249	**inland**	**interior; el interior; tierra adentro**
	adj; ss; adv	The three veterans lived together in a rented cottage on the outskirts of a small town on the edge of the inland sea.
	[ˈɪnˌlænd]	-Los tres veteranos vivían juntos en una cabaña alquilada en las afueras de una pequeña ciudad en el borde del mar interior.
7250	**duplicate**	**duplicado; el duplicado; duplicar**

	adj; ss; vb [ˈdupləkət]	"Walakum-us-Salam, Al-Sayib!" Ahmed replied, but raised the volume on his phone this time, so as to avoid making this a duplicate sentence. "What are you up to these days?" -—¡Walakum-us-Salam, Al-Sayib! —respondió Ahmed aumentando el volumen de su teléfono esta vez, para evitar hacer de ésta una oración duplicada— ¿Qué andas haciendo estos días?
7251	**enchanting** adj [ɛnˈtʃæntɪŋ]	**encantador** The Place Located in the most enchanting and authentic village of Southern Spain. -Situado en el pueblo más encantador y auténtico del Sur de España.
7252	**smear** ss; vb [smɪr]	**los frotis| la mancha; manchar** The ruling party is running a smear campaign against the opposition. -El partido en el poder está llevando a cabo una campaña de calumnias contra la oposición.
7253	**wildly** adv [ˈwaɪldli]	**salvajemente** Her heart was beating wildly. -Su corazón latía desenfrenadamente.
7254	**turmoil** ss [ˈtɜrˌmɔɪl]	**la confusión| el tumulto** Climate change, civil war, financial hardship, and infrastructural chaos have all caused turmoil in this country. -El cambio climático, la guerra civil, las dificultades financieras y el caos infraestructural han causado todos ellos turbulencias en este país.
7255	**supporter** ss [səˈpɔrtər]	**el seguidor| el soporte** It is not like that. Become a supporter of Barack Obama. -No es así. Conviértase en un seguidor de Barack Obama.
7256	**dazzling** adj [ˈdæzəlɪŋ]	**deslumbrante** Suddenly back in my life and dazzling. -De repente de nuevo en mi vida y deslumbrante.
7257	**loathe** vb [loʊð]	**detestar| aborrecer** We loathe horror films. -Odiamos las películas de terror.
7258	**plaintiff** ss [ˈpleɪntəf]	**demandante** This is plaintiff's exhibit 107. -Esta es la prueba 107 de la demandante.
7259	**lumber** ss; vb [ˈlʌmbər]	**las maderas| los maderos; aserrar** Gorgeous shot of a lumber mill. -Una preciosa foto de un molino de madera.
7260	**detonator** ss [ˈdɛtəˌneɪtər]	**el detonador** Looks like a secondary detonator, cellphone activated. -Parece un segundo detonador que se activa con un celular.
7261	**spook** ss; vb [spuk]	**el espectro; espantar** Home Secretary, it seemed to spook Baisley bringing the deal forward. -Ministro del Interior, nos pareció que asustar a Baisley haría que cumpliera trato.
7262	**crazed** adj [kreɪzd]	**loco** Now we meet the brave citizen who fought off a crazed gunman. -Ahora, conoceremos al valiente ciudadano que se defendió de un pistolero loco.

7263	**Renaissance**	**el Renacimiento; renacentista**
	ss; adj	The Medieval Era gave way to the Renaissance.
	[ˌrɛnəˈsɑns]	-La Época Medieval dio paso al Renacimiento.
7264	**stride**	**el paso; andar a trancos**
	ss; vb	Take a big stride with the right.
	[straɪd]	-Dé un gran paso con el derecho.
7265	**nauseous**	**nauseabundo**
	adj	I get nauseous whenever I fly.
	[ˈnɔʃəs]	-Tengo náuseas cuando vuelo.
7266	**spouse**	**cónyuge**
	ss	Cheating on one's spouse is not usually considered acceptable behavior.
	[spaʊs]	-Engañar a tu propia esposa no se suele considerar un comportamiento aceptable.
7267	**suffice**	**satisfacer**
	vb	That doesn't suffice.
	[səˈfaɪs]	-Eso no es suficiente.
7268	**gunman**	**el cañonero**
	ss	When she saw the gunman, Soraya nearly had a fit.
	[ˈgʌnmən]	-Al ver al hombre armado, a Soraya casi le dio un patatús.
7269	**chaotic**	**caótico**
	adj	Although it has been chaotic lately.
	[keɪˈɑtɪk]	-A pesar de que últimamente todo ha sido caótico.
7270	**harem**	**el harén**
	ss	My wife was taken the king's harem.
	[ˈhɛrəm]	-Mi esposa fue llevada al harén del rey.
7271	**stylish**	**elegante**
	adj	This is not very stylish.
	[ˈstaɪlɪʃ]	-Esto no es muy elegante.
7272	**sulk**	**estar mohíno**
	vb	Watch Carver sulk when she sees you.
	[sʌlk]	-Mira a Carver enfurruñarse cuando te mira.
7273	**masturbate**	**masturbarse**
	vb	I have to masturbate three times a day just to make it through.
	[ˈmæstərˌbeɪt]	-Me tengo que masturbar tres veces al día sólo para sobrevivir.
7274	**violently**	**violentamente**
	adv	I felt my heart beating violently.
	[ˈvaɪələntli]	-Sentí mi corazón latir fuertemente.
7275	**limousine**	**la limusina**
	ss	And.. I simply think that that this limousine is very promising.
	[ˈlɪməˌzin]	-Y... simplemente pienso que esa limusina es muy prometedora.
7276	**jukebox**	**los tocadiscos tragamonedas**
	ss	Sometimes he used the jukebox and stared at me, without using.
	[ˈdʒukˌbɑks]	-A veces usaba la máquina de discos y me miraba fijamente, sin consumir nada.
7277	**shaman**	**el chamán**
	ss	After the last shaman had finished,
	[ˈʃeɪmən]	-Luego de que el último Chamán había terminado,

7278 **morbid** — **mórbido**
adj
[ˈmɔrbəd]
Death metal enthusiasts prefer morbid, horror-centric venues for performance.
-Los entusiastas del Death metal prefieren lo mórbido... se centran en lugares terroríficos para tocar.

7279 **impostor** — **el impostor**
ss
[ɪmˈpɒstər]
Erroneous issuance to an impostor could have very serious consequences.
-El hecho de extender un certificado erróneo a un impostor podría tener consecuencias muy graves.

7280 **modify** — **modificar**
vb
[ˈmɑdəˌfaɪ]
Things that modify nouns (adjective, or adjectival equivalent).
-Cosas que modifican sustantivos (adjetivos, o equivalente adjetival).

7281 **demise** — **el fallecimiento; morir**
ss; vb
[dɪˈmaɪz]
His body decaying and weak, he couldn't prevent his own demise.
-Con su cuerpo deteriorado y débil... no podía impedir su muerte.

7282 **barbed** — **mordaz**
adj
[barbd]
We were interrogated with the barbed whip.
-Nos interrogaron con un látigo de púas.

7283 **writ** — **la escritura**
ss
[rɪt]
This is a writ of payment from Baron Pryce.
-Esto es una orden de pago del Barón Pryce.

7284 **proclaim** — **proclamar| declarar**
vb
[proʊˈkleɪm]
Yet it is premature to proclaim an Asian Century.
-No obstante, es prematuro proclamar un Siglo de Asia.

7285 **correspondent** — **el corresponsal; correspondiente**
ss; adj
[ˌkɔrəˈspɑndənt]
We took their Washington-based correspondent seal hunting.
-Llevamos a su corresponsal en Washington a una caza de focas.

7286 **unforgivable** — **imperdonable**
adj
[ˌʌnfɔrˈgɪvəbəl]
"Schlomo," Al-Sayib said sternly. "You know you're like a brother from another mother to me, but... cheating an Arab is unforgivable. Goodbye!"
-—Schlomo, —dijo Al-Sayib severamente— sabes que eres como un hermano hijo de otra madre para mí, pero... engañar a un árabe es imperdonable. ¡Adiós!

7287 **morrow** — **los día siguiente**
ss
[ˈmɑroʊ]
Richard travels to Lincoln on the morrow.
-Richard va a ir a Lincoln en la mañana.

7288 **trajectory** — **la trayectoria**
ss
[trəˈdʒɛktəri]
Combing trajectory analysis with force and thrust ratio.
-Combinando análisis de trayectoria con fuerza y proporción de empuje.

7289 **daybreak** — **el recreo de día**
ss
[ˈdeɪˌbreɪk]
One of our patrols spotted your plane landing before the daybreak.
-Una de nuestras patrullas localizaron a sus aviones aterrizando antes del amanecer.

7290 **prosperous** — **próspero| boyante**
adj
[ˈprɑspərəs]
This year is going to be prosperous.
-Este año va a ser próspero.

7291 **derange** — **trastornar**

		vb	Again, a deranged gunman comes to mind.
		[dɪˈreɪndʒ]	-Otra vez, un pistolero desquiciado se me viene a la mente.
7292	**accordance**		**la conformidad**
		ss	We have finished the work in accordance with her instructions.
		[əˈkɔrdəns]	-Hemos terminado el trabajo concorde con sus instrucciones.
7293	**consist**		**consistir**
		vb	The new skyscraper, which will consist of two intertwined 1212-meter
		[kənˈsɪst]	towers, is expected to be completed in 2022.
			-El nuevo rascacielos, que constará de dos torres entrelazadas de 1212
			metros de altura, debería estar listo para el año 2022.
7294	**neon**		**el neón**
		ss	In neon green and fantastic colors.
		[ˈniɑn]	-En verde neón y colores fantásticos.
7295	**stand-in**		**suplente**
		ss	This room is too hot to study in. I can't stand it any more.
		[stænd-ɪn]	-En esta habitación hace demasiado calor para estudiar. No lo aguanto más.
7296	**dunk**		**remojar**
		vb	Like when you said you could dunk a basketball.
		[dʌŋk]	-Como cuando dijiste que podías encestar una pelota de baloncesto.
7297	**safari**		**la safari**
		ss	Quite an undertaking - your Kenyan safari.
		[səˈfɑri]	-Qué gran proyecto... un safari por Kenia.
7298	**brownie**		**el brownie**
		ss	All right, here's your brownie.
		[ˈbraʊni]	-Bien, aquí esta tu brownie.
7299	**pager**		**los buscapersonas**
		ss	No, the pager gets stuck.
		[ˈpeɪdʒər]	-No, el busca está estropeado.
7300	**extinction**		**la extinción**
		ss	Bluefin tuna is in immediate danger of extinction.
		[ɪkˈstɪŋkʃən]	-El atún rojo se encuentra en peligro de extinción inmediato.
7301	**reflex**		**reflejo; el reflejo**
		adj; ss	Following motion's an involuntary reflex.
		[ˈriflɛks]	-El movimiento de seguimiento es un reflejo involuntario.
7302	**sonic**		**sónico**
		adj	And nothing says non-terrestrial like a sonic screwdriver.
		[ˈsɑnɪk]	-Y nada dice no terrestre como un destornillador sónico.
7303	**diarrhea**		**la diarrea**
		ss	I've got diarrhea.
		[ˌdaɪəˈriə]	-Estoy con diarrea.
7304	**denounce**		**denunciar**
		vb	Spy, denounce, betray my friends.
		[dɪˈnaʊns]	-Espiar, denunciar, traicionar a mis amigos es lo que más me gusta.
7305	**tracker**		**el rastreador**
		ss	Here's Winters' tracker ID.
		[ˈtrækər]	-Aquí está la identificación del rastreador de Winters.
7306	**righteousness**		**la justicia**

	ss	As a test of his own righteousness.
	[ˈraɪtʃəsnəs]	-A menos que se lo haya hecho él mismo, como prueba de su rectitud.
7307	**reaper**	**el segador**
	ss	So, this is the reaper that came after you.
	[ˈripər]	-Así que, esta es la parca que vino tras de ti.
7308	**unfit**	**impropio; inhabilitar**
	adj; vb	She's unfit for the job.
	[ənˈfɪt]	-Ella es inadecuada para el trabajo.
7309	**disrespectful**	**irrespetuoso**
	adj	Don't be disrespectful.
	[ˌdɪsrɪˈspɛktfəl]	-No seas irrespetuoso.
7310	**notary**	**el notario**
	ss	I'm Joseph Rigoard, the notary.
	[ˈnoʊtəri]	-Me presentaré, soy Joseph Rigoard, el notario de Montjay.
7311	**administrator**	**el administrador**
	ss	Nicolay was administrator of prince Kochubey's lands.
	[ədˈmɪnəˌstreɪtər]	-Nicolay luego estuvo al servicio del príncipe Kochubey como administrador de sus tierras.
7312	**stormy**	**tempestuoso**
	adj	The night was dark and stormy. Three robbers sat in a cave. Said one to another. Bill, tell us a story. And this is how it began.
	[ˈstɔrmi]	-Era una noche oscura y tormentosa. Hallábanse tres ladrones en una cueva. Díjole uno a otro: "Bill, cuéntanos un cuento". Y así fue como empezó.
7313	**inquire**	**preguntar| indagar**
	vb	He says he will inquire into the matter.
	[ɪnˈkwaɪr]	-Dice que indagará sobre el asunto.
7314	**stag**	**el ciervo; soltero**
	ss; adj	Well, the stag turned west...
	[stæg]	-Bueno, el ciervo se dirigió al oeste...
7315	**darts**	**los dardos**
	ss	Sheppard, two darts are separated from the group.
	[dɑrts]	-Sheppard, dos dardos se separan, se dirigen a la superficie.
7316	**guiding**	**la estrella de guía**
	ss	Sustainable fishing must be our guiding principal.
	[ˈgaɪdɪŋ]	-La pesca sostenible debe ser nuestro principio rector.
7317	**defenseless**	**indefenso**
	adj	Rob a defenseless people and dishonor their women.
	[dɪˈfɛnsləs]	-Roba a un pueblo indefenso y deshonra a sus mujeres.
7318	**biography**	**la biografía**
	ss	Lincoln's biography is read by children all around the world.
	[baɪˈɑgrəfi]	-Niños de todo el mundo leen la biografía de Lincoln.
7319	**fig**	**el higo**
	ss	I call a fig a fig, a spade a spade.
	[fɪg]	-Llamo un higo, a un higo y una espada, a una espada.
7320	**craving**	**la ansia**

	ss		I was craving cheeseburgers, man.
	['kreɪvɪŋ]		-Se me antojo hamburguesas con queso, hombre.

7321 intolerable — **intolerable**
adj
[ɪnˈtɑlərəbəl]
This is intolerable.
-Esto es intolerable.

7322 shawl — **el chal**
ss
[ʃɔl]
There's 6 month's interest on your shawl.
-Seis, menos tres meses de interés por el chal.

7323 trump — **el triunfo; triunfar**
ss; vb
[trʌmp]
Is history going to trump our arrangement?
-¿Es la historia va a triunfo nuestro acuerdo?

7324 caste — **la casta**
ss
[kæst]
Send your low caste daughter out.
-Manda afuera a tu hija de baja casta.

7325 gravel — **la grava**
ss
['grævəl]
Which is consistent with being dragged through gravel.
-Lo que es compatible con que la hayan arrastrado por grava.

7326 sterile — **estéril**
adj
['stɛrəl]
Cover the area with sterile dressings before immobilizing the injury.
-Cubra el área con una gasa estéril antes de inmovilizar la lesión.

7327 mil — **los mil**
ss
[mɪl]
Quarter of a mil mandatory minimum spending.
-Se obliga a gastar un mínimo de un cuarto de millón.

7328 bygone — **pasado; la cosa pasada**
adj; ss
['baɪˌgɔn]
There are echoes here of a bygone age.
-Estos son los ecos de una era pasada.

7329 grotesque — **grotesco; el grotesco**
adj; ss
[groʊˈtɛsk]
If the agreement were enforced, it would create a situation verging on the grotesque.
-Si el acuerdo se llevase a cabo, crearía una situación rayando lo grotesco.

7330 arson — **el incendio provocado**
ss
['ɑrsən]
Please explain reason for arson attempt.
-Explica la razón, por favor, de incendio provocado.

7331 collaboration — **la colaboración**
ss
[kəˌlæbəˈreɪʃən]
Your collaboration is important for all of us.
-Tu colaboración es importante para todos nosotros.

7332 suburban — **suburbano; el suburbano**
adj; ss
[səˈbɜrbən]
A forecast on Paris suburban delinquency.
-Una predicción de la delincuencia suburbana en París.

7333 bodily — **corporal; en persona**
adj; adv
['bɑdəli]
Painters and sculptors under the Nazis often depicted the nude, but they were forbidden to show any bodily imperfections.
-Los pintores y escultores bajo el Nazismo a menudo ilustraban el desnudo, pero tenían prohibido mostrar alguna imperfección corporal.

7334 fortnight — **la quincena**
ss
['fɔrtˌnaɪt]
We all think about a fortnight.
-Todos creemos que unos quince días.

7335	talker	el hablador
	ss	Somebody good with people, a talker.
	[ˈtɔkər]	-Alguien que sea bueno con la gente, hablador.

7336	peril	el peligro
	ss	Protectionism normally thrives in times of economic peril.
	[ˈpɛrəl]	-Normalmente, el proteccionismo prospera en tiempos de peligro económico.

7337	accommodate	acomodar | alojar
	vb	You must accommodate your plans to mine.
	[əˈkɑməˌdeɪt]	-Tienes que ajustar tus planes a los míos.

7338	alimony	la pensión alimenticia
	ss	Sometimes I forget not everyone has alimony.
	[ˈæləˌmoʊni]	-A veces olvido que no todos tienen pensión alimenticia.

7339	ethical	ético
	adj	Would it be ethical to sacrifice one person to save many?
	[ˈɛθɪkəl]	-¿Sería ético sacrificar a una persona para salvar a muchas?

7340	microscope	el microscopio
	ss	Do you know who invented the microscope?
	[ˈmaɪkrəˌskoʊp]	-¿Sabes quién inventó el microscopio?

7341	intimidate	intimidar
	vb	Newspaper offices are raided to intimidate critical voices in the press.
	[ɪnˈtɪmɪˌdeɪt]	-Hay redadas en las oficinas de los periódicos para intimidar a las voces críticas de la prensa.

7342	spirited	enérgico
	adj	Dane was always the most spirited of the bunch.
	[ˈspɪrɪtəd]	-Dane siempre fue el más animado del grupo.

7343	screwdriver	el destornillador
	ss	Be careful. You might hurt yourself with a screwdriver.
	[ˈskruˌdraɪvər]	-Cuidado, podrías hacerte daño con un destornillador.

7344	piercing	la perforación; penetrante
	ss; adj	I might get another one or a piercing.
	[ˈpɪrsɪŋ]	-Tal vez me haga otro o un piercing.

7345	snowman	el monigote de nieve
	ss	The next morning, the snowman had completely melted.
	[ˈsnoʊˌmæn]	-A la mañana siguiente, el hombre de nieve se había derretido completamente.

7346	asteroid	asteroide
	adj	This asteroid passed close to Earth.
	[ˈæstəˌrɔɪd]	-Este asteroide pasó cerca de la Tierra.

7347	regent	regente; regente
	adj; ss	The ancestors speak through the regent.
	[ˈridʒənt]	-Los ancestros hablan a través de la regente.

7348	meddle	entrometerse | entremeterse
	vb	Don't meddle in other people's lives.
	[ˈmɛdəl]	-No se meta en la vida ajena.

7349	offshore	costa afuera; terral

		adv; adj [ˈɔfˈʃɔr]	The supervision of offshore banking was continuing with on-site inspections. -La supervisión de la banca extraterritorial continuó con inspecciones sobre el terreno.
7350	**lagoon**	**la laguna**	
		ss [ləˈgun]	The lagoon's water is cold. -El agua de la laguna está fría.
7351	**agreeable**	**agradable| conforme**	
		adj [əˈgriəbəl]	He is a very agreeable person. -Él es una persona muy agradable.
7352	**pretentious**	**pretencioso**	
		adj [priˈtɛnʃəs]	Because Irénée alone looks a bit pretentious. -Y tu nombre solo queda quizás un poco pretencioso.
7353	**agriculture**	**la agricultura**	
		ss [ˈægrɪˌkʌltʃər]	Many countries depend on agriculture. -Muchos países dependen de la agricultura.
7354	**contestant**	**concursante**	
		ss [kənˈtɛstənt]	The contestant blurted out the right answer just before the time ran out. -El concursante soltó la respuesta correcta justo antes de que el tiempo se agotase.
7355	**fink**	**el soplón**	
		ss [fɪŋk]	Lucky fink, that little Dutchie. -Un soplón con suerte, ese Holandesito.
7356	**filmmaker**	**cineasta**	
		ss [ˈfɪlˌmeɪkər]	Noted German documentary filmmaker Gunter Hanzig. -El célebre cineasta de documentales alemán Gunter Hanzing.
7357	**auxiliary**	**auxiliar| ayudante; el ayudante**	
		adj; ss [ɑgˈzɪljəri]	Excluding auxiliary fossil-fuelled capacity at its nuclear stations. -Excluida la capacidad auxiliar procedente de combustibles fósiles generada en sus centrales nucleares.
7358	**offender**	**delincuente| el infractor**	
		ss [əˈfɛndər]	This eventually encourages the offender to deliberately ignore its international obligations. -Esto termina por animar al delincuente a hacer caso omiso deliberadamente de sus obligaciones internacionales.
7359	**genuinely**	**verdaderamente| auténticamente**	
		adv [ˈdʒɛnjəwənli]	Jim looks genuinely interested. -Jim parece estar interesado de verdad.
7360	**commissar**	**el comisario**	
		ss [ˈkɑməˌsɑr]	Yagoda, commissar of internal affairs. -Y el Sr. Yagoda, Comisario de Asuntos Interiores.
7361	**continuously**	**continuamente**	
		adv [kənˈtɪnjuəsli]	The sale of beer in Germany is decreasing continuously. -La venta de cerveza en Alemania está en continuo descenso.
7362	**seafood**	**los mariscos**	
		ss [ˈsiˌfud]	This is by far the best seafood restaurant in this area. -Este es por lejos el mejor restaurante de mariscos en el área.
7363	**midday**	**el mediodía; de mediodía**	

	ss; adj	It is midday. The men are eating lunch.
	[ˈmɪdˌdeɪ]	-Es mediodía. Los hombres están almorzando.
7364	**Protestant**	**protestante; el protestante**
	adj; ss	In 1807, Robert Morrison, the first British Protestant missionary to China
	[ˈprɑtəstənt]	arrived in Guangzhou.
		-En 1807, Robert Morrison, el primer misionero protestante británico en
		China, llegó a Cantón.
7365	**mediocre**	**mediocre**
	adj	It's mediocre.
	[ˌmidiˈoʊkər]	-Es medio pelo.
7366	**rosy**	**rosado**
	adj	One more reason to stay pink and rosy.
	[ˈroʊzi]	-Sí, una razón más para quedarse rosado.
7367	**desirable**	**deseable**
	adj	I realize I may not be the most desirable man in the world, but I still hope
	[dɪˈzaɪrəbəl]	you'll consider going out with me.
		-Me doy cuenta de que puede que no sea el hombre más atractivo en el
		mundo, pero aún así espero que consideres salir conmigo.
7368	**hostility**	**la hostilidad**
	ss	Any enforcement of religious practice only creates hostility toward religion.
	[hɑˈstɪləti]	-Cualquier imposición de la práctica religiosa sólo redunda en hostilidad
		para con la religión.
7369	**widely**	**extensamente**
	adv	She is widely known.
	[ˈwaɪdli]	-Ella es conocida a lo ancho.
7370	**printer**	**la impresora**
	ss	Please replace the empty printer cartridge.
	[ˈprɪntər]	-Por favor sustituya el cartucho vacío de la impresora.
7371	**ferocious**	**feroz**
	adj	Man, if he is not the largest, is certainly the most dangerous of ferocious
	[fəˈroʊʃəs]	animals. He kills for pleasure.
		-El hombre es, si no el más grande, sin duda el más peligroso de los
		animales salvajes. Él mata por placer.
7372	**dues**	**la cuota de socio**
	ss	All AmChams are independent, private, non-profit, volunteer associations
	[duz]	supported principally by local membership dues.
		-Todas las AmCham son asociaciones independientes, privadas, sin fines de
		lucro y voluntarias financiadas principalmente por cuotas locales de
		membresía.
7373	**correspondence**	**la correspondencia**
	ss	Compare unidirectional mass media such as radio and television with
	[ˌkɔrəˈspɑndəns]	bidirectional ones such as correspondence and the Internet.
		-Compare los medios de comunicación unidireccionales como la radio o la
		televisión con los medios bidireccionales como la correspondencia o
		Internet.
7374	**controversy**	**la controversia**
	ss	Jim doesn't like controversy.
	[ˈkɑntrəˌvɜrsi]	-A Jim no le gustan las controversias.

7375	**delegate**	**delegar; el delegado**
	vb; ss	Another delegate called for stronger binding agreements among RCP members.
	[ˈdɛləgət]	-Otro delegado hizo un llamado a crear acuerdos vinculantes más fuertes entre los miembros de los PCR.
7376	**backbone**	**la columna vertebral**
	ss	Responsible entrepreneurship is always the backbone of competitiveness and successful business.
	[ˈbækˌboʊn]	-Una iniciativa empresarial responsable siempre constituye la columna vertebral de la competitividad y de una empresa exitosa.
7377	**sordid**	**sórdido**
	adj	No matter how unprofessional and sordid it was.
	[ˈsɔrdəd]	-No importa lo poco profesional y lo sórdido que fuera.
7378	**galley**	**la galera**
	ss	The wheelhouse became the new galley.
	[ˈgæli]	-El puente de mando se convirtió en la nueva cocina.
7379	**concubine**	**la concubina**
	ss	Lotus became Simon Qing's concubine.
	[ˈkɑnkjəˌbaɪn]	-Loto se convirtió en concubina de Simon Qing.
7380	**portfolio**	**la cartera**
	ss	The consumer portfolio is really very important.
	[pɔrtˈfoʊliˌoʊ]	-La cartera de protección de los consumidores es realmente muy importante.
7381	**barley**	**la cebada**
	ss	The farmer planted barley.
	[ˈbɑrli]	-El agricultor sembró cebada.
7382	**productive**	**productivo| fecundo**
	adj	Flexible work hours make employees more productive.
	[prəˈdʌktɪv]	-El horario de trabajo flexible aumenta la productividad de los empleados.
7383	**twisting**	**el retortijón**
	ss	It is tightened by twisting it, and tied with cotton twine at both ends.
	[ˈtwɪstɪŋ]	-Está apretado por torsión y atado mediante cordón de algodón en ambas extremidades.
7384	**sensual**	**sensual**
	adj	I'm sensual, passionate, nice, never jealous.
	[ˈsɛnʃəwəl]	-Soy sensual, apasionada, simpática, nada celosa, cuando estoy con un tío acepto lo que me da.
7385	**largely**	**en gran parte**
	adv	He once mentioned a long time ago that he had boundaries that I could never cross. Now that we're apart, I realize what he said was largely a warning in disguise.
	[ˈlɑrdʒli]	-Hace mucho tiempo y en una ocasión, mencionó que él tenía límites que yo nunca podría cruzar. Ahora que estamos separados, me doy cuenta de que lo que él dijo fue en gran medida una advertencia disfrazada.
7386	**moist**	**húmedo**
	adj	I'll never forget the soft and moist skin of my lover on that summer night.
	[mɔɪst]	-Jamás olvidaré la suave y húmeda piel de mi amante en esa noche de verano.

7387	**pipeline**	**la tubería**
	ss	This pipeline is over 1000 km long.
	[ˈpaɪˌplaɪn]	-El gasoducto tiene más de 1000 km de longitud.
7388	**simplicity**	**la simpliciad**
	ss	Simplicity is the key.
	[sɪmˈplɪsəti]	-La simplicidad es la clave.
7389	**builder**	**contratista**
	ss	Vladimir Nikolayevich is a builder, a foreman.
	[ˈbɪldər]	-Vladímir Nikoláievich es un constructor, el maestro de obras.
7390	**overrule**	**anular| desautorizar**
	vb	The commander in chief chooses not to overrule his commanders.
	[ˈoʊvərˌrul]	-El comandante en jefe no suele anular a sus comandantes.
7391	**feat**	**la hazaña**
	ss	A difficult feat from his backside.
	[fit]	-Una hazaña difícil si lo hace de espaldas.
7392	**reeve**	**el juez local; asegurar**
	ss; vb	Have the reeve post it, please.
	[riv]	-Que el sheriff lo ponga, por favor.
7393	**syphilis**	**la sífilis**
	ss	All pregnant women should be screened for syphilis.
	[ˈsɪfəlɪs]	-A todas las mujeres embarazadas se les deben hacer pruebas para detectar sífilis.
7394	**likeness**	**la semejanza| el parecido**
	ss	All Asians share a superficial likeness.
	[ˈlaɪknəs]	-Todos los orientales tenemos un cierto parecido.
7395	**prehistoric**	**prehistórico**
	adj	There is no prehistoric lake monster.
	[ˌprihɪˈstɔrɪk]	-No hay ningún monstruo prehistórico en el lago.
7396	**riddance**	**el libramiento**
	ss	She's the one we need riddance of.
	[ˈrɪdəns]	-Ella es de quien tenemos que deshacernos.
7397	**caterpillar**	**la oruga**
	ss	One day this caterpillar will turn into a beautiful butterfly.
	[ˈkætəˌpɪlər]	-Un día esta oruga se convertirá en una hermosa mariposa.
7398	**enlighten**	**iluminar**
	vb	A lamp burns to enlighten others.
	[ɛnˈlaɪtən]	-Una lámpara se quema para iluminar a los demás.
7399	**herbal**	**herbario**
	adj	I drank an herbal infusion.
	[ˈɜrbəl]	-Bebí una infusión de hierbas.
7400	**bleat**	**el balido; balar**
	ss; vb	If they are separated, they start to bleat loudly.
	[bleat]	-Si los separo empiezan a balar.
7401	**raider**	**asaltante**
	ss	We know all about you, grave robber, raider of sacred places.
	[ˈreɪdər]	-Sabemos de usted, profanador de tumbas, saqueador de lugares sagrados.
7402	**espresso**	**el café exprés**

	ss	Nothing beats an espresso in Place Vendome.
	[ˌɛˈsprɛsoʊ]	-No hay nada como un espresso en Place Vendome.
7403	**reassure**	**tranquilizar**
	vb	Mattei had come to Gagliano to reassure everyone.
	[ˌriəˈʃʊr]	-Mattei había venido a Gagliano a tranquilizar a la gente.
7404	**acknowledged**	**admitido**
	adj	You could've at least acknowledged it.
	[ækˈnɑlɪdʒd]	-Por lo menos pudieras haber reconocido la maldita cosa, sabes.
7405	**scripture**	**el manuscrito**
	ss	Let's see if we can decode this bible scripture verse.
	[ˈskrɪptʃər]	-Veamos si podemos decodificar este verso de escritura bíblica.
7406	**penniless**	**sin dinero**
	adj	For one thing, I'm penniless; for another, I don't have the time.
	[ˈpɛniləs]	-Por una parte, estoy sin un céntimo, por otra parte, no tengo tiempo.
7407	**suppress**	**reprimir**
	vb	If you want to find peace, you must suppress arrogance, avarice and ambition of power.
	[səˈprɛs]	-Si se quiere alcanzar la paz, se debe suprimir la arrogancia, la avaricia y la ambición de poder.
7408	**joyous**	**jubiloso**
	adj	Ladies and gentlemen, on this joyous occasion...
	[ˈdʒɔɪəs]	-Señoras y señores, en esta ocasión alegre...
7409	**jest**	**la broma| la burla; bromear**
	ss; vb	I said it in jest.
	[dʒɛst]	-Lo he dicho como broma.
7410	**charade**	**la farsa**
	ss	The same pathetic charade happens every year.
	[ʃəˈreɪd]	-La misma farsa patética se repite año tras año.
7411	**rabble**	**la chusma**
	ss	Sensible people have to fight the rabble.
	[ˈræbəl]	-La gente sensata tiene que combatir a la chusma.
7412	**chastity**	**la castidad**
	ss	Grandmother questioned her chastity and she refused a medical examination.
	[ˈtʃæstəti]	-Mi abuela puso en duda su castidad... y ella se negó a un examen médico.
7413	**tuxedo**	**el smoking**
	ss	Measuring your father for his tuxedo.
	[ˌtʌkˈsidoʊ]	-Le tomé las medidas a su padre para su esmoquin.
7414	**editorial**	**editorial; el editorial**
	adj; ss	RTHK has always operated with editorial independence from the Government.
	[ˌɛdəˈtɔriəl]	-La Radiotelevisión de Hong Kong ha funcionado siempre con independencia editorial con respecto al Gobierno.
7415	**cremate**	**incinerar**
	vb	I'll cremate you in this gutter...
	[ˈkrimeɪt]	-Te voy a incinerar en este canal...
7416	**toaster**	**la tostadora**

	ss	At least we get the toaster.
	['toʊstər]	-Al menos nos va a dar el tostador.
7417	**hulk**	**el armatoste**
	ss	If we get this hulk moving, maybe we can do something.
	[hʌlk]	-Si podemos mover este armatoste, tal vez podamos hacer algo.
7418	**hostel**	**el hostal| el parador**
	ss	Is there a youth hostel near here?
	['hɑstəl]	-¿Hay algún albergue juvenil cerca de aquí?
7419	**airfield**	**el aeródromo**
	ss	The airfield on the island is now covered with weeds.
	['ɛr‚fild]	-El campo de aviación en la isla está ahora cubierto de maleza.
7420	**freighter**	**el cargador**
	ss	From a freighter exiting gallaphron defense space.
	['freɪtər]	-De un carguero que sale del espacio de defensa Gallaphron.
7421	**downright**	**completamente; completo**
	adv; adj	Actually, I'm downright giddy.
	['daʊn‚raɪt]	-En realidad, estoy francamente mareado.
7422	**alp**	**la montaña**
	ss	Up there is a beautiful alp.
	[alp]	-Allá arriba hay una preciosa montaña.
7423	**limitation**	**la limitación| el límite**
	ss	Men and women of full age, without any limitation due to race, nationality or religion, have the right to marry and to found a family. They are entitled to equal rights as to marriage, during marriage and at its dissolution.
	[‚lɪmɪ'teɪʃən]	-Los hombres y las mujeres, a partir de la edad núbil, tienen derecho, sin restricción alguna por motivos de raza, nacionalidad o religión, a casarse y fundar una familia, y disfrutarán de iguales derechos en cuanto al matrimonio, durante el matrimonio y en caso de disolución del matrimonio.
7424	**hypothesis**	**las hipótesis**
	ss	We cannot conceive science without a hypothesis.
	[haɪ'pɑθəsəs]	-No podemos concebir la ciencia sin una hipótesis.
7425	**insomnia**	**el insomnio**
	ss	Jim has insomnia.
	[ɪn'sɑmniə]	-Jim tiene insomnio.
7426	**encore**	**las bis; repetir**
	ss; vb	And during the third encore, I noticed this girl from across the room.
	['ɑn‚kɔr]	-Y durante el tercer bis, descubrí a esa chica al otro lado de la sala.
7427	**physicist**	**el físico**
	ss	He's a physicist working on teleportation.
	['fɪzɪsɪst]	-Él es un físico que está trabajando en el teletransporte.
7428	**quota**	**la cuota**
	ss	Women deserve more than a quota.
	['kwoʊtə]	-Las mujeres valen mucho más que una cuota.
7429	**carton**	**las caja de cartón**
	ss	Products are packaged in hardened carton boxes with print.
	['kɑrtən]	-Los productos están embalados en cajas de cartón forradas y con estampado.

7430	**wiring**	**el alambrado**
	ss	It was determined that faulty wiring was the cause of the fire.
	[ˈwaɪrɪŋ]	-Se determinó que el incendio fue provocado por cableado defectuoso.
7431	**beginner**	**principiante**
	ss	Do you take me for a complete beginner?
	[bɪˈgɪnər]	-¿Me tomas por un completo principiante?
7432	**enhance**	**mejorar**
	vb	Our services focus on implementing strategies permitting to enhance business fundamental dynamic.
	[ɛnˈhæns]	-Nuestros servicios se centran en implantar estrategias que permitan mejorar la dinámica fundamental del negocio.
7433	**vortex**	**el vórtice**
	ss	Colirs extra mass must be destabilizing the vortex.
	[ˈvɔrtɛks]	-La masa adicional de Collin debe estar desestabilizando el vórtice.
7434	**preservation**	**la preservación**
	ss	Land conservation and biodiversity preservation are challenges.
	[ˌprɛzərˈveɪʃən]	-La conservación del suelo y la preservación de la biodiversidad son aspectos problemáticos.
7435	**projection**	**la proyección**
	ss	Five different projection variants are included.
	[prəˈdʒɛkʃən]	-En la Revisión de 2000 se incluyen cinco diferentes variantes de proyección.
7436	**bewitch**	**hechizar | embrujar**
	vb	Money's spell can bewitch even an intelligent, healthy person's sense of reason.
	[bɪˈwɪtʃ]	-El hechizo del dinero puede incluso embrujar el sentido de razón de una persona inteligente, y sana.
7437	**inscription**	**la inscripción**
	ss	The phrase begins this inscription here.
	[ɪnˈskrɪpʃən]	-La frase que está al inicio de esta inscripción de aquí.
7438	**coalition**	**la coalición**
	ss	Clinton explained further coalition plans to promote adoption of cleaner technologies.
	[ˌkoʊəˈlɪʃən]	-Clinton explicó otros planes de la coalición para promover la adopción de tecnologías más limpias.
7439	**sidekick**	**el compañero | compinche**
	ss	I can assure the previous speakers, who call me Satan's sidekick, that I am not hiding a cloven hoof beneath the benches.
	[ˈsaɪdˌkɪk]	-También puedo tranquilizar al orador que me ha tachado de amigo del diablo asegurándole que no se oculta ningún atributo del diablo debajo de este pupitre.
7440	**undertaker**	**el director de pompas fúnebres**
	ss	And the undertaker was not ECB President Mario Draghi; it was German Chancellor Angela Merkel.
	[ˈʌndərˌteɪkər]	-Y el enterrador no fue el Presidente del BCE, Mario Draghi, sino la Canciller alemana, Angela Merkel.
7441	**huddle**	**el grupo; acurrucarse**

	ss; vb	The point of no return is the whispered huddle.
	[ˈhʌdəl]	-El punto sin retorno es el grupo susurrando.
7442	**mascot**	**la mascota**
	ss	Tux is the mascot for Linux.
	[ˈmæskət]	-Tux es la mascota de Linux.
7443	**marital**	**marital**
	adj	Personal status laws covered only the marital relationship.
	[ˈmɛrətəl]	-Las leyes sobre la condición jurídica personal sólo comprenden la relación marital.
7444	**sedan**	**el sedán**
	ss	Suspect vehicle a black sedan, four-door...
	[səˈdæn]	-Vehículo del sospechoso, un sedán negro, cuatro puertas...
7445	**nightgown**	**el camisón**
	ss	Evidence brings nightgown an important point.
	[nightgown]	-La evidencia del camisón nos trae a un punto importante.
7446	**peer**	**mirar| mirar con atención; el par**
	vb; ss	In addition, Forum members provide peer support and there have been exchange programmes, training activities and staff visits between them.
	[pɪr]	-Además, los miembros del Foro se prestan apoyo mutuo y han llevado a cabo programas de intercambio y actividades de capacitación, y su personal se ha realizado visitas mutuas.
7447	**inject**	**inyectar; la inyección**
	vb; ss	To inject the serum back into people.
	[ɪnˈdʒɛkt]	-Para volver a inyectar el suero en las personas.
7448	**petal**	**el pétalo**
	ss	Sometimes her lips are pink petal smooth.
	[ˈpɛtəl]	-A veces, sus labios son de un suave color rosa pétalo.
7449	**apparatus**	**el aparato**
	ss	Force 17 was the special presidential security apparatus.
	[ˌæpəˈrætəs]	-La Fuerza 17 es el aparato especial para la seguridad del Presidente.
7450	**reap**	**cosechar**
	vb	They that sow in tears shall reap in joy.
	[rip]	-Aquellos que sembraron en lágrimas, recogerán en alegría.
7451	**unclear**	**no claro**
	adj	The meaning of this letter is unclear.
	[ənˈklɪr]	-El significado de esta carta es incierto.
7452	**plow**	**el arado; arar**
	ss; vb	I cannot plow this land with one bull. I need a second one.
	[plaʊ]	-No puedo arar esta tierra con un toro. Necesito un segundo toro.
7453	**enforce**	**hacer cumplir| aplicar**
	vb	The Sioux tribe asked the government to enforce the treaty.
	[ɛnˈfɔrs]	-La tribu de los sioux pidió al gobierno que cumpliera el tratado.
7454	**widower**	**el viudo**
	ss	He's a widower with three small children to take care of.
	[ˈwɪdoʊər]	-Él es un viudo con tres niños pequeños que cuidar.
7455	**assurance**	**la garantía| la seguridad**

	ss	They therefore assess the first level of assurance.
	[əˈʃʊrəns]	-Por lo tanto, evalúan el primer nivel de garantía.
7456	**elegance**	**la elegancia**
	ss	Enjoy the ideal balance between past elegance and present-day facilities.
	[ˈɛləgəns]	-Disfrute del equilibrio ideal entre la elegancia del pasado y las instalaciones actuales.
7457	**listener**	**oyente**
	ss	Jim is a good listener.
	[ˈlɪsənər]	-Jim es bueno escuchando.
7458	**bitty**	**fragmentario**
	adj	But there is one itty, bitty little string attached.
	[ˈbɪti]	-Pero hay un pequeño itty fragmentario con cadena adjunto.
7459	**concierge**	**el conserje**
	ss	I was concierge at the Ambassador Hotel.
	[ˌkɑnsiˈɛrʒ]	-Era conserje en el hotel Embajador.
7460	**manpower**	**la mano de obra**
	ss	The loss of manpower can be replaced by the addition of firepower.
	[ˈmænˌpaʊər]	-La pérdida de personal se compensa añadiendo armas.
7461	**tombstone**	**la lápida sepulcral**
	ss	Hopefully one that fits on his tombstone.
	[ˈtumˌstoʊn]	-Con suerte, uno que encaje con su lápida.
7462	**hermit**	**el ermitaño**
	ss	You're becoming a self-loathing vampire hermit.
	[ˈhɜrmət]	-Te estás convirtiendo en un vampiro ermitaño que se odia a sí mismo.
7463	**trolley**	**la carretilla**
	ss	It appears to be a trolley full of crime stats.
	[ˈtrɑli]	-Parece un carro lleno de estadística criminales.
7464	**forum**	**el foro**
	ss	I would like to upload several photos to the forum. Could you tell me how?
	[ˈfɔrəm]	-Quisiera subir unas fotos al foro. ¿Podrías decirme cómo?
7465	**saga**	**la saga**
	ss	The girl to start love saga.
	[ˈsɑgə]	-De la chica que ha empezado la saga de amor.
7466	**reasonably**	**razonablemente**
	adv	This can be reasonably regulated with reasonable phasing-in.
	[ˈrizənəbli]	-Esto se puede regular razonablemente con un phasing-in asimismo razonable.
7467	**bulk**	**abultar| hinchar; la masa**
	vb; ss	I sell rice in bulk or packed in 1 kilogram bags.
	[bʌlk]	-Vendo el arroz a granel o envasado en paquetes de un kilo.
7468	**manslaughter**	**los homicidio involuntario**
	ss	If he pleads guilty... Buckley'll accept manslaughter.
	[ˈmænˌslɔtər]	-Si se declara culpable... recomendaré que Buckley acepte homicidio.
7469	**bottled**	**embotellado**
	adj	I remember that because it's against the law to sell bottled goods.
	[ˈbɑtəld]	-Lo recuerdo porque va contra la ley vender género embotellado.
7470	**dodger**	**el evasor**

	ss	What is with you and the artful dodger?
	[ˈdɑdʒər]	-¿Qué ocurre entre tú y el evasor de impuestos?

7471 cavity — **la cavidad | el hoyo**

ss
[ˈkævəti]

The fluid-filled cavity usually begins in the neck area.
-La cavidad llena de líquido por lo regular comienza en el área del cuello.

7472 bogus — **falso**

adj
[ˈboʊgəs]

The assault charge was totally bogus.
-El cargo por agresión física fue totalmente falso.

7473 colossal — **colosal**

adj
[kəˈlɑsəl]

Now the next piece of colossal.
-Ahora, la siguiente información... es colosal.

7474 drinker — **el bebedor**

ss
[ˈdrɪŋkər]

Jim isn't much of a drinker.
-Jim no toma mucho.

7475 apt — **apto | conveniente**

adj
[æpt]

She is apt to win the prize.
-Ella aspira al premio.

7476 pharmaceutical — **farmacéutico**

adj
[ˌfɑrməˈsutɪkəl]

South Wales has five significant pharmaceutical development companies with world-class technology.
-El Sur de Gales tiene cinco compañías importantes de desarrollo farmacéutico con tecnología de primera línea.

7477 disposed — **dispuesto**

adj
[dɪˈspoʊzd]

The June List is, in principle, positively disposed towards EU enlargement.
-La Lista de Junio, en principio, está a favor de la ampliación de la UE.

7478 rugged — **escabroso**

adj
[ˈrʌgəd]

[AG/CMP] This is really a rugged planet.
-[AG/CMP] Es un planeta realmente accidentado.

7479 waffle — **el gofre; parlotear**

ss; vb
[ˈwɑfəl]

Look, it's got a little waffle on it.
-Mira, tiene como un pequeño waffle encima.

7480 billing — **la facturación**

ss
[ˈbɪlɪŋ]

We handle the entire reservation process including billing and customer service.
-Nosotros manejamos el proceso de reservas completamente incluyendo la facturación y servicio al cliente.

7481 slag — **la escoria**

ss
[slæg]

Difficult to carry bone and slag.
-Es muy difícil cargar con huesos y escoria.

7482 rhino — **el rinoceronte**

ss
[ˈraɪˌnoʊ]

California strain with white rhino backcrossed.
-Tensión de California con cruza de Rinoceronte Blanco.

7483 tedious — **tedioso**

adj
[ˈtidiəs]

They are weary of their tedious work.
-Ellos están desanimados con su monótono trabajo.

7484 trio — **el trío**

	ss	Within Mastropieros output, this trio corresponds...
	[ˈtriˌoʊ]	-Dentro de la producción de Mastropiero, este trío se inscribe...
7485	**reunite**	**reunir| reconciliar**
	vb	So you can get out there and reunite that family.
	[ˌriuˈnaɪt]	-Así que usted puede salir ahí fuera y reunir a la familia.
7486	**Albanian**	**albanés; el albanés**
	adj; ss	Find me an Albanian harvest festival.
	[ælˈbeɪniən]	-Ponte a trabajar en un festival albanés de la cosecha.
7487	**unforgettable**	**inolvidable**
	adj	You're unforgettable.
	[ˌʌnfərˈgɛtəbəl]	-Eres inolvidable.
7488	**ducky**	**el cariño; muy mono**
	ss; adj	I'm squeaky clean, like a rubber ducky.
	[ducky]	-Estoy impoluta, como un patito de goma.
7489	**henceforth**	**de aquí en adelante**
	adv	All third-level institutions will henceforth have a common points system.
	[ˈhɛnˈsfɔrθ]	-En adelante, todas las instituciones del nivel terciario tendrán un sistema común de puntos.
7490	**acquit**	**absolver| pagar**
	vb	In two well-known recent cases, DNA-based genetic material had been successfully used to acquit the defendants.
	[əˈkwɪt]	-En dos casos recientes muy célebres se ha obtenido con éxito material genético basado en el ADN para absolver a los acusados.
7491	**hind**	**posterior| estorbado; la cierva**
	adj; ss	Jerboas look like kangaroos due to having many similarities such as long hind legs, very short forelegs, and long tails.
	[haɪnd]	-Los jerbos se parecen a los canguros debido a que tienen muchas similitudes como piernas traseras largas, patas delanteras muy cortas y colas largas.
7492	**fume**	**el humo| el vaho; echar humo**
	ss; vb	Even spit, fume and splutter.
	[fjum]	-"... echa humo y chisporrotea".
7493	**perverse**	**perverso**
	adj	I just find your whole approach perverse.
	[pərˈvɜrs]	-Me he limitado a buscarle todo un acercamiento perverso.
7494	**sleepless**	**insomne**
	adj	When that happened, the leaves were no help, and I sat shivering and sleepless until morning.
	[ˈslipləs]	-Cuando esto ocurría, la hoja no era de ninguna ayuda, y tenía que esperar temblando y en vela hasta la mañana siguiente.
7495	**troublemaker**	**el alborotador**
	ss	Jim is a troublemaker.
	[ˈtrʌbəlˌmeɪkər]	-Jim es conflictivo.
7496	**payday**	**el día de paga**
	ss	Marcus, that payday is not coming.
	[ˈpeɪˌdeɪ]	-Marcus, el día de pago no llegará.
7497	**smoker**	**el fumador**

	ss	My father is a heavy smoker.
	[ˈsmoʊkər]	-Mi padre fuma como un carretero.
7498	**checkers**	**las damas**
	ss	They were playing a game of checkers.
	[ˈʧɛkərz]	-Ellos estaban jugando una partida de damas.
7499	**server**	**el servidor**
	ss	I can't check my mail. The server is down.
	[ˈsɜrvər]	-El servidor está caído y no puedo leer mi correo.
7500	**hypocrisy**	**la hipocresía**
	ss	Hypocrisy is the height of all evil.
	[hɪˈpɑkrəsi]	-La hipocresía es el colmo de todas las maldades.
7501	**mango**	**el mango**
	ss	I want to eat a mango.
	[ˈmæŋgoʊ]	-Busco comer un mango.
7502	**pasture**	**pastar| pacer; el pasto**
	vb; ss	That pasture is ten acres.
	[ˈpæsʧər]	-El pasto cubría diez acres.
7503	**slum**	**el barrio bajo; visitar los barrios bajos**
	ss; vb	Every slum is a huge market... of purchases and sales.
	[slʌm]	-Toda favela es un mercado poderoso... de mucha cosa comprada y vendida.
7504	**cowardice**	**la cobardía**
	ss	His cowardice led to mass desertion.
	[ˈkaʊərdəs]	-Su cobardía condujo a una deserción en masa.
7505	**satin**	**el satín; satinado; satinar**
	ss; adj; vb	She loves lace and rosy-pink satin.
	[ˈsætən]	-Le encantan los encajes y el satén rosa.
7506	**jackal**	**el chacal; secuaz**
	ss; adj	I cannot roar like a lion. I'm a jackal.
	[ˈʤækəl]	-No puedo rugir como un león. Soy un chacal.
7507	**dealing**	**la relación comercial**
	ss	Effectively dealing with competition is an important part of life.
	[ˈdilɪŋ]	-Manejar eficazmente a la competencia es una parte importante de la vida.
7508	**tortoise**	**la tortuga**
	ss	The giant tortoise Lonesome George has died on the Galapagos Islands.
	[ˈtɔrtəs]	-La tortuga gigante El Solitario George, murió en las Islas Galápagos.
7509	**masseur**	**masajista**
	ss	Chance, your masseur, will be with you shortly.
	[masseur]	-Chance, su masajista, estará con usted en breve.
7510	**icon**	**el icono**
	ss	The picture has become an icon.
	[ˈaɪkɑn]	-La imagen se ha convertido en un icono.
7511	**hedge**	**la cobertura; cercar**
	ss; vb	The cat crept under the hedge.
	[hɛʤ]	-El gato se deslizó sigilosamente debajo del seto.
7512	**hijack**	**secuestrar; el secuestro**

		vb; ss	Someone's trying to hijack the robot.
		[ˈhaɪˌdʒæk]	-Alguien está tratando de secuestrar el robot. Tráiganmelo.
7513	**hoof**		**el casco; ir a pie**
		ss; vb	The murder weapon is hoof shaped.
		[huf]	-El arma del crimen tiene forma de pezuña.
7514	**attain**		**alcanzar| lograr**
		vb	Policy diversity can help countries attain their development priorities and objectives.
		[əˈteɪn]	-La diversidad de políticas puede ayudar a los países a alcanzar sus prioridades y objetivos de desarrollo.
7515	**shabby**		**lamentable**
		adj	Daugherty is nothing but a shabby little huckster.
		[ˈʃæbi]	-Daugherty no es nada más que un lamentable y pequeño mercachifle.
7516	**partridge**		**la perdiz**
		ss	Talarines (flat cakes with mushrooms and hare or partridge).
		[ˈpɑrtrədʒ]	-Talarines (tortas de masa con setas y liebre o perdiz).
7517	**springtime**		**la primavera**
		ss	He still has springtime on the brain.
		[ˈsprɪŋˌtaɪm]	-Él todavía tiene la primavera en la cabeza.
7518	**cylinder**		**el cilindro**
		ss	The cylinder head of the car is broken.
		[ˈsɪləndər]	-Se me ha roto la culata del coche.
7519	**spiral**		**la espiral; en espiral**
		ss; adj	Galaxies billions of light-years distant evolve a spiral form.
		[ˈspaɪrəl]	-Galaxias a miles de millones de años luz, desarrollan una forma espiral.
7520	**snowball**		**la bola de nieve; aumentar progresivamente**
		ss; vb	Scientists thought comets were white like a snowball.
		[ˈsnoʊˌbɔl]	-Los científicos pensaban que los cometas eran blancos como una bola de nieve.
7521	**clover**		**el trébol**
		ss	For a minute I thought I found a four-leaf clover.
		[ˈkloʊvər]	-Por un momento pensé que había visto un trébol de cuatro hojas.
7522	**separates**		**la coordinados**
		ss	Hyperlinking separates data from its structure.
		[ˈsɛpəˌreɪts]	-El hipervínculo separa los datos de su estructura.
7523	**wacky**		**chiflado**
		adj	It's just been a really wacky weekend.
		[ˈwæki]	-Sólo ha sido un fin de semana realmente loco.
7524	**misty**		**brumoso**
		adj	It was misty, nasty and dark...
		[ˈmɪsti]	-Era brumoso, oscuro y desagradable...
7525	**murderous**		**asesino**
		adj	That murderous blood runs in her...
		[ˈmɜrdərəs]	-Que por sus venas corre sangre de asesino.

Adjetivos

5002	**bourgeois**-*adj; ss*	burgués; el burgués
5004	**unarmed**-*adj*	desarmado
5007	**sensational**-*adj*	sensacional
5018	**juvenile**-*adj; ss*	juvenil| de menores; el menor
5026	**midget**-*ss; adj*	el enano; en miniatura
5032	**swift**-*adj; ss*	rápido| ligero; el vencejo
5038	**worldwide**-*adj*	mundial
5040	**dental**-*adj*	dental
5042	**tropical**-*adj*	tropical
5051	**countless**-*adj*	incontable
5052	**imaginary**-*adj*	imaginario
5060	**inappropriate**-*adj*	inapropiado
5072	**everlasting**-*adj; ss*	eterno; la eternidad
5074	**limp**-*vb; ss; adj*	cojear| claudicar; la cojera; blando
5075	**numerous**-*adj*	numeroso
5077	**shaggy**-*adj*	lanudo
5082	**cuckoo**-*ss; adj; vb*	el cuco; lelo; decir cucú
5084	**supernatural**-*adj*	sobrenatural
5088	**thorough**-*adj*	completo
5091	**traveled**-*adj*	viajado
5101	**psychotic**-*ss; adj*	psicópata; psicopático
5107	**infant**-*adj; ss*	infantil| naciente; el niño
5108	**urine**-*ss; adj*	la orina; de orina
5109	**apparent**-*adj*	aparente| evidente
5114	**trim**-*vb; ss; adj*	recortar| ajustar; el recorte; elegante
5120	**erotic**-*adj*	erótico
5130	**elderly**-*ss; adj*	el mayor; anciano
5137	**dandy**-*ss; adj*	el dandy| el dandi; excelente
5139	**guarded**-*adj*	guardado
5145	**reborn**-*adj*	renacido
5146	**undressed**-*adj*	sin curtir
5148	**banking**-*adj; ss*	bancario; la banca
5157	**damp**-*adj; ss; vb*	húmedo| mojado; la humedad; humedecer
5164	**sly**-*adj*	astuto
5165	**gloomy**-*adj*	melancólico| oscuro
5167	**conservative**-*adj; ss*	conservador; el conservador
5174	**rookie**-*ss; adj*	el novato; bisoño
5175	**sweaty**-*adj*	sudoroso
5176	**blunt**-*vb; adj*	embotar; embotado
5179	**narcotic**-*adj; ss*	narcótico; el narcótico
5180	**haired**-*adj*	peludo
5186	**underworld**-*ss; adj*	el inframundo; del hampa
5191	**detailed**-*adj*	detallado
5194	**weekly**-*adj; adv; ss*	semanal| de cada semana; semanalmente; el semanario
5200	**incapable**-*adj*	incapaz
5201	**polar**-*adj*	polar
5202	**backstage**-*adv; ss; adj*	entre bastidores; los bastidores; de bastidores
5203	**quantum**-*adj; ss*	cuántico; el quantum
5204	**Vietnamese**-*adj; ss*	vietnamita; vietnamita
5205	**valid**-*adj*	válido
5213	**idiotic**-*adj*	idiota| estúpido
5215	**spooky**-*adj*	escalofriante
5220	**hypocrite**-*adj; ss*	hipócrita; hipócrita
5228	**shameful**-*adj*	vergonzoso
5234	**heartless**-*adj*	cruel
5256	**priceless**-*adj*	inestimable
5257	**spicy**-*adj*	picante
5268	**crude**-*adj*	crudo
5272	**juicy**-*adj*	jugoso
5273	**valve**-*ss; adj*	la válvula; de válvula
5274	**monstrous**-*adj*	monstruoso
5280	**unacceptable**-*adj*	inaceptable
5281	**cowardly**-*adv; adj*	cobardemente; cobarde
5282	**arch**-*ss; vb; adj*	el arco; arquear; malicioso
5285	**solemn**-*adj*	solemne
5290	**disabled**-*adj; ss*	incapacitado; los incapacitado
5291	**raven**-*ss; adj; vb*	el cuervo; negro; devorar
5295	**academic**-*adj; ss*	académico; el universitario
5296	**restricted**-*adj*	restringido
5297	**mineral**-*adj; ss*	mineral; el mineral
5301	**conditioning**-*ss; adj*	el acondicionamiento; condicional
5310	**immune**-*adj*	inmune
5311	**unpredictable**-*adj*	imprevisible
5321	**unfinished**-*adj*	inconcluso

5323	**attendant**-*adj; ss*	asistente| concomitante; asistente	
5328	**trench**-*ss; adj; vb*	la zanja; de trincheras; hacer trincheras	
5329	**elaborate**-*vb; adj*	elaborar; elaborado	
5335	**unaware**-*adj*	inconsciente	
5341	**unreasonable**-*adj*	irrazonable	
5348	**epidemic**-*ss; adj*	la epidemia; epidémico	
5354	**publishing**-*ss; adj*	la publicación; editor	
5360	**monthly**-*adj; adv; ss*	mensual; mensualmente; la revista mensual	
5363	**melancholy**-*ss; adj*	la melancolía; melancólico	
5365	**gravy**-*ss; adj*	la salsa; de salsa	
5366	**programmed**-*adj*	programado	
5379	**tart**-*ss; adj*	la tarta| la fulana; agrio	
5384	**stretched**-*adj*	estirado	
5386	**upbeat**-*adj; ss*	optimista; el tiempo débil	
5391	**icy**-*adj*	helado| glacial	
5395	**secondary**-*adj*	secundario	
5397	**challenging**-*adj*	desafiante	
5401	**gigantic**-*adj*	gigantesco	
5404	**percentage**-*ss; adj*	el porcentaje| la proporción; porcentual	
5407	**Czech**-*adj; ss*	checo; el checo	
5409	**poorly**-*adv; adj*	mal; malucho	
5410	**imbecile**-*adj; ss*	imbécil; imbécil	
5413	**pi**-*ss; adj*	la pi; piadoso	
5422	**cereal**-*adj; ss*	cereal; el cereal	
5423	**tonic**-*adj; ss*	tónico; la tónica	
5429	**milky**-*adj*	lechoso	
5432	**sinister**-*adj*	siniestro	
5434	**hasty**-*adj*	apresurado	
5435	**immense**-*adj*	inmenso	
5442	**wedded**-*adj*	casado	
5446	**runaway**-*adj; ss*	fugitivo| escapador; el fugitivo	
5459	**collective**-*adj; ss*	colectivo; el colectivo	
5463	**yonder**-*adv; adj*	allá; aquél	
5471	**smelly**-*adj*	maloliente	
5474	**cynical**-*adj*	cínico	
5480	**uptight**-*adj*	tenso	
5481	**unidentified**-*adj*	no identificado	
5490	**understandable**-*adj*	comprensible	
5500	**preliminary**-*adj; ss*	preliminar; el preliminar	
5518	**twilight**-*ss; adj*	el crepúsculo; crepuscular	
5524	**accustomed**-*adj*	acostumbrado	
5532	**southwest**-*ss; adj*	el suroeste; del suroeste	
5537	**laden**-*adj*	cargado	
5538	**sovereign**-*adj; ss*	soberano; el soberano	
5540	**literary**-*adj; ss*	literario; los literario	
5543	**fading**-*ss; adj*	el desvanecimiento; flojo	
5545	**backward**-*adj; adv*	hacia atrás; hacia atrás	
5554	**consistent**-*adj*	consistente	
5556	**immoral**-*adj*	inmoral	
5557	**environmental**-*adj*	ambiental	
5567	**southeast**-*ss; adj*	el sudeste; del sudeste	
5578	**poetic**-*adj*	poético	
5582	**skilled**-*adj*	experto| cualificado	
5584	**Australian**-*adj; ss*	australiano; el australiano	
5585	**dread**-*ss; vb; adj*	el pavor| el terror; temer; terrible	
5590	**experimental**-*adj*	experimental	
5593	**airborne**-*adj*	aerotransportado	
5594	**dungeon**-*ss; adj*	la mazmorra; calabozo	
5595	**incompetent**-*adj*	incompetente	
5599	**utmost**-*adj; ss*	mayor; el extremo	
5615	**sweeping**-*adj*	barrido	
5618	**unfaithful**-*adj*	infiel	
5621	**contagious**-*adj*	contagioso	
5629	**goody**-*ss; adj*	el bueno; santurrón	
5633	**uptown**-*ss; adj*	las zona residencial; de la zona residencial	
5638	**hick**-*ss; adj*	el paleto; rústico	
5639	**optimistic**-*adj*	optimista	
5643	**astonishing**-*adj*	asombroso| pasmoso	
5647	**destructive**-*adj*	destructivo	
5649	**partial**-*adj*	parcial	
5650	**relaxing**-*adj*	relajante	
5652	**corny**-*adj*	cursi	
5660	**operational**-*adj*	operacional	
5668	**privileged**-*adj*	privilegiado	
5669	**greasy**-*adj*	grasiento	
5671	**mat**-*ss; adj; vb*	la estera; mate; enmarañarse	
5674	**raving**-*adj; ss*	delirante; el delirio	

5680	**northwest**-*adj; ss*	noroeste; el noroeste
5681	**sympathetic**-*adj*	simpático
5682	**despicable**-*adj*	despreciable| vil
5691	**scarlet**-*ss; adj*	las escarlata; colorado
5692	**upright**-*adj; adv; ss*	vertical| recto; erguido; el montante
5695	**statistic**-*ss; adj*	la estadística; estadístico
5704	**goofy**-*adj*	mentecato
5708	**veteran**-*adj; ss*	veterano; el veterano
5711	**wimp**-*adj*	endeble
5717	**cheeky**-*adj; ss*	fresco; el fresco
5719	**iced**-*adj*	con hielo
5720	**chubby**-*adj*	regordete
5722	**muddy**-*vb; adj*	enturbiar; fangoso
5723	**extinct**-*adj*	extinto
5726	**slate**-*ss; adj; vb*	la pizarra; de pizarra; cubrir de pizarras
5729	**gallant**-*adj; ss; vb*	galante; el galán; ser galante
5730	**considerate**-*adj*	considerado
5735	**steep**-*adj; vb; ss*	escarpado| empinado; empapar; el abismo
5738	**superstitious**-*adj*	supersticioso
5740	**windy**-*adj*	ventoso
5742	**Caribbean**-*adj*	caribe
5748	**liberated**-*adj*	liberado
5752	**titanic**-*adj*	titánico
5754	**arctic**-*adj*	ártico
5755	**chic**-*adj; ss*	elegante; la elegancia
5760	**canned**-*adj*	enlatado
5763	**obscene**-*adj*	obsceno
5769	**occasional**-*adj*	ocasional
5771	**athletic**-*adj*	atlético
5773	**stuffy**-*adj*	cargado
5779	**epic**-*adj; ss*	épico; el épico
5780	**tactical**-*adj*	táctico
5790	**inclined**-*adj*	inclinado
5791	**dependent**-*adj; ss*	dependiente; el dependiente
5795	**cocky**-*adj*	gallito| arrogante
5796	**redhead**-*adj*	pelirrojo
5803	**sneaky**-*adj*	furtivo
5809	**Danish**-*adj; ss*	danés; danés
5812	**lasting**-*adj*	perdurable
5814	**daft**-*adj*	loco
5816	**medieval**-*adj*	medieval
5817	**jumbo**-*ss; adj*	el jumbo| el elefante; enorme
5821	**brunette**-*adj; ss*	morena; la morena
5824	**touchy**-*adj*	quisquilloso
5826	**enthusiastic**-*adj*	entusiasta
5827	**regional**-*adj*	regional
5834	**profitable**-*adj*	rentable
5837	**patriotic**-*adj*	patriótico
5841	**nosy**-*adj*	curioso
5847	**spontaneous**-*adj*	espontáneo
5848	**matching**-*ss; adj*	el pareo; a tono
5849	**admirable**-*adj*	admirable
5852	**irresistible**-*adj*	irresistible
5859	**disappointing**-*adj*	decepcionante
5862	**excessive**-*adj; ss*	excesivo| desmedido; el excedente
5866	**bronze**-*ss; adj; vb*	el bronce; bronceado; broncear
5871	**fiery**-*adj*	ardiente
5875	**chronic**-*adj*	crónico| permanente
5876	**whichever**-*adj*	cualquiera
5880	**incomplete**-*adj*	incompleto
5883	**par**-*ss; adj*	el par; normal
5884	**devastating**-*adj*	devastador
5886	**loco**-*ss; adj*	la locomotora| loco
5887	**sporting**-*adj*	deportivo
5889	**facial**-*adj; ss*	facial; los tratamiento facial
5893	**dishonest**-*adj*	deshonesto
5894	**tame**-*vb; adj*	domar| amansar; manso
5898	**Norwegian**-*adj; ss*	noruego; el noruego
5900	**unnatural**-*adj*	antinatural
5904	**satisfactory**-*adj*	satisfactorio
5906	**oral**-*adj; ss*	oral; el examen oral
5907	**insignificant**-*adj*	insignificante
5911	**tempting**-*adj*	tentador| seductor
5914	**sighted**-*adj*	de vista normal
5924	**armored**-*adj*	blindado
5928	**eerie**-*adj*	misterioso| extraño
5930	**competitive**-*adj*	competitivo
5935	**eccentric**-*adj; ss*	excéntrico; el excéntrico
5936	**inferior**-*adj; ss*	inferior; los inferior
5938	**salty**-*adj*	salado
5941	**tribal**-*adj*	tribal
5950	**overall**-*adj; adv; ss*	total; en conjunto; el mono

5958	**heavyweight**-*adj; ss*	de peso pesado; el pez gordo
5960	**treacherous**-*adj*	traicionero
5969	**teen**-*ss; adj*	adolescente; joven
5970	**missionary**-*adj; ss*	misionero; el misionero
5975	**conventional**-*adj*	convencional
5983	**unreal**-*adj*	irreal
5984	**witty**-*adj*	ingenioso
5987	**loony**-*adj; ss*	loco; el loco
5990	**lunar**-*adj*	lunar
5991	**vacant**-*adj; ss*	vacante| vacío; el vacante
5994	**transition**-*ss; adj*	la transición; de transición
5995	**strategic**-*adj*	estratégico
6003	**refined**-*adj*	refinado| elegante
6006	**fearful**-*adj*	temeroso| terrible
6019	**abnormal**-*adj*	anormal
6021	**vocal**-*adj; ss*	vocal; la canción
6027	**trivial**-*adj*	trivial| banal
6030	**Islamic**-*adj*	islámico
6032	**alleged**-*adj*	presunto
6037	**dense**-*adj*	denso| estúpido
6040	**outsider**-*adj; ss*	forastero; el forastero
6042	**alternate**-*vb; adj; ss*	alternar; alterno; suplente
6045	**substantial**-*adj*	sustancial
6046	**suspension**-*ss; adj*	la suspensión; suspensivo
6049	**manly**-*adj*	varonil
6051	**import**-*vb; ss; adj*	importar; importación; de importación
6055	**northeast**-*ss; adj*	el nordeste; del nordeste
6057	**barbarian**-*adj; ss*	bárbaro; el bárbaro
6060	**external**-*adj; ss*	externo; la exterioridad
6068	**diesel**-*adj; ss*	diesel; el diesel
6069	**Martian**-*adj; ss*	marciano; el marciano
6071	**moody**-*adj*	de humor cambiante
6078	**forensic**-*adj*	forense
6079	**senseless**-*adj*	sin sentido
6083	**squat**-*vb; adj; ss*	agacharse; rechoncho; la ocupación ilegal
6084	**premature**-*adj*	prematuro
6087	**ominous**-*adj*	ominoso
6089	**leisure**-*ss; adj*	el ocio; de deporte
6090	**barefoot**-*adj; adv*	descalzo; descalzo
6091	**educational**-*adj*	educativo
6092	**victorious**-*adj*	victorioso
6099	**valiant**-*adj; ss*	valiente; valiente
6101	**bumper**-*ss; adj*	el parachoques; abundante
6105	**dairy**-*ss; adj*	la lechería; lechero
6109	**Oriental**-*adj; ss*	oriental; el oriental
6113	**uncertain**-*adj*	incierto
6114	**amused**-*adj*	divertido
6116	**subconscious**-*adj; ss*	subconsciente; el subconsciente
6130	**Austrian**-*adj; ss*	austriaco; el austriaco
6139	**extensive**-*adj*	extenso
6141	**colorful**-*adj*	vistoso
6143	**frequent**-*adj; vb*	frecuente; frecuentar
6149	**Belgian**-*adj; ss*	belga; belga
6150	**Hindi**-*adj*	hindi
6151	**initiate**-*adj; ss; vb*	iniciado; el iniciado; iniciar
6155	**imminent**-*adj*	inminente
6159	**Hindu**-*adj; ss*	hindú; el hindú
6170	**unworthy**-*adj*	indigno de
6172	**shady**-*adj*	sombreado| turbio
6174	**uneasy**-*adj*	inquieto
6178	**equivalent**-*adj; ss*	equivalente; el equivalente
6181	**ingenious**-*adj*	ingenioso
6182	**sinful**-*adj*	pecaminoso
6186	**obedient**-*adj*	obediente
6190	**lawful**-*adj*	legal
6192	**dusk**-*ss; vb; adj*	la oscuridad| el anochecer; anochecer; oscuro
6193	**retiring**-*adj*	saliente
6194	**knockout**-*ss; adj*	el knock-out; eliminatorio
6205	**Romanian**-*adj; ss*	rumano; el rumano
6208	**wireless**-*adj; ss*	sin hilos; la radio
6217	**prominent**-*adj*	prominente
6229	**obscure**-*adj; vb*	oscuro| solitario; oscurecer
6230	**handicapped**-*adj; ss*	minusválido; el minusválido
6231	**insecure**-*adj*	inseguro
6232	**justified**-*adj*	justificado
6235	**operative**-*adj; ss*	operatorio; agente
6243	**beetle**-*ss; adj; vb*	el escarabajo; enmarañado; golpear
6244	**delirious**-*adj*	delirante

6248	**downhill**-*adj; adv*	cuesta abajo; en declive
6251	**senile**-*adj*	senil
6252	**theatrical**-*adj; ss*	teatral; la función teatral
6254	**radioactive**-*adj*	radioactivo
6257	**snappy**-*adj*	rápido| conciso
6258	**Mediterranean**-*adj; ss*	mediterráneo; el Mediterráneo
6261	**sideways**-*adj; adv*	oblicuo; de lado
6268	**vintage**-*ss; adj*	la vendimia; de época
6269	**suicidal**-*adj*	suicida
6275	**snowy**-*adj*	de mucha nieve
6285	**collateral**-*adj; ss*	colateral; la seguridad
6287	**immature**-*adj*	inmaduro
6288	**crisp**-*adj; vb; ss*	crujiente; crujir; la cosa crespa
6294	**sublime**-*adj*	sublime
6295	**captive**-*adj; ss*	cautivo; el cautivo
6296	**patent**-*vb; ss; adj*	patentar| distinguirse; la patente; de patentes
6298	**exaggerated**-*adj*	exagerado
6299	**marathon**-*ss; adj*	el maratón; larguísimo
6301	**jumpy**-*adj*	asustadizo
6302	**miraculous**-*adj*	milagroso
6304	**powerless**-*adj*	impotente
6305	**impotent**-*adj; ss*	impotente; los impotente
6309	**continental**-*adj; ss*	continental; habitante del Continente Europeo
6311	**rightful**-*adj*	legítimo
6316	**infamous**-*adj*	infame
6322	**distinct**-*adj*	distinto| claro
6329	**continuous**-*adj*	continuo
6330	**persistent**-*adj*	persistente
6335	**sham**-*ss; adj; vb*	el impostor| el engaño; falso; fingir
6338	**virtuous**-*adj*	virtuoso
6345	**grumpy**-*adj; ss*	gruñón; el malhumorado
6355	**accidental**-*adj; ss*	accidental| casual; el accidente
6360	**fluffy**-*adj*	mullido
6361	**astray**-*adv; adj*	por mal camino; descarriado
6363	**kinky**-*adj*	rizado| ensortijado
6366	**barren**-*adj; ss*	estéril| árido; la tierra yerma
6367	**expired**-*adj*	muerto
6373	**slimy**-*adj*	baboso
6375	**fashionable**-*adj*	de moda
6380	**consulting**-*adj*	consultante
6383	**horrid**-*adj*	horrible| horrendo
6385	**scrambled**-*adj*	revuelto
6388	**nagging**-*adj; ss*	persistente; las quejas
6390	**radiant**-*adj; ss*	radiante; el radiador
6392	**ghastly**-*adj*	horrible| cadavérico
6396	**pappy**-*ss; adj*	el papá; blando
6404	**aerial**-*adj; ss*	aéreo; la antena
6406	**convertible**-*adj*	convertible
6407	**intensive**-*adj*	intensivo
6417	**cooperative**-*ss; adj*	la cooperativa; cooperativo
6421	**mystical**-*adj*	místico
6423	**stingy**-*adj*	tacaño
6427	**cloudy**-*adj*	nublado
6429	**fertile**-*adj*	fértil| fecundo
6442	**deprived**-*adj*	privado
6443	**contaminated**-*adj*	contaminado
6445	**symbolic**-*adj*	simbólico
6447	**predictable**-*adj*	previsible
6449	**irrational**-*adj; ss*	irracional; el irracional
6454	**immigrant**-*adj; ss*	inmigrante; el inmigrante
6458	**anal**-*adj*	anal
6459	**deliberate**-*vb; adj*	deliberar; deliberado
6466	**penitentiary**-*adj; ss*	penitenciario; el penitenciario
6467	**fossil**-*adj; ss*	fósil; el fósil
6474	**shaky**-*adj*	tembloroso
6476	**insolent**-*adj*	insolente
6480	**controversial**-*adj*	polémico
6485	**disgusted**-*adj*	disgustado
6486	**capitalist**-*adj; ss*	capitalista; capitalista
6494	**bridal**-*adj; ss*	nupcial; la boda
6498	**winding**-*ss; adj*	el devanado; tortuoso
6505	**miniature**-*adj; ss; vb*	miniatura; la miniatura; miniaturizar
6506	**renowned**-*adj*	renombrado
6510	**scarce**-*adj; adv*	escaso; apenas
6512	**probable**-*adj*	probable
6513	**glamorous**-*adj*	atractivo
6521	**metallic**-*adj*	metálico
6525	**indifferent**-*adj*	indiferente| regular

6527	**export-**_vb; ss; adj_	exportar; la exportación; exportador
6532	**unlimited-**_adj_	ilimitado
6543	**unprecedented-**_adj_	sin precedentes
6544	**homemade-**_adj_	casero
6548	**overdue-**_adj_	atrasado
6551	**earthly-**_adj_	terrenal
6561	**thumping-**_adj; adv_	descomunal; enormemente
6569	**ranking-**_ss; adj_	la categoría; superior
6571	**pagan-**_adj; ss_	pagano; el pagano
6573	**joyful-**_adj_	alegre
6574	**insured-**_adj_	asegurado
6576	**traumatic-**_adj_	traumático
6578	**dynamic-**_ss; adj_	la dinámica; dinámico
6580	**appealing-**_adj_	atractivo
6589	**sedative-**_adj; ss_	sedante; el sedante
6591	**graceful-**_adj_	agraciado
6593	**stale-**_adj_	duro
6597	**meaningful-**_adj_	significativo
6602	**Persian-**_adj; ss_	persa; persa
6605	**certified-**_adj_	certificado
6607	**programming-**_ss; adj_	la programación; programador
6611	**newborn-**_adj; ss_	recién nacido; el recién nacido
6612	**flexible-**_adj_	flexible
6621	**itchy-**_adj_	picante
6624	**sparkling-**_adj_	espumoso
6625	**credential-**_adj; ss_	credencial; los credencial
6626	**pedal-**_adj; ss; vb_	pedal; el pedal; pedalear
6632	**needy-**_adj; ss_	necesitado; el necesitado
6634	**intern-**_adj; ss; vb_	interno; el interno; internar
6636	**vivid-**_adj_	vivo| vívido
6638	**disgraceful-**_adj_	vergonzoso
6641	**surgical-**_adj_	quirúrgico
6642	**lower-**_adj; vb; adv_	inferior| bajo; reducir; bajo
6645	**preposterous-**_adj_	absurdo
6656	**colonial-**_adj; ss_	colonial; el colono
6659	**leftover-**_adj; ss_	sobrante; superviviente
6661	**forfeit-**_vb; ss; adj_	perder; la prenda; confiscado
6666	**straightforward-**_adj_	sencillo
6671	**furry-**_adj; ss_	peludo; el peludo
6677	**bumpy-**_adj_	desigual
6679	**affectionate-**_adj_	cariñoso| afectuoso
6680	**homesick-**_adj_	nostálgico
6683	**cornered-**_adj_	arrinconado
6689	**acute-**_adj_	agudo| grave
6694	**impulsive-**_adj_	impulsivo
6695	**formidable-**_adj_	formidable
6697	**giddy-**_adj_	mareado
6703	**lesser-**_adj_	menor
6705	**influential-**_adj_	influyente
6708	**feeble-**_adj_	débil| endeble
6709	**racial-**_adj_	racial
6719	**crummy-**_adj; ss_	sucio; la calidad baja
6723	**reluctant-**_adj_	reacio
6725	**respectful-**_adj_	respetuoso
6726	**pitching-**_ss; adj_	el lanzamiento; lanzado
6733	**envious-**_adj_	envidioso
6737	**contemporary-**_adj; ss_	contemporáneo; el contemporáneo
6738	**futile-**_adj_	fútil
6745	**adequate-**_adj_	adecuado
6748	**hopeful-**_adj; ss_	esperanzado; aspirante
6750	**competent-**_adj_	competente
6754	**worldly-**_adj_	mundano
6757	**frustrating-**_adj_	frustrante
6760	**Palestinian-**_adj; ss_	palestino; el palestino
6761	**picky-**_adj_	difícil
6762	**superficial-**_adj_	superficial
6763	**evident-**_adj_	evidente| constatable
6776	**degenerate-**_vb; ss; adj_	degenerar; el degenerado; degenerado
6778	**teaching-**_ss; adj_	la enseñanza; de enseñanza
6779	**outdoors-**_adj; adv_	al aire libre; al aire libre
6782	**verbal-**_adj_	verbal
6796	**sterling-**_ss; adj_	la libra esterlina; excelente
6798	**designate-**_adj; vb_	designado| nombrado; señalar
6801	**mellow-**_adj; vb_	meloso; madurar
6802	**buff-**_vb; ss; adj_	pulir; el color de ante; amarillo

6804	**irregular**-*adj; ss*	irregular; el guerrillero
6815	**sarcastic**-*adj*	sarcástico
6818	**unseen**-*adj; ss*	invisible; el lo invisible
6821	**intriguing**-*adj*	intrigante
6822	**sage**-*adj; ss*	sabio; el sabio
6823	**appalling**-*adj*	pésimo
6826	**premier**-*ss; adj*	el primer ministro; primero
6830	**posh**-*adj*	elegante
6834	**customary**-*adj*	acostumbrado
6838	**eligible**-*adj*	elegible
6839	**nutty**-*adj*	de nuez
6842	**metropolitan**-*adj; ss*	metropolitano; el metropolitano
6849	**teeny**-*adj*	chiquitín
6853	**indecent**-*adj*	indecente
6858	**unimportant**-*adj*	sin importancia
6870	**manifest**-*adj; ss; vb*	manifiesto; el manifiesto; manifestar
6885	**provincial**-*adj; ss*	provincial; el provincial
6887	**fractured**-*adj*	fracturado
6891	**wondrous**-*adj*	maravilloso
6897	**passive**-*adj; ss*	pasivo; la voz pasiva
6898	**invalid**-*adj; ss; vb*	inválido| minusválido; el inválido; licenciar
6902	**dignified**-*adj*	digno| solemne
6904	**haunting**-*adj*	obsesionante
6905	**virtual**-*adj*	virtual
6907	**abstract**-*ss; adj; vb*	el extracto; abstracto; abstraer
6908	**sandy**-*adj*	arenoso
6920	**portable**-*adj; ss*	portátil; el portátil
6923	**repulsive**-*adj*	repulsivo
6934	**progressive**-*adj; ss*	progresivo| progresista; progresista
6937	**vertical**-*adj*	vertical
6939	**Serbian**-*adj; ss*	serbio; el serbio
6940	**insensitive**-*adj*	insensible
6942	**pleasing**-*adj*	agradable
6944	**craven**-*adj; ss; vb*	cobarde; cobarde; ser cobarde
6949	**biblical**-*adj*	bíblico
6950	**transparent**-*adj*	transparente| diáfano
6959	**electromagnetic**-*adj*	electromagnético

6960	**characteristic**-*ss; adj*	la característica; característico
6963	**memorable**-*adj*	memorable
6968	**masculine**-*adj; ss*	masculino; el masculino
6969	**clinical**-*adj*	clínico
6970	**drastic**-*adj; ss*	drástico; el drástico
6973	**ongoing**-*adj; ss*	en marcha; la continuación
6975	**ruby**-*ss; adj*	el rubí; de rubíes
6976	**dashing**-*adj*	apuesto
6977	**celestial**-*adj*	celestial| claro
6980	**stricken**-*adj*	afligido
6982	**synthetic**-*adj*	sintético
6983	**unmarried**-*adj*	soltero
6987	**neurotic**-*adj; ss*	neurótico; el neurótico
6988	**mathematical**-*adj*	matemático
6992	**disastrous**-*adj*	desastroso
6993	**onward**-*adv; adj*	adelante; hacia adelante
6998	**grilled**-*adj*	asado a la parrilla
7001	**distressed**-*adj*	afligido
7002	**sling**-*ss; vb; adj*	la honda; colgar; viscoso
7008	**decisive**-*adj*	decisivo
7018	**spinal**-*adj*	espinal
7024	**fore**-*adj; adv; ss*	delantero; delante; el frente
7025	**counterfeit**-*ss; adj; vb*	la falsificación; falsificado; contrahacer
7035	**volcanic**-*adj*	volcánico
7036	**accessory**-*adj; ss*	accesorio; el accesorio
7045	**truthful**-*adj*	veraz
7050	**comfy**-*adj*	confortable
7057	**inconvenient**-*adj*	inconveniente| incómodo
7059	**dire**-*adj*	terrible| calamitoso
7062	**smug**-*adj*	presumido
7067	**infrared**-*adj*	infrarrojo
7073	**civic**-*adj*	cívico
7078	**speedy**-*adj*	rápido| pronto
7084	**foremost**-*adj; adv*	principal| delantero; primero
7086	**dominant**-*adj; ss*	dominante; los dominante
7088	**molecular**-*adj*	molecular
7091	**thermal**-*adj*	térmico
7093	**inhuman**-*adj*	inhumano

7095	**troublesome**-*adj*	molesto| dificultoso	
7106	**municipal**-*adj*	municipal	
7108	**carefree**-*adj*	despreocupado	
7109	**mystic**-*adj; ss*	místico; el místico	
7118	**triumphant**-*adj*	triunfante	
7119	**sizzling**-*adj; ss*	candente; el chisporroteo	
7120	**tangled**-*adj*	enredado	
7125	**trustworthy**-*adj*	digno de confianza	
7132	**unjust**-*adj*	injusto	
7144	**illiterate**-*adj; ss*	analfabeto; el analfabeto	
7146	**gruesome**-*adj*	horrible| agotador	
7148	**exterior**-*adj; ss*	exterior; el exterior	
7150	**charitable**-*adj*	caritativo	
7156	**reasoning**-*ss; adj*	el razonamiento; racional	
7157	**voluntary**-*adj*	voluntario	
7158	**giraffe**-*ss; adj*	la jirafa; largo	
7159	**obnoxious**-*adj*	desagradable	
7164	**bulletproof**-*adj*	a prueba de balas	
7172	**imperative**-*adj; ss*	imperativo; el imperativo	
7177	**humane**-*adj*	humano	
7179	**partisan**-*adj; ss*	partidista; el guerrillero	
7186	**descendant**-*adj; ss*	descendiente; descendiente	
7192	**cardiac**-*adj; ss*	cardíaco; el medio cardíaco	
7193	**covert**-*adj; ss*	encubiert; el abrigo	
7194	**dimensional**-*adj*	dimensional	
7206	**majestic**-*adj*	majestuoso	
7208	**sturdy**-*adj*	robusto| fuerte	
7212	**phenomenal**-*adj*	fenomenal	
7216	**lowly**-*adj; adv*	humilde; humildemente	
7226	**pompous**-*adj*	pomposo	
7228	**painless**-*adj*	sin dolor	
7233	**faraway**-*adj*	lejano| muy lejos	
7234	**postal**-*adj; ss*	postal; la tarjeta postal	
7241	**cellular**-*adj*	celular	
7244	**phoney**-*adj; ss*	falso; farsante	
7249	**inland**-*adj; ss; adv*	interior; el interior; tierra adentro	
7250	**duplicate**-*adj; ss; vb*	duplicado; el duplicado; duplicar	
7251	**enchanting**-*adj*	encantador	
7256	**dazzling**-*adj*	deslumbrante	

7262	**crazed**-*adj*	loco	
7263	**Renaissance**-*ss; adj*	el Renacimiento; renacentista	
7265	**nauseous**-*adj*	nauseabundo	
7269	**chaotic**-*adj*	caótico	
7271	**stylish**-*adj*	elegante	
7278	**morbid**-*adj*	mórbido	
7282	**barbed**-*adj*	mordaz	
7285	**correspondent**-*ss; adj*	el corresponsal; correspondiente	
7286	**unforgivable**-*adj*	imperdonable	
7290	**prosperous**-*adj*	próspero| boyante	
7301	**reflex**-*adj; ss*	reflejo; el reflejo	
7302	**sonic**-*adj*	sónico	
7308	**unfit**-*adj; vb*	impropio; inhabilitar	
7309	**disrespectful**-*adj*	irrespetuoso	
7312	**stormy**-*adj*	tempestuoso	
7314	**stag**-*ss; adj*	el ciervo; soltero	
7317	**defenseless**-*adj*	indefenso	
7321	**intolerable**-*adj*	intolerable	
7326	**sterile**-*adj*	estéril	
7328	**bygone**-*adj; ss*	pasado; la cosa pasada	
7329	**grotesque**-*adj; ss*	grotesco; el grotesco	
7332	**suburban**-*adj; ss*	suburbano; el suburbano	
7333	**bodily**-*adj; adv*	corporal; en persona	
7339	**ethical**-*adj*	ético	
7342	**spirited**-*adj*	enérgico	
7344	**piercing**-*ss; adj*	la perforación; penetrante	
7346	**asteroid**-*adj*	asteroide	
7347	**regent**-*adj; ss*	regente; regente	
7349	**offshore**-*adv; adj*	costa afuera; terral	
7351	**agreeable**-*adj*	agradable| conforme	
7352	**pretentious**-*adj*	pretencioso	
7357	**auxiliary**-*adj; ss*	auxiliar| ayudante; el ayudante	
7363	**midday**-*ss; adj*	el mediodía; de mediodía	
7364	**Protestant**-*adj; ss*	protestante; el protestante	
7365	**mediocre**-*adj*	mediocre	
7366	**rosy**-*adj*	rosado	
7367	**desirable**-*adj*	deseable	
7371	**ferocious**-*adj*	feroz	
7377	**sordid**-*adj*	sórdido	
7382	**productive**-*adj*	productivo| fecundo	
7384	**sensual**-*adj*	sensual	

7386	**moist-***adj*	húmedo
7395	**prehistoric-***adj*	prehistórico
7399	**herbal-***adj*	herbario
7404	**acknowledged-***adj*	admitido
7406	**penniless-***adj*	sin dinero
7408	**joyous-***adj*	jubiloso
7414	**editorial-***adj; ss*	editorial; el editorial
7421	**downright-***adv; adj*	completamente; completo
7443	**marital-***adj*	marital
7451	**unclear-***adj*	no claro
7458	**bitty-***adj*	fragmentario
7469	**bottled-***adj*	embotellado
7472	**bogus-***adj*	falso
7473	**colossal-***adj*	colosal
7475	**apt-***adj*	apto| conveniente
7476	**pharmaceutical-***adj*	farmacéutico
7477	**disposed-***adj*	dispuesto
7478	**rugged-***adj*	escabroso
7483	**tedious-***adj*	tedioso
7486	**Albanian-***adj; ss*	albanés; el albanés
7487	**unforgettable-***adj*	inolvidable
7488	**ducky-***ss; adj*	el cariño; muy mono
7491	**hind-***adj; ss*	posterior| estorbado; la cierva
7493	**perverse-***adj*	perverso
7494	**sleepless-***adj*	insomne
7505	**satin-***ss; adj; vb*	el satín; satinado; satinar
7506	**jackal-***ss; adj*	el chacal; secuaz
7515	**shabby-***adj*	lamentable
7519	**spiral-***ss; adj*	la espiral; en espiral
7523	**wacky-***adj*	chiflado
7524	**misty-***adj*	brumoso
7525	**murderous-***adj*	asesino

Adverbios

5013	**calmly-**adv	tranquilamente
5056	**automatically-**adv	automáticamente
5087	**permanently-**adv	permanentemente
5143	**likewise-**adv	igualmente
5169	**worthwhile-**adv	vale la pena
5194	**weekly-**adj; adv; ss	semanal| de cada semana; semanalmente; el semanario
5196	**undoubtedly-**adv	indudablemente
5202	**backstage-**adv; ss; adj	entre bastidores; los bastidores; de bastidores
5212	**madly-**adv	locamente
5279	**furthermore-**adv	además
5281	**cowardly-**adv; adj	cobardemente; cobarde
5322	**incidentally-**adv	de paso
5338	**successfully-**adv	con éxito
5360	**monthly-**adj; adv; ss	mensual; mensualmente; la revista mensual
5370	**openly-**adv	abiertamente
5409	**poorly-**adv; adj	mal; malucho
5416	**roughly-**adv	aproximadamente
5428	**secondly-**adv	en segundo lugar
5437	**anyplace-**adv	en cualquier sitio
5440	**privately-**adv	en privado
5449	**moreover-**adv	además
5461	**firmly-**adv	firmemente
5463	**yonder-**adv; adj	allá; aquél
5509	**frequently-**adv	frecuentemente
5530	**publicly-**adv	en público
5535	**severely-**adv	severamente
5545	**backward-**adj; adv	hacia atrás; hacia atrás
5657	**relatively-**adv	relativamente
5692	**upright-**adj; adv; ss	vertical| recto; erguido; el montante
5732	**tightly-**adv	estrechamente
5765	**urgently-**adv	urgentemente
5774	**briefly-**adv	brevemente
5820	**repeatedly-**adv	repetidamente
5825	**apiece-**adv	cada uno
5839	**surprisingly-**adv	asombrosamente
5840	**presently-**adv	ahora
5850	**smoothly-**adv	suavemente
5909	**alias-**adv; ss	alias; el alias
5919	**patriot-**ss; adv	patriota; temprano
5931	**politically-**adv	políticamente
5950	**overall-**adj; adv; ss	total; en conjunto; el mono
5988	**under way-**adv	en marcha
6012	**humbly-**adv	humildemente
6090	**barefoot-**adj; adv	descalzo; descalzo
6093	**separately-**adv	por separado
6134	**indoors-**adv	dentro
6156	**nonetheless-**con; adv	sin embargo; con todo
6189	**increasingly-**adv	cada vez más
6195	**willingly-**adv	de buena gana
6248	**downhill-**adj; adv	cuesta abajo; en declive
6261	**sideways-**adj; adv	oblicuo; de lado
6274	**deuce-**ss; adv	los dos| el diablo; cuarenta iguales
6293	**rightly-**adv	correctamente
6347	**sharply-**adv	bruscamente
6361	**astray-**adv; adj	por mal camino; descarriado
6376	**potentially-**adv	potencialmente
6413	**silently-**adv	silenciosamente
6444	**firstly-**adv	primero
6495	**nervously-**adv	nerviosamente
6499	**horribly-**adv	terriblemente
6510	**scarce-**adj; adv	escaso; apenas
6561	**thumping-**adj; adv	descomunal; enormemente
6566	**afar-**adv	lejos
6610	**unexpectedly-**adv	inesperadamente
6642	**lower-**adj; vb; adv	inferior| bajo; reducir; bajo
6660	**merrily-**adv	alegremente
6667	**aft-**adv	en popa
6688	**accordingly-**adv	en consecuencia
6707	**financially-**adv	financialmente
6717	**beforehand-**adv	antemano
6736	**aloud-**adv	en voz alta
6766	**initially-**adv	inicialmente
6768	**simultaneously-**adv	simultáneamente
6779	**outdoors-**adj; adv	al aire libre; al aire librc
6862	**solemnly-**adv	solemnemente
6876	**exclusively-**adv	exclusivamente
6890	**voluntarily-**adv	voluntariamente

6892	**formerly**-*adv*	antes
6900	**formally**-*adv*	formalmente
6912	**eternally**-*adv*	eternamente
6914	**brutally**-*adv*	brutalmente
6924	**socially**-*adv*	socialmente
6946	**amazingly**-*adv*	espantosamente
6978	**bravely**-*adv*	valientemente
6981	**scarcely**-*adv*	apenas
6993	**onward**-*adv; adj*	adelante; hacia adelante
7024	**fore**-*adj; adv; ss*	delantero; delante; el frente
7040	**afterward**-*adv*	después
7064	**presumably**-*adv*	presumiblemente
7077	**oddly**-*adv*	extrañamente
7080	**vaguely**-*adv*	vagamente
7082	**preferably**-*adv*	preferiblemente
7084	**foremost**-*adj; adv*	principal| delantero; primero
7087	**remarkably**-*adv*	extraordinariamente
7153	**wholly**-*adv*	totalmente
7155	**seemingly**-*adv*	aparentemente
7170	**effectively**-*adv*	eficazmente
7199	**respectfully**-*adv*	respetuosamente
7216	**lowly**-*adj; adv*	humilde; humildemente
7232	**solely**-*adv*	únicamente
7249	**inland**-*adj; ss; adv*	interior; el interior; tierra adentro
7253	**wildly**-*adv*	salvajemente
7274	**violently**-*adv*	violentamente
7333	**bodily**-*adj; adv*	corporal; en persona
7349	**offshore**-*adv; adj*	costa afuera; terral
7359	**genuinely**-*adv*	verdaderamente| auténticamente
7361	**continuously**-*adv*	continuamente
7369	**widely**-*adv*	extensamente
7385	**largely**-*adv*	en gran parte
7421	**downright**-*adv; adj*	completamente; completo
7466	**reasonably**-*adv*	razonablemente
7489	**henceforth**-*adv*	de aquí en adelante

Conjunciones

5468	**whilst**-*con*	mientras que
6156	**nonetheless**-*con; adv*	sin embargo; con todo
6533	**lest**-*con*	para que no

Preposiciones

5017	**midst**-*ss; prp*	el medio; entre
6365	**cum**-*ss; prp*	el semen; con

Pronombres

5236 **oneself-**_prn_   uno mismo

Sustantivos

5000	**snatch**-*vb; ss*	arrebatar; la arrancada
5001	**dent**-*ss; vb*	las mella; mellar
5002	**bourgeois**-*adj; ss*	burgués; el burgués
5003	**smuggling**-*ss*	el contrabando
5005	**mutt**-*ss*	el chucho
5006	**reinforcement**-*ss*	el reforzamiento
5008	**bleep**-*vb; ss*	emitir pitidos
5010	**follower**-*ss*	el seguidor| el discípulo
5011	**negotiation**-*ss*	la negociación
5012	**lace**-*ss; vb*	el cordón; guarnecer con encajes
5014	**biscuit**-*ss*	la galleta
5015	**memo**-*ss*	el memorándum
5016	**ribbon**-*ss; vb*	la cinta; ceñir
5017	**midst**-*ss; prp*	el medio; entre
5018	**juvenile**-*adj; ss*	juvenil| de menores; el menor
5020	**condolence**-*ss*	la condolencia
5021	**dome**-*ss*	la cúpula
5023	**tackle**-*ss; vb*	la entrada| el aparejo; abordar
5024	**reef**-*ss; vb*	el arrecife; arrizar
5025	**triangle**-*ss*	el triángulo
5026	**midget**-*ss; adj*	el enano; en miniatura
5027	**marker**-*ss*	el marcador| el rotulador
5029	**inmate**-*ss*	el preso| el internado
5030	**chalk**-*ss; vb*	la tiza| el gis; entizar
5032	**swift**-*adj; ss*	rápido| ligero; el vencejo
5034	**esteem**-*ss; vb*	la estima| el precio; estimar
5035	**pike**-*ss*	el lucio
5036	**weasel**-*ss*	la comadreja
5037	**eminence**-*ss*	la eminencia
5039	**syndrome**-*ss*	el síndrome
5041	**opium**-*ss*	el opio
5043	**critic**-*ss*	el crítico| la palabra crítica
5045	**portion**-*ss; vb*	la parte| la ración; dividir
5046	**baroness**-*ss*	la baronesa
5047	**ache**-*ss; vb*	el dolor; doler
5048	**polo**-*ss*	el polo
5050	**cutter**-*ss*	el cortador
5053	**fireplace**-*ss*	el hogar
5054	**regime**-*ss*	el régimen
5055	**initiative**-*ss*	la iniciativa
5057	**flank**-*ss; vb*	el flanco; flanquear
5058	**barge**-*ss; vb*	la barcaza; transportar por barcaza
5059	**astronaut**-*ss*	astronauta
5061	**crank**-*ss; vb*	la manivela; dar una vuelta a
5062	**streak**-*ss; vb*	la racha; rayar
5063	**gong**-*ss*	el gong
5064	**basil**-*ss*	la albahaca
5065	**disappearance**-*ss*	la desaparición
5066	**samba**-*ss*	la samba
5067	**burglar**-*ss*	el ladrón
5068	**solitude**-*ss*	la soledad
5069	**coconut**-*ss*	el coco
5070	**fiddle**-*ss; vb*	el violín| la estafa; tocar el violín
5072	**everlasting**-*adj; ss*	eterno; la eternidad
5073	**stupidity**-*ss*	la estupidez
5074	**limp**-*vb; ss; adj*	cojear| claudicar; la cojera; blando
5076	**fiance**-*ss*	el novio
5078	**hitch**-*ss; vb*	el enganche| el tirón; enganchar
5079	**fiancee**-*ss*	la novia
5081	**stitch**-*ss; vb*	la puntada; coser
5082	**cuckoo**-*ss; adj; vb*	el cuco; lelo; decir cucú
5083	**testament**-*ss*	el testamento
5085	**coco**-*ss*	las palma de coco
5086	**recruit**-*ss; vb*	la recluta; reclutar
5089	**pneumonia**-*ss*	la neumonía
5092	**pea**-*ss*	el guisante
5093	**spectacle**-*ss*	el espectáculo
5094	**peep**-*vb; ss*	mirar furtivamente; la mirada furtiva
5095	**creator**-*ss*	el creador; la amazona
5096	**estimate**-*vb; ss*	estimar| calcular; la estimación
5097	**gospel**-*ss*	el evangelio
5098	**voting**-*ss*	la votación
5099	**holiness**-*ss*	la santidad
5100	**drip**-*ss; vb*	el goteo; gotear
5101	**psychotic**-*ss; adj*	psicópata; psicopático
5102	**particle**-*ss*	la partícula| el grano
5103	**militia**-*ss*	la milicia
5104	**mathematics**-*ss*	las matemáticas

5105	snarl-*ss; vb*	el gruñido; gruñir
5106	bun-*ss*	el bollo
5107	infant-*adj; ss*	infantil| naciente; el niño
5108	urine-*ss; adj*	la orina; de orina
5111	curry-*ss; vb*	el curry; almohazar
5113	buckle-*ss; vb*	la hebilla; abrochar
5114	trim-*vb; ss; adj*	recortar| ajustar; el recorte; elegante
5115	plum-*ss*	la ciruela
5116	marsh-*ss*	el pantano| la marisma
5117	mop-*ss; vb*	la fregona| el trapeador; limpiar
5118	sidewalk-*ss*	la acera
5119	scope-*ss*	el alcance| la amplitud
5121	idol-*ss*	el ídolo
5122	appreciation-*ss*	la apreciación| el reconocimiento
5123	cuff-*ss; vb*	la bofetada; hacer una omisión
5124	paddy-*ss*	el arrozal
5125	cobra-*ss*	la cobra
5126	intuition-*ss*	la intuición
5127	Frenchman-*ss*	el francés
5128	leopard-*ss*	el leopardo
5129	macho-*ss*	el macho
5130	elderly-*ss; adj*	el mayor; anciano
5131	forge-*ss; vb*	la fragua| la forja; forjar
5132	discretion-*ss*	la discreción| el mostrador
5133	toll-*ss; vb*	el peaje; tañer
5134	mining-*ss*	la minería
5135	merit-*ss; vb*	el mérito; merecer
5136	flea-*ss*	la pulga
5137	dandy-*ss; adj*	el dandy| el dandi; excelente
5138	architecture-*ss*	la arquitectura
5140	compensation-*ss*	la compensación| la enmienda
5141	reader-*ss*	el lector
5142	ketchup-*ss*	el ketchup
5144	bind-*vb; ss*	enlazar| obligar; el lazo
5147	grind-*vb; ss*	moler| rechinar; la rutina
5148	banking-*adj; ss*	bancario; la banca
5149	thesis-*ss*	las tesis
5150	improvement-*ss*	la mejora| el mejoramiento
5151	haste-*ss; vb*	la prisa; tener prisa
5152	crib-*ss; vb*	la cuna; plagiar
5154	mainland-*ss*	el continente
5156	payroll-*ss*	la nómina de sueldos
5157	damp-*adj; ss; vb*	húmedo| mojado; la humedad; humedecer
5158	penny-*ss*	los centavo
5159	drummer-*ss*	la batería
5161	touchdown-*ss*	el aterrizaje
5162	grandparent-*ss*	el abuelo
5163	warp-*ss; vb*	los urdimbre; deformar
5166	atom-*ss*	el átomo
5167	conservative-*adj; ss*	conservador; el conservador
5168	spa-*ss*	el spa| la estación termal
5171	monument-*ss*	el monumento
5172	achievement-*ss*	el logro| la consecución
5173	playground-*ss*	el patio
5174	rookie-*ss; adj*	el novato; bisoño
5177	grill-*ss; vb*	la parrilla; asar a la parrilla
5179	narcotic-*adj; ss*	narcótico; el narcótico
5181	chime-*vb; ss*	repicar; el campaneo
5182	allowance-*ss; vb*	la concesión; fijar
5183	canvas-*ss*	la lona
5184	hydrogen-*ss*	el hidrógeno
5186	underworld-*ss; adj*	el inframundo; del hampa
5187	mist-*ss; vb*	la niebla; empañar
5188	granddad-*ss*	el abuelo
5189	padre-*ss*	el capellán
5192	purity-*ss*	la pureza
5193	crackle-*vb; ss*	crepitar; la crepitación
5194	weekly-*adj; adv; ss*	semanal| de cada semana; semanalmente; el semanario
5195	virginity-*ss*	la virginidad
5197	survey-*ss; vb*	el estudio| el reconocimiento; estudiar
5198	mosquito-*ss*	el mosquito
5199	bender-*ss*	la juerga
5202	backstage-*adv; ss; adj*	entre bastidores; los bastidores; de bastidores
5203	quantum-*adj; ss*	cuántico; el quantum

5204	**Vietnamese**-*adj; ss*	vietnamita; vietnamita
5206	**courtyard**-*ss*	el patio
5208	**truce**-*ss*	la tregua
5209	**freshman**-*ss*	estudiante de primer año
5210	**tumor**-*ss*	el tumor
5211	**scenery**-*ss*	el paisaje
5214	**commandant**-*ss*	el comandante
5216	**evacuation**-*ss*	la evacuación
5217	**riches**-*ss*	la riqueza
5218	**shortcut**-*ss*	el atajo
5219	**nova**-*ss*	la estrella nueva
5220	**hypocrite**-*adj; ss*	hipócrita; hipócrita
5221	**cracker**-*ss*	la galleta
5222	**unemployment**-*ss*	el desempleo
5223	**convenience**-*ss*	la conveniencia
5224	**hag**-*ss; vb*	la bruja; ser una bruja
5225	**sonar**-*ss*	el sonar
5226	**container**-*ss*	el recipiente
5227	**mercury**-*ss*	el mercurio
5229	**funk**-*ss; vb*	el canguelo; acobardarse
5230	**lining**-*ss*	el revestimiento
5231	**tummy**-*ss*	la barriguita
5232	**stash**-*ss; vb*	el alijo; esconder
5233	**bouquet**-*ss*	el ramo
5235	**patron**-*ss*	el patrón| los mecenas
5237	**employer**-*ss*	el empleador| la empresa
5239	**whinny**-*ss; vb*	el relincho; relinchar
5240	**fatso**-*ss*	el gordo
5241	**hump**-*ss; vb*	la joroba; joder
5242	**kite**-*ss; vb*	la cometa; estafar un banco
5243	**irony**-*ss*	la ironía
5245	**tutor**-*ss; vb*	el tutor| el profesor; enseñar
5246	**caravan**-*ss*	la caravana
5247	**bruise**-*ss; vb*	el moretón| la contusión; herir
5248	**hostess**-*ss*	la anfitriona
5249	**necessity**-*ss*	la necesidad
5250	**generosity**-*ss*	la generosidad
5251	**decline**-*ss; vb*	la disminución| la declinación; declinar
5252	**dolphin**-*ss*	el delfín
5255	**cloak**-*ss; vb*	la capa| el capote; encubrir
5258	**comedian**-*ss*	el cómico
5259	**advisor**-*ss*	el tutor
5260	**dictionary**-*ss*	el diccionario
5261	**dinosaur**-*ss*	el dinosaurio
5262	**cam**-*ss*	la leva
5263	**shutter**-*ss; vb*	el obturador; poner postigos a
5264	**parachute**-*ss; vb*	el paracaídas; saltar con paracaídas
5265	**stripper**-*ss*	estriptista
5266	**athlete**-*ss*	atleta
5269	**footprint**-*ss*	la huella| la marca
5270	**octopus**-*ss*	el pulpo
5271	**consul**-*ss*	el cónsul
5273	**valve**-*ss; adj*	la válvula; de válvula
5275	**bash**-*ss; vb*	el intento; asestar un golpe
5276	**zoom**-*vb; ss*	enfocar; la empinadura
5277	**antidote**-*ss*	el antídoto
5278	**gamma**-*ss*	la gama
5282	**arch**-*ss; vb; adj*	el arco; arquear; malicioso
5283	**ole**-*ss*	el viejo| el antiguo
5284	**scrape**-*vb; ss*	raspar| arrastrar; el raspado
5287	**blend**-*ss; vb*	la mezcla| la mixtura; mezclar
5288	**ounce**-*ss*	la onza
5290	**disabled**-*adj; ss*	incapacitado; los incapacitado
5291	**raven**-*ss; adj; vb*	el cuervo; negro; devorar
5292	**intercom**-*ss*	el intercomunicador
5293	**update**-*vb; ss*	actualizar; la actualización
5294	**stool**-*ss*	el taburete
5295	**academic**-*adj; ss*	académico; el universitario
5297	**mineral**-*adj; ss*	mineral; el mineral
5298	**communion**-*ss*	la comunión
5299	**lime**-*ss; vb*	la cal; abonar con cal
5300	**modesty**-*ss*	la modestia
5301	**conditioning**-*ss; adj*	el acondicionamiento; condicional
5302	**boar**-*ss*	el verraco
5303	**teller**-*ss*	el escrutador
5304	**gram**-*ss*	el gramo
5305	**hare**-*ss; vb*	la liebre; correr
5306	**pact**-*ss*	el pacto
5307	**comparison**-*ss*	la comparación

5308	**daytime**-*ss*	el tiempo de día	5359	**ignition**-*ss*	el encendido
5309	**bandage**-*ss; vb*	el vendaje; vendar	5360	**monthly**-*adj; adv; ss*	mensual; mensualmente; la revista mensual
5312	**consolation**-*ss*	el consuelo			
5313	**sponge**-*ss; vb*	la esponja; lavar con esponja	5361	**secrecy**-*ss*	el secreto
5314	**remorse**-*ss*	el remordimiento	5362	**rev**-*vb; ss*	acelerar; la revolución
5315	**headmaster**-*ss*	los director de escuela	5363	**melancholy**-*ss; adj*	la melancolía; melancólico
5316	**heed**-*ss; vb*	la atención; prestar atención a	5364	**resemblance**-*ss*	la semejanza
5317	**yank**-*ss; vb*	el tirón; tirar en	5365	**gravy**-*ss; adj*	la salsa; de salsa
5318	**yoga**-*ss*	las yoga	5367	**itch**-*vb; ss*	picar| hormiguear; los picazón
5319	**immigration**-*ss*	la inmigración			
5320	**drawers**-*ss*	los calzoncillos	5368	**amusement**-*ss*	la diversión| el esparcimiento
5323	**attendant**-*adj; ss*	asistente| concomitante; asistente	5369	**transmitter**-*ss*	el transmisor
			5372	**jackpot**-*ss*	el bote| el premio mayor
5324	**caller**-*ss*	el llamador	5373	**prank**-*ss; vb*	la broma; ataviar
5325	**communism**-*ss*	el comunismo	5374	**asthma**-*ss*	las asma
5327	**beta**-*ss*	la beta	5375	**backpack**-*ss*	la mochila
5328	**trench**-*ss; adj; vb*	la zanja; de trincheras; hacer trincheras	5376	**martyr**-*ss; vb*	el mártir; martirizar
			5377	**doggie**-*ss*	el perrito
5330	**isolation**-*ss*	el aislamiento	5378	**peg**-*ss; vb*	la clavija; estabilizar
5331	**bakery**-*ss*	la panadería	5379	**tart**-*ss; adj*	la tarta| la fulana; agrio
5332	**revelation**-*ss*	la revelación			
5333	**wink**-*ss; vb*	el guiño; guiñar	5380	**nod**-*vb; ss*	cabecear; las inclinación de cabeza
5334	**inventory**-*ss; vb*	el inventario; inventar			
5337	**disc**-*ss*	el disco	5381	**briefing**-*ss*	las instrucciones
5339	**penguin**-*ss*	el pingüino	5382	**helm**-*ss; vb*	el timón; ser timón
5340	**panda**-*ss*	panda	5383	**cameraman**-*ss*	la cámara
5342	**kettle**-*ss*	el hervidor	5385	**pest**-*ss*	el parásito
5343	**cartoon**-*ss*	los dibujos animados	5386	**upbeat**-*adj; ss*	optimista; el tiempo débil
5344	**tsar**-*ss*	el zar			
5346	**leash**-*ss; vb*	la correa; tener correa	5387	**crate**-*ss; vb*	la caja; encerrar
5347	**protector**-*ss*	el protector	5388	**warfare**-*ss*	la guerra
5348	**epidemic**-*ss; adj*	la epidemia; epidémico	5389	**specimen**-*ss*	la muestra| el espécimen
5349	**gadget**-*ss*	el artilugio| el aparato	5390	**neglect**-*vb; ss*	descuidar| olvidar; la negligencia
5350	**abbey**-*ss*	la abadía| el monasterio	5392	**speeding**-*ss*	los exceso de velocidad| la velocidad
5351	**dub**-*vb; ss*	doblar; los doblado			
5352	**thunderclap**-*ss*	el tronido	5393	**chamberlain**-*ss*	el chambelán
5353	**hull**-*ss; vb*	la cáscara; descascarar	5394	**postman**-*ss*	el cartero
5354	**publishing**-*ss; adj*	la publicación; editor	5396	**rover**-*ss*	el vagabundo
5355	**toothbrush**-*ss*	el cepillo de dientes	5398	**squash**-*vb; ss*	aplastar; el zumo
5356	**verge**-*ss; vb*	el borde| la vera; acercarse	5399	**diaper**-*ss; vb*	el pañal; estar seguro
			5400	**morale**-*ss*	la moral
5357	**shampoo**-*ss; vb*	el champú; lavar	5402	**beacon**-*ss; vb*	el faro; balizar
5358	**squawk**-*ss; vb*	el graznido; graznar			

5403	**prep**-*ss;vb*	preparar| prepararse; preparación
5404	**percentage**-*ss; adj*	el porcentaje| la proporción; porcentual
5406	**dynasty**-*ss*	la dinastía
5407	**Czech**-*adj; ss*	checo; el checo
5408	**printing**-*ss*	la impresión
5410	**imbecile**-*adj; ss*	imbécil; imbécil
5411	**mend**-*ss; vb*	el remiendo| el zurcido; arreglar
5412	**essay**-*ss; vb*	el ensayo; ensayar
5413	**pi**-*ss; adj*	la pi; piadoso
5414	**disciple**-*ss*	el discípulo| la discípula
5415	**paw**-*ss; vb*	la pata; manosear
5417	**denial**-*ss*	la negación
5419	**vanilla**-*ss*	la vainilla
5420	**involvement**-*ss*	el enredo
5421	**snort**-*ss; vb*	el bufido; esnifar
5422	**cereal**-*adj; ss*	cereal; el cereal
5423	**tonic**-*adj; ss*	tónico; la tónica
5424	**depot**-*ss*	el depósito| la cochera
5425	**eater**-*ss*	comedor
5426	**rustle**-*ss; vb*	el crujido; crujir
5427	**pip**-*ss*	la pepita
5431	**bravery**-*ss*	la valentía| la bravura
5433	**rumor**-*ss; vb*	el rumor; rumorearse
5436	**nipple**-*ss*	el pezón
5439	**debris**-*ss*	los escombros
5441	**accounting**-*ss*	la contabilidad
5444	**pussycat**-*ss*	el minino
5445	**coral**-*ss*	el coral
5446	**runaway**-*adj; ss*	fugitivo| escapador; el fugitivo
5447	**punching**-*ss*	los puñetazos
5448	**werewolf**-*ss*	el hombre-lobo
5450	**stalk**-*ss; vb*	el tallo; cazar al acecho
5451	**berry**-*ss; vb*	la baya; dar fruto
5452	**tavern**-*ss*	la taberna
5453	**stench**-*ss*	el hedor
5454	**syrup**-*ss*	el jarabe
5455	**donor**-*ss*	donante
5456	**teenager**-*ss*	adolescente
5457	**homecoming**-*ss*	el regreso
5458	**elf**-*ss*	el duende
5459	**collective**-*adj; ss*	colectivo; el colectivo
5460	**falcon**-*ss*	el halcón
5462	**reel**-*ss; vb*	el carrete; tambalear
5464	**circulation**-*ss*	la circulación
5465	**freeway**-*ss*	la autopista
5466	**summit**-*ss*	la cumbre| el colmo
5467	**guru**-*ss*	el gurú
5469	**cashier**-*ss; vb*	el cajero; destituir
5470	**tenderness**-*ss*	la ternura
5472	**inconvenience**-*ss; vb*	la inconveniencia| la molestia; incomodar
5473	**remark**-*ss; vb*	la observación| el comentario; observar
5475	**receiver**-*ss*	el receptor| el auricular
5476	**boost**-*vb; ss*	aumentar| impulsar; el estímulo
5477	**remedy**-*ss; vb*	el remedio; remediar
5478	**caretaker**-*ss*	vigilante| el conserje
5479	**jockey**-*ss; vb*	el jockey| el jinete; alcanzar
5482	**errand**-*ss*	el recado
5483	**prosperity**-*ss*	la prosperidad
5484	**boulevard**-*ss*	el bulevar
5485	**determination**-*ss*	la determinación
5486	**accusation**-*ss*	la acusación
5487	**distribution**-*ss*	la distribución| la repartición
5488	**slot**-*ss*	el espacio| la ranura
5489	**dwell**-*vb; ss*	habitar| fijarse en; la vivida
5491	**roam**-*vb; ss*	vagar; el vagabundeo
5492	**Belgium**-*ss*	las Bélgica
5493	**hunk**-*ss*	el pedazo
5495	**baby-sitter**-*ss*	la niñera
5496	**vent**-*ss; vb*	el respiradero| la abertura; desahogar
5497	**diagnosis**-*ss*	el diagnóstico
5498	**posse**-*ss*	el grupo
5499	**squire**-*ss; vb*	el escudero; acompañar
5500	**preliminary**-*adj; ss*	preliminar; el preliminar
5501	**guv**-*ss*	el jefe| el gobernador
5502	**criticism**-*ss*	la crítica
5503	**chump**-*ss*	la cabeza
5504	**pharmacy**-*ss*	la farmacia
5505	**cafeteria**-*ss*	la cafetería
5508	**deception**-*ss*	el engaño| la mentira
5510	**chore**-*ss*	la faena
5511	**rodeo**-*ss*	el rodeo

5512	**pickle**-*vb; ss*	conservar en vinagre; el adobo
5514	**funding**-*ss*	los fondos| la financiación
5515	**packet**-*ss; vb*	el paquete; envasar
5516	**steward**-*ss*	el mayordomo
5517	**lawsuit**-*ss*	el pleito
5518	**twilight**-*ss; adj*	el crepúsculo; crepuscular
5519	**apprentice**-*ss; vb*	el aprendiz; colocar de aprendiz
5520	**disturbance**-*ss*	la perturbación| la alteración
5521	**tenant**-*ss*	el inquilino
5522	**paddle**-*ss; vb*	la paleta| la aleta; chapotear
5523	**sod**-*ss*	el césped
5525	**faculty**-*ss*	la facultad
5526	**tee**-*ss*	el tee
5527	**intervention**-*ss*	la intervención
5528	**babble**-*vb; ss*	balbucear| parlotear; el balbuceo
5529	**quarterback**-*ss*	los jugador de ataque
5531	**boundary**-*ss*	el límite
5532	**southwest**-*ss; adj*	el suroeste; del suroeste
5533	**cannabis**-*ss*	el canabis
5534	**revolver**-*ss*	el revólver
5536	**limb**-*ss; vb*	el miembro; ser miembro
5538	**sovereign**-*adj; ss*	soberano; el soberano
5539	**bulletin**-*ss*	el boletín
5540	**literary**-*adj; ss*	literario; los literario
5541	**convert**-*vb; ss*	convertir| convertirse; el converso
5542	**Hungary**-*ss*	las Hungría
5543	**fading**-*ss; adj*	el desvanecimiento; flojo
5544	**rental**-*ss*	el alquiler
5546	**doodle**-*vb; ss*	garabatear| borronear; el garabato
5547	**mermaid**-*ss*	la sirena
5548	**loo**-*ss*	el lavabo
5549	**trek**-*vb; ss*	emigrar; la excursión
5550	**reminder**-*ss*	el recordatorio
5552	**groove**-*ss; vb*	la ranura; acanalar
5553	**steed**-*ss*	el corcel
5555	**dreamer**-*ss*	el soñador
5558	**playboy**-*ss*	el playboy
5560	**demo**-*ss*	la manifestación

5561	**bamboo**-*ss*	el bambú
5562	**dye**-*ss; vb*	el colorante; teñir
5564	**immortality**-*ss*	la inmortalidad
5565	**context**-*ss*	el contexto
5566	**tyrant**-*ss*	el tirano
5567	**southeast**-*ss; adj*	el sudeste; del sudeste
5569	**cork**-*ss; vb*	el corcho; taponar
5570	**adoption**-*ss*	la adopción
5571	**cosmos**-*ss*	el cosmos
5572	**complication**-*ss*	la complicación
5573	**freight**-*ss; vb*	la carga; enviar por flete
5574	**jewelery**-*ss*	la joyería
5575	**sermon**-*ss*	el sermón
5576	**oyster**-*ss*	la ostra
5577	**vitamin**-*ss*	la vitamina
5579	**resolution**-*ss*	la resolución
5580	**sensor**-*ss*	el sensor
5581	**confine**-*vb; ss*	confinar| limitar; el confín
5583	**Chile**-*ss*	el Chile
5584	**Australian**-*adj; ss*	australiano; el australiano
5585	**dread**-*ss; vb; adj*	el pavor| el terror; temer; terrible
5586	**declaration**-*ss*	la declaración
5587	**menace**-*ss; vb*	la amenaza; amenazar
5589	**manuscript**-*ss*	el manuscrito
5591	**bulb**-*ss*	el bulbo
5592	**clutch**-*ss; vb*	el embrague; agarrar
5594	**dungeon**-*ss; adj*	la mazmorra; calabozo
5596	**melon**-*ss*	el melón
5597	**quiz**-*ss; vb*	el examen; examinar
5598	**miner**-*ss*	el minero
5599	**utmost**-*adj; ss*	mayor; el extremo
5601	**dedication**-*ss*	la dedicación| la entrega
5602	**category**-*ss*	la categoría
5603	**eyebrow**-*ss*	la ceja
5604	**prospect**-*ss; vb*	la perspectiva; prospectar
5605	**squirt**-*ss; vb*	el chorro; jeringar
5606	**descent**-*ss*	el descenso| la descendencia
5607	**stretcher**-*ss*	la camilla
5608	**loaf**-*ss; vb*	el pan| la barra; haraganear
5610	**lava**-*ss*	la lava

5611	**outlaw**-*ss; vb*	el proscrito| el forajido; proscribir
5612	**suburb**-*ss*	el suburbio
5614	**voodoo**-*ss*	el vudú
5616	**console**-*ss; vb*	la consola; consolar
5617	**arrogance**-*ss*	la arrogancia
5619	**hairdresser**-*ss*	el peluquero
5620	**hangover**-*ss*	la resaca
5622	**superstar**-*ss*	la superestrella
5623	**bead**-*ss*	el talón| la perla
5624	**distraction**-*ss*	la distracción| el descanso
5625	**traveler**-*ss*	el viajero
5626	**foam**-*ss; vb*	la espuma; espumar
5627	**mixture**-*ss*	la mezcla
5628	**viewer**-*ss*	el espectador
5629	**goody**-*ss; adj*	el bueno; santurrón
5630	**decree**-*ss; vb*	el decreto| la orden; decretar
5631	**hazard**-*ss; vb*	el peligro| el obstáculo; aventurar
5632	**breakthrough**-*ss*	la penetración
5633	**uptown**-*ss; adj*	las zona residencial; de la zona residencial
5634	**batch**-*ss*	el lote| la hornada
5635	**bosom**-*ss; vb*	el seno| los senos; abrazar
5636	**composer**-*ss*	el compositor
5637	**Lucifer**-*ss*	los Lucifer
5638	**hick**-*ss; adj*	el paleto; rústico
5640	**turd**-*ss*	el zurullo
5641	**dowry**-*ss*	los dote
5642	**fireman**-*ss*	el bombero
5644	**meteor**-*ss*	el meteorito
5645	**housewife**-*ss*	la ama de casa
5648	**flare**-*ss; vb*	la llamarada; encenderse
5651	**weirdo**-*ss*	el bicho raro
5653	**aggression**-*ss*	la agresión
5654	**anthem**-*ss*	el himno
5655	**spacecraft**-*ss*	la astronave
5656	**batter**-*ss; vb*	el bateador; estropear
5658	**sundown**-*ss*	la puesta del sol
5659	**squid**-*ss*	el calamar
5662	**cadet**-*ss*	el cadete
5663	**revolt**-*ss; vb*	la revuelta| la rebelión; rebelarse
5664	**commerce**-*ss*	el comercio
5665	**chum**-*ss; vb*	el amigo; hacerse amigos
5666	**plumbing**-*ss*	la plomería
5667	**clang**-*ss; vb*	el sonido metálico; sonar
5670	**meow**-*ss; vb*	el maullido; maullar
5671	**mat**-*ss; adj; vb*	la estera; mate; enmarañarse
5672	**tar**-*ss; vb*	el alquitrán| la brea; alquitranar
5673	**Islam**-*ss*	el islam
5674	**raving**-*adj; ss*	delirante; el delirio
5675	**sow**-*vb; ss*	sembrar; la cerda
5676	**amnesia**-*ss*	la amnesia
5677	**certainty**-*ss*	la certeza| la seguridad
5679	**drugstore**-*ss*	la farmacia
5680	**northwest**-*adj; ss*	noroeste; el noroeste
5683	**allegiance**-*ss*	la lealtad
5684	**cutie**-*ss*	la chica
5686	**successor**-*ss*	el sucesor
5687	**louse**-*ss*	el piojo
5688	**boiler**-*ss*	la caldera
5689	**telly**-*ss*	el tele
5690	**protein**-*ss*	la proteína
5691	**scarlet**-*ss; adj*	las escarlata; colorado
5692	**upright**-*adj; adv; ss*	vertical| recto; erguido; el montante
5693	**consultant**-*ss*	el consultor| el consultante
5694	**dorm**-*ss*	la residencia universitaria
5695	**statistic**-*ss; adj*	la estadística; estadístico
5696	**Scottish**-*ss*	el escocés
5698	**exploit**-*vb; ss*	explotar; la hazaña
5700	**inhabitant**-*ss*	habitante
5701	**cocoa**-*ss*	el cacao
5702	**valet**-*ss*	el ayudante de cámara
5703	**doorway**-*ss*	la puerta| la entrada
5705	**excess**-*ss; vb*	el exceso| el excedente; exceder
5706	**countdown**-*ss*	la cuenta atrás
5707	**perception**-*ss*	la percepción
5708	**veteran**-*adj; ss*	veterano; el veterano
5709	**collision**-*ss*	la colisión
5710	**witchcraft**-*ss*	la brujería
5712	**intercourse**-*ss*	las relaciones| el coito
5713	**felony**-*ss*	el delito
5714	**siege**-*ss*	el cerco

5715	**donation**-*ss*	la donación	5778	**sardine**-*ss*	la sardina
5716	**proceeding**-*ss*	el proceder	5779	**epic**-*adj; ss*	épico; el épico
5717	**cheeky**-*adj; ss*	fresco; el fresco	5781	**harassment**-*ss*	el acoso
5718	**soy**-*ss*	la soja	5782	**microwave**-*ss; vb*	la microonda; cocinar al microondas
5721	**prop**-*vb; ss*	apuntalar| mantener; el puntal	5783	**outrage**-*ss; vb*	el escándalo; ultrajar
5724	**courier**-*ss*	el mensajero	5784	**Morocco**-*ss*	el Marruecos
5725	**mischief**-*ss*	la travesura| la malicia	5785	**veer**-*vb; ss*	virar| girar; el cambio
5726	**slate**-*ss; adj; vb*	la pizarra; de pizarra; cubrir de pizarras	5786	**metaphor**-*ss*	la metáfora
5727	**transplant**-*ss; vb*	el trasplante; trasplantar	5787	**premiere**-*ss*	el estreno
			5788	**panther**-*ss*	la pantera
5729	**gallant**-*adj; ss; vb*	galante; el galán; ser galante	5789	**breaker**-*ss*	el interruptor automático
5733	**rudder**-*ss*	el timón	5791	**dependent**-*adj; ss*	dependiente; el dependiente
5734	**feedback**-*ss*	el feedback	5792	**caress**-*ss; vb*	la caricia; acariciar
5735	**steep**-*adj; vb; ss*	escarpado| empinado; empapar; el abismo	5794	**serpent**-*ss*	la serpiente
5736	**bloodshed**-*ss*	la matanza	5797	**fling**-*vb; ss*	arrojar; el lanzamiento
5737	**hash**-*ss; vb*	el picadillo; picar	5798	**telegraph**-*ss; vb*	el telégrafo; telegrafiar
5739	**intruder**-*ss*	el intruso	5799	**obstacle**-*ss*	el obstáculo| el estorbo
5741	**rating**-*ss*	la clasificación| el índice	5800	**plantation**-*ss*	la plantación
5743	**Peru**-*ss*	el Perú	5801	**equation**-*ss*	la ecuación
5744	**scorpion**-*ss*	el escorpión	5802	**penthouse**-*ss*	el ático
5745	**jersey**-*ss*	el jersey	5804	**manor**-*ss*	el señorío
5746	**doorstep**-*ss*	el peldaño	5806	**puss**-*ss*	el gatito
5747	**slash**-*ss; vb*	la barra oblicua; acuchillar	5807	**consulate**-*ss*	el consulado
			5808	**culprit**-*ss*	el culpable
5749	**threshold**-*ss*	el umbral	5809	**Danish**-*adj; ss*	danés; danés
5750	**wanker**-*ss*	gilipollas	5810	**heritage**-*ss*	el patrimonio
5751	**sunglasses**-*ss*	las gafas de sol	5811	**classmate**-*ss*	el compañero de clase
5753	**significance**-*ss*	el significado	5813	**mace**-*ss*	la maza
5755	**chic**-*adj; ss*	elegante; la elegancia	5815	**transformation**-*ss*	la transformación
5756	**authorization**-*ss*	la autorización	5817	**jumbo**-*ss; adj*	el jumbo| el elefante; enorme
5757	**spade**-*ss*	la pala			
5758	**calculation**-*ss*	el cálculo| la cuenta	5819	**stance**-*ss*	la postura
5759	**crunch**-*ss; vb*	el crujido; crujir	5821	**brunette**-*adj; ss*	morena; la morena
5761	**hopper**-*ss*	la tolva	5822	**blush**-*ss; vb*	el rubor; ruborizarse
5764	**prostitution**-*ss*	la prostitución	5823	**informer**-*ss*	el informador
5766	**jinx**-*ss; vb*	gafe; gafar	5828	**dumpling**-*ss*	la bola de masa hervida
5767	**congregation**-*ss*	la congregación	5829	**getaway**-*ss*	el escape| la escapatoria
5768	**domain**-*ss*	el dominio			
5770	**heroine**-*ss*	la heroína	5830	**prejudice**-*vb; ss*	perjudicar| predisponer; el prejuicio
5772	**youngster**-*ss*	joven| el jovencito			
5775	**extract**-*vb; ss*	extraer| sacar; el extracto	5831	**superstition**-*ss*	la superstición
5776	**boredom**-*ss*	el aburrimiento	5832	**grub**-*ss*	la comida
5777	**plaster**-*ss; vb*	el yeso; enyesar	5833	**bacterium**-*ss*	la bacteria

5835	**mutiny**-*ss; vb*	el motín; amotinarse		5897	**stumble**-*ss; vb*	el tropezón; trastabillar
5836	**anguish**-*ss; vb*	la angustia| la congoja; angustiar		5898	**Norwegian**-*adj; ss*	noruego; el noruego
5838	**radius**-*ss*	el radio		5899	**waterfall**-*ss*	la cascada
5842	**crust**-*ss*	la corteza		5901	**snitch**-*ss; vb*	el soplón; birlarse
5844	**sleigh**-*ss*	el trineo		5902	**humility**-*ss*	la humildad
5845	**queue**-*ss; vb*	la cola; hacer cola		5903	**staircase**-*ss*	la escalera
5846	**cockroach**-*ss*	la cucaracha		5905	**cheerleader**-*ss*	el animador
5848	**matching**-*ss; adj*	el pareo; a tono		5906	**oral**-*adj; ss*	oral; el examen oral
5851	**infirmary**-*ss*	la enfermería		5908	**rouge**-*ss; vb*	el colorete; dar colorete
5853	**addiction**-*ss*	la adicción		5909	**alias**-*adv; ss*	alias; el alias
5854	**archbishop**-*ss*	el arzobispo		5912	**skunk**-*ss; vb*	la mofeta; dar una paliza de
5855	**database**-*ss*	las base de datos				
5856	**moor**-*ss; vb*	el páramo| el brezal; amarrar		5913	**eclipse**-*ss; vb*	el eclipse; eclipsar
5857	**flop**-*ss; vb*	el fracaso; descansar en		5915	**relay**-*ss; vb*	el relé; retransmitir
				5916	**caliber**-*ss*	el calibre| la capacidad
5858	**serum**-*ss*	el suero		5917	**blaze**-*ss; vb*	el resplandor; arder
5860	**sneakers**-*ss*	las zapatillas		5919	**patriot**-*ss; adv*	patriota; temprano
5862	**excessive**-*adj; ss*	excesivo| desmedido; el excedente		5920	**foe**-*ss*	el enemigo
				5921	**coca**-*ss*	la coca
5863	**royalty**-*ss*	la realeza		5922	**informant**-*ss*	informante
5864	**sweetness**-*ss*	la dulzura		5923	**toothpaste**-*ss*	la pasta dentífrica
5865	**geisha**-*ss*	la geisha		5925	**mosque**-*ss*	la mezquita
5866	**bronze**-*ss; adj; vb*	el bronce; bronceado; broncear		5926	**courthouse**-*ss*	el palacio de justicia
				5927	**sap**-*ss; vb*	la savia| el bobo; minar
5867	**lantern**-*ss*	la linterna				
5868	**stepmother**-*ss*	la madrastra		5929	**goldfish**-*ss*	el pez de colores
5869	**hormone**-*ss*	la hormona		5932	**commotion**-*ss*	la conmoción| el tumulto
5870	**pitcher**-*ss*	el lanzador				
5873	**norm**-*ss*	la norma| el tipo de		5933	**admission**-*ss*	la admisión| el reconocimiento
5877	**combine**-*vb; ss*	combinar; la asociación				
				5934	**cod**-*ss; vb*	el bacalao; hacer bacalao
5879	**pluck**-*vb; ss*	arrancar| desplumar; las agallas				
				5935	**eccentric**-*adj; ss*	excéntrico; el excéntrico
5882	**jab**-*ss; vb*	el pinchazo| el golpe; pinchar		5936	**inferior**-*adj; ss*	inferior; los inferior
				5939	**dirk**-*ss; vb*	el puñal; puñar
5883	**par**-*ss; adj*	el par; normal		5940	**gringo**-*ss*	el gringo
5885	**precaution**-*ss*	la precaución		5943	**dresser**-*ss*	el aparador
5886	**loco**-*ss; adj*	la locomotora| loco		5944	**landlady**-*ss*	la dueña| la casera
5888	**matrix**-*ss*	la matriz		5945	**symphony**-*ss*	la sinfonía
5889	**facial**-*adj; ss*	facial; los tratamiento facial		5946	**watchman**-*ss*	el sereno| el celador
				5947	**composition**-*ss*	la composición
5890	**diversion**-*ss*	la desviación| la diversión		5949	**flyer**-*ss*	los volantes
				5950	**overall**-*adj; adv; ss*	total; en conjunto; el mono
5891	**ration**-*vb; ss*	racionar; la ración				
5892	**seller**-*ss*	el vendedor		5951	**monitoring**-*ss*	la escucha
5895	**pry**-*ss; vb*	la palanca; curiosear				
5896	**gallon**-*ss*	el galón				

5952	**insight**-*ss*	la penetración| la perspicacia
5953	**comeback**-*ss*	el regreso
5954	**recess**-*ss; vb*	el recreo; prorrogarse
5955	**dew**-*ss*	el rocío
5956	**mailbox**-*ss*	el buzón
5957	**dispute**-*ss; vb*	la disputa| el conflicto; disputar
5958	**heavyweight**-*adj; ss*	de peso pesado; el pez gordo
5961	**fanfare**-*ss*	la fanfarria
5962	**starter**-*ss*	el motor de arranque| la entrada
5963	**paragraph**-*ss; vb*	el párrafo; dividir en párrafos
5965	**shag**-*ss; vb*	la pelusa; follar
5966	**investor**-*ss*	el inversor
5967	**brag**-*vb; ss*	jactarse| fanfarronear; el alarde
5968	**strand**-*ss; vb*	la hebra| el mechón; varar
5969	**teen**-*ss; adj*	adolescente; joven
5970	**missionary**-*adj; ss*	misionero; el misionero
5971	**economics**-*ss*	las ciencias económicas
5972	**fiend**-*ss*	el demonio
5973	**abyss**-*ss*	el abismo
5974	**coyote**-*ss*	el coyote
5976	**jumper**-*ss*	el saltador| el jersey
5977	**clam**-*ss*	la almeja
5978	**broker**-*ss*	el corredor
5979	**tread**-*ss; vb*	la pisada| el paso; pisar
5980	**ladyship**-*ss*	la señoría
5981	**rust**-*ss; vb*	el moho| la roya; oxidarse
5982	**admiration**-*ss*	la admiración
5985	**buffet**-*ss; vb*	el aparador| el bar; golpear
5986	**donut**-*ss*	el buñuelo
5987	**loony**-*adj; ss*	loco; el loco
5989	**peck**-*vb; ss*	picotear; el beso
5991	**vacant**-*adj; ss*	vacante| vacío; el vacante
5992	**vicinity**-*ss*	la vecindad| la región
5993	**litter**-*ss; vb*	la camada| la basura; ensuciar
5994	**transition**-*ss; adj*	la transición; de transición
5996	**ramp**-*ss; vb*	la rampa; descender
5997	**pup**-*ss; vb*	el cachorro; parir
5998	**fin**-*ss*	la aleta
5999	**cinch**-*ss; vb*	la cincha; hacer algo con facilidad
6000	**rye**-*ss*	el centeno
6001	**lighthouse**-*ss*	el faro
6002	**gunner**-*ss*	el artillero
6004	**interpretation**-*ss*	la interpretación
6005	**mold**-*ss; vb*	el molde; moldear
6008	**cologne**-*ss*	la colonia
6009	**believer**-*ss*	creyente
6010	**intimacy**-*ss*	la intimidad
6013	**slob**-*ss*	el haragán
6015	**quarantine**-*ss; vb*	la cuarentena; poner en cuarentena
6016	**ripper**-*ss*	el destripador
6017	**whim**-*ss*	el capricho| la veleidad
6018	**burglary**-*ss*	el robo con fractura
6020	**zipper**-*ss*	la cremallera
6021	**vocal**-*adj; ss*	vocal; la canción
6022	**executioner**-*ss*	el verdugo
6024	**lama**-*ss*	el lama
6025	**rep**-*ss*	el reps
6026	**ashtray**-*ss*	el cenicero
6028	**dictatorship**-*ss*	la dictadura
6029	**doorman**-*ss*	el portero| el trabajo de portero
6031	**immunity**-*ss*	la inmunidad
6033	**vicar**-*ss*	el vicario
6034	**wrench**-*ss; vb*	las llave inglesa; torcer fuertemente
6036	**admirer**-*ss*	el admirador
6038	**underpants**-*ss*	los calzoncillos
6039	**shilling**-*ss*	el chelín
6040	**outsider**-*adj; ss*	forastero; el forastero
6041	**cub**-*ss; vb*	el cachorro; parir
6042	**alternate**-*vb; adj; ss*	alternar; alterno; suplente
6043	**concussion**-*ss*	la contusión
6044	**genie**-*ss*	el genio
6046	**suspension**-*ss; adj*	la suspensión; suspensivo
6047	**gibberish**-*ss*	la algarabía
6048	**arc**-*ss*	el arco
6051	**import**-*vb; ss; adj*	importar; importación; de importación
6052	**bikini**-*ss*	el bikini

6053	**brethren**-*ss*	los hermanos
6054	**veal**-*ss*	la ternera
6055	**northeast**-*ss; adj*	el nordeste; del nordeste
6057	**barbarian**-*adj; ss*	bárbaro; el bárbaro
6058	**dyke**-*ss*	el dique
6060	**external**-*adj; ss*	externo; la exterioridad
6061	**goo**-*ss*	la cosa muy pegajosa
6062	**commune**-*ss; vb*	la comuna; comulgar
6063	**weaver**-*ss*	el tejedor
6064	**mink**-*ss*	el visón
6065	**nag**-*ss; vb*	el rocín; fastidiar
6066	**blacksmith**-*ss*	el herrero
6067	**vermin**-*ss*	las alimañas
6068	**diesel**-*adj; ss*	diesel; el diesel
6069	**Martian**-*adj; ss*	marciano; el marciano
6070	**meadow**-*ss*	el prado
6072	**imprisonment**-*ss*	la prisión
6075	**psychopath**-*ss*	psicópata
6076	**millennium**-*ss*	el milenio
6077	**tyranny**-*ss*	la tiranía
6080	**chemist**-*ss*	el químico
6081	**loft**-*ss*	el desván
6082	**driveway**-*ss*	la entrada de coches
6083	**squat**-*vb; adj; ss*	agacharse; rechoncho; la ocupación ilegal
6085	**predator**-*ss*	el depredador
6086	**sentiment**-*ss*	el sentimiento
6088	**nobility**-*ss*	la nobleza
6089	**leisure**-*ss; adj*	el ocio; de deporte
6095	**cackle**-*ss; vb*	el cacareo; cacarear
6096	**lettuce**-*ss*	la lechuga
6097	**harp**-*ss*	las arpa
6098	**tuition**-*ss*	la matrícula| la enseñanza
6099	**valiant**-*adj; ss*	valiente; valiente
6100	**distinction**-*ss*	la distinción
6101	**bumper**-*ss; adj*	el parachoques; abundante
6102	**socialism**-*ss*	el socialismo
6104	**amendment**-*ss*	la enmienda
6105	**dairy**-*ss; adj*	la lechería; lechero
6106	**gallows**-*ss*	la horca
6107	**weave**-*vb; ss*	tejer; el tejido
6109	**Oriental**-*adj; ss*	oriental; el oriental
6110	**awe**-*ss; vb*	el temor; atemorizar
6111	**cello**-*ss*	el violonchelo
6112	**jug**-*ss; vb*	la jarra| el cántaro; enchironar
6115	**flick**-*ss; vb*	la película; dar un golpecito a
6116	**subconscious**-*adj; ss*	subconsciente; el subconsciente
6118	**rite**-*ss*	el rito
6119	**diploma**-*ss; vb*	el diploma; diplomar
6120	**trooper**-*ss*	el soldado
6121	**canteen**-*ss*	la cantina
6122	**moo**-*vb; ss*	mugir; los mu
6123	**flap**-*ss; vb*	la solapa; batir
6124	**voter**-*ss*	el votante
6126	**rejection**-*ss*	el rechazo
6127	**awareness**-*ss*	la conciencia
6128	**yelp**-*ss; vb*	el gañido; gañir
6129	**barb**-*ss; vb*	la lengüeta| la barba; poner lengüetas en
6130	**Austrian**-*adj; ss*	austriaco; el austriaco
6131	**membership**-*ss*	la afiliación
6132	**sphere**-*ss*	la esfera
6133	**savannah**-*ss*	la sabana
6135	**skinner**-*ss*	el desollador
6136	**lassie**-*ss*	la muchacha| la jovencita
6137	**restroom**-*ss*	los aseos
6140	**ingredient**-*ss*	el ingrediente
6142	**stepfather**-*ss*	el padrastro
6144	**foolishness**-*ss*	la tontería| la necedad
6146	**journalism**-*ss*	el periodismo
6147	**fingernail**-*ss*	la uña
6148	**stallion**-*ss*	el semental
6149	**Belgian**-*adj; ss*	belga; belga
6151	**initiate**-*adj; ss; vb*	iniciado; el iniciado; iniciar
6152	**hassle**-*ss; vb*	la molestia| el bullicio; molestar
6153	**motivation**-*ss*	la motivación
6154	**pianist**-*ss*	pianista
6157	**anarchy**-*ss*	la anarquía
6158	**omen**-*ss; vb*	el presagio; presagiar
6159	**Hindu**-*adj; ss*	hindú; el hindú
6161	**surname**-*ss; vb*	el apellido; apellidar
6162	**navigator**-*ss*	el navegador
6163	**processing**-*ss*	el tratamiento
6164	**precision**-*ss*	la precisión
6165	**laptop**-*ss*	el ordenador portátil plegable

6166	runt-*ss*	el enano
6168	chateau-*ss*	el castillo
6169	charter-*ss; vb*	la carta; alquiler
6171	sculpture-*ss; vb*	la escultura; esculpir
6173	grin-*ss; vb*	la mueca; sonreír
6175	speculation-*ss*	la especulación
6176	pineapple-*ss*	la piña
6177	hideout-*ss*	el escondite
6178	equivalent-*adj; ss*	equivalente; el equivalente
6179	linen-*ss*	el lino
6183	cabaret-*ss*	el cabaret
6184	bout-*ss*	el combate| el ataque
6185	kidnapper-*ss*	el secuestrador
6187	curb-*ss; vb*	el bordillo; refrenar a
6188	hub-*ss*	el cubo
6191	placing-*ss*	la colocación
6192	dusk-*ss; vb; adj*	la oscuridad| el anochecer; anochecer; oscuro
6194	knockout-*ss; adj*	el knock-out; eliminatorio
6196	shiver-*vb; ss*	temblar| hacer añicos; el escalofrío
6197	peacock-*ss; vb*	el pavo real; pavonearse
6198	slope-*ss; vb*	la pendiente| la ladera; inclinarse
6199	greenhouse-*ss*	el invernadero
6200	detector-*ss*	el detector
6201	aurora-*ss*	el amanecer
6202	omega-*ss*	la omega
6203	muffin-*ss*	el mollete
6205	Romanian-*adj; ss*	rumano; el rumano
6206	fatherland-*ss*	la patria
6207	intensity-*ss*	la intensidad| la vehemencia
6208	wireless-*adj; ss*	sin hilos; la radio
6209	stem-*ss; vb*	el vástago; refrenar a
6210	parasite-*ss*	el parásito
6211	efficiency-*ss*	la eficiencia
6212	contractor-*ss*	contratista
6214	reactor-*ss*	el reactor
6216	expertise-*ss*	la pericia
6218	baton-*ss*	la batuta
6219	provision-*ss; vb*	la provisión| la disposición; proveer
6221	nightfall-*ss*	el anochecer
6222	alligator-*ss*	el caimán

6223	shortage-*ss*	la escasez| la falta
6224	fraternity-*ss*	la fraternidad
6225	plasma-*ss*	el plasma
6226	farce-*ss*	la farsa
6227	raspberry-*ss*	la frambuesa
6228	gauge-*vb; ss*	medir; el calibre
6230	handicapped-*adj; ss*	minusválido; el minusválido
6233	lever-*ss; vb*	la palanca; enderezarse
6234	brink-*ss*	el borde
6235	operative-*adj; ss*	operatorio; agente
6236	terrain-*ss*	el terreno
6237	adultery-*ss*	el adulterio
6238	obedience-*ss*	la obediencia| la docilidad
6239	canoe-*ss; vb*	la canoa; ir en canoa
6240	clank-*ss; vb*	el sonido metálico seco; hacer sonar
6241	nightingale-*ss*	el ruiseñor
6243	beetle-*ss; adj; vb*	el escarabajo; enmarañado; golpear
6245	redemption-*ss*	la redención
6246	paranoia-*ss*	la paranoia
6247	keyboard-*ss; vb*	el teclado; teclear
6249	filter-*vb; ss*	filtrar; el filtro
6250	canary-*ss*	el canario
6252	theatrical-*adj; ss*	teatral; la función teatral
6255	tally-*ss; vb*	la cuenta; concordar
6256	tendency-*ss*	la tendencia
6258	Mediterranean-*adj; ss*	mediterráneo; el Mediterráneo
6259	providence-*ss*	la providencia
6260	formality-*ss*	la formalidad
6262	transcript-*ss*	la transcripción| el expediente
6263	germ-*ss; vb*	el germen; tener bacilo
6264	offspring-*ss*	descendiente| la descendencia
6265	thump-*vb; ss*	golpear| dar golpes; el ruido sordo
6266	treachery-*ss*	la traición| la falsedad
6267	capitalism-*ss*	el capitalismo
6268	vintage-*ss; adj*	la vendimia; de época
6270	furnace-*ss*	el horno
6271	rim-*ss*	el borde| la llanta
6272	renounce-*ss; vb*	la renuncia; renunciar

6273	**procession**-*ss; vb*	la procesión	el cortejo; desfilar
6274	**deuce**-*ss; adv*	los dos	el diablo; cuarenta iguales
6277	**tolerance**-*ss*	la tolerancia	la indulgencia
6278	**maple**-*ss*	el arce
6279	**cube**-*ss; vb*	el cubo; cubicar
6280	**pep**-*ss*	la energía
6282	**prairie**-*ss*	la pradera
6284	**eel**-*ss*	la anguila
6285	**collateral**-*adj; ss*	colateral; la seguridad
6286	**geezer**-*ss*	el vejestorio
6288	**crisp**-*adj; vb; ss*	crujiente; crujir; la cosa crespa
6289	**assumption**-*ss*	la suposición	la asunción
6290	**capsule**-*ss*	la cápsula
6291	**throttle**-*ss; vb*	el acelerador	la válvula reguladora; estrangular
6295	**captive**-*adj; ss*	cautivo; el cautivo
6296	**patent**-*vb; ss; adj*	patentar	distinguirse; la patente; de patentes
6297	**sect**-*ss*	la secta
6299	**marathon**-*ss; adj*	el maratón; larguísimo
6300	**spank**-*vb; ss*	azotar; el azote en las nalgas
6303	**debut**-*ss*	el debut
6305	**impotent**-*adj; ss*	impotente; los impotente
6306	**fragment**-*ss*	el fragmento	el trozo
6307	**drilling**-*ss*	la perforación
6308	**layout**-*ss*	la disposición
6309	**continental**-*adj; ss*	continental; habitante del Continente Europeo
6312	**handbag**-*ss*	el bolso
6314	**amnesty**-*ss; vb*	la amnistía; amnistiar
6315	**weed**-*vb; ss*	eliminar	escardar; la mala hierba
6317	**trifle**-*ss; vb*	la bagatela	los algo; comer
6318	**sexuality**-*ss*	la sexualidad
6319	**conquest**-*ss*	la conquista
6320	**takeoff**-*ss*	el despegue	la toma
6321	**ballroom**-*ss*	los salón de baile
6323	**twinkle**-*ss; vb*	el centelleo	el parpadeo; brillar
6324	**hallucination**-*ss*	la alucinación
6325	**destroyer**-*ss*	el destructor
6326	**scatter**-*ss; vb*	la dispersión; dispersar
6327	**knob**-*ss; vb*	la perilla	el botón; tirar la puerta
6328	**scold**-*ss; vb*	el regaño; gritar
6331	**rake**-*ss; vb*	el rastrillo; rastrillar
6332	**borrowing**-*ss*	el préstamo
6333	**brew**-*vb; ss*	elaborar cerveza; la infusión
6334	**harness**-*vb; ss*	aprovechar; los arneses
6335	**sham**-*ss; adj; vb*	el impostor	el engaño; falso; fingir
6336	**goon**-*ss*	el matón
6337	**antenna**-*ss*	la antena
6339	**equality**-*ss*	la igualdad
6340	**vulture**-*ss*	el buitre
6341	**reading**-*ss*	la lectura	la interpretación
6342	**interpreter**-*ss*	el intérprete
6343	**desperation**-*ss*	la desesperación
6344	**hazel**-*ss*	el color avellana
6345	**grumpy**-*adj; ss*	gruñón; el malhumorado
6346	**chunk**-*ss; vb*	el pedazo; cortar un pedazo
6348	**steroid**-*ss*	el esteroide
6350	**anatomy**-*ss*	la anatomía
6351	**swimmer**-*ss*	el nadador
6352	**accordion**-*ss*	el acordeón
6353	**hoax**-*ss; vb*	el engaño	el truco; engañar
6354	**spotlight**-*vb; ss*	destacar; el foco
6355	**accidental**-*adj; ss*	accidental	casual; el accidente
6356	**ivory**-*ss*	el marfil
6357	**ogre**-*ss*	el ogro
6358	**shah**-*ss*	el cha
6359	**seizure**-*ss*	la incautación
6362	**schoolteacher**-*ss*	el maestro
6364	**founder**-*ss; vb*	el fundador	el creador; fracasar
6365	**cum**-*ss; prp*	el semen; con
6366	**barren**-*adj; ss*	estéril	árido; la tierra yerma
6369	**filing**-*ss*	la presentación
6370	**archives**-*ss*	el archivo
6371	**sincerity**-*ss*	la sinceridad
6372	**herald**-*ss; vb*	el heraldo	el anunciador; anunciar

6374	**vaccine**-*ss*	la vacuna	
6377	**electronics**-*ss*	la electrónica	
6378	**gunpowder**-*ss*	la pólvora	
6379	**surroundings**-*ss*	los alrededores| las cercanías	
6381	**liaison**-*ss*	el enlace	
6382	**junction**-*ss*	la unión	
6386	**Christianity**-*ss*	el cristianismo	
6387	**frustration**-*ss*	la frustración	
6388	**nagging**-*adj; ss*	persistente; las quejas	
6389	**prototype**-*ss*	el prototipo	
6390	**radiant**-*adj; ss*	radiante; el radiador	
6391	**cramp**-*ss; vb*	el calambre; apretar	
6393	**emptiness**-*ss*	el vacío	
6395	**detour**-*ss; vb*	el desvío| el rodeo; desviarse	
6396	**pappy**-*ss; adj*	el papá; blando	
6398	**vine**-*ss*	la vid	
6399	**grime**-*ss*	la mugre	
6400	**clamor**-*ss; vb*	el clamor; clamar	
6401	**carver**-*ss*	tallista| el trinchante	
6402	**tinker**-*ss; vb*	el hojalatero; remendar	
6403	**zebra**-*ss*	la cebra	
6404	**aerial**-*adj; ss*	aéreo; la antena	
6405	**muck**-*ss*	el estiércol	
6408	**advocate**-*ss; vb*	el abogado| el defensor; defender	
6410	**shuffle**-*vb; ss*	barajar; la barajada	
6411	**emerald**-*ss*	la esmeralda	
6412	**sauna**-*ss*	la sauna	
6414	**douche**-*ss; vb*	la ducha; ducharse	
6415	**gem**-*ss*	la joya	
6416	**ruble**-*ss*	el rublo	
6417	**cooperative**-*ss; adj*	la cooperativa; cooperativo	
6418	**viper**-*ss*	la víbora	
6419	**translator**-*ss*	el traductor	
6420	**freshen**-*vb; ss*	refrescar; el refresco	
6424	**crossroad**-*ss*	los cruce de caminos	
6425	**scalp**-*ss; vb*	el cuero cabelludo; escalpar	
6426	**bookstore**-*ss*	la librería	
6430	**arsenal**-*ss*	el arsenal	
6431	**swordsman**-*ss*	el espadachín	
6432	**goodwill**-*ss*	la buena voluntad	
6433	**observer**-*ss*	el observador	
6435	**chute**-*ss*	la tolva	

6436	**pastry**-*ss*	los pasteles	
6437	**jeopardy**-*ss; vb*	el peligro| el daño; peligrar	
6438	**excellence**-*ss*	la excelencia	
6439	**consumption**-*ss*	el consumo	
6440	**malaria**-*ss*	la malaria	
6446	**fusion**-*ss*	la fusión	
6448	**slime**-*ss*	el limo	
6449	**irrational**-*adj; ss*	irracional; el irracional	
6450	**minority**-*ss*	la minoría	
6451	**transit**-*ss*	el tránsito	
6453	**herring**-*ss*	el arenque	
6454	**immigrant**-*adj; ss*	inmigrante; el inmigrante modelo	
6455	**sitter**-*ss*	la vejiga	
6456	**bladder**-*ss*	la vejiga	
6457	**gavel**-*ss*	el mazo	
6460	**pioneer**-*ss; vb*	el pionero; promover	
6462	**scroll**-*ss*	la voluta| el pergamino	
6463	**deacon**-*ss*	el diácono	
6464	**bonnet**-*ss*	el capó	
6465	**cone**-*ss*	el cono	
6466	**penitentiary**-*adj; ss*	penitenciario; el penitenciario	
6467	**fossil**-*adj; ss*	fósil; el fósil	
6468	**scanner**-*ss*	el escáner	
6469	**intrusion**-*ss*	la intrusión	
6470	**syndicate**-*ss; vb*	el sindicato; sindicar	
6471	**tug**-*ss; vb*	el tirón; tirar de	
6472	**evaluation**-*ss*	la evaluación	
6473	**wench**-*ss*	la moza	
6475	**tram**-*ss*	el tranvía	
6477	**plunge**-*ss; vb*	la inmersión| la caída; sumergirse	
6478	**geography**-*ss*	la geografía	
6479	**functioning**-*ss*	la marcha	
6483	**commandment**-*ss*	el mandamiento| el mandato	
6484	**cruiser**-*ss*	el crucero	
6486	**capitalist**-*adj; ss*	capitalista; capitalista	
6487	**defender**-*ss*	el defensor	
6488	**nip**-*vb; ss*	cortar| pellizcar; el pellizco| el trago	
6489	**fret**-*ss; vb*	el traste| el raído; inquietarse	
6490	**whiz**-*ss; vb*	el zumbido; silbar	
6491	**notch**-*ss; vb*	la muesca; mellar	

6492	**brutality**-*ss*	la brutalidad
6494	**bridal**-*adj; ss*	nupcial; la boda
6496	**mentor**-*ss*	el mentor
6497	**hoot**-*vb; ss*	ulular; el ululato
6498	**winding**-*ss; adj*	el devanado; tortuoso
6502	**parcel**-*ss; vb*	el paquete; empaquetar
6504	**mush**-*ss*	las gachas| la masa blanda
6505	**miniature**-*adj; ss; vb*	miniatura; la miniatura; miniaturizar
6507	**poll**-*ss; vb*	la encuesta; sondear
6508	**zodiac**-*ss*	el zodíaco
6511	**demolition**-*ss*	la demolición
6514	**snoop**-*vb; ss*	fisgonear; el fisgón
6515	**acceptance**-*ss*	la aceptación
6516	**correction**-*ss*	la corrección| la enmienda
6518	**gurgle**-*ss; vb*	el gorgoteo; gorgotear
6519	**beak**-*ss*	el pico
6520	**whorehouse**-*ss*	el burdel
6522	**overdose**-*ss; vb*	la sobredosis; tomar una sobredosis
6524	**rewrite**-*vb; ss*	volver a escribir; la nueva versión
6526	**folly**-*ss*	la locura
6527	**export**-*vb; ss; adj*	exportar; la exportación; exportador
6528	**ownership**-*ss*	la propiedad
6529	**orgy**-*ss*	la orgía
6530	**casket**-*ss*	el ataúd
6534	**titan**-*ss*	el titán
6535	**spectator**-*ss*	el espectador
6536	**stammer**-*vb; ss*	balbucear| tartamudear; la tartamudez
6537	**meditation**-*ss*	la meditación
6538	**bop**-*vb; ss*	golpear; el be-bop
6539	**vinegar**-*ss*	el vinagre
6540	**kimono**-*ss*	el kimono
6541	**banjo**-*ss*	el banjo
6542	**drought**-*ss*	la sequía
6545	**toot**-*vb; ss*	sonar; el sonido breve
6546	**twat**-*ss*	el coño| la concha
6547	**clone**-*ss; vb*	el clon; clonar
6549	**merger**-*ss*	la fusión| la concentración
6550	**disregard**-*ss; vb*	la indiferencia| el descuido; ignorar
6552	**lass**-*ss*	la muchacha| la chavala
6553	**napkin**-*ss*	la servilleta
6554	**firearm**-*ss*	las arma de fuego
6555	**seminar**-*ss*	el seminario
6556	**noose**-*ss; vb*	el lazo; coger con lazo
6557	**pornography**-*ss*	la pornografía
6559	**fender**-*ss*	la defensa
6560	**finale**-*ss*	el final
6562	**hymn**-*ss; vb*	el himno| el canto; cantar himnos
6564	**flaw**-*ss; vb*	la falla; fallar
6565	**prefect**-*ss*	el prefecto
6567	**mash**-*ss; vb*	la mezcla; mezclar
6568	**blizzard**-*ss*	la ventisca
6569	**ranking**-*ss; adj*	la categoría; superior
6570	**lullaby**-*ss*	la canción de cuna
6571	**pagan**-*adj; ss*	pagano; el pagano
6572	**drunkard**-*ss*	el borracho| el borrachín
6575	**paste**-*ss; vb*	la pasta| el engrudo; pegar
6577	**bummer**-*ss*	el gorrón
6578	**dynamic**-*ss; adj*	la dinámica; dinámico
6581	**trance**-*ss*	el trance
6582	**famine**-*ss*	las hambre| la carestía
6583	**tablet**-*ss*	la tableta
6584	**clause**-*ss*	la cláusula
6586	**john**-*ss*	el lavabo
6587	**porridge**-*ss*	el gachas de avena
6588	**maze**-*ss; vb*	el laberinto| la confusión; desconcertar
6589	**sedative**-*adj; ss*	sedante; el sedante
6590	**firewood**-*ss*	la leña
6592	**harmonica**-*ss*	la harmónica
6594	**salvage**-*vb; ss*	salvar; el salvamento
6595	**pageant**-*ss*	la pompa
6596	**hustler**-*ss*	el estafador| la puta
6598	**cactus**-*ss*	los cactus
6599	**boner**-*ss*	la metedura de pata| el erección
6600	**transaction**-*ss*	la transacción| la operación
6601	**decoration**-*ss*	la decoración| el decorado
6602	**Persian**-*adj; ss*	persa; persa

6603	**troupe**-*ss*	la compañía	
6604	**presidency**-*ss*	la presidencia	
6606	**dictator**-*ss*	el dictador	
6607	**programming**-*ss; adj*	la programación; programador	
6608	**diplomat**-*ss*	el diplomático	
6609	**amulet**-*ss*	el amuleto	
6611	**newborn**-*adj; ss*	recién nacido; el recién nacido	
6613	**pilgrim**-*ss*	el peregrino	
6614	**fragrance**-*ss*	la fragancia	
6615	**coaching**-*ss*	el entrenamiento	
6616	**decay**-*vb; ss*	decaer| pudrirse; el decaimiento	
6617	**Morse**-*ss*	el morse	
6619	**motorbike**-*ss*	la moto	
6620	**tile**-*ss; vb*	el azulejo; embaldosar	
6622	**molecule**-*ss*	la molécula	
6623	**watermelon**-*ss*	la sandía	
6625	**credential**-*adj; ss*	credencial; los credencial	
6626	**pedal**-*adj; ss; vb*	pedal; el pedal; pedalear	
6627	**quarry**-*ss; vb*	la cantera; extraer	
6628	**analyst**-*ss*	analista| el analizador	
6629	**puck**-*ss*	el disco	
6630	**artery**-*ss*	la artería	
6632	**needy**-*adj; ss*	necesitado; el necesitado	
6633	**organism**-*ss*	el organismo	
6634	**intern**-*adj; ss; vb*	interno; el interno; internar	
6635	**fracture**-*ss; vb*	la fractura; fracturar	
6637	**matrimony**-*ss*	el matrimonio	
6639	**chaplain**-*ss*	el capellán	
6643	**luncheon**-*ss; vb*	el almuerzo| el bocadillo; almorzar	
6644	**windshield**-*ss*	el parabrisas	
6646	**trinity**-*ss*	la trinidad	
6647	**brow**-*ss*	el frente	
6648	**performer**-*ss*	ejecutante| el intérprete	
6649	**inflation**-*ss*	la inflación	
6650	**uranium**-*ss*	el uranio	
6651	**semen**-*ss*	el semen	
6652	**batting**-*ss*	el bateo| la guata	
6654	**pilgrimage**-*ss*	el peregrinaje	
6655	**moth**-*ss*	la polilla	
6656	**colonial**-*adj; ss*	colonial; el colono	
6657	**magnet**-*ss*	el imán	
6658	**knuckle**-*ss*	el nudillo	
6659	**leftover**-*adj; ss*	sobrante; superviviente	
6661	**forfeit**-*vb; ss; adj*	perder; la prenda; confiscado	
6662	**insert**-*vb; ss*	insertar| intercalar; el encarte	
6663	**orchard**-*ss*	la huerta	
6664	**pollution**-*ss*	la polución	
6665	**mammy**-*ss*	la mamita	
6668	**digest**-*vb; ss*	digerir; el digesto	
6670	**belle**-*ss*	la beldad	
6671	**furry**-*adj; ss*	peludo; el peludo	
6672	**popularity**-*ss*	la popularidad	
6673	**wrestler**-*ss*	el luchador	
6674	**defect**-*ss; vb*	el defecto| la falta; desertar	
6675	**kangaroo**-*ss*	el canguro	
6676	**indication**-*ss*	la indicación| la muestra	
6678	**bitterness**-*ss*	la amargura	
6681	**technician**-*ss*	el técnico	
6682	**climax**-*ss; vb*	el clímax; llegar a un clímax	
6684	**ledge**-*ss*	la repisa	
6685	**Capitol**-*ss*	el Capitolio	
6686	**hypnosis**-*ss*	la hipnosis	
6687	**dilemma**-*ss*	el dilema	
6690	**crusade**-*ss*	la cruzada	
6692	**crater**-*ss*	el cráter	
6696	**ordeal**-*ss*	las ordalías	
6698	**marvel**-*ss; vb*	la maravilla; maravillarse	
6699	**wildlife**-*ss*	la fauna	
6700	**screening**-*ss*	el cribado	
6701	**godmother**-*ss*	la madrina	
6702	**portal**-*ss*	el portal	
6704	**vineyard**-*ss*	el viñedo	
6706	**heater**-*ss*	el calentador	
6712	**sibling**-*ss*	el hermano	
6713	**lunchtime**-*ss*	la hora de comer	
6714	**caw**-*vb; ss*	graznar; el graznido	
6715	**probability**-*ss*	la probabilidad	
6718	**grammar**-*ss*	la gramática	
6719	**crummy**-*adj; ss*	sucio; la calidad baja	
6720	**bailiff**-*ss*	el alguacil	
6721	**collier**-*ss*	el minero	

6726	**pitching**-*ss; adj*	el lanzamiento; lanzado
6727	**fencing**-*ss*	la esgrima
6728	**basin**-*ss*	la cuenca
6729	**incense**-*ss; vb*	el incienso; incensar
6730	**bungalow**-*ss*	el bungalow
6731	**cardboard**-*ss*	la cartulina
6732	**snicker**-*ss*	la risa disimulada
6734	**metropolis**-*ss*	la metrópoli
6735	**neigh**-*vb; ss*	relinchar; el relincho
6737	**contemporary**-*adj; ss*	contemporáneo; el contemporáneo
6739	**hygiene**-*ss*	la higiene
6740	**recruiting**-*ss*	el reclutamiento
6742	**dictate**-*vb; ss*	dictar	imponer condiciones; el dictado
6743	**bearer**-*ss*	el portador
6744	**fraction**-*ss*	la fracción
6746	**oblivion**-*ss*	el olvido
6747	**lotion**-*ss*	la loción
6748	**hopeful**-*adj; ss*	esperanzado; aspirante
6749	**cove**-*ss; vb*	la ensenada; llamar al tío
6751	**deploy**-*vb; ss*	desplegar; el despliegue
6753	**consumer**-*ss*	el consumidor
6755	**motherland**-*ss*	la patria
6756	**inventor**-*ss*	el inventor	el creador
6758	**laddie**-*ss*	el muchacho	el chico
6759	**venom**-*ss*	el veneno
6760	**Palestinian**-*adj; ss*	palestino; el palestino
6764	**starvation**-*ss*	las hambre
6765	**snot**-*ss*	el moco
6767	**handicap**-*ss; vb*	el handicap	la desventaja; perjudicar
6769	**competitor**-*ss*	el competidor
6770	**sneeze**-*ss; vb*	el estornudo; estornudar
6771	**crotch**-*ss*	la entrepierna
6772	**rapist**-*ss*	el violador
6773	**cockpit**-*ss*	la carlinga
6774	**cheetah**-*ss*	el leopardo cazador
6775	**troll**-*ss; vb*	el gnomo; pescar con caña
6776	**degenerate**-*vb; ss; adj*	degenerar; el degenerado; degenerado
6777	**blasphemy**-*ss*	la blasfemia
6778	**teaching**-*ss; adj*	la enseñanza; de enseñanza
6781	**opener**-*ss*	el abrelatas
6783	**penance**-*ss; vb*	la penitencia; hacer penitencia
6785	**rubble**-*ss*	los escombros
6786	**animation**-*ss*	la animación
6787	**eyewitness**-*ss*	los testigo ocular
6788	**sensitivity**-*ss*	la sensibilidad
6789	**module**-*ss*	el módulo
6790	**bridegroom**-*ss*	el novio
6791	**clash**-*ss; vb*	el choque	el enfrentamiento; chocar
6792	**sash**-*ss*	la faja
6793	**monopoly**-*ss*	el monopolio
6795	**goof**-*ss; vb*	el bobo; meter la pata
6796	**sterling**-*ss; adj*	la libra esterlina; excelente
6797	**spur**-*vb; ss*	estimular; el espolón
6799	**dung**-*ss*	el estiércol
6800	**overlap**-*ss; vb*	la superposición; traslapar
6802	**buff**-*vb; ss; adj*	pulir; el color de ante; amarillo
6804	**irregular**-*adj; ss*	irregular; el guerrillero
6806	**yogurt**-*ss*	el yogur
6807	**cuddle**-*ss; vb*	el abrazo; abrazar
6808	**bypass**-*ss; vb*	la derivación; evitar
6809	**enlightenment**-*ss*	la ilustración
6810	**sanity**-*ss*	la cordura
6811	**isle**-*ss*	la isla
6812	**withdrawal**-*ss*	la retirada
6813	**forecast**-*ss; vb*	el pronóstico; prever
6814	**sandal**-*ss*	la sandalia
6816	**infinity**-*ss*	el infinito
6817	**malfunction**-*vb; ss*	funcionar mal; la avería
6818	**unseen**-*adj; ss*	invisible; el lo invisible
6819	**clarity**-*ss*	la claridad
6822	**sage**-*adj; ss*	sabio; el sabio
6824	**mast**-*ss*	el mástil
6825	**snob**-*ss*	el snob
6826	**premier**-*ss; adj*	el primer ministro; primero
6827	**ref**-*ss*	el árbitro
6828	**sparkle**-*vb; ss*	brillar	chispear; el brillo

6829	**kosher**-*ss*	comestible según la ley judía
6832	**vocabulary**-*ss*	el vocabulario
6833	**span**-*vb; ss*	abarcar; los palmo
6835	**encouragement**-*ss*	el estímulo| el aliento
6836	**challenger**-*ss*	el desafiador
6837	**horseback**-*ss*	el lado de caballo
6841	**coaster**-*ss*	el barco de cabotaje
6842	**metropolitan**-*adj; ss*	metropolitano; el metropolitano
6843	**snuff**-*ss; vb*	el rapé; aspirar
6844	**sled**-*ss; vb*	el trineo; ir en trineo
6845	**wheeze**-*vb; ss*	jadear; el resuello
6846	**testicle**-*ss*	el testículo
6847	**input**-*ss; vb*	la entrada| la introducción; entrar
6848	**knitting**-*ss*	el tejido de punto
6850	**pavement**-*ss*	el pavimento
6851	**sorcerer**-*ss*	el hechicero
6852	**decoy**-*ss; vb*	el señuelo; entruchar
6854	**dissolve**-*vb; ss*	disolver; el disolvente
6855	**genesis**-*ss*	la génesis
6856	**timber**-*ss; vb*	la madera; enmaderar
6859	**dart**-*ss; vb*	el dardo; lanzarse
6861	**stability**-*ss*	la estabilidad
6863	**calamity**-*ss*	la calamidad
6864	**quantity**-*ss*	la cantidad
6865	**creed**-*ss*	el credo
6866	**alphabet**-*ss*	el alfabeto
6867	**revenue**-*ss*	los ingresos| el rédito
6868	**vista**-*ss*	la vista
6869	**fascism**-*ss*	el fascismo
6870	**manifest**-*adj; ss; vb*	manifiesto; el manifiesto; manifestar
6871	**supervision**-*ss*	la supervisión
6872	**sleeper**-*ss*	el durmiente
6875	**marrow**-*ss*	la médula
6877	**attendance**-*ss*	la asistencia
6878	**diabetes**-*ss*	la diabetes
6879	**jog**-*ss; vb*	la sacudida; hacer footing
6881	**tat**-*vb; ss*	hacer encaje; la basura
6883	**bankruptcy**-*ss*	la quiebra
6884	**tribunal**-*ss*	el tribunal
6885	**provincial**-*adj; ss*	provincial; el provincial
6886	**saucer**-*ss*	el platillo
6888	**assessment**-*ss*	la valoración
6889	**participation**-*ss*	la participación
6893	**chariot**-*ss; vb*	el carruaje; ir en carruaje
6894	**apron**-*ss*	el delantal
6895	**index**-*ss; vb*	el índice| el índex; indizar
6896	**damnation**-*ss*	la condenación
6897	**passive**-*adj; ss*	pasivo; la voz pasiva
6898	**invalid**-*adj; ss; vb*	inválido| minusválido; el inválido; licenciar
6903	**suspense**-*ss*	el suspense| la incertidumbre
6906	**booby**-*ss*	el bobo
6907	**abstract**-*ss; adj; vb*	el extracto; abstracto; abstraer
6909	**reincarnation**-*ss*	la reencarnación
6910	**eyesight**-*ss*	la vista
6911	**fudge**-*ss; vb*	el dulce de azúcar; esquivar
6913	**trot**-*ss; vb*	el trote; trotar
6915	**solidarity**-*ss*	la solidaridad
6916	**roach**-*ss*	la cucaracha
6917	**glamor**-*ss; vb*	el glamour| el encanto; encantar
6918	**salami**-*ss*	el salami
6919	**raincoat**-*ss*	el impermeable
6920	**portable**-*adj; ss*	portátil; el portátil
6921	**erection**-*ss*	la erección| el montaje
6922	**pear**-*ss*	la pera
6925	**hardship**-*ss*	la privación
6926	**render**-*vb; ss*	hacer| prestar; el devolver
6927	**refrain**-*ss; vb*	el estribillo; abstenerse
6928	**knack**-*ss*	la maña
6929	**surge**-*ss; vb*	la oleada; hervir
6930	**ulcer**-*ss*	la úlcera
6931	**trader**-*ss*	comerciante| el traficante
6932	**disposition**-*ss*	la disposición| el temperamento
6934	**progressive**-*adj; ss*	progresivo| progresista; progresista
6935	**jive**-*ss; vb*	la jerga; bailar el swing
6936	**knickers**-*ss*	las bragas
6938	**pecker**-*ss*	el pájaro carpintero
6939	**Serbian**-*adj; ss*	serbio; el serbio
6941	**orchid**-*ss*	la orquídea

6944	**craven**-*adj; ss; vb*	cobarde; cobarde; ser cobarde
6945	**finding**-*ss*	el descubrimiento
6947	**manufacture**-*vb; ss*	fabricar; la manufactura
6948	**tack**-*vb; ss*	virar| hilvanar; la tachuela
6951	**hangar**-*ss*	el hangar
6952	**checkpoint**-*ss*	el control
6954	**mortar**-*ss*	el mortero
6955	**prestige**-*ss*	el prestigio
6956	**holocaust**-*ss*	el holocausto
6957	**barricade**-*ss; vb*	la barricada; levantar barricadas
6958	**avalanche**-*ss*	la avalancha
6960	**characteristic**-*ss; adj*	la característica; característico
6961	**shred**-*ss; vb*	la pizca; hacer trizas
6964	**scarecrow**-*ss*	el espantapájaros
6965	**saliva**-*ss*	la saliva
6966	**wand**-*ss*	la varita mágica
6967	**tribune**-*ss*	la tribuna
6968	**masculine**-*adj; ss*	masculino; el masculino
6970	**drastic**-*adj; ss*	drástico; el drástico
6971	**oppression**-*ss*	la opresión
6972	**cot**-*ss*	la cuna
6973	**ongoing**-*adj; ss*	en marcha; la continuación
6975	**ruby**-*ss; adj*	el rubí; de rubíes
6979	**coo**-*ss; vb*	el arrullo; arrullar
6984	**mayonnaise**-*ss*	la mayonesa
6986	**lair**-*ss*	la guarida| el cubil
6987	**neurotic**-*adj; ss*	neurótico; el neurótico
6989	**counseling**-*ss*	el asesoramiento
6991	**aide**-*ss*	el ayudante
6994	**hysteria**-*ss*	la histeria
6995	**platinum**-*ss*	el platino
6996	**slogan**-*ss*	el eslogan
6997	**user**-*ss*	el usuario
6999	**rugby**-*ss*	el rugby
7000	**plank**-*ss; vb*	el tablón; entablar
7002	**sling**-*ss; vb; adj*	la honda; colgar; viscoso
7003	**delusion**-*ss*	el engaño| la ilusión
7004	**overthrow**-*ss; vb*	el derrocamiento; derribar
7005	**margin**-*ss*	el margen
7006	**slander**-*ss; vb*	la calumnia; calumniar
7007	**seagull**-*ss*	la gaviota
7009	**chord**-*ss*	el acorde
7012	**dink**-*ss; vb*	el tonto; tontorronear
7013	**handshake**-*ss*	el apretón de manos
7015	**liability**-*ss*	la responsabilidad| el riesgo
7016	**radiator**-*ss*	el radiador
7017	**drone**-*ss; vb*	el zumbido; zumbar
7019	**requirement**-*ss*	el requisito
7020	**matron**-*ss*	la matrona
7021	**conception**-*ss*	la concepción| la idea
7022	**delegation**-*ss*	la delegación
7023	**badger**-*ss; vb*	el tejón; importunar
7024	**fore**-*adj; adv; ss*	delantero; delante; el frente
7025	**counterfeit**-*ss; adj; vb*	la falsificación; falsificado; contrahacer
7026	**maneuver**-*ss; vb*	la maniobra; maniobrar
7027	**cappuccino**-*ss*	el capuchino
7028	**mantle**-*ss; vb*	el manto; cubrir
7029	**navigation**-*ss*	la navegación
7030	**viola**-*ss*	la viola
7031	**hoist**-*vb; ss*	izar| levantar; el montacargas
7032	**intellect**-*ss*	el intelecto
7033	**ore**-*ss*	el mineral
7034	**inquisition**-*ss*	la inquisición
7036	**accessory**-*adj; ss*	accesorio; el accesorio
7037	**kip**-*vb; ss*	dormir; el sueño
7038	**mammal**-*ss*	el mamífero
7039	**chug**-*vb; ss*	resoplar; la resopla
7041	**deceit**-*ss*	el engaño| la mentira
7042	**hesitation**-*ss*	la vacilación
7043	**rinse**-*ss; vb*	el enjuague| los aclarado; enjuagar
7044	**dialect**-*ss*	el dialecto
7047	**ell**-*ss*	las ana
7048	**stoop**-*vb; ss*	agacharse; el pórtico
7049	**backside**-*ss*	el trasero
7051	**eyeball**-*ss*	el globo del ojo
7052	**velocity**-*ss*	la velocidad
7053	**extortion**-*ss*	la extorsión
7054	**gender**-*ss; vb*	el género; tener género
7055	**gore**-*ss; vb*	la sangre; cornear

7056	**wallpaper**-*ss*	el papel pintado
7058	**contrast**-*ss; vb*	el contraste; contrastar
7060	**hatchet**-*ss*	las hacha
7061	**roulette**-*ss*	la ruleta
7063	**aquarium**-*ss*	el acuario
7065	**manhood**-*ss*	la virilidad
7066	**duct**-*ss*	el conducto
7068	**pillar**-*ss*	el pilar
7069	**summons**-*ss*	la citación
7071	**removal**-*ss*	la eliminación
7072	**swede**-*ss*	el colinabo
7074	**diver**-*ss*	el buzo
7075	**bowman**-*ss*	el arquero
7076	**credibility**-*ss*	la credibilidad
7079	**governess**-*ss*	la institutriz
7085	**wrinkle**-*ss; vb*	la arruga; arrugar
7086	**dominant**-*adj; ss*	dominante; los dominante
7089	**manure**-*ss; vb*	el estiércol; abonar
7090	**ballad**-*ss*	la balada| la canción
7092	**trend**-*ss; vb*	la tendencia| la moda; tender a
7094	**miller**-*ss*	el molinero
7096	**stump**-*ss; vb*	el tocón; desconcertar en algo
7097	**scramble**-*ss; vb*	la lucha; mezclar
7098	**exploration**-*ss*	la exploración
7099	**refund**-*ss; vb*	el reembolso| la devolución; reembolsar
7100	**cassette**-*ss*	el casete
7101	**gorge**-*ss; vb*	la garganta; hartarse
7102	**platter**-*ss*	el plato| el disco
7104	**axis**-*ss*	el eje
7105	**guillotine**-*ss; vb*	la guillotina; guillotinar
7107	**serenity**-*ss*	la serenidad
7109	**mystic**-*adj; ss*	místico; el místico
7110	**clink**-*vb; ss*	tintinar; la cárcel
7111	**baboon**-*ss*	el babuino
7112	**coronation**-*ss*	la coronación
7113	**apocalypse**-*ss*	el apocalipsis
7114	**snail**-*ss*	el caracol
7115	**vale**-*ss; vb*	el valle; ir por una valle
7116	**allegation**-*ss*	la alegación
7117	**livestock**-*ss*	el ganado
7119	**sizzling**-*adj; ss*	candente; el chisporroteo
7121	**imitation**-*ss*	la imitación
7122	**pug**-*ss; vb*	el doguillo; amasar
7123	**lingerie**-*ss*	la lencería
7124	**crumb**-*ss*	la miga| la migaja
7126	**representation**-*ss*	la representación
7127	**confrontation**-*ss*	la confrontación
7129	**hoop**-*ss; vb*	el aro; enarcar
7130	**contradiction**-*ss*	la contradicción
7133	**proportion**-*ss; vb*	la proporción; proporcionar
7134	**qualification**-*ss*	la calificación| el título
7135	**roadblock**-*ss*	la barricada
7136	**indictment**-*ss*	la acusación
7137	**fiber**-*ss*	la fibra
7138	**binoculars**-*ss*	los prismáticos
7139	**outline**-*ss; vb*	el esquema| el contorno; perfilar
7140	**brawl**-*vb; ss*	pelearse; la riña
7141	**atheist**-*ss*	el ateo
7143	**countryman**-*ss*	compatriota
7144	**illiterate**-*adj; ss*	analfabeto; el analfabeto
7145	**gibbon**-*ss*	el gibón
7147	**cushion**-*vb; ss*	amortiguar| acolchonar; el cojín
7148	**exterior**-*adj; ss*	exterior; el exterior
7151	**homage**-*ss*	el homenaje
7152	**commodore**-*ss*	el comodoro
7156	**reasoning**-*ss; adj*	el razonamiento; racional
7158	**giraffe**-*ss; adj*	la jirafa; largo
7160	**anticipation**-*ss*	la anticipación| la previsión
7161	**intersection**-*ss*	la intersección| la sección
7162	**brig**-*ss*	el bergantín| el calabezo
7163	**puddle**-*ss; vb*	el charco| mezcla de arcilla y grava; pudelar
7165	**pulp**-*ss; vb*	la pulpa; destruir
7166	**explorer**-*ss*	el explorador
7167	**librarian**-*ss*	el bibliotecario
7168	**democrat**-*ss*	demócrata
7169	**amends**-*ss*	la compensación
7171	**posture**-*ss; vb*	la postura; tomar una postura

7172	**imperative**-*adj; ss*	imperativo; el imperativo
7174	**spinach**-*ss*	la espinaca
7175	**rave**-*ss; vb*	el delirio; delirar
7176	**measurement**-*ss*	la medición| la dimensión
7178	**curl**-*ss; vb*	el rizo; enroscarse
7179	**partisan**-*adj; ss*	partidista; el guerrillero
7180	**muse**-*ss; vb*	la musa; meditar
7181	**camouflage**-*ss; vb*	el camuflaje; camuflar
7182	**madhouse**-*ss*	el manicomio
7185	**guild**-*ss*	el gremio
7186	**descendant**-*adj; ss*	descendiente; descendiente
7187	**tornado**-*ss*	el tornado
7188	**charcoal**-*ss; vb*	el carbón; dibujar al carbón
7189	**clamp**-*ss; vb*	la abrazadera; afianzar
7190	**drench**-*vb; ss*	empapar| mojar; la poción
7191	**cinnamon**-*ss*	la canela
7192	**cardiac**-*adj; ss*	cardíaco; el medio cardíaco
7193	**covert**-*adj; ss*	encubiert; el abrigo
7195	**spat**-*ss*	la freza
7196	**catalog**-*vb; ss*	catalogar; el catálogo
7197	**fatigue**-*ss; vb*	la fatiga| el cansancio; fatigar
7198	**gall**-*ss; vb*	la hiel; mortificar
7202	**cucumber**-*ss*	el pepino
7204	**rehabilitation**-*ss*	la rehabilitación
7205	**helper**-*ss*	el ayudante| auxiliar
7207	**deserter**-*ss*	el desertor
7209	**tights**-*ss*	las medias
7210	**lending**-*ss*	el préstamo
7211	**crest**-*ss; vb*	la cresta| el blasón; usar blasón
7213	**aluminum**-*ss*	el aluminio
7214	**examiner**-*ss*	el examinador
7215	**holder**-*ss*	el titular
7217	**restraint**-*ss*	la restricción| la moderación
7218	**omelet**-*ss*	la tortilla
7219	**ensign**-*ss*	la bandera
7220	**slumber**-*ss; vb*	el sueño; dormir
7221	**ether**-*ss*	el éter
7222	**gateway**-*ss*	la puerta
7223	**fascination**-*ss*	la fascinación
7225	**arsehole**-*ss*	gilipollas
7227	**buttock**-*ss*	la nalga
7230	**polka**-*ss*	la polca
7231	**buggy**-*ss*	la calesa
7234	**postal**-*adj; ss*	postal; la tarjeta postal
7235	**stewardess**-*ss*	la azafata
7236	**voyager**-*ss*	el viajero
7237	**digger**-*ss*	el cavador
7238	**macaroni**-*ss*	los macarrones
7239	**poodle**-*ss*	el caniche
7240	**puberty**-*ss*	la pubertad
7242	**meatball**-*ss*	la albóndiga
7243	**gardening**-*ss*	la jardinería
7244	**phoney**-*adj; ss*	falso; farsante
7246	**havoc**-*ss; vb*	los estragos; destruir por un toque
7247	**mythology**-*ss*	la mitología
7248	**expansion**-*ss*	la expansión
7249	**inland**-*adj; ss; adv*	interior; el interior; tierra adentro
7250	**duplicate**-*adj; ss; vb*	duplicado; el duplicado; duplicar
7252	**smear**-*ss; vb*	los frotis| la mancha; manchar
7254	**turmoil**-*ss*	la confusión| el tumulto
7255	**supporter**-*ss*	el seguidor| el soporte
7258	**plaintiff**-*ss*	demandante
7259	**lumber**-*ss; vb*	las maderas| los maderos; aserrar
7260	**detonator**-*ss*	el detonador
7261	**spook**-*ss; vb*	el espectro; espantar
7263	**Renaissance**-*ss; adj*	el Renacimiento; renacentista
7264	**stride**-*ss; vb*	el paso; andar a trancos
7266	**spouse**-*ss*	cónyuge
7268	**gunman**-*ss*	el cañonero
7270	**harem**-*ss*	el harén
7275	**limousine**-*ss*	la limusina
7276	**jukebox**-*ss*	los tocadiscos tragamonedas
7277	**shaman**-*ss*	el chamán
7279	**impostor**-*ss*	el impostor
7281	**demise**-*ss; vb*	el fallecimiento; morir
7283	**writ**-*ss*	la escritura
7285	**correspondent**-*ss; adj*	el corresponsal; correspondiente
7287	**morrow**-*ss*	los día siguiente

7288	**trajectory**-*ss*	la trayectoria	
7289	**daybreak**-*ss*	el recreo de día	
7292	**accordance**-*ss*	la conformidad	
7294	**neon**-*ss*	el neón	
7295	**stand-in**-*ss*	suplente	
7297	**safari**-*ss*	la safari	
7298	**brownie**-*ss*	el brownie	
7299	**pager**-*ss*	los buscapersonas	
7300	**extinction**-*ss*	la extinción	
7301	**reflex**-*adj; ss*	reflejo; el reflejo	
7303	**diarrhea**-*ss*	la diarrea	
7305	**tracker**-*ss*	el rastreador	
7306	**righteousness**-*ss*	la justicia	
7307	**reaper**-*ss*	el segador	
7310	**notary**-*ss*	el notario	
7311	**administrator**-*ss*	el administrador	
7314	**stag**-*ss; adj*	el ciervo; soltero	
7315	**darts**-*ss*	los dardos	
7316	**guiding**-*ss*	la estrella de guía	
7318	**biography**-*ss*	la biografía	
7319	**fig**-*ss*	el higo	
7320	**craving**-*ss*	la ansia	
7322	**shawl**-*ss*	el chal	
7323	**trump**-*ss; vb*	el triunfo; triunfar	
7324	**caste**-*ss*	la casta	
7325	**gravel**-*ss*	la grava	
7327	**mil**-*ss*	los mil	
7328	**bygone**-*adj; ss*	pasado; la cosa pasada	
7329	**grotesque**-*adj; ss*	grotesco; el grotesco	
7330	**arson**-*ss*	el incendio provocado	
7331	**collaboration**-*ss*	la colaboración	
7332	**suburban**-*adj; ss*	suburbano; el suburbano	
7334	**fortnight**-*ss*	la quincena	
7335	**talker**-*ss*	el hablador	
7336	**peril**-*ss*	el peligro	
7338	**alimony**-*ss*	la pensión alimenticia	
7340	**microscope**-*ss*	el microscopio	
7343	**screwdriver**-*ss*	el destornillador	
7344	**piercing**-*ss; adj*	la perforación; penetrante	
7345	**snowman**-*ss*	el monigote de nieve	
7347	**regent**-*adj; ss*	regente; regente	
7350	**lagoon**-*ss*	la laguna	
7353	**agriculture**-*ss*	la agricultura	
7354	**contestant**-*ss*	concursante	
7355	**fink**-*ss*	el soplón	
7356	**filmmaker**-*ss*	cineasta	
7357	**auxiliary**-*adj; ss*	auxiliar| ayudante; el ayudante	
7358	**offender**-*ss*	delincuente| el infractor	
7360	**commissar**-*ss*	el comisario	
7362	**seafood**-*ss*	los mariscos	
7363	**midday**-*ss; adj*	el mediodía; de mediodía	
7364	**Protestant**-*adj; ss*	protestante; el protestante	
7368	**hostility**-*ss*	la hostilidad	
7370	**printer**-*ss*	la impresora	
7372	**dues**-*ss*	la cuota de socio	
7373	**correspondence**-*ss*	la correspondencia	
7374	**controversy**-*ss*	la controversia	
7375	**delegate**-*vb; ss*	delegar; el delegado	
7376	**backbone**-*ss*	la columna vertebral	
7378	**galley**-*ss*	la galera	
7379	**concubine**-*ss*	la concubina	
7380	**portfolio**-*ss*	la cartera	
7381	**barley**-*ss*	la cebada	
7383	**twisting**-*ss*	el retortijón	
7387	**pipeline**-*ss*	la tubería	
7388	**simplicity**-*ss*	la simpliciad	
7389	**builder**-*ss*	contratista	
7391	**feat**-*ss*	la hazaña	
7392	**reeve**-*ss; vb*	el juez local; asegurar	
7393	**syphilis**-*ss*	la sífilis	
7394	**likeness**-*ss*	la semejanza| el parecido	
7396	**riddance**-*ss*	el libramiento	
7397	**caterpillar**-*ss*	la oruga	
7400	**bleat**-*ss; vb*	el balido; balar	
7401	**raider**-*ss*	asaltante	
7402	**espresso**-*ss*	el café exprés	
7405	**scripture**-*ss*	el manuscrito	
7409	**jest**-*ss; vb*	la broma| la burla; bromear	
7410	**charade**-*ss*	la farsa	
7411	**rabble**-*ss*	la chusma	
7412	**chastity**-*ss*	la castidad	
7413	**tuxedo**-*ss*	el smoking	
7414	**editorial**-*adj; ss*	editorial; el editorial	
7416	**toaster**-*ss*	la tostadora	
7417	**hulk**-*ss*	el armatoste	
7418	**hostel**-*ss*	el hostal| el parador	
7419	**airfield**-*ss*	el aeródromo	

7420	**freighter**-*ss*	el cargador	
7422	**alp**-*ss*	la montaña	
7423	**limitation**-*ss*	la limitación| el límite	
7424	**hypothesis**-*ss*	las hipótesis	
7425	**insomnia**-*ss*	el insomnio	
7426	**encore**-*ss; vb*	las bis; repetir	
7427	**physicist**-*ss*	el físico	
7428	**quota**-*ss*	la cuota	
7429	**carton**-*ss*	las caja de cartón	
7430	**wiring**-*ss*	el alambrado	
7431	**beginner**-*ss*	principiante	
7433	**vortex**-*ss*	el vórtice	
7434	**preservation**-*ss*	la preservación	
7435	**projection**-*ss*	la proyección	
7437	**inscription**-*ss*	la inscripción	
7438	**coalition**-*ss*	la coalición	
7439	**sidekick**-*ss*	el compañero| compinche	
7440	**undertaker**-*ss*	el director de pompas fúnebres	
7441	**huddle**-*ss; vb*	el grupo; acurrucarse	
7442	**mascot**-*ss*	la mascota	
7444	**sedan**-*ss*	el sedán	
7445	**nightgown**-*ss*	el camisón	
7446	**peer**-*vb; ss*	mirar| mirar con atención; el par	
7447	**inject**-*vb; ss*	inyectar; la inyección	
7448	**petal**-*ss*	el pétalo	
7449	**apparatus**-*ss*	el aparato	
7452	**plow**-*ss; vb*	el arado; arar	
7454	**widower**-*ss*	el viudo	
7455	**assurance**-*ss*	la garantía| la seguridad	
7456	**elegance**-*ss*	la elegancia	
7457	**listener**-*ss*	oyente	
7459	**concierge**-*ss*	el conserje	
7460	**manpower**-*ss*	la mano de obra	
7461	**tombstone**-*ss*	la lápida sepulcral	
7462	**hermit**-*ss*	el ermitaño	
7463	**trolley**-*ss*	la carretilla	
7464	**forum**-*ss*	el foro	
7465	**saga**-*ss*	la saga	
7467	**bulk**-*vb; ss*	abultar| hinchar; la masa	
7468	**manslaughter**-*ss*	los homicidio involuntario	
7470	**dodger**-*ss*	el evasor	
7471	**cavity**-*ss*	la cavidad| el hoyo	

7474	**drinker**-*ss*	el bebedor	
7479	**waffle**-*ss; vb*	el gofre; parlotear	
7480	**billing**-*ss*	la facturación	
7481	**slag**-*ss*	la escoria	
7482	**rhino**-*ss*	el rinoceronte	
7484	**trio**-*ss*	el trío	
7486	**Albanian**-*adj; ss*	albanés; el albanés	
7488	**ducky**-*ss; adj*	el cariño; muy mono	
7491	**hind**-*adj; ss*	posterior| estorbado; la cierva	
7492	**fume**-*ss; vb*	el humo| el vaho; echar humo	
7495	**troublemaker**-*ss*	el alborotador	
7496	**payday**-*ss*	el día de paga	
7497	**smoker**-*ss*	el fumador	
7498	**checkers**-*ss*	las damas	
7499	**server**-*ss*	el servidor	
7500	**hypocrisy**-*ss*	la hipocresía	
7501	**mango**-*ss*	el mango	
7502	**pasture**-*vb; ss*	pastar| pacer; el pasto	
7503	**slum**-*ss; vb*	el barrio bajo; visitar los barrios bajos	
7504	**cowardice**-*ss*	la cobardía	
7505	**satin**-*ss; adj; vb*	el satín; satinado; satinar	
7506	**jackal**-*ss; adj*	el chacal; secuaz	
7507	**dealing**-*ss*	la relación comercial	
7508	**tortoise**-*ss*	la tortuga	
7509	**masseur**-*ss*	masajista	
7510	**icon**-*ss*	el icono	
7511	**hedge**-*ss; vb*	la cobertura; cercar	
7512	**hijack**-*vb; ss*	secuestrar; el secuestro	
7513	**hoof**-*ss; vb*	el casco; ir a pie	
7516	**partridge**-*ss*	la perdiz	
7517	**springtime**-*ss*	la primavera	
7518	**cylinder**-*ss*	el cilindro	
7519	**spiral**-*ss; adj*	la espiral; en espiral	
7520	**snowball**-*ss; vb*	la bola de nieve; aumentar progresivamente	
7521	**clover**-*ss*	el trébol	
7522	**separates**-*ss*	la coordinados	

Verbos

5000	**snatch**-*vb; ss*	arrebatar; la arrancada
5001	**dent**-*ss; vb*	las mella; mellar
5008	**bleep**-*vb; ss*	emitir pitidos
5009	**resent**-*vb*	resentirse de
5012	**lace**-*ss; vb*	el cordón; guarnecer con encajes
5016	**ribbon**-*ss; vb*	la cinta; ceñir
5019	**edit**-*vb*	editar| redactar
5022	**confront**-*vb*	confrontar
5023	**tackle**-*ss; vb*	la entrada| el aparejo; abordar
5024	**reef**-*ss; vb*	el arrecife; arrizar
5028	**relate**-*vb*	relacionar| relatar
5030	**chalk**-*ss; vb*	la tiza| el gis; entizar
5031	**vocalize**-*vb*	vocalizar
5033	**transform**-*vb*	transformar
5034	**esteem**-*ss; vb*	la estima| el precio; estimar
5044	**unload**-*vb*	descargar
5045	**portion**-*ss; vb*	la parte| la ración; dividir
5047	**ache**-*ss; vb*	el dolor; doler
5049	**inhale**-*vb*	inhalar
5057	**flank**-*ss; vb*	el flanco; flanquear
5058	**barge**-*ss; vb*	la barcaza; transportar por barcaza
5061	**crank**-*ss; vb*	la manivela; dar una vuelta a
5062	**streak**-*ss; vb*	la racha; rayar
5070	**fiddle**-*ss; vb*	el violín| la estafa; tocar el violín
5071	**paralyze**-*vb*	paralizar
5074	**limp**-*vb; ss; adj*	cojear| claudicar; la cojera; blando
5078	**hitch**-*ss; vb*	el enganche| el tirón; enganchar
5080	**invade**-*vb*	invadir| entrar
5081	**stitch**-*ss; vb*	la puntada; coser
5082	**cuckoo**-*ss; adj; vb*	el cuco; lelo; decir cucú
5086	**recruit**-*ss; vb*	la recluta; reclutar
5090	**expand**-*vb*	expandir| expandirse
5094	**peep**-*vb; ss*	mirar furtivamente; la mirada furtiva
5096	**estimate**-*vb; ss*	estimar| calcular; la estimación
5100	**drip**-*ss; vb*	el goteo; gotear
5105	**snarl**-*ss; vb*	el gruñido; gruñir
5110	**provoke**-*vb*	provocar| poner
5111	**curry**-*ss; vb*	el curry; almohazar
5112	**instruct**-*vb*	instruir| dar instrucciones
5113	**buckle**-*ss; vb*	la hebilla; abrochar
5114	**trim**-*vb; ss; adj*	recortar| ajustar; el recorte; elegante
5117	**mop**-*ss; vb*	la fregona| el trapeador; limpiar
5123	**cuff**-*ss; vb*	la bofetada; hacer una omisión
5131	**forge**-*ss; vb*	la fragua| la forja; forjar
5133	**toll**-*ss; vb*	el peaje; tañer
5135	**merit**-*ss; vb*	el mérito; merecer
5144	**bind**-*vb; ss*	enlazar| obligar; el lazo
5147	**grind**-*vb; ss*	moler| rechinar; la rutina
5151	**haste**-*ss; vb*	la prisa; tener prisa
5152	**crib**-*ss; vb*	la cuna; plagiar
5153	**distort**-*vb*	distorsionar
5155	**rebuild**-*vb*	reconstruir
5157	**damp**-*adj; ss; vb*	húmedo| mojado; la humedad; humedecer
5160	**amuse**-*vb*	divertir| distraer
5163	**warp**-*ss; vb*	los urdimbre; deformar
5170	**undo**-*vb*	deshacer
5176	**blunt**-*vb; adj*	embotar; embotado
5177	**grill**-*ss; vb*	la parrilla; asar a la parrilla
5178	**verify**-*vb*	verificar| apurar
5181	**chime**-*vb; ss*	repicar; el campaneo
5182	**allowance**-*ss; vb*	la concesión; fijar
5185	**recite**-*vb*	recitar| decir
5187	**mist**-*ss; vb*	la niebla; empañar
5193	**crackle**-*vb; ss*	crepitar; la crepitación
5197	**survey**-*ss; vb*	el estudio| el reconocimiento; estudiar
5207	**imitate**-*vb*	imitar
5224	**hag**-*ss; vb*	la bruja; ser una bruja
5229	**funk**-*ss; vb*	el canguelo; acobardarse
5232	**stash**-*ss; vb*	el alijo; esconder
5239	**whinny**-*ss; vb*	el relincho; relinchar
5241	**hump**-*ss; vb*	la joroba; joder

5242	**kite**-*ss; vb*	la cometa; estafar un banco
5244	**carve**-*vb*	esculpir
5245	**tutor**-*ss; vb*	el tutor| el profesor; enseñar
5247	**bruise**-*ss; vb*	el moretón| la contusión; herir
5251	**decline**-*ss; vb*	la disminución| la declinación; declinar
5253	**detect**-*vb*	detectar| identificar
5254	**perish**-*vb*	perecer| deteriorarse
5255	**cloak**-*ss; vb*	la capa| el capote; encubrir
5263	**shutter**-*ss; vb*	el obturador; poner postigos a
5264	**parachute**-*ss; vb*	el paracaídas; saltar con paracaídas
5267	**pong**-*vb*	apestar
5275	**bash**-*ss; vb*	el intento; asestar un golpe
5276	**zoom**-*vb; ss*	enfocar; la empinadura
5282	**arch**-*ss; vb; adj*	el arco; arquear; malicioso
5284	**scrape**-*vb; ss*	raspar| arrastrar; el raspado
5286	**imprison**-*vb*	encarcelar
5287	**blend**-*ss; vb*	la mezcla| la mixtura; mezclar
5289	**rejoice**-*vb*	alegrarse| regocijarse
5291	**raven**-*ss; adj; vb*	el cuervo; negro; devorar
5293	**update**-*vb; ss*	actualizar; la actualización
5299	**lime**-*ss; vb*	la cal; abonar con cal
5305	**hare**-*ss; vb*	la liebre; correr
5309	**bandage**-*ss; vb*	el vendaje; vendar
5313	**sponge**-*ss; vb*	la esponja; lavar con esponja
5316	**heed**-*ss; vb*	la atención; prestar atención a
5317	**yank**-*ss; vb*	el tirón; tirar en
5326	**violate**-*vb*	violar
5328	**trench**-*ss; adj; vb*	la zanja; de trincheras; hacer trincheras
5329	**elaborate**-*vb; adj*	elaborar; elaborado
5333	**wink**-*ss; vb*	el guiño; guiñar
5334	**inventory**-*ss; vb*	el inventario; inventar
5336	**depart**-*vb*	salir| marcharse
5345	**abduct**-*vb*	secuestrar
5346	**leash**-*ss; vb*	la correa; tener correa
5351	**dub**-*vb; ss*	doblar; los doblado
5353	**hull**-*ss; vb*	la cáscara; descascarar
5356	**verge**-*ss; vb*	el borde| la vera; acercarse
5357	**shampoo**-*ss; vb*	el champú; lavar
5358	**squawk**-*ss; vb*	el graznido; graznar
5362	**rev**-*vb; ss*	acelerar; la revolución
5367	**itch**-*vb; ss*	picar| hormiguear; los picazón
5371	**install**-*vb*	instalar| instalarse
5373	**prank**-*ss; vb*	la broma; ataviar
5376	**martyr**-*ss; vb*	el mártir; martirizar
5378	**peg**-*ss; vb*	la clavija; estabilizar
5380	**nod**-*vb; ss*	cabecear; las inclinación de cabeza
5382	**helm**-*ss; vb*	el timón; ser timón
5387	**crate**-*ss; vb*	la caja; encerrar
5390	**neglect**-*vb; ss*	descuidar| olvidar; la negligencia
5398	**squash**-*vb; ss*	aplastar; el zumo
5399	**diaper**-*ss; vb*	el pañal; estar seguro
5402	**beacon**-*ss; vb*	el faro; balizar
5403	**prep**-*ss;vb*	preparar| prepararse; preparación
5405	**overwhelm**-*vb*	abrumar
5411	**mend**-*ss; vb*	el remiendo| el zurcido; arreglar
5412	**essay**-*ss; vb*	el ensayo; ensayar
5415	**paw**-*ss; vb*	la pata; manosear
5418	**assemble**-*vb*	armar| ensamblar
5421	**snort**-*ss; vb*	el bufido; esnifar
5426	**rustle**-*ss; vb*	el crujido; crujir
5430	**retrieve**-*vb*	recuperar| cobrar
5433	**rumor**-*ss; vb*	el rumor; rumorearse
5438	**conceive**-*vb*	concebir
5443	**postpone**-*vb*	posponer
5450	**stalk**-*ss; vb*	el tallo; cazar al acecho
5451	**berry**-*ss; vb*	la baya; dar fruto
5462	**reel**-*ss; vb*	el carrete; tambalear
5469	**cashier**-*ss; vb*	el cajero; destituir
5472	**inconvenience**-*ss; vb*	la inconveniencia| la molestia; incomodar
5473	**remark**-*ss; vb*	la observación| el comentario; observar
5476	**boost**-*vb; ss*	aumentar| impulsar; el estímulo
5477	**remedy**-*ss; vb*	el remedio; remediar

5479	jockey-*ss; vb*	el jockey| el jinete; alcanzar
5489	dwell-*vb; ss*	habitar| fijarse en; la vivida
5491	roam-*vb; ss*	vagar; el vagabundeo
5496	vent-*ss; vb*	el respiradero| la abertura; desahogar
5499	squire-*ss; vb*	el escudero; acompañar
5506	dedicate-*vb*	dedicar| dedicarse
5512	pickle-*vb; ss*	conservar en vinagre; el adobo
5513	contribute-*vb*	contribuir| poner
5515	packet-*ss; vb*	el paquete; envasar
5519	apprentice-*ss; vb*	el aprendiz; colocar de aprendiz
5522	paddle-*ss; vb*	la paleta| la aleta; chapotear
5528	babble-*vb; ss*	balbucear| parlotear; el balbuceo
5536	limb-*ss; vb*	el miembro; ser miembro
5541	convert-*vb; ss*	convertir| convertirse; el converso
5546	doodle-*vb; ss*	garabatear| borronear; el garabato
5549	trek-*vb; ss*	emigrar; la excursión
5551	defy-*vb*	desafiar
5552	groove-*ss; vb*	la ranura; acanalar
5559	applaud-*vb*	aplaudir
5562	dye-*ss; vb*	el colorante; teñir
5563	decorate-*vb*	decorar| condecorar
5568	adapt-*vb*	adaptar
5569	cork-*ss; vb*	el corcho; taponar
5573	freight-*ss; vb*	la carga; enviar por flete
5581	confine-*vb; ss*	confinar| limitar; el confín
5585	dread-*ss; vb; adj*	el pavor| el terror; temer; terrible
5587	menace-*ss; vb*	la amenaza; amenazar
5588	fasten-*vb*	sujetar| abrocharse
5592	clutch-*ss; vb*	el embrague; agarrar
5597	quiz-*ss; vb*	el examen; examinar
5600	compose-*vb*	componer
5604	prospect-*ss; vb*	la perspectiva; prospectar
5605	squirt-*ss; vb*	el chorro; jeringar
5608	loaf-*ss; vb*	el pan| la barra; haraganear
5609	devastate-*vb*	devastar
5611	outlaw-*ss; vb*	el proscrito| el forajido; proscribir
5613	donate-*vb*	donar
5616	console-*ss; vb*	la consola; consolar
5626	foam-*ss; vb*	la espuma; espumar
5630	decree-*ss; vb*	el decreto| la orden; decretar
5631	hazard-*ss; vb*	el peligro| el obstáculo; aventurar
5635	bosom-*ss; vb*	el seno| los senos; abrazar
5646	overhear-*vb*	oír
5648	flare-*ss; vb*	la llamarada; encenderse
5656	batter-*ss; vb*	el bateador; estropear
5661	consume-*vb*	consumir| consumirse
5663	revolt-*ss; vb*	la revuelta| la rebelión; rebelarse
5665	chum-*ss; vb*	el amigo; hacerse amigos
5667	clang-*ss; vb*	el sonido metálico; sonar
5670	meow-*ss; vb*	el maullido; maullar
5671	mat-*ss; adj; vb*	la estera; mate; enmarañarse
5672	tar-*ss; vb*	el alquitrán| la brea; alquitranar
5675	sow-*vb; ss*	sembrar; la cerda
5678	enchant-*vb*	encantar
5685	tighten-*vb*	apretar| estrechar
5697	mourn-*vb*	llorar
5698	exploit-*vb; ss*	explotar; la hazaña
5699	regain-*vb*	recuperar| cobrar
5705	excess-*ss; vb*	el exceso| el excedente; exceder
5721	prop-*vb; ss*	apuntalar| mantener; el puntal
5722	muddy-*vb; adj*	enturbiar; fangoso
5726	slate-*ss; adj; vb*	la pizarra; de pizarra; cubrir de pizarras
5727	transplant-*ss; vb*	el trasplante; trasplantar
5728	impose-*vb*	imponer
5729	gallant-*adj; ss; vb*	galante; el galán; ser galante
5731	dispose-*vb*	disponer| colocar
5735	steep-*adj; vb; ss*	escarpado| empinado; empapar; el abismo
5737	hash-*ss; vb*	el plcadillo; picar
5747	slash-*ss; vb*	la barra oblicua; acuchillar

5759	**crunch**-*ss; vb*	el crujido; crujir
5762	**intercept**-*vb*	interceptar
5766	**jinx**-*ss; vb*	gafe; gafar
5775	**extract**-*vb; ss*	extraer| sacar; el extracto
5777	**plaster**-*ss; vb*	el yeso; enyesar
5782	**microwave**-*ss; vb*	la microonda; cocinar al microondas
5783	**outrage**-*ss; vb*	el escándalo; ultrajar
5785	**veer**-*vb; ss*	virar| girar; el cambio
5792	**caress**-*ss; vb*	la caricia; acariciar
5793	**convey**-*vb*	transmitir| llevar
5797	**fling**-*vb; ss*	arrojar; el lanzamiento
5798	**telegraph**-*ss; vb*	el telégrafo; telegrafiar
5805	**stun**-*vb*	aturdir| dejar sin sentido
5818	**trespass**-*vb*	infringir
5822	**blush**-*ss; vb*	el rubor; ruborizarse
5830	**prejudice**-*vb; ss*	perjudicar| predisponer; el prejuicio
5835	**mutiny**-*ss; vb*	el motín; amotinarse
5836	**anguish**-*ss; vb*	la angustia| la congoja; angustiar
5843	**conclude**-*vb*	concluir| deducir
5845	**queue**-*ss; vb*	la cola; hacer cola
5856	**moor**-*ss; vb*	el páramo| el brezal; amarrar
5857	**flop**-*ss; vb*	el fracaso; descansar en
5861	**banish**-*vb*	desterrar
5866	**bronze**-*ss; adj; vb*	el bronce; bronceado; broncear
5872	**foster**-*vb*	fomentar| criar
5874	**analyze**-*vb*	analizar| analizarse
5877	**combine**-*vb; ss*	combinar; la asociación
5878	**crucify**-*vb*	crucificar
5879	**pluck**-*vb; ss*	arrancar| desplumar; las agallas
5881	**inspect**-*vb*	inspeccionar| revisar
5882	**jab**-*ss; vb*	el pinchazo| el golpe; pinchar
5891	**ration**-*vb; ss*	racionar; la ración
5894	**tame**-*vb; adj*	domar| amansar; manso
5895	**pry**-*ss; vb*	la palanca; curiosear
5897	**stumble**-*ss; vb*	el tropezón; trastabillar
5901	**snitch**-*ss; vb*	el soplón; birlarse
5908	**rouge**-*ss; vb*	el colorete; dar colorete
5910	**abide**-*vb*	acatar| permanecer
5912	**skunk**-*ss; vb*	la mofeta; dar una paliza de
5913	**eclipse**-*ss; vb*	el eclipse; eclipsar
5915	**relay**-*ss; vb*	el relé; retransmitir
5917	**blaze**-*ss; vb*	el resplandor; arder
5918	**penetrate**-*vb*	penetrar
5927	**sap**-*ss; vb*	la savia| el bobo; minar
5934	**cod**-*ss; vb*	el bacalao; hacer bacalao
5937	**videotape**-*vb*	filmar con una videocámara
5939	**dirk**-*ss; vb*	el puñal; puñar
5942	**calculate**-*vb*	calcular| computar
5948	**awaken**-*vb*	despertar| abrir los ojos
5954	**recess**-*ss; vb*	el recreo; prorrogarse
5957	**dispute**-*ss; vb*	la disputa| el conflicto; disputar
5959	**refresh**-*vb*	refrescar
5963	**paragraph**-*ss; vb*	el párrafo; dividir en párrafos
5964	**adjourn**-*vb*	aplazar| levantar
5965	**shag**-*ss; vb*	la pelusa; follar
5967	**brag**-*vb; ss*	jactarse| fanfarronear; el alarde
5968	**strand**-*ss; vb*	la hebra| el mechón; varar
5979	**tread**-*ss; vb*	la pisada| el paso; pisar
5981	**rust**-*ss; vb*	el moho| la roya; oxidarse
5985	**buffet**-*ss; vb*	el aparador| el bar; golpear
5989	**peck**-*vb; ss*	picotear; el beso
5993	**litter**-*ss; vb*	la camada| la basura; ensuciar
5996	**ramp**-*ss; vb*	la rampa; descender
5997	**pup**-*ss; vb*	el cachorro; parir
5999	**cinch**-*ss; vb*	la cincha; hacer algo con facilidad
6005	**mold**-*ss; vb*	el molde; moldear
6007	**pay back**-*vb*	pagar
6011	**hallow**-*vb*	santificar
6014	**slay**-*vb*	matar
6015	**quarantine**-*ss; vb*	la cuarentena; poner en cuarentena
6023	**conceal**-*vb*	ocultar| disimular

6034	**wrench**-*ss; vb*	las llave inglesa; torcer fuertemente
6035	**manipulate**-*vb*	manipular
6041	**cub**-*ss; vb*	el cachorro; parir
6042	**alternate**-*vb; adj; ss*	alternar; alterno; suplente
6050	**detain**-*vb*	detener
6051	**import**-*vb; ss; adj*	importar; importación; de importación
6056	**descend**-*vb*	bajar
6062	**commune**-*ss; vb*	la comuna; comulgar
6065	**nag**-*ss; vb*	el rocín; fastidiar
6073	**emerge**-*vb*	surgir	eclosionar
6083	**squat**-*vb; adj; ss*	agacharse; rechoncho; la ocupación ilegal
6094	**confiscate**-*vb*	confiscar
6095	**cackle**-*ss; vb*	el cacareo; cacarear
6103	**criticize**-*vb*	criticar
6107	**weave**-*vb; ss*	tejer; el tejido
6108	**wilt**-*vb*	marchitar
6110	**awe**-*ss; vb*	el temor; atemorizar
6112	**jug**-*ss; vb*	la jarra	el cántaro; enchironar
6115	**flick**-*ss; vb*	la película; dar un golpecito a
6117	**interpret**-*vb*	interpretar	entender
6119	**diploma**-*ss; vb*	el diploma; diplomar
6122	**moo**-*vb; ss*	mugir; los mu
6123	**flap**-*ss; vb*	la solapa; batir
6125	**startle**-*vb*	asustar
6128	**yelp**-*ss; vb*	el gañido; gañir
6129	**barb**-*ss; vb*	la lengüeta	la barba; poner lengüetas en
6138	**indulge**-*vb*	complacer	dar rienda suelta
6143	**frequent**-*adj; vb*	frecuente; frecuentar
6145	**psych**-*vb*	psicoanalizar
6151	**initiate**-*adj; ss; vb*	iniciado; el iniciado; iniciar
6152	**hassle**-*ss; vb*	la molestia	el bullicio; molestar
6158	**omen**-*ss; vb*	el presagio; presagiar
6160	**enlist**-*vb*	conseguir	alistarse
6161	**surname**-*ss; vb*	el apellido; apellidar
6167	**entrust**-*vb*	confiar	encomendar
6169	**charter**-*ss; vb*	la carta; alquiler
6171	**sculpture**-*ss; vb*	la escultura; esculpir
6173	**grin**-*ss; vb*	la mueca; sonreír

6180	**disconnect**-*vb*	desconectar| desacoplar
6187	**curb**-*ss; vb*	el bordillo; refrenar a
6192	**dusk**-*ss; vb; adj*	la oscuridad| el anochecer; anochecer; oscuro
6196	**shiver**-*vb; ss*	temblar| hacer añicos; el escalofrío
6197	**peacock**-*ss; vb*	el pavo real; pavonearse
6198	**slope**-*ss; vb*	la pendiente| la ladera; inclinarse
6204	**sever**-*vb*	cortar
6209	**stem**-*ss; vb*	el vástago; refrenar a
6213	**resemble**-*vb*	parecerse a
6215	**absorb**-*vb*	absorber| amortiguar
6219	**provision**-*ss; vb*	la provisión| la disposición; proveer
6220	**motivate**-*vb*	motivar
6228	**gauge**-*vb; ss*	medir; el calibre
6229	**obscure**-*adj; vb*	oscuro| solitario; oscurecer
6233	**lever**-*ss; vb*	la palanca; enderezarse
6239	**canoe**-*ss; vb*	la canoa; ir en canoa
6240	**clank**-*ss; vb*	el sonido metálico seco; hacer sonar
6242	**strengthen**-*vb*	fortalecer| reforzar
6243	**beetle**-*ss; adj; vb*	el escarabajo; enmarañado; golpear
6247	**keyboard**-*ss; vb*	el teclado; teclear
6249	**filter**-*vb; ss*	filtrar; el filtro
6253	**deport**-*vb*	deportar
6255	**tally**-*ss; vb*	la cuenta; concordar
6263	**germ**-*ss; vb*	el germen; tener bacilo
6265	**thump**-*vb; ss*	golpear| dar golpes; el ruido sordo
6272	**renounce**-*ss; vb*	la renuncia; renunciar
6273	**procession**-*ss; vb*	la procesión| el cortejo; desfilar
6276	**sully**-*vb*	manchar
6279	**cube**-*ss; vb*	el cubo; cubicar
6281	**prohibit**-*vb*	prohibir
6283	**unpack**-*vb*	deshacer
6288	**crisp**-*adj; vb; ss*	crujiente; crujir; la cosa crespa
6291	**throttle**-*ss; vb*	el acelerador| la válvula reguladora; estrangular
6292	**dominate**-*vb*	dominar

6296	**patent**-*vb; ss; adj*	patentar| distinguirse; la patente; de patentes
6300	**spank**-*vb; ss*	azotar; el azote en las nalgas
6310	**cling**-*vb*	adherirse| quedar pegado
6313	**prevail**-*vb*	prevalecer| predominar
6314	**amnesty**-*ss; vb*	la amnistía; amnistiar
6315	**weed**-*vb; ss*	eliminar| escardar; la mala hierba
6317	**trifle**-*ss; vb*	la bagatela| los algo; comer
6323	**twinkle**-*ss; vb*	el centelleo| el parpadeo; brillar
6326	**scatter**-*ss; vb*	la dispersión; dispersar
6327	**knob**-*ss; vb*	la perilla| el botón; tirar la puerta
6328	**scold**-*ss; vb*	el regaño; gritar
6331	**rake**-*ss; vb*	el rastrillo; rastrillar
6333	**brew**-*vb; ss*	elaborar cerveza; la infusión
6334	**harness**-*vb; ss*	aprovechar; los arneses
6335	**sham**-*ss; adj; vb*	el impostor| el engaño; falso; fingir
6346	**chunk**-*ss; vb*	el pedazo; cortar un pedazo
6349	**transmit**-*vb*	transmitir
6353	**hoax**-*ss; vb*	el engaño| el truco; engañar
6354	**spotlight**-*vb; ss*	destacar; el foco
6364	**founder**-*ss; vb*	el fundador| el creador; fracasar
6368	**beseech**-*vb*	implorar
6372	**herald**-*ss; vb*	el heraldo| el anunciador; anunciar
6384	**anticipate**-*vb*	prever| anticiparse
6391	**cramp**-*ss; vb*	el calambre; apretar
6394	**govern**-*vb*	gobernar| dominar
6395	**detour**-*ss; vb*	el desvío| el rodeo; desviarse
6397	**shush**-*vb*	silenciar
6400	**clamor**-*ss; vb*	el clamor; clamar
6402	**tinker**-*ss; vb*	el hojalatero; remendar
6408	**advocate**-*ss; vb*	el abogado| el defensor; defender
6409	**interrogate**-*vb*	interrogar
6410	**shuffle**-*vb; ss*	barajar; la barajada
6414	**douche**-*ss; vb*	la ducha; ducharse
6420	**freshen**-*vb; ss*	refrescar; el refresco
6422	**intervene**-*vb*	intervenir| participar
6425	**scalp**-*ss; vb*	el cuero cabelludo; escalpar
6428	**multiply**-*vb*	multiplicar
6434	**redeem**-*vb*	redimir
6437	**jeopardy**-*ss; vb*	el peligro| el daño; peligrar
6441	**clarify**-*vb*	aclarar
6452	**budge**-*vb*	ceder| moverse
6459	**deliberate**-*vb; adj*	deliberar; deliberado
6460	**pioneer**-*ss; vb*	el pionero; promover
6461	**revive**-*vb*	reanimar| restablecer
6470	**syndicate**-*ss; vb*	el sindicato; sindicar
6471	**tug**-*ss; vb*	el tirón; tirar de
6477	**plunge**-*ss; vb*	la inmersión| la caída; sumergirse
6481	**uncover**-*vb*	descubrir| dejar al descubierto
6482	**retain**-*vb*	conservar| quedarse con
6488	**nip**-*vb; ss*	cortar| pellizcar; el pellizco| el trago
6489	**fret**-*ss; vb*	el traste| el raído; inquietarse
6490	**whiz**-*ss; vb*	el zumbido; silbar
6491	**notch**-*ss; vb*	la muesca; mellar
6493	**compel**-*vb*	obligar
6497	**hoot**-*vb; ss*	ulular; el ululato
6500	**construct**-*vb*	construir
6501	**uprise**-*vb*	levantarse
6502	**parcel**-*ss; vb*	el paquete; empaquetar
6503	**intrude**-*vb*	entrometerse
6505	**miniature**-*adj; ss; vb*	miniatura; la miniatura; miniaturizar
6507	**poll**-*ss; vb*	la encuesta; sondear
6509	**baptize**-*vb*	bautizar| dar nombre
6514	**snoop**-*vb; ss*	fisgonear; el fisgón
6517	**memorize**-*vb*	memorizar
6518	**gurgle**-*ss; vb*	el gorgoteo; gorgotear
6522	**overdose**-*ss; vb*	la sobredosis; tomar una sobredosis
6523	**uphold**-*vb*	defender| sostener
6524	**rewrite**-*vb; ss*	volver a escribir; la nueva versión
6527	**export**-*vb; ss; adj*	exportar; la exportación; exportador

6531	grieve-vb	afligirse	entristecer
6536	stammer-vb; ss	balbucear	tartamudear; la tartamudez
6538	bop-vb; ss	golpear; el be-bop
6545	toot-vb; ss	sonar; el sonido breve
6547	clone-ss; vb	el clon; clonar
6550	disregard-ss; vb	la indiferencia	el descuido; ignorar
6556	noose-ss; vb	el lazo; coger con lazo
6558	terminate-vb	terminar	terminarse
6562	hymn-ss; vb	el himno	el canto; cantar himnos
6563	assassinate-vb	asesinar
6564	flaw-ss; vb	la falla; fallar
6567	mash-ss; vb	la mezcla; mezclar
6575	paste-ss; vb	la pasta	el engrudo; pegar
6579	thieve-vb	robar
6585	irritate-vb	irritar	impacientar
6588	maze-ss; vb	el laberinto	la confusión; desconcertar
6594	salvage-vb; ss	salvar; el salvamento
6616	decay-vb; ss	decaer	pudrirse; el decaimiento
6618	vouch-vb	atestiguar
6620	tile-ss; vb	el azulejo; embaldosar
6626	pedal-adj; ss; vb	pedal; el pedal; pedalear
6627	quarry-ss; vb	la cantera; extraer
6631	override-vb	anular	no hacer caso de
6634	intern-adj; ss; vb	interno; el interno; internar
6635	fracture-ss; vb	la fractura; fracturar
6640	overlook-vb	pasar por alto
6642	lower-adj; vb; adv	inferior	bajo; reducir; bajo
6643	luncheon-ss; vb	el almuerzo	el bocadillo; almorzar
6653	distinguish-vb	distinguir	caracterizar
6661	forfeit-vb; ss; adj	perder; la prenda; confiscado
6662	insert-vb; ss	insertar	intercalar; el encarte
6668	digest-vb; ss	digerir; el digesto
6674	defect-ss; vb	el defecto	la falta; desertar
6682	climax-ss; vb	el clímax; llegar a un clímax
6691	arouse-vb	despertar	excitar
6693	disobey-vb	desobedecer
6698	marvel-ss; vb	la maravilla; maravillarse
6710	distribute-vb	distribuir
6711	imply-vb	implicar	insinuar
6714	caw-vb; ss	graznar; el graznido
6716	endanger-vb	poner en peligro	comprometer
6722	suffocate-vb	sofocar	sofocarse
6724	disperse-vb	dispersar
6729	incense-ss; vb	el incienso; incensar
6735	neigh-vb; ss	relinchar; el relincho
6741	generate-vb	generar	producir
6742	dictate-vb; ss	dictar	imponer condiciones; el dictado
6749	cove-ss; vb	la ensenada; llamar al tío
6751	deploy-vb; ss	desplegar; el despliegue
6752	err-vb	errar
6767	handicap-ss; vb	el handicap	la desventaja; perjudicar
6770	sneeze-ss; vb	el estornudo; estornudar
6775	troll-ss; vb	el gnomo; pescar con caña
6776	degenerate-vb; ss; adj	degenerar; el degenerado; degenerado
6780	perceive-vb	percibir	comprender
6783	penance-ss; vb	la penitencia; hacer penitencia
6784	overdo-vb	exagerar
6791	clash-ss; vb	el choque	el enfrentamiento; chocar
6794	compensate-vb	compensar
6795	goof-ss; vb	el bobo; meter la pata
6797	spur-vb; ss	estimular; el espolón
6798	designate-adj; vb	designado	nombrado; señalar
6800	overlap-ss; vb	la superposición; traslapar
6801	mellow-adj; vb	meloso; madurar
6802	buff-vb; ss; adj	pulir; el color de ante; amarillo
6803	frig-vb	echar un polvo
6805	harass-vb	acosar	hostilizar
6807	cuddle-ss; vb	el abrazo; abrazar

6808	**bypass**-*ss; vb*	la derivación; evitar
6813	**forecast**-*ss; vb*	el pronóstico; prever
6817	**malfunction**-*vb; ss*	funcionar mal; la avería
6820	**outnumber**-*vb*	superar numéricamente
6828	**sparkle**-*vb; ss*	brillar| chispear; el brillo
6831	**comply**-*vb*	cumplir
6833	**span**-*vb; ss*	abarcar; los palmo
6840	**scoot**-*vb*	largarse
6843	**snuff**-*ss; vb*	el rapé; aspirar
6844	**sled**-*ss; vb*	el trineo; ir en trineo
6845	**wheeze**-*vb; ss*	jadear; el resuello
6847	**input**-*ss; vb*	la entrada| la introducción; entrar
6852	**decoy**-*ss; vb*	el señuelo; entruchar
6854	**dissolve**-*vb; ss*	disolver; el disolvente
6856	**timber**-*ss; vb*	la madera; enmaderar
6857	**devour**-*vb*	devorar
6859	**dart**-*ss; vb*	el dardo; lanzarse
6860	**prescribe**-*vb*	prescribir
6870	**manifest**-*adj; ss; vb*	manifiesto; el manifiesto; manifestar
6873	**forsake**-*vb*	abandonar| renegar de
6874	**smuggle**-*vb*	hacer contrabando
6879	**jog**-*ss; vb*	la sacudida; hacer footing
6880	**wiggle**-*vb*	menear
6881	**tat**-*vb; ss*	hacer encaje; la basura
6893	**chariot**-*ss; vb*	el carruaje; ir en carruaje
6895	**index**-*ss; vb*	el índice| el índex; indizar
6898	**invalid**-*adj; ss; vb*	inválido| minusválido; el inválido; licenciar
6899	**comprehend**-*vb*	comprender| incluir
6901	**reset**-*vb*	reajustar
6907	**abstract**-*ss; adj; vb*	el extracto; abstracto; abstraer
6911	**fudge**-*ss; vb*	el dulce de azúcar; esquivar
6913	**trot**-*ss; vb*	el trote; trotar
6917	**glamor**-*ss; vb*	el glamour| el encanto; encantar
6926	**render**-*vb; ss*	hacer| prestar; el devolver
6927	**refrain**-*ss; vb*	el estribillo; abstenerse
6929	**surge**-*ss; vb*	la oleada; hervir
6933	**vie**-*vb*	rivalizar
6935	**jive**-*ss; vb*	la jerga; bailar el swing
6943	**differ**-*vb*	diferir de
6944	**craven**-*adj; ss; vb*	cobarde; cobarde; ser cobarde
6947	**manufacture**-*vb; ss*	fabricar; la manufactura
6948	**tack**-*vb; ss*	virar| hilvanar; la tachuela
6953	**oppress**-*vb*	oprimir
6957	**barricade**-*ss; vb*	la barricada; levantar barricadas
6961	**shred**-*ss; vb*	la pizca; hacer trizas
6962	**agitate**-*vb*	agitar
6974	**renew**-*vb*	renovar| volver a
6979	**coo**-*ss; vb*	el arrullo; arrullar
6985	**fay**-*vb*	meter
6990	**improvise**-*vb*	improvisar
7000	**plank**-*ss; vb*	el tablón; entablar
7002	**sling**-*ss; vb; adj*	la honda; colgar; viscoso
7004	**overthrow**-*ss; vb*	el derrocamiento; derribar
7006	**slander**-*ss; vb*	la calumnia; calumniar
7010	**knit**-*vb*	tejer
7011	**munch**-*vb*	mascar
7012	**dink**-*ss; vb*	el tonto; tontorronear
7014	**delete**-*vb*	borrar| cancelar
7017	**drone**-*ss; vb*	el zumbido; zumbar
7023	**badger**-*ss; vb*	el tejón; importunar
7025	**counterfeit**-*ss; adj; vb*	la falsificación; falsificado; contrahacer
7026	**maneuver**-*ss; vb*	la maniobra; maniobrar
7028	**mantle**-*ss; vb*	el manto; cubrir
7031	**hoist**-*vb; ss*	izar| levantar; el montacargas
7037	**kip**-*vb; ss*	dormir; el sueño
7039	**chug**-*vb; ss*	resoplar; la resopla
7043	**rinse**-*ss; vb*	el enjuague| los aclarado; enjuagar
7046	**liberate**-*vb*	liberar
7048	**stoop**-*vb; ss*	agacharse; el pórtico
7054	**gender**-*ss; vb*	el género; tener género
7055	**gore**-*ss; vb*	la sangre; cornear
7058	**contrast**-*ss; vb*	el contraste; contrastar

7070	**withstand**-*vb*	resistir a
7081	**hark**-*vb*	escuchar con atención
7083	**prosper**-*vb*	prosperar
7085	**wrinkle**-*ss; vb*	la arruga; arrugar
7089	**manure**-*ss; vb*	el estiércol; abonar
7092	**trend**-*ss; vb*	la tendencia| la moda; tender a
7096	**stump**-*ss; vb*	el tocón; desconcertar en algo
7097	**scramble**-*ss; vb*	la lucha; mezclar
7099	**refund**-*ss; vb*	el reembolso| la devolución; reembolsar
7101	**gorge**-*ss; vb*	la garganta; hartarse
7103	**prosecute**-*vb*	enjuiciar| procesar
7105	**guillotine**-*ss; vb*	la guillotina; guillotinar
7110	**clink**-*vb; ss*	tintinar; la cárcel
7115	**vale**-*ss; vb*	el valle; ir por una valle
7122	**pug**-*ss; vb*	el doguillo; amasar
7129	**hoop**-*ss; vb*	el aro; enarcar
7131	**strive**-*vb*	esforzarse| pugnar
7133	**proportion**-*ss; vb*	la proporción; proporcionar
7139	**outline**-*ss; vb*	el esquema| el contorno; perfilar
7140	**brawl**-*vb; ss*	pelearse; la riña
7142	**inflict**-*vb*	infligir
7147	**cushion**-*vb; ss*	amortiguar| acolchonar; el cojín
7149	**restrain**-*vb*	contener
7154	**stomp**-*vb*	pisar muy fuerte
7163	**puddle**-*ss; vb*	el charco| mezcla de arcilla y grava; pudelar
7165	**pulp**-*ss; vb*	la pulpa; destruir
7171	**posture**-*ss; vb*	la postura; tomar una postura
7173	**confide**-*vb*	confiar
7175	**rave**-*ss; vb*	el delirio; delirar
7178	**curl**-*ss; vb*	el rizo; enroscarse
7180	**muse**-*ss; vb*	la musa; meditar
7181	**camouflage**-*ss; vb*	el camuflaje; camuflar
7183	**misplace**-*vb*	perder
7184	**implore**-*vb*	implorar
7188	**charcoal**-*ss; vb*	el carbón; dibujar al carbón
7189	**clamp**-*ss; vb*	la abrazadera; afianzar
7190	**drench**-*vb; ss*	empapar| mojar; la poción
7196	**catalog**-*vb; ss*	catalogar; el catálogo
7197	**fatigue**-*ss; vb*	la fatiga| el cansancio; fatigar
7198	**gall**-*ss; vb*	la hiel; mortificar
7200	**overreact**-*vb*	sobrereaccionar
7201	**crave**-*vb*	pedir
7203	**yearn**-*vb*	añorar
7211	**crest**-*ss; vb*	la cresta| el blasón; usar blasón
7220	**slumber**-*ss; vb*	el sueño; dormir
7224	**welsh**-*vb*	largarse sin pagar
7229	**lurk**-*vb*	estar al acecho
7245	**stimulate**-*vb*	estimular| incentivar
7246	**havoc**-*ss; vb*	los estragos; destruir por un toque
7250	**duplicate**-*adj; ss; vb*	duplicado; el duplicado; duplicar
7252	**smear**-*ss; vb*	los frotis| la mancha; manchar
7257	**loathe**-*vb*	detestar| aborrecer
7259	**lumber**-*ss; vb*	las maderas| los maderos; aserrar
7261	**spook**-*ss; vb*	el espectro; espantar
7264	**stride**-*ss; vb*	el paso; andar a trancos
7267	**suffice**-*vb*	satisfacer
7272	**sulk**-*vb*	estar mohíno
7273	**masturbate**-*vb*	masturbarse
7280	**modify**-*vb*	modificar
7281	**demise**-*ss; vb*	el fallecimiento; morir
7284	**proclaim**-*vb*	proclamar| declarar
7291	**derange**-*vb*	trastornar
7293	**consist**-*vb*	consistir
7296	**dunk**-*vb*	remojar
7304	**denounce**-*vb*	denunciar
7308	**unfit**-*adj; vb*	impropio; inhabilitar
7313	**inquire**-*vb*	preguntar| indagar
7323	**trump**-*ss; vb*	el triunfo; triunfar
7337	**accommodate**-*vb*	acomodar| alojar
7341	**intimidate**-*vb*	intimidar
7348	**meddle**-*vb*	entrometerse| entremeterse
7375	**delegate**-*vb; ss*	delegar; el delegado
7390	**overrule**-*vb*	anular| desautorizar
7392	**reeve**-*ss; vb*	el juez local; asegurar
7398	**enlighten**-*vb*	iluminar
7400	**bleat**-*ss; vb*	el balido; balar

7403	**reassure**-*vb*	tranquilizar
7407	**suppress**-*vb*	reprimir
7409	**jest**-*ss; vb*	la broma| la burla; bromear
7415	**cremate**-*vb*	incinerar
7426	**encore**-*ss; vb*	las bis; repetir
7432	**enhance**-*vb*	mejorar
7436	**bewitch**-*vb*	hechizar| embrujar
7441	**huddle**-*ss; vb*	el grupo; acurrucarse
7446	**peer**-*vb; ss*	mirar| mirar con atención; el par
7447	**inject**-*vb; ss*	inyectar; la inyección
7450	**reap**-*vb*	cosechar
7452	**plow**-*ss; vb*	el arado; arar
7453	**enforce**-*vb*	hacer cumplir| aplicar
7467	**bulk**-*vb; ss*	abultar| hinchar; la masa
7479	**waffle**-*ss; vb*	el gofre; parlotear
7485	**reunite**-*vb*	reunir| reconciliar
7490	**acquit**-*vb*	absolver| pagar
7492	**fume**-*ss; vb*	el humo| el vaho; echar humo
7502	**pasture**-*vb; ss*	pastar| pacer; el pasto
7503	**slum**-*ss; vb*	el barrio bajo; visitar los barrios bajos
7505	**satin**-*ss; adj; vb*	el satín; satinado; satinar
7511	**hedge**-*ss; vb*	la cobertura; cercar
7512	**hijack**-*vb; ss*	secuestrar; el secuestro
7513	**hoof**-*ss; vb*	el casco; ir a pie
7514	**attain**-*vb*	alcanzar| lograr
7520	**snowball**-*ss; vb*	la bola de nieve; aumentar progresivamente

Orden alfabetico

5350	**abbey**-*ss*	la abadía| el monasterio
5345	**abduct**-*vb*	secuestrar
5910	**abide**-*vb*	acatar| permanecer
6019	**abnormal**-*adj*	anormal
6215	**absorb**-*vb*	absorber| amortiguar
6907	**abstract**-*ss; adj; vb*	el extracto; abstracto; abstraer
5973	**abyss**-*ss*	el abismo
5295	**academic**-*adj; ss*	académico; el universitario
6515	**acceptance**-*ss*	la aceptación
7036	**accessory**-*adj; ss*	accesorio; el accesorio
6355	**accidental**-*adj; ss*	accidental| casual; el accidente
7337	**accommodate**-*vb*	acomodar| alojar
7292	**accordance**-*ss*	la conformidad
6688	**accordingly**-*adv*	en consecuencia
6352	**accordion**-*ss*	el acordeón
5441	**accounting**-*ss*	la contabilidad
5486	**accusation**-*ss*	la acusación
5524	**accustomed**-*adj*	acostumbrado
5047	**ache**-*ss; vb*	el dolor; doler
5172	**achievement**-*ss*	el logro| la consecución
7404	**acknowledged**-*adj*	admitido
7490	**acquit**-*vb*	absolver| pagar
6689	**acute**-*adj*	agudo| grave
5568	**adapt**-*vb*	adaptar
5853	**addiction**-*ss*	la adicción
6745	**adequate**-*adj*	adecuado
5964	**adjourn**-*vb*	aplazar| levantar
7311	**administrator**-*ss*	el administrador
5849	**admirable**-*adj*	admirable
5982	**admiration**-*ss*	la admiración
6036	**admirer**-*ss*	el admirador
5933	**admission**-*ss*	la admisión| el reconocimiento
5570	**adoption**-*ss*	la adopción
6237	**adultery**-*ss*	el adulterio
5259	**advisor**-*ss*	el tutor
6408	**advocate**-*ss; vb*	el abogado| el defensor; defender
6404	**aerial**-*adj; ss*	aéreo; la antena
6566	**afar**-*adv*	lejos
6679	**affectionate**-*adj*	cariñoso| afectuoso
6667	**aft**-*adv*	en popa
7040	**afterward**-*adv*	después
5653	**aggression**-*ss*	la agresión
6962	**agitate**-*vb*	agitar
7351	**agreeable**-*adj*	agradable| conforme
7353	**agriculture**-*ss*	la agricultura
6991	**aide**-*ss*	el ayudante
5593	**airborne**-*adj*	aerotransportado
7419	**airfield**-*ss*	el aeródromo
7486	**Albanian**-*adj; ss*	albanés; el albanés
5909	**alias**-*adv; ss*	alias; el alias
7338	**alimony**-*ss*	la pensión alimenticia
7116	**allegation**-*ss*	la alegación
6032	**alleged**-*adj*	presunto
5683	**allegiance**-*ss*	la lealtad
6222	**alligator**-*ss*	el caimán
5182	**allowance**-*ss; vb*	la concesión; fijar
6736	**aloud**-*adv*	en voz alta
6866	**alphabet**-*ss*	el alfabeto
7422	**alp**-*ss*	la montaña
6042	**alternate**-*vb; adj; ss*	alternar; alterno; suplente
7213	**aluminum**-*ss*	el aluminio
6946	**amazingly**-*adv*	espantosamente
6104	**amendment**-*ss*	la enmienda
7169	**amends**-*ss*	la compensación
5676	**amnesia**-*ss*	la amnesia
6314	**amnesty**-*ss; vb*	la amnistía; amnistiar
6609	**amulet**-*ss*	el amuleto
6114	**amused**-*adj*	divertido
5368	**amusement**-*ss*	la diversión| el esparcimiento
5160	**amuse**-*vb*	divertir| distraer
6458	**anal**-*adj*	anal
6628	**analyst**-*ss*	analista| el analizador
5874	**analyze**-*vb*	analizar| analizarse
6157	**anarchy**-*ss*	la anarquía
6350	**anatomy**-*ss*	la anatomía
5836	**anguish**-*ss; vb*	la angustia| la congoja; angustiar
6786	**animation**-*ss*	la animación
6337	**antenna**-*ss*	la antena
5654	**anthem**-*ss*	el himno
6384	**anticipate**-*vb*	prever| anticiparse
7160	**anticipation**-*ss*	la anticipación| la previsión
5277	**antidote**-*ss*	el antídoto

5437	anyplace-*adv*	en cualquier sitio
5825	apiece-*adv*	cada uno
7113	apocalypse-*ss*	el apocalipsis
6823	appalling-*adj*	pésimo
7449	apparatus-*ss*	el aparato
5109	apparent-*adj*	aparente| evidente
6580	appealing-*adj*	atractivo
5559	applaud-*vb*	aplaudir
5122	appreciation-*ss*	la apreciación| el reconocimiento
5519	apprentice-*ss; vb*	el aprendiz; colocar de aprendiz
6894	apron-*ss*	el delantal
7475	apt-*adj*	apto| conveniente
7063	aquarium-*ss*	el acuario
5854	archbishop-*ss*	el arzobispo
5138	architecture-*ss*	la arquitectura
6370	archives-*ss*	el archivo
5282	arch-*ss; vb; adj*	el arco; arquear; malicioso
6048	arc-*ss*	el arco
5754	arctic-*adj*	ártico
5924	armored-*adj*	blindado
6691	arouse-*vb*	despertar| excitar
5617	arrogance-*ss*	la arrogancia
7225	arsehole-*ss*	gilipollas
6430	arsenal-*ss*	el arsenal
7330	arson-*ss*	el incendio provocado
6630	artery-*ss*	la artería
6026	ashtray-*ss*	el cenicero
6563	assassinate-*vb*	asesinar
5418	assemble-*vb*	armar| ensamblar
6888	assessment-*ss*	la valoración
6289	assumption-*ss*	la suposición| la asunción
7455	assurance-*ss*	la garantía| la seguridad
7346	asteroid-*adj*	asteroide
5374	asthma-*ss*	las asma
5643	astonishing-*adj*	asombroso| pasmoso
6361	astray-*adv; adj*	por mal camino; descarriado
5059	astronaut-*ss*	astronauta
7141	atheist-*ss*	el ateo
5266	athlete-*ss*	atleta
5771	athletic-*adj*	atlético
5166	atom-*ss*	el átomo
7514	attain-*vb*	alcanzar| lograr
6877	attendance-*ss*	la asistencia
5323	attendant-*adj; ss*	asistente| concomitante; asistente
6201	aurora-*ss*	el amanecer
5584	Australian-*adj; ss*	australiano; el australiano
6130	Austrian-*adj; ss*	austriaco; el austriaco
5756	authorization-*ss*	la autorización
5056	automatically-*adv*	automáticamente
7357	auxiliary-*adj; ss*	auxiliar| ayudante; el ayudante
6958	avalanche-*ss*	la avalancha
5948	awaken-*vb*	despertar| abrir los ojos
6127	awareness-*ss*	la conciencia
6110	awe-*ss; vb*	el temor; atemorizar
7104	axis-*ss*	el eje

B

5528	babble-*vb; ss*	balbucear| parlotear; el balbuceo
7111	baboon-*ss*	el babuino
5495	baby-sitter-*ss*	la niñera
7376	backbone-*ss*	la columna vertebral
5375	backpack-*ss*	la mochila
7049	backside-*ss*	el trasero
5202	backstage-*adv; ss; adj*	entre bastidores; los bastidores; de bastidores
5545	backward-*adj; adv*	hacia atrás; hacia atrás
5833	bacterium-*ss*	la bacteria
7023	badger-*ss; vb*	el tejón; importunar
6720	bailiff-*ss*	el alguacil
5331	bakery-*ss*	la panadería
7090	ballad-*ss*	la balada| la canción
6321	ballroom-*ss*	los salón de baile
5561	bamboo-*ss*	el bambú
5309	bandage-*ss; vb*	el vendaje; vendar
5861	banish-*vb*	desterrar
6541	banjo-*ss*	el banjo
5148	banking-*adj; ss*	bancario; la banca
6883	bankruptcy-*ss*	la quiebra
6509	baptize-*vb*	bautizar| dar nombre
6057	barbarian-*adj; ss*	bárbaro; el bárbaro
7282	barbed-*adj*	mordaz
6129	barb-*ss; vb*	la lengüeta| la barba; poner lengüetas en

6090	**barefoot**-*adj; adv*	descalzo; descalzo	
5058	**barge**-*ss; vb*	la barcaza; transportar por barcaza	
7381	**barley**-*ss*	la cebada	
5046	**baroness**-*ss*	la baronesa	
6366	**barren**-*adj; ss*	estéril| árido; la tierra yerma	
6957	**barricade**-*ss; vb*	la barricada; levantar barricadas	
5275	**bash**-*ss; vb*	el intento; asestar un golpe	
5064	**basil**-*ss*	la albahaca	
6728	**basin**-*ss*	la cuenca	
5634	**batch**-*ss*	el lote| la hornada	
6218	**baton**-*ss*	la batuta	
5656	**batter**-*ss; vb*	el bateador; estropear	
6652	**batting**-*ss*	el bateo| la guata	
5402	**beacon**-*ss; vb*	el faro; balizar	
5623	**bead**-*ss*	el talón| la perla	
6519	**beak**-*ss*	el pico	
6743	**bearer**-*ss*	el portador	
6243	**beetle**-*ss; adj; vb*	el escarabajo; enmarañado; golpear	
6717	**beforehand**-*adv*	antemano	
7431	**beginner**-*ss*	principiante	
6149	**Belgian**-*adj; ss*	belga; belga	
5492	**Belgium**-*ss*	las Bélgica	
6009	**believer**-*ss*	creyente	
6670	**belle**-*ss*	la beldad	
5199	**bender**-*ss*	la juerga	
5451	**berry**-*ss; vb*	la baya; dar fruto	
6368	**beseech**-*vb*	implorar	
5327	**beta**-*ss*	la beta	
7436	**bewitch**-*vb*	hechizar| embrujar	
6949	**biblical**-*adj*	bíblico	
6052	**bikini**-*ss*	el bikini	
7480	**billing**-*ss*	la facturación	
5144	**bind**-*vb; ss*	enlazar| obligar; el lazo	
7138	**binoculars**-*ss*	los prismáticos	
7318	**biography**-*ss*	la biografía	
5014	**biscuit**-*ss*	la galleta	
6678	**bitterness**-*ss*	la amargura	
7458	**bitty**-*adj*	fragmentario	
6066	**blacksmith**-*ss*	el herrero	
6456	**bladder**-*ss*	la vejiga	
6777	**blasphemy**-*ss*	la blasfemia	
5917	**blaze**-*ss; vb*	el resplandor; arder	

7400	**bleat**-*ss; vb*	el balido; balar	
5008	**bleep**-*vb; ss*	emitir pitidos	
5287	**blend**-*ss; vb*	la mezcla| la mixtura; mezclar	
6568	**blizzard**-*ss*	la ventisca	
5736	**bloodshed**-*ss*	la matanza	
5176	**blunt**-*vb; adj*	embotar; embotado	
5822	**blush**-*ss; vb*	el rubor; ruborizarse	
5302	**boar**-*ss*	el verraco	
7333	**bodily**-*adj; adv*	corporal; en persona	
7472	**bogus**-*adj*	falso	
5688	**boiler**-*ss*	la caldera	
6599	**boner**-*ss*	la metedura de pata| el erección	
6464	**bonnet**-*ss*	el capó	
6906	**booby**-*ss*	el bobo	
6426	**bookstore**-*ss*	la librería	
5476	**boost**-*vb; ss*	aumentar| impulsar; el estímulo	
6538	**bop**-*vb; ss*	golpear; el be-bop	
5776	**boredom**-*ss*	el aburrimiento	
6332	**borrowing**-*ss*	el préstamo	
5635	**bosom**-*ss; vb*	el seno| los senos; abrazar	
7469	**bottled**-*adj*	embotellado	
5484	**boulevard**-*ss*	el bulevar	
5531	**boundary**-*ss*	el límite	
5233	**bouquet**-*ss*	el ramo	
5002	**bourgeois**-*adj; ss*	burgués; el burgués	
6184	**bout**-*ss*	el combate| el ataque	
7075	**bowman**-*ss*	el arquero	
5967	**brag**-*vb; ss*	jactarse| fanfarronear; el alarde	
6978	**bravely**-*adv*	valientemente	
5431	**bravery**-*ss*	la valentía| la bravura	
7140	**brawl**-*vb; ss*	pelearse; la riña	
5789	**breaker**-*ss*	el interruptor automático	
5632	**breakthrough**-*ss*	la penetración	
6053	**brethren**-*ss*	los hermanos	
6333	**brew**-*vb; ss*	elaborar cerveza; la infusión	
6494	**bridal**-*adj; ss*	nupcial; la boda	
6790	**bridegroom**-*ss*	el novio	
5381	**briefing**-*ss*	las instrucciones	
5774	**briefly**-*adv*	brevemente	
7162	**brig**-*ss*	el bergantín| el calabozo	
6234	**brink**-*ss*	el borde	

5978	**broker**-*ss*	el corredor
5866	**bronze**-*ss; adj; vb*	el bronce; bronceado; broncear
7298	**brownie**-*ss*	el brownie
6647	**brow**-*ss*	el frente
5247	**bruise**-*ss; vb*	el moretón| la contusión; herir
5821	**brunette**-*adj; ss*	morena; la morena
6492	**brutality**-*ss*	la brutalidad
6914	**brutally**-*adv*	brutalmente
5113	**buckle**-*ss; vb*	la hebilla; abrochar
6452	**budge**-*vb*	ceder| moverse
5985	**buffet**-*ss; vb*	el aparador| el bar; golpear
6802	**buff**-*vb; ss; adj*	pulir; el color de ante; amarillo
7231	**buggy**-*ss*	la calesa
7389	**builder**-*ss*	contratista
5591	**bulb**-*ss*	el bulbo
7467	**bulk**-*vb; ss*	abultar| hinchar; la masa
5539	**bulletin**-*ss*	el boletín
7164	**bulletproof**-*adj*	a prueba de balas
6577	**bummer**-*ss*	el gorrón
6101	**bumper**-*ss; adj*	el parachoques; abundante
6677	**bumpy**-*adj*	desigual
6730	**bungalow**-*ss*	el bungalow
5106	**bun**-*ss*	el bollo
5067	**burglar**-*ss*	el ladrón
6018	**burglary**-*ss*	el robo con fractura
7227	**buttock**-*ss*	la nalga
7328	**bygone**-*adj; ss*	pasado; la cosa pasada
6808	**bypass**-*ss; vb*	la derivación; evitar

C

6183	**cabaret**-*ss*	el cabaret
6095	**cackle**-*ss; vb*	el cacareo; cacarear
6598	**cactus**-*ss*	los cactus
5662	**cadet**-*ss*	el cadete
5505	**cafeteria**-*ss*	la cafetería
6863	**calamity**-*ss*	la calamidad
5942	**calculate**-*vb*	calcular| computar
5758	**calculation**-*ss*	el cálculo| la cuenta
5916	**caliber**-*ss*	el calibre| la capacidad
5324	**caller**-*ss*	el llamador
5013	**calmly**-*adv*	tranquilamente

5383	**cameraman**-*ss*	la cámara
7181	**camouflage**-*ss; vb*	el camuflaje; camuflar
5262	**cam**-*ss*	la leva
6250	**canary**-*ss*	el canario
5533	**cannabis**-*ss*	el canabis
5760	**canned**-*adj*	enlatado
6239	**canoe**-*ss; vb*	la canoa; ir en canoa
6121	**canteen**-*ss*	la cantina
5183	**canvas**-*ss*	la lona
6267	**capitalism**-*ss*	el capitalismo
6486	**capitalist**-*adj; ss*	capitalista; capitalista
6685	**Capitol**-*ss*	el Capitolio
7027	**cappuccino**-*ss*	el capuchino
6290	**capsule**-*ss*	la cápsula
6295	**captive**-*adj; ss*	cautivo; el cautivo
5246	**caravan**-*ss*	la caravana
6731	**cardboard**-*ss*	la cartulina
7192	**cardiac**-*adj; ss*	cardíaco; el medio cardíaco
7108	**carefree**-*adj*	despreocupado
5792	**caress**-*ss; vb*	la caricia; acariciar
5478	**caretaker**-*ss*	vigilante| el conserje
5742	**Caribbean**-*adj*	caribe
7429	**carton**-*ss*	las caja de cartón
5343	**cartoon**-*ss*	los dibujos animados
6401	**carver**-*ss*	tallista| el trinchante
5244	**carve**-*vb*	esculpir
5469	**cashier**-*ss; vb*	el cajero; destituir
6530	**casket**-*ss*	el ataúd
7100	**cassette**-*ss*	el casete
7324	**caste**-*ss*	la casta
7196	**catalog**-*vb; ss*	catalogar; el catálogo
5602	**category**-*ss*	la categoría
7397	**caterpillar**-*ss*	la oruga
7471	**cavity**-*ss*	la cavidad| el hoyo
6714	**caw**-*vb; ss*	graznar; el graznido
6977	**celestial**-*adj*	celestial| claro
6111	**cello**-*ss*	el violonchelo
7241	**cellular**-*adj*	celular
5422	**cereal**-*adj; ss*	cereal; el cereal
5677	**certainty**-*ss*	la certeza| la seguridad
6605	**certified**-*adj*	certificado
5030	**chalk**-*ss; vb*	la tiza| el gis; entizar
6836	**challenger**-*ss*	el desafiador
5397	**challenging**-*adj*	desafiante
5393	**chamberlain**-*ss*	el chambelán

7269	chaotic-*adj*	caótico
6639	chaplain-*ss*	el capellán
6960	characteristic-*ss; adj*	la característica; característico
7410	charade-*ss*	la farsa
7188	charcoal-*ss; vb*	el carbón; dibujar al carbón
6893	chariot-*ss; vb*	el carruaje; ir en carruaje
7150	charitable-*adj*	caritativo
6169	charter-*ss; vb*	la carta; alquiler
7412	chastity-*ss*	la castidad
6168	chateau-*ss*	el castillo
7498	checkers-*ss*	las damas
6952	checkpoint-*ss*	el control
5717	cheeky-*adj; ss*	fresco; el fresco
5905	cheerleader-*ss*	el animador
6774	cheetah-*ss*	el leopardo cazador
6080	chemist-*ss*	el químico
5755	chic-*adj; ss*	elegante; la elegancia
5583	Chile-*ss*	el Chile
5181	chime-*vb; ss*	repicar; el campaneo
7009	chord-*ss*	el acorde
5510	chore-*ss*	la faena
6386	Christianity-*ss*	el cristianismo
5875	chronic-*adj*	crónico| permanente
5720	chubby-*adj*	regordete
7039	chug-*vb; ss*	resoplar; la resopla
5503	chump-*ss*	la cabeza
5665	chum-*ss; vb*	el amigo; hacerse amigos
6346	chunk-*ss; vb*	el pedazo; cortar un pedazo
6435	chute-*ss*	la tolva
5999	cinch-*ss; vb*	la cincha; hacer algo con facilidad
7191	cinnamon-*ss*	la canela
5464	circulation-*ss*	la circulación
7073	civic-*adj*	cívico
6400	clamor-*ss; vb*	el clamor; clamar
7189	clamp-*ss; vb*	la abrazadera; afianzar
5977	clam-*ss*	la almeja
5667	clang-*ss; vb*	el sonido metálico; sonar
6240	clank-*ss; vb*	el sonido metálico seco; hacer sonar
6441	clarify-*vb*	aclarar
6819	clarity-*ss*	la claridad

6791	clash-*ss; vb*	el choque| el enfrentamiento; chocar
5811	classmate-*ss*	el compañero de clase
6584	clause-*ss*	la cláusula
6682	climax-*ss; vb*	el clímax; llegar a un clímax
6310	cling-*vb*	adherirse| quedar pegado
6969	clinical-*adj*	clínico
7110	clink-*vb; ss*	tintinar; la cárcel
5255	cloak-*ss; vb*	la capa| el capote; encubrir
6547	clone-*ss; vb*	el clon; clonar
6427	cloudy-*adj*	nublado
7521	clover-*ss*	el trébol
5592	clutch-*ss; vb*	el embrague; agarrar
6615	coaching-*ss*	el entrenamiento
7438	coalition-*ss*	la coalición
6841	coaster-*ss*	el barco de cabotaje
5125	cobra-*ss*	la cobra
5921	coca-*ss*	la coca
6773	cockpit-*ss*	la carlinga
5846	cockroach-*ss*	la cucaracha
5795	cocky-*adj*	gallito| arrogante
5701	cocoa-*ss*	el cacao
5069	coconut-*ss*	el coco
5085	coco-*ss*	las palma de coco
5934	cod-*ss; vb*	el bacalao; hacer bacalao
7331	collaboration-*ss*	la colaboración
6285	collateral-*adj; ss*	colateral; la seguridad
5459	collective-*adj; ss*	colectivo; el colectivo
6721	collier-*ss*	el minero
5709	collision-*ss*	la colisión
6008	cologne-*ss*	la colonia
6656	colonial-*adj; ss*	colonial; el colono
6141	colorful-*adj*	vistoso
7473	colossal-*adj*	colosal
5877	combine-*vb; ss*	combinar; la asociación
5953	comeback-*ss*	el regreso
5258	comedian-*ss*	el cómico
7050	comfy-*adj*	confortable
5214	commandant-*ss*	el comandante
6483	commandment-*ss*	el mandamiento| el mandato
5664	commerce-*ss*	el comercio

7360	**commissar**-*ss*	el comisario
7152	**commodore**-*ss*	el comodoro
5932	**commotion**-*ss*	la conmoción| el tumulto
6062	**commune**-*ss; vb*	la comuna; comulgar
5298	**communion**-*ss*	la comunión
5325	**communism**-*ss*	el comunismo
5307	**comparison**-*ss*	la comparación
6493	**compel**-*vb*	obligar
6794	**compensate**-*vb*	compensar
5140	**compensation**-*ss*	la compensación| la enmienda
6750	**competent**-*adj*	competente
5930	**competitive**-*adj*	competitivo
6769	**competitor**-*ss*	el competidor
5572	**complication**-*ss*	la complicación
6831	**comply**-*vb*	cumplir
5636	**composer**-*ss*	el compositor
5600	**compose**-*vb*	componer
5947	**composition**-*ss*	la composición
6899	**comprehend**-*vb*	comprender| incluir
6023	**conceal**-*vb*	ocultar| disimular
5438	**conceive**-*vb*	concebir
7021	**conception**-*ss*	la concepción| la idea
7459	**concierge**-*ss*	el conserje
5843	**conclude**-*vb*	concluir| deducir
7379	**concubine**-*ss*	la concubina
6043	**concussion**-*ss*	la contusión
5301	**conditioning**-*ss; adj*	el acondicionamiento; condicional
5020	**condolence**-*ss*	la condolencia
6465	**cone**-*ss*	el cono
7173	**confide**-*vb*	confiar
5581	**confine**-*vb; ss*	confinar| limitar; el confín
6094	**confiscate**-*vb*	confiscar
7127	**confrontation**-*ss*	la confrontación
5022	**confront**-*vb*	confrontar
5767	**congregation**-*ss*	la congregación
6319	**conquest**-*ss*	la conquista
5167	**conservative**-*adj; ss*	conservador; el conservador
5730	**considerate**-*adj*	considerado
5554	**consistent**-*adj*	consistente
7293	**consist**-*vb*	consistir
5312	**consolation**-*ss*	el consuelo
5616	**console**-*ss; vb*	la consola; consolar
6500	**construct**-*vb*	construir
5807	**consulate**-*ss*	el consulado
5271	**consul**-*ss*	el cónsul
5693	**consultant**-*ss*	el consultor| el consultante
6380	**consulting**-*adj*	consultante
6753	**consumer**-*ss*	el consumidor
5661	**consume**-*vb*	consumir| consumirse
6439	**consumption**-*ss*	el consumo
5621	**contagious**-*adj*	contagioso
5226	**container**-*ss*	el recipiente
6443	**contaminated**-*adj*	contaminado
6737	**contemporary**-*adj; ss*	contemporáneo; el contemporáneo
7354	**contestant**-*ss*	concursante
5565	**context**-*ss*	el contexto
6309	**continental**-*adj; ss*	continental; habitante del Continente Europeo
6329	**continuous**-*adj*	continuo
7361	**continuously**-*adv*	continuamente
6212	**contractor**-*ss*	contratista
7130	**contradiction**-*ss*	la contradicción
7058	**contrast**-*ss; vb*	el contraste; contrastar
5513	**contribute**-*vb*	contribuir| poner
6480	**controversial**-*adj*	polémico
7374	**controversy**-*ss*	la controversia
5223	**convenience**-*ss*	la conveniencia
5975	**conventional**-*adj*	convencional
6406	**convertible**-*adj*	convertible
5541	**convert**-*vb; ss*	convertir| convertirse; el converso
5793	**convey**-*vb*	transmitir| llevar
6417	**cooperative**-*ss; adj*	la cooperativa; cooperativo
6979	**coo**-*ss; vb*	el arrullo; arrullar
5445	**coral**-*ss*	el coral
5569	**cork**-*ss; vb*	el corcho; taponar
6683	**cornered**-*adj*	arrinconado
5652	**corny**-*adj*	cursi
7112	**coronation**-*ss*	la coronación
6516	**correction**-*ss*	la corrección| la enmienda
7373	**correspondence**-*ss*	la correspondencia
7285	**correspondent**-*ss; adj*	el corresponsal; correspondiente
5571	**cosmos**-*ss*	el cosmos
6972	**cot**-*ss*	la cuna

6989	**counseling**-*ss*	el asesoramiento
5706	**countdown**-*ss*	la cuenta atrás
7025	**counterfeit**-*ss; adj; vb*	la falsificación; falsificado; contrahacer
5051	**countless**-*adj*	incontable
7143	**countryman**-*ss*	compatriota
5724	**courier**-*ss*	el mensajero
5926	**courthouse**-*ss*	el palacio de justicia
5206	**courtyard**-*ss*	el patio
7193	**covert**-*adj; ss*	encubiert; el abrigo
6749	**cove**-*ss; vb*	la ensenada; llamar al tío
7504	**cowardice**-*ss*	la cobardía
5281	**cowardly**-*adv; adj*	cobardemente; cobarde
5974	**coyote**-*ss*	el coyote
5221	**cracker**-*ss*	la galleta
5193	**crackle**-*vb; ss*	crepitar; la crepitación
6391	**cramp**-*ss; vb*	el calambre; apretar
5061	**crank**-*ss; vb*	la manivela; dar una vuelta a
6692	**crater**-*ss*	el cráter
5387	**crate**-*ss; vb*	la caja; encerrar
6944	**craven**-*adj; ss; vb*	cobarde; cobarde; ser cobarde
7201	**crave**-*vb*	pedir
7320	**craving**-*ss*	la ansia
7262	**crazed**-*adj*	loco
5095	**creator**-*ss*	el creador; la amazona
6625	**credential**-*adj; ss*	credencial; los credencial
7076	**credibility**-*ss*	la credibilidad
6865	**creed**-*ss*	el credo
7415	**cremate**-*vb*	incinerar
7211	**crest**-*ss; vb*	la cresta| el blasón; usar blasón
5152	**crib**-*ss; vb*	la cuna; plagiar
6288	**crisp**-*adj; vb; ss*	crujiente; crujir; la cosa crespa
5502	**criticism**-*ss*	la crítica
6103	**criticize**-*vb*	criticar
5043	**critic**-*ss*	el crítico| la palabra crítica
6424	**crossroad**-*ss*	los cruce de caminos
6771	**crotch**-*ss*	la entrepierna
5878	**crucify**-*vb*	crucificar
5268	**crude**-*adj*	crudo
6484	**cruiser**-*ss*	el crucero

7124	**crumb**-*ss*	la miga| la migaja
6719	**crummy**-*adj; ss*	sucio; la calidad baja
5759	**crunch**-*ss; vb*	el crujido; crujir
6690	**crusade**-*ss*	la cruzada
5842	**crust**-*ss*	la corteza
6279	**cube**-*ss; vb*	el cubo; cubicar
6041	**cub**-*ss; vb*	el cachorro; parir
5082	**cuckoo**-*ss; adj; vb*	el cuco; lelo; decir cucú
7202	**cucumber**-*ss*	el pepino
6807	**cuddle**-*ss; vb*	el abrazo; abrazar
5123	**cuff**-*ss; vb*	la bofetada; hacer una omisión
5808	**culprit**-*ss*	el culpable
6365	**cum**-*ss; prp*	el semen; con
6187	**curb**-*ss; vb*	el bordillo; refrenar a
7178	**curl**-*ss; vb*	el rizo; enroscarse
5111	**curry**-*ss; vb*	el curry; almohazar
7147	**cushion**-*vb; ss*	amortiguar| acolchonar; el cojín
6834	**customary**-*adj*	acostumbrado
5684	**cutie**-*ss*	la chica
5050	**cutter**-*ss*	el cortador
7518	**cylinder**-*ss*	el cilindro
5474	**cynical**-*adj*	cínico
5407	**Czech**-*adj; ss*	checo; el checo

D

5814	**daft**-*adj*	loco
6105	**dairy**-*ss; adj*	la lechería; lechero
6896	**damnation**-*ss*	la condenación
5157	**damp**-*adj; ss; vb*	húmedo| mojado; la humedad; humedecer
5137	**dandy**-*ss; adj*	el dandy| el dandi; excelente
5809	**Danish**-*adj; ss*	danés; danés
6859	**dart**-*ss; vb*	el dardo; lanzarse
7315	**darts**-*ss*	los dardos
6976	**dashing**-*adj*	apuesto
5855	**database**-*ss*	las base de datos
7289	**daybreak**-*ss*	el recreo de día
5308	**daytime**-*ss*	el tiempo de día
7256	**dazzling**-*adj*	deslumbrante
6463	**deacon**-*ss*	el diácono
7507	**dealing**-*ss*	la relación comercial
5439	**debris**-*ss*	los escombros
6303	**debut**-*ss*	el debut

6616	**decay**-*vb; ss*	decaer| pudrirse; el decaimiento	
7041	**deceit**-*ss*	el engaño| la mentira	
5508	**deception**-*ss*	el engaño| la mentira	
7008	**decisive**-*adj*	decisivo	
5586	**declaration**-*ss*	la declaración	
5251	**decline**-*ss; vb*	la disminución| la declinación; declinar	
5563	**decorate**-*vb*	decorar| condecorar	
6601	**decoration**-*ss*	la decoración| el decorado	
6852	**decoy**-*ss; vb*	el señuelo; entruchar	
5630	**decree**-*ss; vb*	el decreto| la orden; decretar	
5506	**dedicate**-*vb*	dedicar| dedicarse	
5601	**dedication**-*ss*	la dedicación| la entrega	
6674	**defect**-*ss; vb*	el defecto| la falta; desertar	
6487	**defender**-*ss*	el defensor	
7317	**defenseless**-*adj*	indefenso	
5551	**defy**-*vb*	desafiar	
6776	**degenerate**-*vb; ss; adj*	degenerar; el degenerado; degenerado	
7375	**delegate**-*vb; ss*	delegar; el delegado	
7022	**delegation**-*ss*	la delegación	
7014	**delete**-*vb*	borrar| cancelar	
6459	**deliberate**-*vb; adj*	deliberar; deliberado	
6244	**delirious**-*adj*	delirante	
7003	**delusion**-*ss*	el engaño| la ilusión	
7281	**demise**-*ss; vb*	el fallecimiento; morir	
7168	**democrat**-*ss*	demócrata	
6511	**demolition**-*ss*	la demolición	
5560	**demo**-*ss*	la manifestación	
5417	**denial**-*ss*	la negación	
7304	**denounce**-*vb*	denunciar	
6037	**dense**-*adj*	denso| estúpido	
5040	**dental**-*adj*	dental	
5001	**dent**-*ss; vb*	las mella; mellar	
5336	**depart**-*vb*	salir| marcharse	
5791	**dependent**-*adj; ss*	dependiente; el dependiente	
6751	**deploy**-*vb; ss*	desplegar; el despliegue	
6253	**deport**-*vb*	deportar	
5424	**depot**-*ss*	el depósito| la cochera	
6442	**deprived**-*adj*	privado	
7291	**derange**-*vb*	trastornar	
7186	**descendant**-*adj; ss*	descendiente; descendiente	
6056	**descend**-*vb*	bajar	
5606	**descent**-*ss*	el descenso| la descendencia	
7207	**deserter**-*ss*	el desertor	
6798	**designate**-*adj; vb*	designado| nombrado; señalar	
7367	**desirable**-*adj*	deseable	
6343	**desperation**-*ss*	la desesperación	
5682	**despicable**-*adj*	despreciable| vil	
6325	**destroyer**-*ss*	el destructor	
5647	**destructive**-*adj*	destructivo	
5191	**detailed**-*adj*	detallado	
6050	**detain**-*vb*	detener	
6200	**detector**-*ss*	el detector	
5253	**detect**-*vb*	detectar| identificar	
5485	**determination**-*ss*	la determinación	
7260	**detonator**-*ss*	el detonador	
6395	**detour**-*ss; vb*	el desvío| el rodeo; desviarse	
6274	**deuce**-*ss; adv*	los dos| el diablo; cuarenta iguales	
5609	**devastate**-*vb*	devastar	
5884	**devastating**-*adj*	devastador	
6857	**devour**-*vb*	devorar	
5955	**dew**-*ss*	el rocío	
6878	**diabetes**-*ss*	la diabetes	
5497	**diagnosis**-*ss*	el diagnóstico	
7044	**dialect**-*ss*	el dialecto	
5399	**diaper**-*ss; vb*	el pañal; estar seguro	
7303	**diarrhea**-*ss*	la diarrea	
6742	**dictate**-*vb; ss*	dictar| imponer condiciones; el dictado	
6028	**dictatorship**-*ss*	la dictadura	
6606	**dictator**-*ss*	el dictador	
5260	**dictionary**-*ss*	el diccionario	
6068	**diesel**-*adj; ss*	diesel; el diesel	
6943	**differ**-*vb*	diferir de	
6668	**digest**-*vb; ss*	digerir; el digesto	
7237	**digger**-*ss*	el cavador	
6902	**dignified**-*adj*	digno| solemne	
6687	**dilemma**-*ss*	el dilema	
7194	**dimensional**-*adj*	dimensional	
7012	**dink**-*ss; vb*	el tonto; tontorronear	
5261	**dinosaur**-*ss*	el dinosaurio	
6119	**diploma**-*ss; vb*	el diploma; diplomar	

6608	**diplomat**-*ss*	el diplomático
7059	**dire**-*adj*	terrible| calamitoso
5939	**dirk**-*ss; vb*	el puñal; puñar
5290	**disabled**-*adj; ss*	incapacitado; los incapacitado
5065	**disappearance**-*ss*	la desaparición
5859	**disappointing**-*adj*	decepcionante
6992	**disastrous**-*adj*	desastroso
5414	**disciple**-*ss*	el discípulo| la discípula
6180	**disconnect**-*vb*	desconectar| desacoplar
5132	**discretion**-*ss*	la discreción| el mostrador
5337	**disc**-*ss*	el disco
6638	**disgraceful**-*adj*	vergonzoso
6485	**disgusted**-*adj*	disgustado
5893	**dishonest**-*adj*	deshonesto
6693	**disobey**-*vb*	desobedecer
6724	**disperse**-*vb*	dispersar
7477	**disposed**-*adj*	dispuesto
5731	**dispose**-*vb*	disponer| colocar
6932	**disposition**-*ss*	la disposición| el temperamento
5957	**dispute**-*ss; vb*	la disputa| el conflicto; disputar
6550	**disregard**-*ss; vb*	la indiferencia| el descuido; ignorar
7309	**disrespectful**-*adj*	irrespetuoso
6854	**dissolve**-*vb; ss*	disolver; el disolvente
6322	**distinct**-*adj*	distinto| claro
6100	**distinction**-*ss*	la distinción
6653	**distinguish**-*vb*	distinguir| caracterizar
5153	**distort**-*vb*	distorsionar
5624	**distraction**-*ss*	la distracción| el descanso
7001	**distressed**-*adj*	afligido
6710	**distribute**-*vb*	distribuir
5487	**distribution**-*ss*	la distribución| la repartición
5520	**disturbance**-*ss*	la perturbación| la alteración
5890	**diversion**-*ss*	la desviación| la diversión
7074	**diver**-*ss*	el buzo
7470	**dodger**-*ss*	el evasor
5377	**doggie**-*ss*	el perrito
5252	**dolphin**-*ss*	el delfín
5768	**domain**-*ss*	el dominio
5021	**dome**-*ss*	la cúpula

7086	**dominant**-*adj; ss*	dominante; los dominante
6292	**dominate**-*vb*	dominar
5613	**donate**-*vb*	donar
5715	**donation**-*ss*	la donación
5455	**donor**-*ss*	donante
5986	**donut**-*ss*	el buñuelo
5546	**doodle**-*vb; ss*	garabatear| borronear; el garabato
6029	**doorman**-*ss*	el portero| el trabajo de portero
5746	**doorstep**-*ss*	el peldaño
5703	**doorway**-*ss*	la puerta| la entrada
5694	**dorm**-*ss*	la residencia universitaria
6414	**douche**-*ss; vb*	la ducha; ducharse
6248	**downhill**-*adj; adv*	cuesta abajo; en declive
7421	**downright**-*adv; adj*	completamente; completo
5641	**dowry**-*ss*	los dote
6970	**drastic**-*adj; ss*	drástico; el drástico
5320	**drawers**-*ss*	los calzoncillos
5585	**dread**-*ss; vb; adj*	el pavor| el terror; temer; terrible
5555	**dreamer**-*ss*	el soñador
7190	**drench**-*vb; ss*	empapar| mojar; la poción
5943	**dresser**-*ss*	el aparador
6307	**drilling**-*ss*	la perforación
7474	**drinker**-*ss*	el bebedor
5100	**drip**-*ss; vb*	el goteo; gotear
6082	**driveway**-*ss*	la entrada de coches
7017	**drone**-*ss; vb*	el zumbido; zumbar
6542	**drought**-*ss*	la sequía
5679	**drugstore**-*ss*	la farmacia
5159	**drummer**-*ss*	la batería
6572	**drunkard**-*ss*	el borracho| el borrachín
5351	**dub**-*vb; ss*	doblar; los doblado
7488	**ducky**-*ss; adj*	el cariño; muy mono
7066	**duct**-*ss*	el conducto
7372	**dues**-*ss*	la cuota de socio
5828	**dumpling**-*ss*	la bola de masa hervida
5594	**dungeon**-*ss; adj*	la mazmorra; calabozo
6799	**dung**-*ss*	el estiércol
7296	**dunk**-*vb*	remojar

7250	**duplicate**-*adj; ss; vb*	duplicado; el duplicado; duplicar
6192	**dusk**-*ss; vb; adj*	la oscuridad| el anochecer; anochecer; oscuro
5489	**dwell**-*vb; ss*	habitar| fijarse en; la vivida
5562	**dye**-*ss; vb*	el colorante; teñir
6058	**dyke**-*ss*	el dique
6578	**dynamic**-*ss; adj*	la dinámica; dinámico
5406	**dynasty**-*ss*	la dinastía

E

6551	**earthly**-*adj*	terrenal
5425	**eater**-*ss*	comedor
5935	**eccentric**-*adj; ss*	excéntrico; el excéntrico
5913	**eclipse**-*ss; vb*	el eclipse; eclipsar
5971	**economics**-*ss*	las ciencias económicas
7414	**editorial**-*adj; ss*	editorial; el editorial
5019	**edit**-*vb*	editar| redactar
6091	**educational**-*adj*	educativo
6284	**eel**-*ss*	la anguila
5928	**eerie**-*adj*	misterioso| extraño
7170	**effectively**-*adv*	eficazmente
6211	**efficiency**-*ss*	la eficiencia
5329	**elaborate**-*vb; adj*	elaborar; elaborado
5130	**elderly**-*ss; adj*	el mayor; anciano
6959	**electromagnetic**-*adj*	electromagnético
6377	**electronics**-*ss*	la electrónica
7456	**elegance**-*ss*	la elegancia
5458	**elf**-*ss*	el duende
6838	**eligible**-*adj*	elegible
7047	**ell**-*ss*	las ana
6411	**emerald**-*ss*	la esmeralda
6073	**emerge**-*vb*	surgir| eclosionar
5037	**eminence**-*ss*	la eminencia
5237	**employer**-*ss*	el empleador| la empresa
6393	**emptiness**-*ss*	el vacío
7251	**enchanting**-*adj*	encantador
5678	**enchant**-*vb*	encantar
7426	**encore**-*ss; vb*	las bis; repetir
6835	**encouragement**-*ss*	el estímulo| el aliento
6716	**endanger**-*vb*	poner en peligro| comprometer

7453	**enforce**-*vb*	hacer cumplir| aplicar
7432	**enhance**-*vb*	mejorar
6809	**enlightenment**-*ss*	la ilustración
7398	**enlighten**-*vb*	iluminar
6160	**enlist**-*vb*	conseguir| alistarse
7219	**ensign**-*ss*	la bandera
5826	**enthusiastic**-*adj*	entusiasta
6167	**entrust**-*vb*	confiar| encomendar
6733	**envious**-*adj*	envidioso
5557	**environmental**-*adj*	ambiental
5779	**epic**-*adj; ss*	épico; el épico
5348	**epidemic**-*ss; adj*	la epidemia; epidémico
6339	**equality**-*ss*	la igualdad
5801	**equation**-*ss*	la ecuación
6178	**equivalent**-*adj; ss*	equivalente; el equivalente
6921	**erection**-*ss*	la erección| el montaje
5120	**erotic**-*adj*	erótico
5482	**errand**-*ss*	el recado
6752	**err**-*vb*	errar
7402	**espresso**-*ss*	el café exprés
5412	**essay**-*ss; vb*	el ensayo; ensayar
5034	**esteem**-*ss; vb*	la estima| el precio; estimar
5096	**estimate**-*vb; ss*	estimar| calcular; la estimación
6912	**eternally**-*adv*	eternamente
7221	**ether**-*ss*	el éter
7339	**ethical**-*adj*	ético
5216	**evacuation**-*ss*	la evacuación
6472	**evaluation**-*ss*	la evaluación
5072	**everlasting**-*adj; ss*	eterno; la eternidad
6763	**evident**-*adj*	evidente| constatable
6298	**exaggerated**-*adj*	exagerado
7214	**examiner**-*ss*	el examinador
6438	**excellence**-*ss*	la excelencia
5862	**excessive**-*adj; ss*	excesivo| desmedido; el excedente
5705	**excess**-*ss; vb*	el exceso| el excedente; exceder
6876	**exclusively**-*adv*	exclusivamente
6022	**executioner**-*ss*	el verdugo
5090	**expand**-*vb*	expandir| expandirse
7248	**expansion**-*ss*	la expansión
5590	**experimental**-*adj*	experimental
6216	**expertise**-*ss*	la pericia
6367	**expired**-*adj*	muerto

5698	**exploit**-*vb; ss*	explotar; la hazaña
7098	**exploration**-*ss*	la exploración
7166	**explorer**-*ss*	el explorador
6527	**export**-*vb; ss; adj*	exportar; la exportación; exportador
6139	**extensive**-*adj*	extenso
7148	**exterior**-*adj; ss*	exterior; el exterior
6060	**external**-*adj; ss*	externo; la exterioridad
5723	**extinct**-*adj*	extinto
7300	**extinction**-*ss*	la extinción
7053	**extortion**-*ss*	la extorsión
5775	**extract**-*vb; ss*	extraer| sacar; el extracto
7051	**eyeball**-*ss*	el globo del ojo
5603	**eyebrow**-*ss*	la ceja
6910	**eyesight**-*ss*	la vista
6787	**eyewitness**-*ss*	los testigo ocular

F

5889	**facial**-*adj; ss*	facial; los tratamiento facial
5525	**faculty**-*ss*	la facultad
5543	**fading**-*ss; adj*	el desvanecimiento; flojo
5460	**falcon**-*ss*	el halcón
6582	**famine**-*ss*	las hambre| la carestía
5961	**fanfare**-*ss*	la fanfarria
7233	**faraway**-*adj*	lejano| muy lejos
6226	**farce**-*ss*	la farsa
7223	**fascination**-*ss*	la fascinación
6869	**fascism**-*ss*	el fascismo
6375	**fashionable**-*adj*	de moda
5588	**fasten**-*vb*	sujetar| abrocharse
6206	**fatherland**-*ss*	la patria
7197	**fatigue**-*ss; vb*	la fatiga| el cansancio; fatigar
5240	**fatso**-*ss*	el gordo
6985	**fay**-*vb*	meter
6006	**fearful**-*adj*	temeroso| terrible
7391	**feat**-*ss*	la hazaña
6708	**feeble**-*adj*	débil| endeble
5734	**feedback**-*ss*	el feedback
5713	**felony**-*ss*	el delito
6727	**fencing**-*ss*	la esgrima
6559	**fender**-*ss*	la defensa

7371	**ferocious**-*adj*	feroz
6429	**fertile**-*adj*	fértil| fecundo
5079	**fiancee**-*ss*	la novia
5076	**fiance**-*ss*	el novio
7137	**fiber**-*ss*	la fibra
5070	**fiddle**-*ss; vb*	el violín| la estafa; tocar el violín
5972	**fiend**-*ss*	el demonio
5871	**fiery**-*adj*	ardiente
7319	**fig**-*ss*	el higo
6369	**filing**-*ss*	la presentación
7356	**filmmaker**-*ss*	cineasta
6249	**filter**-*vb; ss*	filtrar; el filtro
6560	**finale**-*ss*	el final
6707	**financially**-*adv*	financialmente
6945	**finding**-*ss*	el descubrimiento
6147	**fingernail**-*ss*	la uña
7355	**fink**-*ss*	el soplón
5998	**fin**-*ss*	la aleta
6554	**firearm**-*ss*	las arma de fuego
5642	**fireman**-*ss*	el bombero
5053	**fireplace**-*ss*	el hogar
6590	**firewood**-*ss*	la leña
5461	**firmly**-*adv*	firmemente
6444	**firstly**-*adv*	primero
5057	**flank**-*ss; vb*	el flanco; flanquear
6123	**flap**-*ss; vb*	la solapa; batir
5648	**flare**-*ss; vb*	la llamarada; encenderse
6564	**flaw**-*ss; vb*	la falla; fallar
5136	**flea**-*ss*	la pulga
6612	**flexible**-*adj*	flexible
6115	**flick**-*ss; vb*	la película; dar un golpecito a
5797	**fling**-*vb; ss*	arrojar; el lanzamiento
5857	**flop**-*ss; vb*	el fracaso; descansar en
6360	**fluffy**-*adj*	mullido
5949	**flyer**-*ss*	los volantes
5626	**foam**-*ss; vb*	la espuma; espumar
5920	**foe**-*ss*	el enemigo
5010	**follower**-*ss*	el seguidor| el discípulo
6526	**folly**-*ss*	la locura
6144	**foolishness**-*ss*	la tontería| la necedad
5269	**footprint**-*ss*	la huella| la marca
7024	**fore**-*adj; adv; ss*	delantero; delante; el frente

6813	**forecast**-*ss; vb*	el pronóstico; prever
7084	**foremost**-*adj; adv*	principal| delantero; primero
6078	**forensic**-*adj*	forense
6661	**forfeit**-*vb; ss; adj*	perder; la prenda; confiscado
5131	**forge**-*ss; vb*	la fragua| la forja; forjar
6260	**formality**-*ss*	la formalidad
6900	**formally**-*adv*	formalmente
6892	**formerly**-*adv*	antes
6695	**formidable**-*adj*	formidable
6873	**forsake**-*vb*	abandonar| renegar de
7334	**fortnight**-*ss*	la quincena
7464	**forum**-*ss*	el foro
6467	**fossil**-*adj; ss*	fósil; el fósil
5872	**foster**-*vb*	fomentar| criar
6364	**founder**-*ss; vb*	el fundador| el creador; fracasar
6744	**fraction**-*ss*	la fracción
6887	**fractured**-*adj*	fracturado
6635	**fracture**-*ss; vb*	la fractura; fracturar
6306	**fragment**-*ss*	el fragmento| el trozo
6614	**fragrance**-*ss*	la fragancia
6224	**fraternity**-*ss*	la fraternidad
5465	**freeway**-*ss*	la autopista
7420	**freighter**-*ss*	el cargador
5573	**freight**-*ss; vb*	la carga; enviar por flete
5127	**Frenchman**-*ss*	el francés
6143	**frequent**-*adj; vb*	frecuente; frecuentar
5509	**frequently**-*adv*	frecuentemente
6420	**freshen**-*vb; ss*	refrescar; el refresco
5209	**freshman**-*ss*	estudiante de primer año
6489	**fret**-*ss; vb*	el traste| el raído; inquietarse
6803	**frig**-*vb*	echar un polvo
6757	**frustrating**-*adj*	frustrante
6387	**frustration**-*ss*	la frustración
6911	**fudge**-*ss; vb*	el dulce de azúcar; esquivar
7492	**fume**-*ss; vb*	el humo| el vaho; echar humo
6479	**functioning**-*ss*	la marcha
5514	**funding**-*ss*	los fondos| la financiación
5229	**funk**-*ss; vb*	el canguelo; acobardarse
6270	**furnace**-*ss*	el horno

6671	**furry**-*adj; ss*	peludo; el peludo
5279	**furthermore**-*adv*	además
6446	**fusion**-*ss*	la fusión
6738	**futile**-*adj*	fútil

G

5349	**gadget**-*ss*	el artilugio| el aparato
5729	**gallant**-*adj; ss; vb*	galante; el galán; ser galante
7378	**galley**-*ss*	la galera
5896	**gallon**-*ss*	el galón
6106	**gallows**-*ss*	la horca
7198	**gall**-*ss; vb*	la hiel; mortificar
5278	**gamma**-*ss*	la gama
7243	**gardening**-*ss*	la jardinería
7222	**gateway**-*ss*	la puerta
6228	**gauge**-*vb; ss*	medir; el calibre
6457	**gavel**-*ss*	el mazo
6286	**geezer**-*ss*	el vejestorio
5865	**geisha**-*ss*	la geisha
6415	**gem**-*ss*	la joya
7054	**gender**-*ss; vb*	el género; tener género
6741	**generate**-*vb*	generar| producir
5250	**generosity**-*ss*	la generosidad
6855	**genesis**-*ss*	la génesis
6044	**genie**-*ss*	el genio
7359	**genuinely**-*adv*	verdaderamente| auténticamente
6478	**geography**-*ss*	la geografía
6263	**germ**-*ss; vb*	el germen; tener bacilo
5829	**getaway**-*ss*	el escape| la escapatoria
6392	**ghastly**-*adj*	horrible| cadavérico
6047	**gibberish**-*ss*	la algarabía
7145	**gibbon**-*ss*	el gibón
6697	**giddy**-*adj*	mareado
5401	**gigantic**-*adj*	gigantesco
7158	**giraffe**-*ss; adj*	la jirafa; largo
6513	**glamorous**-*adj*	atractivo
6917	**glamor**-*ss; vb*	el glamour| el encanto; encantar
5165	**gloomy**-*adj*	melancólico| oscuro
6701	**godmother**-*ss*	la madrina
5929	**goldfish**-*ss*	el pez de colores
5063	**gong**-*ss*	el gong

6432	**goodwill**-*ss*	la buena voluntad
5629	**goody**-*ss; adj*	el bueno; santurrón
6795	**goof**-*ss; vb*	el bobo; meter la pata
5704	**goofy**-*adj*	mentecato
6336	**goon**-*ss*	el matón
6061	**goo**-*ss*	la cosa muy pegajosa
7055	**gore**-*ss; vb*	la sangre; cornear
7101	**gorge**-*ss; vb*	la garganta; hartarse
5097	**gospel**-*ss*	el evangelio
7079	**governess**-*ss*	la institutriz
6394	**govern**-*vb*	gobernar| dominar
6591	**graceful**-*adj*	agraciado
6718	**grammar**-*ss*	la gramática
5304	**gram**-*ss*	el gramo
5188	**granddad**-*ss*	el abuelo
5162	**grandparent**-*ss*	el abuelo
7325	**gravel**-*ss*	la grava
5365	**gravy**-*ss; adj*	la salsa; de salsa
5669	**greasy**-*adj*	grasiento
6199	**greenhouse**-*ss*	el invernadero
6531	**grieve**-*vb*	afligirse| entristecer
6998	**grilled**-*adj*	asado a la parrilla
5177	**grill**-*ss; vb*	la parrilla; asar a la parrilla
6399	**grime**-*ss*	la mugre
5147	**grind**-*vb; ss*	moler| rechinar; la rutina
5940	**gringo**-*ss*	el gringo
6173	**grin**-*ss; vb*	la mueca; sonreír
5552	**groove**-*ss; vb*	la ranura; acanalar
7329	**grotesque**-*adj; ss*	grotesco; el grotesco
5832	**grub**-*ss*	la comida
7146	**gruesome**-*adj*	horrible| agotador
6345	**grumpy**-*adj; ss*	gruñón; el malhumorado
5139	**guarded**-*adj*	guardado
7316	**guiding**-*ss*	la estrella de guía
7185	**guild**-*ss*	el gremio
7105	**guillotine**-*ss; vb*	la guillotina; guillotinar
7268	**gunman**-*ss*	el cañonero
6002	**gunner**-*ss*	el artillero
6378	**gunpowder**-*ss*	la pólvora
6518	**gurgle**-*ss; vb*	el gorgoteo; gorgotear
5467	**guru**-*ss*	el gurú
5501	**guv**-*ss*	el jefe| el gobernador

H

5224	**hag**-*ss; vb*	la bruja; ser una bruja
5619	**hairdresser**-*ss*	el peluquero
5180	**haired**-*adj*	peludo
5507	**Hallo!**-*int*	¡Hola!
6011	**hallow**-*vb*	santificar
6324	**hallucination**-*ss*	la alucinación
6312	**handbag**-*ss*	el bolso
6230	**handicapped**-*adj; ss*	minusválido; el minusválido
6767	**handicap**-*ss; vb*	el handicap| la desventaja; perjudicar
7013	**handshake**-*ss*	el apretón de manos
6951	**hangar**-*ss*	el hangar
5620	**hangover**-*ss*	la resaca
5781	**harassment**-*ss*	el acoso
6805	**harass**-*vb*	acosar| hostilizar
6925	**hardship**-*ss*	la privación
7270	**harem**-*ss*	el harén
5305	**hare**-*ss; vb*	la liebre; correr
7081	**hark**-*vb*	escuchar con atención
6592	**harmonica**-*ss*	la harmónica
6334	**harness**-*vb; ss*	aprovechar; los arneses
6097	**harp**-*ss*	las arpa
5737	**hash**-*ss; vb*	el picadillo; picar
6152	**hassle**-*ss; vb*	la molestia| el bullicio; molestar
5151	**haste**-*ss; vb*	la prisa; tener prisa
5434	**hasty**-*adj*	apresurado
7060	**hatchet**-*ss*	las hacha
6904	**haunting**-*adj*	obsesionante
7246	**havoc**-*ss; vb*	los estragos; destruir por un toque
5631	**hazard**-*ss; vb*	el peligro| el obstáculo; aventurar
6344	**hazel**-*ss*	el color avellana
5315	**headmaster**-*ss*	los director de escuela
5234	**heartless**-*adj*	cruel
6706	**heater**-*ss*	el calentador
5958	**heavyweight**-*adj; ss*	de peso pesado; el pez gordo
7511	**hedge**-*ss; vb*	la cobertura; cercar
5316	**heed**-*ss; vb*	la atención; prestar atención a
5382	**helm**-*ss; vb*	el timón; ser timón
7205	**helper**-*ss*	el ayudante| auxiliar

7489	**henceforth**-*adv*	de aquí en adelante	
6372	**herald**-*ss; vb*	el heraldo| el anunciador; anunciar	
7399	**herbal**-*adj*	herbario	
5810	**heritage**-*ss*	el patrimonio	
7462	**hermit**-*ss*	el ermitaño	
5770	**heroine**-*ss*	la heroína	
6453	**herring**-*ss*	el arenque	
7042	**hesitation**-*ss*	la vacilación	
5638	**hick**-*ss; adj*	el paleto; rústico	
6177	**hideout**-*ss*	el escondite	
7512	**hijack**-*vb; ss*	secuestrar; el secuestro	
7491	**hind**-*adj; ss*	posterior| estorbado; la cierva	
6150	**Hindi**-*adj*	hindi	
6159	**Hindu**-*adj; ss*	hindú; el hindú	
5078	**hitch**-*ss; vb*	el enganche| el tirón; enganchar	
6353	**hoax**-*ss; vb*	el engaño| el truco; engañar	
7031	**hoist**-*vb; ss*	izar| levantar; el montacargas	
7215	**holder**-*ss*	el titular	
5099	**holiness**-*ss*	la santidad	
6956	**holocaust**-*ss*	el holocausto	
7151	**homage**-*ss*	el homenaje	
5457	**homecoming**-*ss*	el regreso	
6544	**homemade**-*adj*	casero	
6680	**homesick**-*adj*	nostálgico	
5190	**homo**--*pfj*	homo-	
7513	**hoof**-*ss; vb*	el casco; ir a pie	
7129	**hoop**-*ss; vb*	el aro; enarcar	
6497	**hoot**-*vb; ss*	ulular; el ululato	
6748	**hopeful**-*adj; ss*	esperanzado; aspirante	
5761	**hopper**-*ss*	la tolva	
5869	**hormone**-*ss*	la hormona	
6499	**horribly**-*adv*	terriblemente	
6383	**horrid**-*adj*	horrible| horrendo	
6837	**horseback**-*ss*	el lado de caballo	
7418	**hostel**-*ss*	el hostal| el parador	
5248	**hostess**-*ss*	la anfitriona	
7368	**hostility**-*ss*	la hostilidad	
5645	**housewife**-*ss*	la ama de casa	
6188	**hub**-*ss*	el cubo	
7441	**huddle**-*ss; vb*	el grupo; acurrucarse	
7417	**hulk**-*ss*	el armatoste	
5353	**hull**-*ss; vb*	la cáscara; descascarar	

7177	**humane**-*adj*	humano	
6012	**humbly**-*adv*	humildemente	
5902	**humility**-*ss*	la humildad	
5241	**hump**-*ss; vb*	la joroba; joder	
5542	**Hungary**-*ss*	las Hungría	
5493	**hunk**-*ss*	el pedazo	
6596	**hustler**-*ss*	el estafador| la puta	
5184	**hydrogen**-*ss*	el hidrógeno	
6739	**hygiene**-*ss*	la higiene	
6562	**hymn**-*ss; vb*	el himno| el canto; cantar himnos	
6686	**hypnosis**-*ss*	la hipnosis	
7500	**hypocrisy**-*ss*	la hipocresía	
5220	**hypocrite**-*adj; ss*	hipócrita; hipócrita	
7424	**hypothesis**-*ss*	las hipótesis	
6994	**hysteria**-*ss*	la histeria	

I

5719	**iced**-*adj*	con hielo	
7510	**icon**-*ss*	el icono	
5391	**icy**-*adj*	helado| glacial	
5213	**idiotic**-*adj*	idiota| estúpido	
5121	**idol**-*ss*	el ídolo	
5359	**ignition**-*ss*	el encendido	
7144	**illiterate**-*adj; ss*	analfabeto; el analfabeto	
5052	**imaginary**-*adj*	imaginario	
5410	**imbecile**-*adj; ss*	imbécil; imbécil	
5207	**imitate**-*vb*	imitar	
7121	**imitation**-*ss*	la imitación	
6287	**immature**-*adj*	inmaduro	
5435	**immense**-*adj*	inmenso	
6454	**immigrant**-*adj; ss*	inmigrante; el inmigrante	
5319	**immigration**-*ss*	la inmigración	
6155	**imminent**-*adj*	inminente	
5556	**immoral**-*adj*	inmoral	
5564	**immortality**-*ss*	la inmortalidad	
5310	**immune**-*adj*	inmune	
6031	**immunity**-*ss*	la inmunidad	
7172	**imperative**-*adj; ss*	imperativo; el imperativo	
7184	**implore**-*vb*	implorar	
6711	**imply**-*vb*	implicar| insinuar	
6051	**import**-*vb; ss; adj*	importar; importación; de importación	
5728	**impose**-*vb*	imponer	

7279	impostor-*ss*	el impostor
6305	impotent-*adj; ss*	impotente; los impotente
6072	imprisonment-*ss*	la prisión
5286	imprison-*vb*	encarcelar
5150	improvement-*ss*	la mejora| el mejoramiento
6990	improvise-*vb*	improvisar
6694	impulsive-*adj*	impulsivo
5060	inappropriate-*adj*	inapropiado
5200	incapable-*adj*	incapaz
6729	incense-*ss; vb*	el incienso; incensar
5322	incidentally-*adv*	de paso
5790	inclined-*adj*	inclinado
5595	incompetent-*adj*	incompetente
5880	incomplete-*adj*	incompleto
5472	inconvenience-*ss; vb*	la inconveniencia| la molestia; incomodar
7057	inconvenient-*adj*	inconveniente| incómodo
6189	increasingly-*adv*	cada vez más
6853	indecent-*adj*	indecente
6895	index-*ss; vb*	el índice| el índex; indizar
6676	indication-*ss*	la indicación| la muestra
7136	indictment-*ss*	la acusación
6525	indifferent-*adj*	indiferente| regular
6134	indoors-*adv*	dentro
6138	indulge-*vb*	complacer| dar rienda suelta
6316	infamous-*adj*	infame
5107	infant-*adj; ss*	infantil| naciente; el niño
5936	inferior-*adj; ss*	inferior; los inferior
6816	infinity-*ss*	el infinito
5851	infirmary-*ss*	la enfermería
6649	inflation-*ss*	la inflación
7142	inflict-*vb*	infligir
6705	influential-*adj*	influyente
5922	informant-*ss*	informante
5823	informer-*ss*	el informador
7067	infrared-*adj*	infrarrojo
6181	ingenious-*adj*	ingenioso
6140	ingredient-*ss*	el ingrediente
5700	inhabitant-*ss*	habitante
5049	inhale-*vb*	inhalar
7093	inhuman-*adj*	inhumano

6766	initially-*adv*	inicialmente
6151	initiate-*adj; ss; vb*	iniciado; el iniciado; iniciar
5055	initiative-*ss*	la iniciativa
7447	inject-*vb; ss*	inyectar; la inyección
7249	inland-*adj; ss; adv*	interior; el interior; tierra adentro
5029	inmate-*ss*	el preso| el internado
6847	input-*ss; vb*	la entrada| la introducción; entrar
7313	inquire-*vb*	preguntar| indagar
7034	inquisition-*ss*	la inquisición
7437	inscription-*ss*	la inscripción
6231	insecure-*adj*	inseguro
6940	insensitive-*adj*	insensible
6662	insert-*vb; ss*	insertar| intercalar; el encarte
5952	insight-*ss*	la penetración| la perspicacia
5907	insignificant-*adj*	insignificante
6476	insolent-*adj*	insolente
7425	insomnia-*ss*	el insomnio
5881	inspect-*vb*	inspeccionar| revisar
5371	install-*vb*	instalar| instalarse
5112	instruct-*vb*	instruir| dar instrucciones
6574	insured-*adj*	asegurado
7032	intellect-*ss*	el intelecto
6207	intensity-*ss*	la intensidad| la vehemencia
6407	intensive-*adj*	intensivo
5762	intercept-*vb*	interceptar
5292	intercom-*ss*	el intercomunicador
5712	intercourse-*ss*	las relaciones| el coito
6634	intern-*adj; ss; vb*	interno; el interno; internar
6004	interpretation-*ss*	la interpretación
6342	interpreter-*ss*	el intérprete
6117	interpret-*vb*	interpretar| entender
6409	interrogate-*vb*	interrogar
7161	intersection-*ss*	la intersección| la sección
6422	intervene-*vb*	intervenir| participar
5527	intervention-*ss*	la intervención
6010	intimacy-*ss*	la intimidad
7341	intimidate-*vb*	intimidar
7321	intolerable-*adj*	intolerable
6821	intriguing-*adj*	intrigante
5739	intruder-*ss*	el intruso

6503	**intrude**-*vb*	entrometerse
6469	**intrusion**-*ss*	la intrusión
5126	**intuition**-*ss*	la intuición
5080	**invade**-*vb*	invadir| entrar
6898	**invalid**-*adj; ss; vb*	inválido| minusválido; el inválido; licenciar
6756	**inventor**-*ss*	el inventor| el creador
5334	**inventory**-*ss; vb*	el inventario; inventar
5966	**investor**-*ss*	el inversor
5420	**involvement**-*ss*	el enredo
5243	**irony**-*ss*	la ironía
6449	**irrational**-*adj; ss*	irracional; el irracional
6804	**irregular**-*adj; ss*	irregular; el guerrillero
5852	**irresistible**-*adj*	irresistible
6585	**irritate**-*vb*	irritar| impacientar
6030	**Islamic**-*adj*	islámico
5673	**Islam**-*ss*	el islam
6811	**isle**-*ss*	la isla
5330	**isolation**-*ss*	el aislamiento
5367	**itch**-*vb; ss*	picar| hormiguear; los picazón
6621	**itchy**-*adj*	picante
6356	**ivory**-*ss*	el marfil

J

5882	**jab**-*ss; vb*	el pinchazo| el golpe; pinchar
7506	**jackal**-*ss; adj*	el chacal; secuaz
5372	**jackpot**-*ss*	el bote| el premio mayor
6437	**jeopardy**-*ss; vb*	el peligro| el daño; peligrar
5745	**jersey**-*ss*	el jersey
7409	**jest**-*ss; vb*	la broma| la burla; bromear
5574	**jewelery**-*ss*	la joyería
5766	**jinx**-*ss; vb*	gafe; gafar
6935	**jive**-*ss; vb*	la jerga; bailar el swing
5479	**jockey**-*ss; vb*	el jockey| el jinete; alcanzar
6879	**jog**-*ss; vb*	la sacudida; hacer footing
6586	**john**-*ss*	el lavabo
6146	**journalism**-*ss*	el periodismo
6573	**joyful**-*adj*	alegre
7408	**joyous**-*adj*	jubiloso

6112	**jug**-*ss; vb*	la jarra| el cántaro; enchironar
5272	**juicy**-*adj*	jugoso
7276	**jukebox**-*ss*	los tocadiscos tragamonedas
5817	**jumbo**-*ss; adj*	el jumbo| el elefante; enorme
5976	**jumper**-*ss*	el saltador| el jersey
6301	**jumpy**-*adj*	asustadizo
6382	**junction**-*ss*	la unión
6232	**justified**-*adj*	justificado
5018	**juvenile**-*adj; ss*	juvenil| de menores; el menor

K

6675	**kangaroo**-*ss*	el canguro
5142	**ketchup**-*ss*	el ketchup
5342	**kettle**-*ss*	el hervidor
6247	**keyboard**-*ss; vb*	el teclado; teclear
6185	**kidnapper**-*ss*	el secuestrador
6540	**kimono**-*ss*	el kimono
6363	**kinky**-*adj*	rizado| ensortijado
7037	**kip**-*vb; ss*	dormir; el sueño
5242	**kite**-*ss; vb*	la cometa; estafar un banco
6928	**knack**-*ss*	la maña
6936	**knickers**-*ss*	las bragas
6848	**knitting**-*ss*	el tejido de punto
7010	**knit**-*vb*	tejer
6327	**knob**-*ss; vb*	la perilla| el botón; tirar la puerta
6194	**knockout**-*ss; adj*	el knock-out; eliminatorio
6658	**knuckle**-*ss*	el nudillo
6829	**kosher**-*ss*	comestible según la ley judía

L

5012	**lace**-*ss; vb*	el cordón; guarnecer con encajes
6758	**laddie**-*ss*	el muchacho| el chico
5537	**laden**-*adj*	cargado
5980	**ladyship**-*ss*	la señoría
7350	**lagoon**-*ss*	la laguna
6986	**lair**-*ss*	la guarida| el cubil
6024	**lama**-*ss*	el lama
5944	**landlady**-*ss*	la dueña| la casera

5867	**lantern**-*ss*	la linterna	
6165	**laptop**-*ss*	el ordenador portátil plegable	
7385	**largely**-*adv*	en gran parte	
6136	**lassie**-*ss*	la muchacha| la jovencita	
6552	**lass**-*ss*	la muchacha| la chavala	
5812	**lasting**-*adj*	perdurable	
5610	**lava**-*ss*	la lava	
6190	**lawful**-*adj*	legal	
5517	**lawsuit**-*ss*	el pleito	
6308	**layout**-*ss*	la disposición	
5346	**leash**-*ss; vb*	la correa; tener correa	
6684	**ledge**-*ss*	la repisa	
6659	**leftover**-*adj; ss*	sobrante; superviviente	
6669	**Leg it!**-*int*	¡Márchate!	
6089	**leisure**-*ss; adj*	el ocio; de deporte	
7210	**lending**-*ss*	el préstamo	
5128	**leopard**-*ss*	el leopardo	
6703	**lesser**-*adj*	menor	
6533	**lest**-*con*	para que no	
6096	**lettuce**-*ss*	la lechuga	
6233	**lever**-*ss; vb*	la palanca; enderezarse	
7015	**liability**-*ss*	la responsabilidad| el riesgo	
6381	**liaison**-*ss*	el enlace	
5748	**liberated**-*adj*	liberado	
7046	**liberate**-*vb*	liberar	
7167	**librarian**-*ss*	el bibliotecario	
6001	**lighthouse**-*ss*	el faro	
7394	**likeness**-*ss*	la semejanza| el parecido	
5143	**likewise**-*adv*	igualmente	
5536	**limb**-*ss; vb*	el miembro; ser miembro	
5299	**lime**-*ss; vb*	la cal; abonar con cal	
7423	**limitation**-*ss*	la limitación| el límite	
7275	**limousine**-*ss*	la limusina	
5074	**limp**-*vb; ss; adj*	cojear| claudicar; la cojera; blando	
6179	**linen**-*ss*	el lino	
7123	**lingerie**-*ss*	la lencería	
5230	**lining**-*ss*	el revestimiento	
7457	**listener**-*ss*	oyente	
5540	**literary**-*adj; ss*	literario; los literario	

5993	**litter**-*ss; vb*	la camada| la basura; ensuciar	
7117	**livestock**-*ss*	el ganado	
5608	**loaf**-*ss; vb*	el pan| la barra; haraganear	
7257	**loathe**-*vb*	detestar| aborrecer	
5886	**loco**-*ss; adj*	la locomotora| loco	
6081	**loft**-*ss*	el desván	
5987	**loony**-*adj; ss*	loco; el loco	
5548	**loo**-*ss*	el lavabo	
6747	**lotion**-*ss*	la loción	
5687	**louse**-*ss*	el piojo	
6642	**lower**-*adj; vb; adv*	inferior| bajo; reducir; bajo	
7216	**lowly**-*adj; adv*	humilde; humildemente	
5637	**Lucifer**-*ss*	los Lucifer	
6570	**lullaby**-*ss*	la canción de cuna	
7259	**lumber**-*ss; vb*	las maderas| los maderos; aserrar	
5990	**lunar**-*adj*	lunar	
6643	**luncheon**-*ss; vb*	el almuerzo| el bocadillo; almorzar	
6713	**lunchtime**-*ss*	la hora de comer	
7229	**lurk**-*vb*	estar al acecho	

M

7238	**macaroni**-*ss*	los macarrones	
5813	**mace**-*ss*	la maza	
5129	**macho**-*ss*	el macho	
7182	**madhouse**-*ss*	el manicomio	
5212	**madly**-*adv*	locamente	
6657	**magnet**-*ss*	el imán	
5956	**mailbox**-*ss*	el buzón	
5154	**mainland**-*ss*	el continente	
7206	**majestic**-*adj*	majestuoso	
6440	**malaria**-*ss*	la malaria	
6817	**malfunction**-*vb; ss*	funcionar mal; la avería	
7038	**mammal**-*ss*	el mamífero	
6665	**mammy**-*ss*	la mamita	
7026	**maneuver**-*ss; vb*	la maniobra; maniobrar	
7501	**mango**-*ss*	el mango	
7065	**manhood**-*ss*	la virilidad	
6870	**manifest**-*adj; ss; vb*	manifiesto; el manifiesto; manifestar	
6035	**manipulate**-*vb*	manipular	

6049	**manly**-*adj*	varonil
5804	**manor**-*ss*	el señorío
7460	**manpower**-*ss*	la mano de obra
7468	**manslaughter**-*ss*	los homicidio involuntario
7028	**mantle**-*ss; vb*	el manto; cubrir
6947	**manufacture**-*vb; ss*	fabricar; la manufactura
7089	**manure**-*ss; vb*	el estiércol; abonar
5589	**manuscript**-*ss*	el manuscrito
6278	**maple**-*ss*	el arce
6299	**marathon**-*ss; adj*	el maratón; larguísimo
7005	**margin**-*ss*	el margen
7443	**marital**-*adj*	marital
5027	**marker**-*ss*	el marcador| el rotulador
6875	**marrow**-*ss*	la médula
5116	**marsh**-*ss*	el pantano| la marisma
6069	**Martian**-*adj; ss*	marciano; el marciano
5376	**martyr**-*ss; vb*	el mártir; martirizar
6698	**marvel**-*ss; vb*	la maravilla; maravillarse
7442	**mascot**-*ss*	la mascota
6968	**masculine**-*adj; ss*	masculino; el masculino
6567	**mash**-*ss; vb*	la mezcla; mezclar
7509	**masseur**-*ss*	masajista
6824	**mast**-*ss*	el mástil
7273	**masturbate**-*vb*	masturbarse
5848	**matching**-*ss; adj*	el pareo; a tono
6988	**mathematical**-*adj*	matemático
5104	**mathematics**-*ss*	las matemáticas
6637	**matrimony**-*ss*	el matrimonio
5888	**matrix**-*ss*	la matriz
7020	**matron**-*ss*	la matrona
5671	**mat**-*ss; adj; vb*	la estera; mate; enmarañarse
6984	**mayonnaise**-*ss*	la mayonesa
6588	**maze**-*ss; vb*	el laberinto| la confusión; desconcertar
6070	**meadow**-*ss*	el prado
6597	**meaningful**-*adj*	significativo
7176	**measurement**-*ss*	la medición| la dimensión
7242	**meatball**-*ss*	la albóndiga
7348	**meddle**-*vb*	entrometerse| entremeterse
5816	**medieval**-*adj*	medieval
7365	**mediocre**-*adj*	mediocre
6537	**meditation**-*ss*	la meditación
6258	**Mediterranean**-*adj; ss*	mediterráneo; el Mediterráneo
7128	**mega-**-*pfj*	mega-
5363	**melancholy**-*ss; adj*	la melancolía; melancólico
6801	**mellow**-*adj; vb*	meloso; madurar
5596	**melon**-*ss*	el melón
6131	**membership**-*ss*	la afiliación
6963	**memorable**-*adj*	memorable
6517	**memorize**-*vb*	memorizar
5015	**memo**-*ss*	el memorándum
5587	**menace**-*ss; vb*	la amenaza; amenazar
5411	**mend**-*ss; vb*	el remiendo| el zurcido; arreglar
6496	**mentor**-*ss*	el mentor
5670	**meow**-*ss; vb*	el maullido; maullar
5227	**mercury**-*ss*	el mercurio
6549	**merger**-*ss*	la fusión| la concentración
5135	**merit**-*ss; vb*	el mérito; merecer
5547	**mermaid**-*ss*	la sirena
6660	**merrily**-*adv*	alegremente
6521	**metallic**-*adj*	metálico
5786	**metaphor**-*ss*	la metáfora
5644	**meteor**-*ss*	el meteorito
6734	**metropolis**-*ss*	la metrópoli
6842	**metropolitan**-*adj; ss*	metropolitano; el metropolitano
7340	**microscope**-*ss*	el microscopio
5782	**microwave**-*ss; vb*	la microonda; cocinar al microondas
7363	**midday**-*ss; adj*	el mediodía; de mediodía
5026	**midget**-*ss; adj*	el enano; en miniatura
5017	**midst**-*ss; prp*	el medio; entre
5103	**militia**-*ss*	la milicia
5429	**milky**-*adj*	lechoso
6076	**millennium**-*ss*	el milenio
7094	**miller**-*ss*	el molinero
7327	**mil**-*ss*	los mil
5297	**mineral**-*adj; ss*	mineral; el mineral
5598	**miner**-*ss*	el minero
6505	**miniature**-*adj; ss; vb*	miniatura; la miniatura; miniaturizar
5134	**mining**-*ss*	la minería
6064	**mink**-*ss*	el visón

6450	**minority**-*ss*	la minoría	
6302	**miraculous**-*adj*	milagroso	
5725	**mischief**-*ss*	la travesura| la malicia	
7183	**misplace**-*vb*	perder	
5970	**missionary**-*adj; ss*	misionero; el misionero	
5187	**mist**-*ss; vb*	la niebla; empañar	
7524	**misty**-*adj*	brumoso	
5627	**mixture**-*ss*	la mezcla	
5300	**modesty**-*ss*	la modestia	
7280	**modify**-*vb*	modificar	
6789	**module**-*ss*	el módulo	
7386	**moist**-*adj*	húmedo	
6005	**mold**-*ss; vb*	el molde; moldear	
7088	**molecular**-*adj*	molecular	
6622	**molecule**-*ss*	la molécula	
5951	**monitoring**-*ss*	la escucha	
6793	**monopoly**-*ss*	el monopolio	
5274	**monstrous**-*adj*	monstruoso	
5360	**monthly**-*adj; adv; ss*	mensual; mensualmente; la revista mensual	
5171	**monument**-*ss*	el monumento	
6071	**moody**-*adj*	de humor cambiante	
5856	**moor**-*ss; vb*	el páramo| el brezal; amarrar	
6122	**moo**-*vb; ss*	mugir; los mu	
5117	**mop**-*ss; vb*	la fregona| el trapeador; limpiar	
5400	**morale**-*ss*	la moral	
7278	**morbid**-*adj*	mórbido	
5449	**moreover**-*adv*	además	
5784	**Morocco**-*ss*	el Marruecos	
7287	**morrow**-*ss*	los día siguiente	
6617	**Morse**-*ss*	el morse	
6954	**mortar**-*ss*	el mortero	
5925	**mosque**-*ss*	la mezquita	
5198	**mosquito**-*ss*	el mosquito	
6755	**motherland**-*ss*	la patria	
6655	**moth**-*ss*	la polilla	
6220	**motivate**-*vb*	motivar	
6153	**motivation**-*ss*	la motivación	
6619	**motorbike**-*ss*	la moto	
5697	**mourn**-*vb*	llorar	
6059	**Mt.**-*abr*	montc	
6405	**muck**-*ss*	el estiércol	
5722	**muddy**-*vb; adj*	enturbiar; fangoso	

6203	**muffin**-*ss*	el mollete	
6428	**multiply**-*vb*	multiplicar	
7011	**munch**-*vb*	mascar	
7106	**municipal**-*adj*	municipal	
7525	**murderous**-*adj*	asesino	
7180	**muse**-*ss; vb*	la musa; meditar	
6504	**mush**-*ss*	las gachas| la masa blanda	
5835	**mutiny**-*ss; vb*	el motín; amotinarse	
5005	**mutt**-*ss*	el chucho	
7109	**mystic**-*adj; ss*	místico; el místico	
6421	**mystical**-*adj*	místico	
7247	**mythology**-*ss*	la mitología	

N

6388	**nagging**-*adj; ss*	persistente; las quejas	
6065	**nag**-*ss; vb*	el rocín; fastidiar	
6553	**napkin**-*ss*	la servilleta	
5179	**narcotic**-*adj; ss*	narcótico; el narcótico	
7265	**nauseous**-*adj*	nauseabundo	
7029	**navigation**-*ss*	la navegación	
6162	**navigator**-*ss*	el navegador	
5249	**necessity**-*ss*	la necesidad	
6632	**needy**-*adj; ss*	necesitado; el necesitado	
5390	**neglect**-*vb; ss*	descuidar| olvidar; la negligencia	
5011	**negotiation**-*ss*	la negociación	
6735	**neigh**-*vb; ss*	relinchar; el relincho	
7294	**neon**-*ss*	el neón	
6495	**nervously**-*adv*	nerviosamente	
6987	**neurotic**-*adj; ss*	neurótico; el neurótico	
6611	**newborn**-*adj; ss*	recién nacido; el recién nacido	
6221	**nightfall**-*ss*	el anochecer	
7445	**nightgown**-*ss*	el camisón	
6241	**nightingale**-*ss*	el ruiseñor	
5436	**nipple**-*ss*	el pezón	
6488	**nip**-*vb; ss*	cortar| pellizcar; el pellizco| el trago	
6088	**nobility**-*ss*	la nobleza	
5380	**nod**-*vb; ss*	cabecear; las inclinación de cabeza	
6156	**nonetheless**-*con; adv*	sin embargo; con todo	
6556	**noose**-*ss; vb*	el lazo; coger con lazo	
5873	**norm**-*ss*	la norma| el tipo de	

6055	**northeast**-*ss; adj*	el nordeste; del nordeste
5680	**northwest**-*adj; ss*	noroeste; el noroeste
5898	**Norwegian**-*adj; ss*	noruego; el noruego
5841	**nosy**-*adj*	curioso
7310	**notary**-*ss*	el notario
6491	**notch**-*ss; vb*	la muesca; mellar
5219	**nova**-*ss*	la estrella nueva
5075	**numerous**-*adj*	numeroso
6839	**nutty**-*adj*	de nuez

O

6882	**o/d**-*abr*	a solicitud
6238	**obedience**-*ss*	la obediencia| la docilidad
6186	**obedient**-*adj*	obediente
6746	**oblivion**-*ss*	el olvido
7159	**obnoxious**-*adj*	desagradable
5763	**obscene**-*adj*	obsceno
6229	**obscure**-*adj; vb*	oscuro| solitario; oscurecer
6433	**observer**-*ss*	el observador
5799	**obstacle**-*ss*	el obstáculo| el estorbo
5769	**occasional**-*adj*	ocasional
5270	**octopus**-*ss*	el pulpo
7077	**oddly**-*adv*	extrañamente
7358	**offender**-*ss*	delincuente| el infractor
7349	**offshore**-*adv; adj*	costa afuera; terral
6264	**offspring**-*ss*	descendiente| la descendencia
6357	**ogre**-*ss*	el ogro
5283	**ole**-*ss*	el viejo| el antiguo
6202	**omega**-*ss*	la omega
7218	**omelet**-*ss*	la tortilla
6158	**omen**-*ss; vb*	el presagio; presagiar
6087	**ominous**-*adj*	ominoso
5236	**oneself**-*prn*	uno mismo
6973	**ongoing**-*adj; ss*	en marcha; la continuación
6993	**onward**-*adv; adj*	adelante; hacia adelante
6781	**opener**-*ss*	el abrelatas
5370	**openly**-*adv*	abiertamente
5660	**operational**-*adj*	operacional
6235	**operative**-*adj; ss*	operatorio; agente
5041	**opium**-*ss*	el opio

6971	**oppression**-*ss*	la opresión
6953	**oppress**-*vb*	oprimir
5639	**optimistic**-*adj*	optimista
5906	**oral**-*adj; ss*	oral; el examen oral
6663	**orchard**-*ss*	la huerta
6941	**orchid**-*ss*	la orquídea
6696	**ordeal**-*ss*	las ordalías
7033	**ore**-*ss*	el mineral
6633	**organism**-*ss*	el organismo
6529	**orgy**-*ss*	la orgía
6109	**Oriental**-*adj; ss*	oriental; el oriental
5238	**OT**-*abr*	Antiguo Testamento| las horas extras
5288	**ounce**-*ss*	la onza
6779	**outdoors**-*adj; adv*	al aire libre; al aire libre
5611	**outlaw**-*ss; vb*	el proscrito| el forajido; proscribir
7139	**outline**-*ss; vb*	el esquema| el contorno; perfilar
6820	**outnumber**-*vb*	superar numéricamente
5783	**outrage**-*ss; vb*	el escándalo; ultrajar
6040	**outsider**-*adj; ss*	forastero; el forastero
5950	**overall**-*adj; adv; ss*	total; en conjunto; el mono
6522	**overdose**-*ss; vb*	la sobredosis; tomar una sobredosis
6784	**overdo**-*vb*	exagerar
6548	**overdue**-*adj*	atrasado
5646	**overhear**-*vb*	oír
6800	**overlap**-*ss; vb*	la superposición; traslapar
6640	**overlook**-*vb*	pasar por alto
7200	**overreact**-*vb*	sobrereaccionar
6631	**override**-*vb*	anular| no hacer caso de
7390	**overrule**-*vb*	anular| desautorizar
7004	**overthrow**-*ss; vb*	el derrocamiento; derribar
5405	**overwhelm**-*vb*	abrumar
6528	**ownership**-*ss*	la propiedad
5576	**oyster**-*ss*	la ostra

P

5515	**packet**-*ss; vb*	el paquete; envasar
5306	**pact**-*ss*	el pacto
5522	**paddle**-*ss; vb*	la paleta| la aleta; chapotear

5124	**paddy**-*ss*	el arrozal
5189	**padre**-*ss*	el capellán
6571	**pagan**-*adj; ss*	pagano; el pagano
6595	**pageant**-*ss*	la pompa
7299	**pager**-*ss*	los buscapersonas
7228	**painless**-*adj*	sin dolor
6760	**Palestinian**-*adj; ss*	palestino; el palestino
5340	**panda**-*ss*	panda
5788	**panther**-*ss*	la pantera
6396	**pappy**-*ss; adj*	el papá; blando
5264	**parachute**-*ss; vb*	el paracaídas; saltar con paracaídas
5963	**paragraph**-*ss; vb*	el párrafo; dividir en párrafos
5071	**paralyze**-*vb*	paralizar
6246	**paranoia**-*ss*	la paranoia
6210	**parasite**-*ss*	el parásito
6502	**parcel**-*ss; vb*	el paquete; empaquetar
5883	**par**-*ss; adj*	el par; normal
5649	**partial**-*adj*	parcial
6889	**participation**-*ss*	la participación
5102	**particle**-*ss*	la partícula| el grano
7179	**partisan**-*adj; ss*	partidista; el guerrillero
7516	**partridge**-*ss*	la perdiz
6897	**passive**-*adj; ss*	pasivo; la voz pasiva
6575	**paste**-*ss; vb*	la pasta| el engrudo; pegar
6436	**pastry**-*ss*	los pasteles
7502	**pasture**-*vb; ss*	pastar| pacer; el pasto
6296	**patent**-*vb; ss; adj*	patentar| distinguirse; la patente; de patentes
5837	**patriotic**-*adj*	patriótico
5919	**patriot**-*ss; adv*	patriota; temprano
5235	**patron**-*ss*	el patrón| los mecenas
6850	**pavement**-*ss*	el pavimento
5415	**paw**-*ss; vb*	la pata; manosear
6007	**pay back**-*vb*	pagar
7496	**payday**-*ss*	el día de paga
5156	**payroll**-*ss*	la nómina de sueldos
6197	**peacock**-*ss; vb*	el pavo real; pavonearse
6922	**pear**-*ss*	la pera
5092	**pea**-*ss*	el guisante
6938	**pecker**-*ss*	el pájaro carpintero
5989	**peck**-*vb; ss*	picotear; el beso
6626	**pedal**-*adj; ss; vb*	pedal; el pedal; pedalear
5094	**peep**-*vb; ss*	mirar furtivamente; la mirada furtiva
7446	**peer**-*vb; ss*	mirar| mirar con atención; el par
5378	**peg**-*ss; vb*	la clavija; estabilizar
6783	**penance**-*ss; vb*	la penitencia; hacer penitencia
5918	**penetrate**-*vb*	penetrar
5339	**penguin**-*ss*	el pingüino
6466	**penitentiary**-*adj; ss*	penitenciario; el penitenciario
7406	**penniless**-*adj*	sin dinero
5158	**penny**-*ss*	los centavo
5802	**penthouse**-*ss*	el ático
6280	**pep**-*ss*	la energía
6780	**perceive**-*vb*	percibir| comprender
5404	**percentage**-*ss; adj*	el porcentaje| la proporción; porcentual
5707	**perception**-*ss*	la percepción
6648	**performer**-*ss*	ejecutante| el intérprete
7336	**peril**-*ss*	el peligro
5254	**perish**-*vb*	perecer| deteriorarse
5087	**permanently**-*adv*	permanentemente
6602	**Persian**-*adj; ss*	persa; persa
6330	**persistent**-*adj*	persistente
5743	**Peru**-*ss*	el Perú
7493	**perverse**-*adj*	perverso
5385	**pest**-*ss*	el parásito
7448	**petal**-*ss*	el pétalo
7476	**pharmaceutical**-*adj*	farmacéutico
5504	**pharmacy**-*ss*	la farmacia
7212	**phenomenal**-*adj*	fenomenal
7244	**phoney**-*adj; ss*	falso; farsante
7427	**physicist**-*ss*	el físico
6154	**pianist**-*ss*	pianista
5512	**pickle**-*vb; ss*	conservar en vinagre; el adobo
6761	**picky**-*adj*	difícil
7344	**piercing**-*ss; adj*	la perforación; penetrante
5035	**pike**-*ss*	el lucio
6654	**pilgrimage**-*ss*	el peregrinaje
6613	**pilgrim**-*ss*	el peregrino
7068	**pillar**-*ss*	el pilar
6176	**pineapple**-*ss*	la piña
6460	**pioneer**-*ss; vb*	el pionero; promover
7387	**pipeline**-*ss*	la tubería

5427	**pip**-*ss*	la pepita
5413	**pi**-*ss; adj*	la pi; piadoso
5870	**pitcher**-*ss*	el lanzador
6726	**pitching**-*ss; adj*	el lanzamiento; lanzado
6191	**placing**-*ss*	la colocación
7258	**plaintiff**-*ss*	demandante
7000	**plank**-*ss; vb*	el tablón; entablar
5800	**plantation**-*ss*	la plantación
6225	**plasma**-*ss*	el plasma
5777	**plaster**-*ss; vb*	el yeso; enyesar
6995	**platinum**-*ss*	el platino
7102	**platter**-*ss*	el plato| el disco
5558	**playboy**-*ss*	el playboy
5173	**playground**-*ss*	el patio
6942	**pleasing**-*adj*	agradable
7452	**plow**-*ss; vb*	el arado; arar
5879	**pluck**-*vb; ss*	arrancar| desplumar; las agallas
5666	**plumbing**-*ss*	la plomería
5115	**plum**-*ss*	la ciruela
6477	**plunge**-*ss; vb*	la inmersión| la caída; sumergirse
5089	**pneumonia**-*ss*	la neumonía
5578	**poetic**-*adj*	poético
5201	**polar**-*adj*	polar
5931	**politically**-*adv*	políticamente
7230	**polka**-*ss*	la polca
6507	**poll**-*ss; vb*	la encuesta; sondear
6664	**pollution**-*ss*	la polución
5048	**polo**-*ss*	el polo
7226	**pompous**-*adj*	pomposo
5267	**pong**-*vb*	apestar
7239	**poodle**-*ss*	el caniche
5409	**poorly**-*adv; adj*	mal; malucho
6672	**popularity**-*ss*	la popularidad
6557	**pornography**-*ss*	la pornografía
6587	**porridge**-*ss*	el gachas de avena
6920	**portable**-*adj; ss*	portátil; el portátil
6702	**portal**-*ss*	el portal
7380	**portfolio**-*ss*	la cartera
5045	**portion**-*ss; vb*	la parte| la ración; dividir
6830	**posh**-*adj*	elegante
5498	**posse**-*ss*	el grupo
7234	**postal**-*adj; ss*	postal; la tarjeta postal
5394	**postman**-*ss*	el cartero

5443	**postpone**-*vb*	posponer
7171	**posture**-*ss; vb*	la postura; tomar una postura
6376	**potentially**-*adv*	potencialmente
6304	**powerless**-*adj*	impotente
6282	**prairie**-*ss*	la pradera
5373	**prank**-*ss; vb*	la broma; ataviar
5885	**precaution**-*ss*	la precaución
6164	**precision**-*ss*	la precisión
6085	**predator**-*ss*	el depredador
6447	**predictable**-*adj*	previsible
6565	**prefect**-*ss*	el prefecto
7082	**preferably**-*adv*	preferiblemente
7395	**prehistoric**-*adj*	prehistórico
5830	**prejudice**-*vb; ss*	perjudicar| predisponer; el prejuicio
5500	**preliminary**-*adj; ss*	preliminar; el preliminar
6084	**premature**-*adj*	prematuro
5787	**premiere**-*ss*	el estreno
6826	**premier**-*ss; adj*	el primer ministro; primero
6645	**preposterous**-*adj*	absurdo
5403	**prep**-*ss;vb*	preparar| prepararse; preparación
6860	**prescribe**-*vb*	prescribir
5840	**presently**-*adv*	ahora
7434	**preservation**-*ss*	la preservación
6604	**presidency**-*ss*	la presidencia
6955	**prestige**-*ss*	el prestigio
7064	**presumably**-*adv*	presumiblemente
7352	**pretentious**-*adj*	pretencioso
6313	**prevail**-*vb*	prevalecer| predominar
5256	**priceless**-*adj*	inestimable
7370	**printer**-*ss*	la impresora
5408	**printing**-*ss*	la impresión
5440	**privately**-*adv*	en privado
5668	**privileged**-*adj*	privilegiado
6715	**probability**-*ss*	la probabilidad
6512	**probable**-*adj*	probable
5716	**proceeding**-*ss*	el proceder
6163	**processing**-*ss*	el tratamiento
6273	**procession**-*ss; vb*	la procesión| el cortejo; desfilar
7284	**proclaim**-*vb*	proclamar| declarar
7382	**productive**-*adj*	productivo| fecundo

5834	**profitable**-*adj*	rentable	
5366	**programmed**-*adj*	programado	
6607	**programming**-*ss; adj*	la programación; programador	
6934	**progressive**-*adj; ss*	progresivo| progresista; progresista	
6281	**prohibit**-*vb*	prohibir	
7435	**projection**-*ss*	la proyección	
6217	**prominent**-*adj*	prominente	
7133	**proportion**-*ss; vb*	la proporción; proporcionar	
5721	**prop**-*vb; ss*	apuntalar| mantener; el puntal	
7103	**prosecute**-*vb*	enjuiciar| procesar	
5604	**prospect**-*ss; vb*	la perspectiva; prospectar	
5483	**prosperity**-*ss*	la prosperidad	
7290	**prosperous**-*adj*	próspero| boyante	
7083	**prosper**-*vb*	prosperar	
5764	**prostitution**-*ss*	la prostitución	
5347	**protector**-*ss*	el protector	
5690	**protein**-*ss*	la proteína	
7364	**Protestant**-*adj; ss*	protestante; el protestante	
6389	**prototype**-*ss*	el prototipo	
6259	**providence**-*ss*	la providencia	
6885	**provincial**-*adj; ss*	provincial; el provincial	
6219	**provision**-*ss; vb*	la provisión| la disposición; proveer	
5110	**provoke**-*vb*	provocar| poner	
5895	**pry**-*ss; vb*	la palanca; curiosear	
6075	**psychopath**-*ss*	psicópata	
5101	**psychotic**-*ss; adj*	psicópata; psicopático	
6145	**psych**-*vb*	psicoanalizar	
7240	**puberty**-*ss*	la pubertad	
5530	**publicly**-*adv*	en público	
5354	**publishing**-*ss; adj*	la publicación; editor	
6629	**puck**-*ss*	el disco	
7163	**puddle**-*ss; vb*	el charco| mezcla de arcilla y grava; pudelar	
7122	**pug**-*ss; vb*	el doguillo; amasar	
7165	**pulp**-*ss; vb*	la pulpa; destruir	
5447	**punching**-*ss*	los puñetazos	
5997	**pup**-*ss; vb*	el cachorro; parir	
5192	**purity**-*ss*	la pureza	
5806	**puss**-*ss*	el gatito	

5444	**pussycat**-*ss*	el minino	

Q

7134	**qualification**-*ss*	la calificación| el título	
6864	**quantity**-*ss*	la cantidad	
5203	**quantum**-*adj; ss*	cuántico; el quantum	
6015	**quarantine**-*ss; vb*	la cuarentena; poner en cuarentena	
6627	**quarry**-*ss; vb*	la cantera; extraer	
5529	**quarterback**-*ss*	los jugador de ataque	
5845	**queue**-*ss; vb*	la cola; hacer cola	
5597	**quiz**-*ss; vb*	el examen; examinar	
7428	**quota**-*ss*	la cuota	

R

7411	**rabble**-*ss*	la chusma	
6709	**racial**-*adj*	racial	
6390	**radiant**-*adj; ss*	radiante; el radiador	
7016	**radiator**-*ss*	el radiador	
6254	**radioactive**-*adj*	radioactivo	
5838	**radius**-*ss*	el radio	
7401	**raider**-*ss*	asaltante	
6919	**raincoat**-*ss*	el impermeable	
6331	**rake**-*ss; vb*	el rastrillo; rastrillar	
5996	**ramp**-*ss; vb*	la rampa; descender	
6569	**ranking**-*ss; adj*	la categoría; superior	
6772	**rapist**-*ss*	el violador	
6227	**raspberry**-*ss*	la frambuesa	
5741	**rating**-*ss*	la clasificación| el índice	
5891	**ration**-*vb; ss*	racionar; la ración	
5291	**raven**-*ss; adj; vb*	el cuervo; negro; devorar	
7175	**rave**-*ss; vb*	el delirio; delirar	
5674	**raving**-*adj; ss*	delirante; el delirio	
6214	**reactor**-*ss*	el reactor	
5141	**reader**-*ss*	el lector	
6341	**reading**-*ss*	la lectura| la interpretación	
7307	**reaper**-*ss*	el segador	
7450	**reap**-*vb*	cosechar	
7466	**reasonably**-*adv*	razonablemente	
7156	**reasoning**-*ss; adj*	el razonamiento; racional	
7403	**reassure**-*vb*	tranquilizar	

5145	**reborn**-*adj*	renacido	
5155	**rebuild**-*vb*	reconstruir	
5475	**receiver**-*ss*	el receptor| el auricular	
5954	**recess**-*ss; vb*	el recreo; prorrogarse	
5185	**recite**-*vb*	recitar| decir	
6740	**recruiting**-*ss*	el reclutamiento	
5086	**recruit**-*ss; vb*	la recluta; reclutar	
6434	**redeem**-*vb*	redimir	
6245	**redemption**-*ss*	la redención	
5796	**redhead**-*adj*	pelirrojo	
5024	**reef**-*ss; vb*	el arrecife; arrizar	
5462	**reel**-*ss; vb*	el carrete; tambalear	
7392	**reeve**-*ss; vb*	el juez local; asegurar	
6003	**refined**-*adj*	refinado| elegante	
7301	**reflex**-*adj; ss*	reflejo; el reflejo	
6927	**refrain**-*ss; vb*	el estribillo; abstenerse	
5959	**refresh**-*vb*	refrescar	
6827	**ref**-*ss*	el árbitro	
7099	**refund**-*ss; vb*	el reembolso| la devolución; reembolsar	
5699	**regain**-*vb*	recuperar| cobrar	
7347	**regent**-*adj; ss*	regente; regente	
5054	**regime**-*ss*	el régimen	
5827	**regional**-*adj*	regional	
7204	**rehabilitation**-*ss*	la rehabilitación	
6909	**reincarnation**-*ss*	la reencarnación	
5006	**reinforcement**-*ss*	el reforzamiento	
6126	**rejection**-*ss*	el rechazo	
5289	**rejoice**-*vb*	alegrarse| regocijarse	
5028	**relate**-*vb*	relacionar| relatar	
5657	**relatively**-*adv*	relativamente	
5650	**relaxing**-*adj*	relajante	
5915	**relay**-*ss; vb*	el relé; retransmitir	
6723	**reluctant**-*adj*	reacio	
7087	**remarkably**-*adv*	extraordinariamente	
5473	**remark**-*ss; vb*	la observación| el comentario; observar	
5477	**remedy**-*ss; vb*	el remedio; remediar	
5550	**reminder**-*ss*	el recordatorio	
5314	**remorse**-*ss*	el remordimiento	
7071	**removal**-*ss*	la eliminación	
7263	**Renaissance**-*ss; adj*	el Renacimiento; renacentista	
6926	**render**-*vb; ss*	hacer| prestar; el devolver	

6974	**renew**-*vb*	renovar| volver a	
6272	**renounce**-*ss; vb*	la renuncia; renunciar	
6506	**renowned**-*adj*	renombrado	
5544	**rental**-*ss*	el alquiler	
5820	**repeatedly**-*adv*	repetidamente	
7126	**representation**-*ss*	la representación	
6025	**rep**-*ss*	el reps	
6923	**repulsive**-*adj*	repulsivo	
7019	**requirement**-*ss*	el requisito	
5364	**resemblance**-*ss*	la semejanza	
6213	**resemble**-*vb*	parecerse a	
5009	**resent**-*vb*	resentirse de	
6901	**reset**-*vb*	reajustar	
5579	**resolution**-*ss*	la resolución	
6725	**respectful**-*adj*	respetuoso	
7199	**respectfully**-*adv*	respetuosamente	
7217	**restraint**-*ss*	la restricción| la moderación	
7149	**restrain**-*vb*	contener	
5296	**restricted**-*adj*	restringido	
6137	**restroom**-*ss*	los aseos	
6482	**retain**-*vb*	conservar| quedarse con	
6193	**retiring**-*adj*	saliente	
5430	**retrieve**-*vb*	recuperar| cobrar	
7485	**reunite**-*vb*	reunir| reconciliar	
5332	**revelation**-*ss*	la revelación	
6867	**revenue**-*ss*	los ingresos| el rédito	
6461	**revive**-*vb*	reanimar| restablecer	
5663	**revolt**-*ss; vb*	la revuelta| la rebelión; rebelarse	
5534	**revolver**-*ss*	el revólver	
5362	**rev**-*vb; ss*	acelerar; la revolución	
6524	**rewrite**-*vb; ss*	volver a escribir; la nueva versión	
7482	**rhino**-*ss*	el rinoceronte	
5016	**ribbon**-*ss; vb*	la cinta; ceñir	
5217	**riches**-*ss*	la riqueza	
7396	**riddance**-*ss*	el libramiento	
7306	**righteousness**-*ss*	la justicia	
6311	**rightful**-*adj*	legítimo	
6293	**rightly**-*adv*	correctamente	
6271	**rim**-*ss*	el borde| la llanta	
7043	**rinse**-*ss; vb*	el enjuague| los aclarado; enjuagar	
6016	**ripper**-*ss*	el destripador	
6118	**rite**-*ss*	el rito	
6916	**roach**-*ss*	la cucaracha	

7135	**roadblock**-*ss*	la barricada	
5491	**roam**-*vb; ss*	vagar; el vagabundeo	
5511	**rodeo**-*ss*	el rodeo	
6205	**Romanian**-*adj; ss*	rumano; el rumano	
5174	**rookie**-*ss; adj*	el novato; bisoño	
7366	**rosy**-*adj*	rosado	
5908	**rouge**-*ss; vb*	el colorete; dar colorete	
5416	**roughly**-*adv*	aproximadamente	
7061	**roulette**-*ss*	la ruleta	
5396	**rover**-*ss*	el vagabundo	
5863	**royalty**-*ss*	la realeza	
6785	**rubble**-*ss*	los escombros	
6416	**ruble**-*ss*	el rublo	
6975	**ruby**-*ss; adj*	el rubí; de rubíes	
5733	**rudder**-*ss*	el timón	
6999	**rugby**-*ss*	el rugby	
7478	**rugged**-*adj*	escabroso	
5433	**rumor**-*ss; vb*	el rumor; rumorearse	
5446	**runaway**-*adj; ss*	fugitivo| escapador; el fugitivo	
6166	**runt**-*ss*	el enano	
5426	**rustle**-*ss; vb*	el crujido; crujir	
5981	**rust**-*ss; vb*	el moho| la roya; oxidarse	
6000	**rye**-*ss*	el centeno	

S

7297	**safari**-*ss*	la safari	
7465	**saga**-*ss*	la saga	
6822	**sage**-*adj; ss*	sabio; el sabio	
6918	**salami**-*ss*	el salami	
6965	**saliva**-*ss*	la saliva	
5938	**salty**-*adj*	salado	
6594	**salvage**-*vb; ss*	salvar; el salvamento	
5066	**samba**-*ss*	la samba	
6814	**sandal**-*ss*	la sandalia	
6908	**sandy**-*adj*	arenoso	
6810	**sanity**-*ss*	la cordura	
5927	**sap**-*ss; vb*	la savia| el bobo; minar	
6815	**sarcastic**-*adj*	sarcástico	
5778	**sardine**-*ss*	la sardina	
6792	**sash**-*ss*	la faja	
7505	**satin**-*ss; adj; vb*	el satín; satinado; satinar	
5904	**satisfactory**-*adj*	satisfactorio	

6886	**saucer**-*ss*	el platillo	
6412	**sauna**-*ss*	la sauna	
6133	**savannah**-*ss*	la sabana	
6425	**scalp**-*ss; vb*	el cuero cabelludo; escalpar	
6468	**scanner**-*ss*	el escáner	
6510	**scarce**-*adj; adv*	escaso; apenas	
6981	**scarcely**-*adv*	apenas	
6964	**scarecrow**-*ss*	el espantapájaros	
5691	**scarlet**-*ss; adj*	las escarlata; colorado	
6326	**scatter**-*ss; vb*	la dispersión; dispersar	
5211	**scenery**-*ss*	el paisaje	
6362	**schoolteacher**-*ss*	el maestro	
6328	**scold**-*ss; vb*	el regaño; gritar	
6840	**scoot**-*vb*	largarse	
5119	**scope**-*ss*	el alcance| la amplitud	
5744	**scorpion**-*ss*	el escorpión	
5696	**Scottish**-*ss*	el escocés	
6385	**scrambled**-*adj*	revuelto	
7097	**scramble**-*ss; vb*	la lucha; mezclar	
5284	**scrape**-*vb; ss*	raspar| arrastrar; el raspado	
6700	**screening**-*ss*	el cribado	
7343	**screwdriver**-*ss*	el destornillador	
7405	**scripture**-*ss*	el manuscrito	
6462	**scroll**-*ss*	la voluta| el pergamino	
6171	**sculpture**-*ss; vb*	la escultura; esculpir	
7362	**seafood**-*ss*	los mariscos	
7007	**seagull**-*ss*	la gaviota	
5395	**secondary**-*adj*	secundario	
5428	**secondly**-*adv*	en segundo lugar	
5361	**secrecy**-*ss*	el secreto	
6297	**sect**-*ss*	la secta	
7444	**sedan**-*ss*	el sedán	
6589	**sedative**-*adj; ss*	sedante; el sedante	
7155	**seemingly**-*adv*	aparentemente	
6359	**seizure**-*ss*	la incautación	
5892	**seller**-*ss*	el vendedor	
6651	**semen**-*ss*	el semen	
6555	**seminar**-*ss*	el seminario	
6251	**senile**-*adj*	senil	
5007	**sensational**-*adj*	sensacional	
6079	**senseless**-*adj*	sin sentido	
6788	**sensitivity**-*ss*	la sensibilidad	
5580	**sensor**-*ss*	el sensor	

7384	**sensual**-*adj*	sensual	
6086	**sentiment**-*ss*	el sentimiento	
6093	**separately**-*adv*	por separado	
7522	**separates**-*ss*	la coordinados	
6939	**Serbian**-*adj; ss*	serbio; el serbio	
7107	**serenity**-*ss*	la serenidad	
5575	**sermon**-*ss*	el sermón	
5794	**serpent**-*ss*	la serpiente	
5858	**serum**-*ss*	el suero	
7499	**server**-*ss*	el servidor	
5535	**severely**-*adv*	severamente	
6204	**sever**-*vb*	cortar	
6318	**sexuality**-*ss*	la sexualidad	
7515	**shabby**-*adj*	lamentable	
6172	**shady**-*adj*	sombreado| turbio	
5077	**shaggy**-*adj*	lanudo	
5965	**shag**-*ss; vb*	la pelusa; follar	
6358	**shah**-*ss*	el cha	
6474	**shaky**-*adj*	tembloroso	
7277	**shaman**-*ss*	el chamán	
5228	**shameful**-*adj*	vergonzoso	
5357	**shampoo**-*ss; vb*	el champú; lavar	
6335	**sham**-*ss; adj; vb*	el impostor| el engaño; falso; fingir	
6347	**sharply**-*adv*	bruscamente	
7322	**shawl**-*ss*	el chal	
6039	**shilling**-*ss*	el chelín	
6196	**shiver**-*vb; ss*	temblar| hacer añicos; el escalofrío	
6223	**shortage**-*ss*	la escasez| la falta	
5218	**shortcut**-*ss*	el atajo	
6961	**shred**-*ss; vb*	la pizca; hacer trizas	
6410	**shuffle**-*vb; ss*	barajar; la barajada	
6397	**shush**-*vb*	silenciar	
5263	**shutter**-*ss; vb*	el obturador; poner postigos a	
6712	**sibling**-*ss*	el hermano	
7439	**sidekick**-*ss*	el compañero| compinche	
5118	**sidewalk**-*ss*	la acera	
6261	**sideways**-*adj; adv*	oblicuo; de lado	
5714	**siege**-*ss*	el cerco	
5914	**sighted**-*adj*	de vista normal	
5753	**significance**-*ss*	el significado	
6413	**silently**-*adv*	silenciosamente	
7388	**simplicity**-*ss*	la simpliciad	
6768	**simultaneously**-*adv*	simultáneamente	
6371	**sincerity**-*ss*	la sinceridad	
6182	**sinful**-*adj*	pecaminoso	
5432	**sinister**-*adj*	siniestro	
6455	**sitter**-*ss*	modelo	
7119	**sizzling**-*adj; ss*	candente; el chisporroteo	
5582	**skilled**-*adj*	experto| cualificado	
6135	**skinner**-*ss*	el desollador	
5912	**skunk**-*ss; vb*	la mofeta; dar una paliza de	
7481	**slag**-*ss*	la escoria	
7006	**slander**-*ss; vb*	la calumnia; calumniar	
5747	**slash**-*ss; vb*	la barra oblicua; acuchillar	
5726	**slate**-*ss; adj; vb*	la pizarra; de pizarra; cubrir de pizarras	
6014	**slay**-*vb*	matar	
6844	**sled**-*ss; vb*	el trineo; ir en trineo	
6872	**sleeper**-*ss*	el durmiente	
7494	**sleepless**-*adj*	insomne	
5844	**sleigh**-*ss*	el trineo	
6448	**slime**-*ss*	el limo	
6373	**slimy**-*adj*	baboso	
7002	**sling**-*ss; vb; adj*	la honda; colgar; viscoso	
6013	**slob**-*ss*	el haragán	
6996	**slogan**-*ss*	el eslogan	
6198	**slope**-*ss; vb*	la pendiente| la ladera; inclinarse	
5488	**slot**-*ss*	el espacio| la ranura	
7220	**slumber**-*ss; vb*	el sueño; dormir	
7503	**slum**-*ss; vb*	el barrio bajo; visitar los barrios bajos	
5164	**sly**-*adj*	astuto	
7252	**smear**-*ss; vb*	los frotis| la mancha; manchar	
5471	**smelly**-*adj*	maloliente	
7497	**smoker**-*ss*	el fumador	
5850	**smoothly**-*adv*	suavemente	
7062	**smug**-*adj*	presumido	
6874	**smuggle**-*vb*	hacer contrabando	
5003	**smuggling**-*ss*	el contrabando	
7114	**snail**-*ss*	el caracol	
6257	**snappy**-*adj*	rápido| conciso	
5105	**snarl**-*ss; vb*	el gruñido; gruñir	
5000	**snatch**-*vb; ss*	arrebatar; la arrancada	

5860	**sneakers**-*ss*	las zapatillas	6535	**spectator**-*ss*	el espectador
5803	**sneaky**-*adj*	furtivo	6175	**speculation**-*ss*	la especulación
6770	**sneeze**-*ss; vb*	el estornudo; estornudar	5392	**speeding**-*ss*	los exceso de velocidad| la velocidad
6732	**snicker**-*ss*	la risa disimulada			
5901	**snitch**-*ss; vb*	el soplón; birlarse	7078	**speedy**-*adj*	rápido| pronto
6825	**snob**-*ss*	el snob	6132	**sphere**-*ss*	la esfera
6514	**snoop**-*vb; ss*	fisgonear; el fisgón	5257	**spicy**-*adj*	picante
5421	**snort**-*ss; vb*	el bufido; esnifar	7174	**spinach**-*ss*	la espinaca
6765	**snot**-*ss*	el moco	7018	**spinal**-*adj*	espinal
7520	**snowball**-*ss; vb*	la bola de nieve; aumentar progresivamente	7519	**spiral**-*ss; adj*	la espiral; en espiral
			7342	**spirited**-*adj*	enérgico
7345	**snowman**-*ss*	el monigote de nieve	5313	**sponge**-*ss; vb*	la esponja; lavar con esponja
6275	**snowy**-*adj*	de mucha nieve	5847	**spontaneous**-*adj*	espontáneo
6843	**snuff**-*ss; vb*	el rapé; aspirar	7261	**spook**-*ss; vb*	el espectro; espantar
6102	**socialism**-*ss*	el socialismo	5215	**spooky**-*adj*	escalofriante
6924	**socially**-*adv*	socialmente	5887	**sporting**-*adj*	deportivo
5523	**sod**-*ss*	el césped	6354	**spotlight**-*vb; ss*	destacar; el foco
7232	**solely**-*adv*	únicamente	7266	**spouse**-*ss*	cónyuge
5285	**solemn**-*adj*	solemne	7517	**springtime**-*ss*	la primavera
6862	**solemnly**-*adv*	solemnemente	6797	**spur**-*vb; ss*	estimular; el espolón
6915	**solidarity**-*ss*	la solidaridad	5398	**squash**-*vb; ss*	aplastar; el zumo
5068	**solitude**-*ss*	la soledad	6083	**squat**-*vb; adj; ss*	agacharse; rechoncho; la ocupación ilegal
5225	**sonar**-*ss*	el sonar			
7302	**sonic**-*adj*	sónico	5358	**squawk**-*ss; vb*	el graznido; graznar
6851	**sorcerer**-*ss*	el hechicero	5659	**squid**-*ss*	el calamar
7377	**sordid**-*adj*	sórdido	5499	**squire**-*ss; vb*	el escudero; acompañar
5567	**southeast**-*ss; adj*	el sudeste; del sudeste			
5532	**southwest**-*ss; adj*	el suroeste; del suroeste	5605	**squirt**-*ss; vb*	el chorro; jeringar
			6861	**stability**-*ss*	la estabilidad
5538	**sovereign**-*adj; ss*	soberano; el soberano	7314	**stag**-*ss; adj*	el ciervo; soltero
5675	**sow**-*vb; ss*	sembrar; la cerda	5903	**staircase**-*ss*	la escalera
5718	**soy**-*ss*	la soja	6593	**stale**-*adj*	duro
5655	**spacecraft**-*ss*	la astronave	5450	**stalk**-*ss; vb*	el tallo; cazar al acecho
5757	**spade**-*ss*	la pala			
6300	**spank**-*vb; ss*	azotar; el azote en las nalgas	6148	**stallion**-*ss*	el semental
			6536	**stammer**-*vb; ss*	balbucear| tartamudear; la tartamudez
6833	**span**-*vb; ss*	abarcar; los palmo			
6828	**sparkle**-*vb; ss*	brillar| chispear; el brillo			
			5819	**stance**-*ss*	la postura
6624	**sparkling**-*adj*	espumoso	7295	**stand-in**-*ss*	suplente
5168	**spa**-*ss*	el spa| la estación termal	5962	**starter**-*ss*	el motor de arranque| la entrada
			6125	**startle**-*vb*	asustar
7195	**spat**-*ss*	la freza	6764	**starvation**-*ss*	las hambre
5389	**specimen**-*ss*	la muestra| el espécimen	5232	**stash**-*ss; vb*	el alijo; esconder
			5695	**statistic**-*ss; adj*	la estadística; estadístico
5093	**spectacle**-*ss*	el espectáculo			

5553	**steed**-*ss*	el corcel	7332	**suburban**-*adj; ss*	suburbano; el suburbano
5735	**steep**-*adj; vb; ss*	escarpado| empinado; empapar; el abismo	5612	**suburb**-*ss*	el suburbio
6209	**stem**-*ss; vb*	el vástago; refrenar a	5338	**successfully**-*adv*	con éxito
5453	**stench**-*ss*	el hedor	5686	**successor**-*ss*	el sucesor
6142	**stepfather**-*ss*	el padrastro	7267	**suffice**-*vb*	satisfacer
5868	**stepmother**-*ss*	la madrastra	6722	**suffocate**-*vb*	sofocar| sofocarse
7326	**sterile**-*adj*	estéril	6269	**suicidal**-*adj*	suicida
6796	**sterling**-*ss; adj*	la libra esterlina; excelente	7272	**sulk**-*vb*	estar mohíno
6348	**steroid**-*ss*	el esteroide	6276	**sully**-*vb*	manchar
7235	**stewardess**-*ss*	la azafata	5466	**summit**-*ss*	la cumbre| el colmo
5516	**steward**-*ss*	el mayordomo	7069	**summons**-*ss*	la citación
7245	**stimulate**-*vb*	estimular| incentivar	5658	**sundown**-*ss*	la puesta del sol
6423	**stingy**-*adj*	tacaño	5751	**sunglasses**-*ss*	las gafas de sol
5081	**stitch**-*ss; vb*	la puntada; coser	6762	**superficial**-*adj*	superficial
7154	**stomp**-*vb*	pisar muy fuerte	5084	**supernatural**-*adj*	sobrenatural
5294	**stool**-*ss*	el taburete	5622	**superstar**-*ss*	la superestrella
7048	**stoop**-*vb; ss*	agacharse; el pórtico	5831	**superstition**-*ss*	la superstición
7312	**stormy**-*adj*	tempestuoso	5738	**superstitious**-*adj*	supersticioso
6666	**straightforward**-*adj*	sencillo	6871	**supervision**-*ss*	la supervisión
			7255	**supporter**-*ss*	el seguidor| el soporte
5968	**strand**-*ss; vb*	la hebra| el mechón; varar	7407	**suppress**-*vb*	reprimir
5995	**strategic**-*adj*	estratégico	6929	**surge**-*ss; vb*	la oleada; hervir
5062	**streak**-*ss; vb*	la racha; rayar	6641	**surgical**-*adj*	quirúrgico
6242	**strengthen**-*vb*	fortalecer| reforzar	6161	**surname**-*ss; vb*	el apellido; apellidar
5384	**stretched**-*adj*	estirado	5839	**surprisingly**-*adv*	asombrosamente
5607	**stretcher**-*ss*	la camilla	6379	**surroundings**-*ss*	los alrededores| las cercanías
6980	**stricken**-*adj*	afligido	5197	**survey**-*ss; vb*	el estudio| el reconocimiento; estudiar
7264	**stride**-*ss; vb*	el paso; andar a trancos			
5265	**stripper**-*ss*	estriptista	6903	**suspense**-*ss*	el suspense| la incertidumbre
7131	**strive**-*vb*	esforzarse| pugnar	6046	**suspension**-*ss; adj*	la suspensión; suspensivo
5773	**stuffy**-*adj*	cargado	5175	**sweaty**-*adj*	sudoroso
5897	**stumble**-*ss; vb*	el tropezón; trastabillar	7072	**swede**-*ss*	el colinabo
7096	**stump**-*ss; vb*	el tocón; desconcertar en algo	5615	**sweeping**-*adj*	barrido
5805	**stun**-*vb*	aturdir| dejar sin sentido	5864	**sweetness**-*ss*	la dulzura
			5032	**swift**-*adj; ss*	rápido| ligero; el vencejo
5073	**stupidity**-*ss*	la estupidez	6351	**swimmer**-*ss*	el nadador
7208	**sturdy**-*adj*	robusto| fuerte	6431	**swordsman**-*ss*	el espadachín
7271	**stylish**-*adj*	elegante	6445	**symbolic**-*adj*	simbólico
6116	**subconscious**-*adj; ss*	subconsciente; el subconsciente	5681	**sympathetic**-*adj*	simpático
6294	**sublime**-*adj*	sublime	5945	**symphony**-*ss*	la sinfonía
6045	**substantial**-*adj*	sustancial	6470	**syndicate**-*ss; vb*	el sindicato; sindicar
			5039	**syndrome**-*ss*	el síndrome

6982	**synthetic**-*adj*	sintético	5088	**thorough**-*adj*	completo
7393	**syphilis**-*ss*	la sífilis	5749	**threshold**-*ss*	el umbral
5454	**syrup**-*ss*	el jarabe	6291	**throttle**-*ss; vb*	el acelerador| la válvula reguladora; estrangular
	T		6561	**thumping**-*adj; adv*	descomunal; enormemente
6583	**tablet**-*ss*	la tableta	6265	**thump**-*vb; ss*	golpear| dar golpes; el ruido sordo
5023	**tackle**-*ss; vb*	la entrada| el aparejo; abordar	5352	**thunderclap**-*ss*	el tronido
6948	**tack**-*vb; ss*	virar| hilvanar; la tachuela	5685	**tighten**-*vb*	apretar| estrechar
5780	**tactical**-*adj*	táctico	5732	**tightly**-*adv*	estrechamente
6320	**takeoff**-*ss*	el despegue| la toma	7209	**tights**-*ss*	las medias
7335	**talker**-*ss*	el hablador	6620	**tile**-*ss; vb*	el azulejo; embaldosar
6255	**tally**-*ss; vb*	la cuenta; concordar	6856	**timber**-*ss; vb*	la madera; enmaderar
5894	**tame**-*vb; adj*	domar| amansar; manso	6402	**tinker**-*ss; vb*	el hojalatero; remendar
7120	**tangled**-*adj*	enredado	5752	**titanic**-*adj*	titánico
5672	**tar**-*ss; vb*	el alquitrán| la brea; alquitranar	6534	**titan**-*ss*	el titán
5379	**tart**-*ss; adj*	la tarta| la fulana; agrio	7416	**toaster**-*ss*	la tostadora
6881	**tat**-*vb; ss*	hacer encaje; la basura	6277	**tolerance**-*ss*	la tolerancia| la indulgencia
5452	**tavern**-*ss*	la taberna	5133	**toll**-*ss; vb*	el peaje; tañer
6778	**teaching**-*ss; adj*	la enseñanza; de enseñanza	7461	**tombstone**-*ss*	la lápida sepulcral
6681	**technician**-*ss*	el técnico	5423	**tonic**-*adj; ss*	tónico; la tónica
7483	**tedious**-*adj*	tedioso	5355	**toothbrush**-*ss*	el cepillo de dientes
5456	**teenager**-*ss*	adolescente	5923	**toothpaste**-*ss*	la pasta dentífrica
5969	**teen**-*ss; adj*	adolescente; joven	6545	**toot**-*vb; ss*	sonar; el sonido breve
6849	**teeny**-*adj*	chiquitín	7187	**tornado**-*ss*	el tornado
5526	**tee**-*ss*	el tee	7508	**tortoise**-*ss*	la tortuga
5798	**telegraph**-*ss; vb*	el telégrafo; telegrafiar	5161	**touchdown**-*ss*	el aterrizaje
5303	**teller**-*ss*	el escrutador	5824	**touchy**-*adj*	quisquilloso
5689	**telly**-*ss*	el tele	7305	**tracker**-*ss*	el rastreador
5911	**tempting**-*adj*	tentador| seductor	6931	**trader**-*ss*	comerciante| el traficante
5521	**tenant**-*ss*	el inquilino	7288	**trajectory**-*ss*	la trayectoria
6256	**tendency**-*ss*	la tendencia	6475	**tram**-*ss*	el tranvía
5470	**tenderness**-*ss*	la ternura	6581	**trance**-*ss*	el trance
6558	**terminate**-*vb*	terminar| terminarse	6600	**transaction**-*ss*	la transacción| la operación
6236	**terrain**-*ss*	el terreno	6262	**transcript**-*ss*	la transcripción| el expediente
5083	**testament**-*ss*	el testamento	5815	**transformation**-*ss*	la transformación
6846	**testicle**-*ss*	el testículo	5033	**transform**-*vb*	transformar
6252	**theatrical**-*adj; ss*	teatral; la función teatral	5994	**transition**-*ss; adj*	la transición; de transición
7091	**thermal**-*adj*	térmico	6451	**transit**-*ss*	el tránsito
5149	**thesis**-*ss*	las tesis	6419	**translator**-*ss*	el traductor
6579	**thieve**-*vb*	robar	5369	**transmitter**-*ss*	el transmisor

6349	**transmit**-*vb*	transmitir	7254	**turmoil**-*ss*	la confusión| el tumulto
6950	**transparent**-*adj*	transparente| diáfano	5245	**tutor**-*ss; vb*	el tutor| el profesor; enseñar
5727	**transplant**-*ss; vb*	el trasplante; trasplantar	7413	**tuxedo**-*ss*	el smoking
6576	**traumatic**-*adj*	traumático	6546	**twat**-*ss*	el coño| la concha
5091	**traveled**-*adj*	viajado	5518	**twilight**-*ss; adj*	el crepúsculo; crepuscular
5625	**traveler**-*ss*	el viajero	6323	**twinkle**-*ss; vb*	el centelleo| el parpadeo; brillar
5960	**treacherous**-*adj*	traicionero	7383	**twisting**-*ss*	el retortijón
6266	**treachery**-*ss*	la traición| la falsedad	6077	**tyranny**-*ss*	la tiranía
5979	**tread**-*ss; vb*	la pisada| el paso; pisar	5566	**tyrant**-*ss*	el tirano
5549	**trek**-*vb; ss*	emigrar; la excursión		**U**	
5328	**trench**-*ss; adj; vb*	la zanja; de trincheras; hacer trincheras			
7092	**trend**-*ss; vb*	la tendencia| la moda; tender a	6930	**ulcer**-*ss*	la úlcera
5818	**trespass**-*vb*	infringir	6074	**ultra--***pfj*	ultra-
5025	**triangle**-*ss*	el triángulo	5280	**unacceptable**-*adj*	inaceptable
5941	**tribal**-*adj*	tribal	5004	**unarmed**-*adj*	desarmado
6884	**tribunal**-*ss*	el tribunal	5335	**unaware**-*adj*	inconsciente
6967	**tribune**-*ss*	la tribuna	6113	**uncertain**-*adj*	incierto
6317	**trifle**-*ss; vb*	la bagatela| los algo; comer	7451	**unclear**-*adj*	no claro
5114	**trim**-*vb; ss; adj*	recortar| ajustar; el recorte; elegante	6481	**uncover**-*vb*	descubrir| dejar al descubierto
6646	**trinity**-*ss*	la trinidad	5988	**under way**-*adv*	en marcha
7484	**trio**-*ss*	el trío	6038	**underpants**-*ss*	los calzoncillos
7118	**triumphant**-*adj*	triunfante	5490	**understandable**-*adj*	comprensible
6027	**trivial**-*adj*	trivial| banal			
7463	**trolley**-*ss*	la carretilla	7440	**undertaker**-*ss*	el director de pompas fúnebres
6775	**troll**-*ss; vb*	el gnomo; pescar con caña	5186	**underworld**-*ss; adj*	el inframundo; del hampa
6120	**trooper**-*ss*	el soldado	5196	**undoubtedly**-*adv*	indudablemente
5042	**tropical**-*adj*	tropical	5170	**undo**-*vb*	deshacer
6913	**trot**-*ss; vb*	el trote; trotar	5146	**undressed**-*adj*	sin curtir
7495	**troublemaker**-*ss*	el alborotador	6174	**uneasy**-*adj*	inquieto
7095	**troublesome**-*adj*	molesto| dificultoso	5222	**unemployment**-*ss*	el desempleo
6603	**troupe**-*ss*	la compañía	6610	**unexpectedly**-*adv*	inesperadamente
5208	**truce**-*ss*	la tregua	5618	**unfaithful**-*adj*	infiel
7323	**trump**-*ss; vb*	el triunfo; triunfar	5321	**unfinished**-*adj*	inconcluso
7125	**trustworthy**-*adj*	digno de confianza	7308	**unfit**-*adj; vb*	impropio; inhabilitar
7045	**truthful**-*adj*	veraz	7487	**unforgettable**-*adj*	inolvidable
5344	**tsar**-*ss*	el zar	7286	**unforgivable**-*adj*	imperdonable
6471	**tug**-*ss; vb*	el tirón; tirar de	5481	**unidentified**-*adj*	no identificado
6098	**tuition**-*ss*	la matrícula| la enseñanza	6858	**unimportant**-*adj*	sin importancia
5231	**tummy**-*ss*	la barriguita	7132	**unjust**-*adj*	injusto
5210	**tumor**-*ss*	el tumor	6532	**unlimited**-*adj*	ilimitado
5640	**turd**-*ss*	el zurullo			

5044	unload-*vb*	descargar	
6983	unmarried-*adj*	soltero	
5900	unnatural-*adj*	antinatural	
6283	unpack-*vb*	deshacer	
6543	unprecedented-*adj*	sin precedentes	
5311	unpredictable-*adj*	imprevisible	
5983	unreal-*adj*	irreal	
5341	unreasonable-*adj*	irrazonable	
6818	unseen-*adj; ss*	invisible; el lo invisible	
6170	unworthy-*adj*	indigno de	
5386	upbeat-*adj; ss*	optimista; el tiempo débil	
5293	update-*vb; ss*	actualizar; la actualización	
6523	uphold-*vb*	defender| sostener	
5692	upright-*adj; adv; ss*	vertical| recto; erguido; el montante	
6501	uprise-*vb*	levantarse	
5480	uptight-*adj*	tenso	
5633	uptown-*ss; adj*	las zona residencial; de la zona residencial	
6650	uranium-*ss*	el uranio	
5765	urgently-*adv*	urgentemente	
5108	urine-*ss; adj*	la orina; de orina	
6997	user-*ss*	el usuario	
5599	utmost-*adj; ss*	mayor; el extremo	

V

5991	vacant-*adj; ss*	vacante| vacío; el vacante
6374	vaccine-*ss*	la vacuna
7080	vaguely-*adv*	vagamente
7115	vale-*ss; vb*	el valle; ir por una valle
5702	valet-*ss*	el ayudante de cámara
6099	valiant-*adj; ss*	valiente; valiente
5205	valid-*adj*	válido
5273	valve-*ss; adj*	la válvula; de válvula
5419	vanilla-*ss*	la vainilla
6054	veal-*ss*	la ternera
5785	veer-*vb; ss*	virar| girar; el cambio
7052	velocity-*ss*	la velocidad
6759	venom-*ss*	el veneno
5496	vent-*ss; vb*	el respiradero| la abertura; desahogar
6782	verbal-*adj*	verbal

5356	verge-*ss; vb*	el borde| la vera; acercarse
5178	verify-*vb*	verificar| apurar
6067	vermin-*ss*	las alimañas
6937	vertical-*adj*	vertical
5708	veteran-*adj; ss*	veterano; el veterano
6033	vicar-*ss*	el vicario
5992	vicinity-*ss*	la vecindad| la región
6092	victorious-*adj*	victorioso
5937	videotape-*vb*	filmar con una videocámara
5204	Vietnamese-*adj; ss*	vietnamita; vietnamita
6933	vie-*vb*	rivalizar
5628	viewer-*ss*	el espectador
6539	vinegar-*ss*	el vinagre
6398	vine-*ss*	la vid
6704	vineyard-*ss*	el viñedo
6268	vintage-*ss; adj*	la vendimia; de época
7030	viola-*ss*	la viola
5326	violate-*vb*	violar
7274	violently-*adv*	violentamente
6418	viper-*ss*	la víbora
5195	virginity-*ss*	la virginidad
6905	virtual-*adj*	virtual
6338	virtuous-*adj*	virtuoso
6868	vista-*ss*	la vista
5577	vitamin-*ss*	la vitamina
5494	Viva!-*int*	¡Viva!
6636	vivid-*adj*	vivo| vívido
6832	vocabulary-*ss*	el vocabulario
6021	vocal-*adj; ss*	vocal; la canción
5031	vocalize-*vb*	vocalizar
7035	volcanic-*adj*	volcánico
6890	voluntarily-*adv*	voluntariamente
7157	voluntary-*adj*	voluntario
5614	voodoo-*ss*	el vudú
7433	vortex-*ss*	el vórtice
6124	voter-*ss*	el votante
5098	voting-*ss*	la votación
6618	vouch-*vb*	atestiguar
7236	voyager-*ss*	el viajero
6340	vulture-*ss*	el buitre

W

7523	wacky-*adj*	chiflado
7479	waffle-*ss; vb*	el gofre; parlotear

7056	**wallpaper**-*ss*	el papel pintado
6966	**wand**-*ss*	la varita mágica
5750	**wanker**-*ss*	gilipollas
5388	**warfare**-*ss*	la guerra
5163	**warp**-*ss; vb*	los urdimbre; deformar
5946	**watchman**-*ss*	el sereno| el celador
5899	**waterfall**-*ss*	la cascada
6623	**watermelon**-*ss*	la sandía
5036	**weasel**-*ss*	la comadreja
6063	**weaver**-*ss*	el tejedor
6107	**weave**-*vb; ss*	tejer; el tejido
5442	**wedded**-*adj*	casado
6315	**weed**-*vb; ss*	eliminar| escardar; la mala hierba
5194	**weekly**-*adj; adv; ss*	semanal| de cada semana; semanalmente; el semanario
5651	**weirdo**-*ss*	el bicho raro
7224	**welsh**-*vb*	largarse sin pagar
6473	**wench**-*ss*	la moza
5448	**werewolf**-*ss*	el hombre-lobo
6845	**wheeze**-*vb; ss*	jadear; el resuello
5876	**whichever**-*adj*	cualquiera
5468	**whilst**-*con*	mientras que
6017	**whim**-*ss*	el capricho| la veleidad
5239	**whinny**-*ss; vb*	el relincho; relinchar
6490	**whiz**-*ss; vb*	el zumbido; silbar
7153	**wholly**-*adv*	totalmente
6520	**whorehouse**-*ss*	el burdel
7369	**widely**-*adv*	extensamente
7454	**widower**-*ss*	el viudo
6880	**wiggle**-*vb*	menear
6699	**wildlife**-*ss*	la fauna
7253	**wildly**-*adv*	salvajemente
6195	**willingly**-*adv*	de buena gana
6108	**wilt**-*vb*	marchitar
5711	**wimp**-*adj*	endeble

6498	**winding**-*ss; adj*	el devanado; tortuoso
6644	**windshield**-*ss*	el parabrisas
5740	**windy**-*adj*	ventoso
5333	**wink**-*ss; vb*	el guiño; guiñar
6208	**wireless**-*adj; ss*	sin hilos; la radio
7430	**wiring**-*ss*	el alambrado
5710	**witchcraft**-*ss*	la brujería
6812	**withdrawal**-*ss*	la retirada
7070	**withstand**-*vb*	resistir a
5984	**witty**-*adj*	ingenioso
6891	**wondrous**-*adj*	maravilloso
6754	**worldly**-*adj*	mundano
5038	**worldwide**-*adj*	mundial
5169	**worthwhile**-*adv*	vale la pena
6034	**wrench**-*ss; vb*	las llave inglesa; torcer fuertemente
6673	**wrestler**-*ss*	el luchador
7085	**wrinkle**-*ss; vb*	la arruga; arrugar
7283	**writ**-*ss*	la escritura

Y

5317	**yank**-*ss; vb*	el tirón; tirar en
7203	**yearn**-*vb*	añorar
6128	**yelp**-*ss; vb*	el gañido; gañir
5318	**yoga**-*ss*	las yoga
6806	**yogurt**-*ss*	el yogur
5463	**yonder**-*adv; adj*	allá; aquél
5772	**youngster**-*ss*	joven| el jovencito

Z

6403	**zebra**-*ss*	la cebra
6020	**zipper**-*ss*	la cremallera
6508	**zodiac**-*ss*	el zodíaco
5276	**zoom**-*vb; ss*	enfocar; la empinadura

Contacto, lecturas adicionales y recursos

Para más herramientas, consejos y trucos, visita nuestra web www.mostusedwords.com. Publicamos varios recursos para el aprendizaje de los idiomas.

Si te gusta este diccionario, por favor comunícaselo a las demás personas, para que también puedan disfrutarlo. O deja una reseña o comentario en línea, p.e. en las redes sociales, blogs o foros.

Diccionarios de frecuencia

Diccionarios de frecuencia en esta serie:

Diccionario de Frecuencia - Inglés 1 – Vocabulario esencial – 2.500 palabras más communes
Diccionario de Frecuencia - Inglés 2 – Vocabulario intermedio – 2.501-5.000 palabras más communes
Diccionario de Frecuencia - Inglés 3 – Vocabulario avanzado – 5.001-7.500 palabras más communes
Diccionario de Frecuencia - Inglés 4 – Vocabulario experto – 7.501-10.000 palabras más comunes

Por favor visita nuestra página web en www.mostusedwords.com/es/diccionario-frecuencia/ingles-espagnol para más información.

Nuestra meta es facilitar el aprendizaje de idiomas a través de los diccionarios de frecuencias para los idiomas más y menos hablados en este planeta. Puedes revisar nuestra selección en www.mostusedwords.com/es/diccionario-frecuencia

Libros bilingües

Estamos creando una selección de textos paralelos, y la misma está en constante crecimiento.

Para ayudarte en tu proceso de aprendizaje, todos nuestros libros bilingües tienen un diccionario incluido, creado específicamente para cada libro.

Contamos actualmente con libros bilingües disponibles en inglés, español, portugués, italiano, francés y alemán.

Para más información, revisa www.mostusedwords.com/es/texto-paralelo. Vuelve con regularidad para ver nuevos libros e idiomas.

Métodos para aprender otros lenguajes

Encontrarás reseñas sobre productos de aprendizaje de terceras partes, tales como aplicaciones, Software y cursos de audio. Hay muchísimos disponibles y algunos son mejores que otros.

Revisa nuestras reseñas en www.mostusedwords.com/es/revisiones.

Contacto

Si tienes alguna pregunta, puedes contactarnos vía correo electrónico a info@mostusedwords.com.

www.ingramcontent.com/pod-product-compliance
Lightning Source LLC
Chambersburg PA
CBHW081531120626
46550CB00009B/2679